Recomendaciones

"Ralph Martin ha producido una joya de guía para los que emprendan el camino hacia la santidad, en un lenguaje que cautiva fácilmente al lector. Lo particularmente genial de Martin es el hacer accesible a la gente contemporánea los tesoros espirituales más profundos. Como los maestros cuya sabiduría él destila, comunica un ardiente deseo de responder a la llamada del Señor. El resultado es una inspiradora obra rebosante de visión y ayuda práctica para quienes estén en cualquiera de las etapas del camino espiritual".

PADRE PETER RYAN, S.J.
Profesor de Teología Moral
Seminario de Mount Saint Mary, Emmitsburg, Maryland

"Estoy profundamente conmovido por este libro. Hay en él una belleza que lleva al lector a una íntima amistad con los santos y le abre a uno a la presencia del Espíritu Santo, aumentando nuestro deseo por la unión nupcial. Este libro, con su síntesis de la doctrina de los santos, es un regalo extraordinario para la Iglesia y la nueva evangelización".

PADRE JOHN HORN, S.J.
Cofundador del Instituto para Formación Sacerdotal
Creigton University, Omaha, Nebraska

"Muchos católicos dejan la Iglesia y buscan refugio en religiones orientales y en cultos porque están buscando una espiritualidad y una oración de mayor profundidad que la que encuentran en su propia tradición. Pero no necesitan buscar en otra parte. Ralph Martin les abre las fuentes de la rica tradición mística católica y las hace accesible a todos, tanto al clero como a los laicos".

PADRE KILIAN MCDONNELL, O.S.B.
Fundador y Presidente del Instituto para
Investigación Ecuménica y Cultural
St. John's University, Collegeville, Minnesotta

"Esta fiable y desafiante síntesis, evidentemente fruto de mucha oración, reflexión y estudio, abunda en sabiduría, ofrece una guía práctica y merece ser un clásico".

PADRE PATRICK COLLINS, C.M.
Autor de numerosos libros y conferenciante sobre espiritualidad en
All Hallows College y en el Milltown Institute de Dublin, Irlanda.

"Ralph Martin ha escrito un excelente libro que reúne la sabiduría de Bernardo de Claraval, Teresa de Jesús y otros que nos han legado un gran depósito de sabiduría sobre cómo podemos cooperar con la obra transformadora del Espíritu. Sin diluir la profundidad de estos escritores, Ralph ha hecho sus enseñanzas inteligibles y accesibles, dándonos una verdadera "guía" para el camino hacia Dios. Hombres y mujeres en todas las partes del Cuerpo de Cristo encontrarán este libro de utilidad práctica e inspirador. Una gran ayuda para nuestra vida de oración".

Rev. Mike Bickle
El Fundador de la Casa Internacional de la Oración, Kansas City, Kansas

"Ralph Martin transmite de manera ordenada y atractiva el consenso doctrinal de algunos de los grandes representantes de la tradición espiritual occidental. Yo recomendaría este libro particularmente a parejas jóvenes que desean llegar a conocer a Dios más profundamente y dejarle, con la ayuda de auténticos maestros espirituales, obrar una profunda transformación en sus vidas que edifique a sus familias y dure para la eternidad".

Padre Francis Martin, S.S.D.
Titular de la Cátedra de Adam Cardenal Maida en Sagrada Escritura, Seminario Mayor del Sagrado Corazón, Detroit, Michigan

EL CUMPLIMENTO DE TODO DESEO

Otros libros por Ralph Martin

Author
Hungry for God:
Practical Help in Personal Prayer
Ignatius Press, 2000

Called to Holiness:
What It Means to Encounter the Living God
Ignatius Press, 1999

Is Jesus Coming Soon?:
A Catholic Perspective on the Second Coming
Ignatius Press, 1997

The Catholic Church at the End of an Age:
What Is the Spirit Saying?
Ignatius Press, 1994

A Crisis of Truth:
The Attack on Faith, Morality, and
Mission in the Catholic Church
Servant Press, 1983

Coeditor
John Paul II And the New Evangelization:
How You Can Bring the Good News to Others
Servant Press, 2006

Audio Albums by Ralph Martin
Available from Renewal Ministries
www.renewalministries.net

EL CUMPLIMENTO DE TODO DESEO

Guía para el camino hacia Dios
según la sabiduría de los santos

―⁂―

Ralph Martin

Steubenville, Ohio

Emmaus Road Publishing
1468 Parkview Circle
Steubenville, OH 43952

© 2006 por Ralph Martin
Derechos reservados. Publicado 2006
Impreso en los Estados unidos de América
Second printing

Biblioteca del Congreso Número de control: 2012944020
ISBN: 978-1-937155-39-1

A menos que se indica lo contrario, las citas bíblicas son tomadas
de la Biblia de Jerusalén Latinoamericana ©Equipo de traductores de la Biblia de Jerusalen, 2016
©Editorial Desclée De Brouwer, S.A, 2016 Henao, 6 - 48009 Bilbao. Usado con permiso.

Extractos de la traducción al español del Catecismo de la Iglesia Católica Coeditores Católicos de México Conforme al texto latino oficial.

©Copyright 2008 — Libreria Editrice Vaticana.

©Obra Nacional de la Buena Prensa, A.C., y otras: Librería Parroquial de Clavería, S.A. de C.V. - Ediciones Paulinas, S. A. de C. V.
Citado en el texto como CIC.

Diseño de la portada por Beth Hart
Diagramación por Theresa Westling

Ilustración de tapa:
Thomas Cole, *El peregrine de la cruz al final de su viaje*
Smithsonian American Art Museum/Art Resources NY

*Para Agustín, Bernardo, Catalina,
Teresa, Juan, Francisco y Thérèse,
en quienes y a través de quienes
Dios es altamente glorificado*

ÍNDICE GENERAL

Agradecimientos .... *ix*
Abreviaturas .... *xi*
Prólogo del traductor .... *xiii*
Introducción .... *xvii*

1. Llamados a la santidad *1*
2. Visión general del camino *11*

PARTE I
Comienza la transformación
(La vía purgativa)

3. Despertar y conversión *17*
4. La cosmovisión bíblica de los santos *49*
5. La transformación del pensamiento, el deseo y la acción ... *75*
6. La lucha contra el pecado *105*
7. La importancia de la oración *123*
8. Tentaciones y pruebas *141*

PART II
Alcanzar estabilidad, pero seguir adelante
(La vía iluminativa)

9. Una cierta estabilidad *187*
10. Crecer en libertad *211*
11. Crecer en amor *259*
12. Crecer en la oración *289*

13. La ayuda del cielo *313*
14. Una purificación más profunda *345*

PARTE III
Unión transformativa
(La vía unitiva)

15. La unión profunda *383*
16. Los frutos de la unión *395*
17. Siempre hay más *425*

Últimas palabras de aliento *451*
Bibliografía *455*
Índice temático y onomástico *459*

AGRADECIMIENTOS

Por parte del autor
(A las distintas editoriales por su autorización para utilizar sus versiones inglesas, tal como detalla la edición original del libro).

A la Dra. Patricia Cooney-Hathaway, del Sacred Heart Major Seminary de Detroit; a Beth Hart y Regis Flaherty, de la editorial original, Emmaus Road Publishing; a los guías espirituales y eruditos que, al emitir sus comentarios publicados en la edición original, "han escrito más positivamente de lo que podía yo esperar o imaginar"; a mi familia; y a los compañeros de Renewal Ministries y del Sacred Heart Seminary.

Por parte del traductor
Por su autorización para utilizar sus ediciones (detalladas en la Bibliografía): a Biblioteca de Autores Cristianos: San Agustín, *Confesiones, La ciudad de Dios*; San Bernardo, *Sermones sobre el Cantar de los Cantares*, "Tratado sobre los grados de humildad y soberbia"; Santa Catalina de Siena, *Diálogo*; San Francisco de Sales, *Introducción a la vida devota, Tratado sobre el amor de Dios*; Santa Teresa de Jesús, *Camino de Perfección*; a EDICEP: R. Cantalamessa, *La vida en el señorío de Cristo*; a Editorial de Espiritualidad: San Juan de la Cruz, *Cántico espiritual*, "Carta de 6.7.1591 a la Madre María de la Encarnación", *Llama de amor viva, Noche oscura del alma, Subida al Monte Carmelo*; a Editorial Monte Carmelo: Santa Teresa de Jesús, *Camino de Perfección, Castillo interior o las moradas, Libro de la vida*; Santa Teresa de Lisieux, *Historia de un alma*) y por facilitarme la localización de veintitantas citas cuyas referencias no concordaban con las de las ediciones en inglés utilizadas por el autor; y a Fr. José Luis Santos Gómez, del Monasterio Cisterciense de Oseira, por permitirme utilizar su traducción de los *Sermones sobre El Cantar de los Cantares*, de San Bernardo.

Al P. Lisandro Rodríguez, Prior de la Abadía Cisterciense de Sta. María de las Escalonias, Hornachuelos (Córdoba), por permitirme utilizar su biblioteca en dos de mis estancias allí.

A Shannon Minch-Hughes, de Emmaus Road Publishing, por sus muchas amabilidades.

A Ralph Martin, por lo mucho que durante más de treinta años me ha alimentado espiritualmente a través de sus escritos y de su predicación, y ahora por haber puesto en mí su confianza como traductor de este inapreciable obra suya.

ABREVIATURAS

Antiguo Testamento
Éxodo/Ex
Deuteronomio/Dt
1/2 Samuel/1/2 Sam
1 Reyes/1 Re
2 Crónicas/2 Cr
1/2 Macabeos/1/2 Mac
Job/Job
Salmos/Sal
Proverbios/Pro
Cantar de los
Cantares/Cant
Sabiduría/Sab
Sirácida o
Eclesiástico/Sir
Lamentaciones/Lam
Baruc/Ba
Daniel/Dan
Sofonías/Sof
Habacuc/Hab
Jonás/Jon
Santiago/Sant
1 Pedro/1 Pe
1/2 Juan/1 Juan
Apocalipsis/Ap

Nuevo Testamento
Mateo/Mt
Marcos/Mc
Lucas/Lc
Juan/Jn
Hechos/Hch
Romanos/Ro
1/2 Corintios/1/2 Co
Gálatas/Ga
Efesios/Ef

Filipenses/Flp
Colosenses/Col
1/2 Tesalonicenses/1/2 Tes
2 Timoteo/2 Tim
Tito/Tit
Hebreos/Hb

De obras citadas
C/*Confesiones*
CA/*El cuaderno amarillo*
CC/*Sermones sobre el Cantar de los Cantares*
CD/*La ciudad de Dios*
CE/*Cántico espiritual*
CIC/*Catecismo de la Iglesia Católica*
CP/*Camino de Perfección*
D/*Diálogo*
HA/*Historia de un alma*
IVD/*Introducción a la vida devota*
LAV/*Llama de amor vivo*
LG/*Lumen Gentio*
M/*El castillo interior o las moradas*
NMI/*Novo Milennio Ineuente*
TAD/*Tratado del amor de Dios*
V/*Vida*
VSJ/*Vida en el señorío de Jesús*

PRÓLOGO DEL TRADUCTOR

Cuando, tras indebidas dudas (porque se trataba de dejar a un lado mi propio trabajo durante una temporada), el Espíritu me hizo decidirme a emprender esta traducción y se lo comuniqué a su autor, Ralph me respondió (traduzco): "¡Es una noticia estupenda! ¡Te pondré en mi lista diaria de oración! ¡Gracias!". Poco después le dije que (sin así planearlo) había comenzado después de Misa el 1 de octubre de 2009, fiesta de Santa Teresa de Lisieux, y me dijo enseguida: "¡Qué alegría que hayas empezado en la fiesta de Thérèse! El deseo de su corazón era ser misionera en todos los países del mundo [...] tú la ayudarás a cumplir su deseo". Finalmente (y también sin proponérmelo), le comuniqué que había terminado mi tarea el 14 de diciembre, fiesta de San Juan de la Cruz, otro de los pilares de su libro.

Seguro que Teresa de Lisieux y Juan de la Cruz, así como Agustín, Bernardo de Claraval, Catalina de Siena, Teresa de Jesús y Francisco de Sales, me han ayudado en este trabajo —del que tanto he disfrutado al saborear cada palabra, y seguiré disfrutando como lectura que es para siempre—, ya que diariamente he pedido su intercesión. Además, el beneficio que para mí ha supuesto esta relectura palabra por palabra ha sido mayor porque la he hecho "artesanalmente" —es decir, nunca escaneando sus citas bíblicas ni textos impresos de sus citas, o tomándolas de posibles textos disponibles en la red— a veces en mi cuarto de la hospedería del Monasterio Cisterciense de Santa María de las Escalonias, cerca de Hornachuelos (Córdoba).

Pero también considero importante la intercesión de Ralph Martin, a quien en 1978, en Indiana, oí por primera vez su ungida predicación en una asamblea de veinte mil personas, así como en otras numerosas ocasiones en diversos países donde hemos coincidido. Desde el principio reconocí que escuchaba no sólo a un gran evangelista sino a un importante profeta de nuestros días —a quien por algo unía una estrecha relación con el Cardenal Suenens y que gozaba del cariño entrañable de Juan Pablo II— de cuya palabra, tanto en vivo como escrita, se han beneficiado hasta hoy laicos, sacerdotes y religiosos de todo el mundo.

Así, pues, cuando, conociendo ya sus demás libros, que a tantos han ayudado en el camino de la conversión, se publicó en 2006 *The Fulfillment of All Desire*, un libro tan portentosamente ungido por el Espíritu, del que tanto se han beneficiado ya muchísimos (y según los comentarios a su primera edición por parte de reconocidas autoridades), no pude menos que desear compartir con los hermanos del mundo de habla española el maravilloso regalo que Dios ha hecho a su Iglesia a través de Ralph Martin en esta gran obra suya llamada a ser un verdadero clásico moderno, que ya está ayudando a tantos otros.

A propósito de quienes lean esta traducción, en ella van a encontrar la gran ventaja de gustar en su original el lenguaje entrañablemente único de Juan de la Cruz y Teresa de Jesús (que se pierde irremediablemente al traducir), guiándolos en su camino espiritual.

Sólo con profundo amor a nuestra Iglesia, una igualmente profunda sabiduría espiritual, y la constante guía del Espíritu Santo, ha podido Ralph Martin llegar a abarcar, y a la vez sintetizar maravillosamente, todos los aspectos de la vida espiritual del cristiano, entretejiendo en un magnífico tapiz, y de manera tan asequiblemente didáctica, la hondura del pensamiento y doctrinas de estos siete santos y doctores de la Iglesia (a quienes muchos pudieran no conocer bien). Leyendo una joya como ésta nadie podría justificar el malgastar el tiempo que

Dios le da de vida para intentar buscarle fuera de nuestra Iglesia, pues su misericordia pone hoy en sus manos este libro. "Mira que estoy a la puerta y llamo..." (Ap 3,20).

Fernando Poyatos
Profesor Emérito
Universidad de New Brunswick, Canadá

NOTA DEL TRADUCTOR, SEGUNDA EDICIÓN

Estimado Lector,

Ha sido para mí un honor colaborar en la revisión de la Segunda Edición de la bella obra de Ralph Martin, El Cumplimiento de Todo Deseo.

Es una obra con gran profundidad, con un alto entendimiento de nuestra naturaleza humana y de nuestro anhelo de caminar hacia nuestra Patria Celestial. Al exponer y presentarles didácticamente para su estudio la sabiduría de grandes Doctores de la Iglesia, el autor les ayudará y motivará en ese caminar espiritual por las mansiones que Santa Teresa de Ávila nos enseñó.

Gracias a que tenemos la oportunidad de tener los manuscritos originales de los grandes Doctores de la Iglesia como Santa Teresa de Ávila y San Juan de la Cruz, a veces su lenguaje no es el que habitualmente usamos en estos días, por ejemplo, frases como espántome (me espanto), hase dicho (Se ha dicho). Se hizo un esfuerzo de explicar ciertas palabras y de usar lenguaje más habitual pero siempre respetando los textos originales.

En este mes de agosto de 2017, entre las Solemnidades de la Asunción de la Virgen María y de Santa María Reina, durante el Centenario de las apariciones de la Santísima Virgen en Fátima, mi oración es que, La Hija de Dios Padre, Madre del Redentor, Esposa del

Prólogo del traductor

Espíritu Santo y la Reina de todos los Santos los guíe y los cubra con su manto para alcanzar el Cumplimiento de Todo Deseo.
Todos los Santos y Santas de Dios, Intercedan por nosotros.

Mariely Madero de Gessler

INTRODUCCIÓN

Unos meses antes de graduarme por la Universidad de Notre Dame[1] experimenté un significativo redespertar de la fe de mi niñez que me puso en un camino en el que he continuado desde hace ya más de cuarenta años. Después de dejar Notre Dame me matriculé, como había planeado, en el departamento de estudios posgraduados de Filosofía de la Universidad de Princeton,[2] comenzando mis estudios para un doctorado en Filosofía. Tras mi primer año de estudios graduados un amigo y yo habíamos pasado un verano en un monasterio tratando de encontrar una dirección para nuestras vidas. Sentíamos que el Señor nos estaba llamando a dejar los estudios superiores y a involucrarnos más de lleno en la obra de evangelización. Poco más tarde nos pidieron que asumiéramos puestos de investigación y entrenamiento en la oficina nacional del movimiento de Cursillos, cargos que mantuvimos durante cinco años. Al mismo tiempo formábamos parte del ministerio del campus en la parroquia de estudiantes católicos de la Universidad del Estado de Michigan, en Ann Arbor (Michigan), donde he vivido casi siempre desde entonces.

---

1 *N. del T.* South Bend, Indiana, EEUU.
2 *N. del T.* Una de las más prestigiosas del país, a la que sólo se accede con un expediente brillante.

Introducción

A medida que se desarrollaba la renovación carismática en los últimos años 60, nos encontramos en una posición de liderazgo y llegamos a estar muy ocupados escribiendo y hablando en público, así como en labores evangelizadoras y pastorales en este país y al otro lado del Atlántico. Esto incluyó un período de cuatro años en los que mi esposa, mis hijos y yo vivimos en Bruselas, trabajando íntimamente con el cardenal Suenens, que era en aquel tiempo el primado de la Iglesia Católica de Bélgica y había actuado como uno de los cuatro moderadores del Concilio Vaticano II.

Realmente haría falta todo un libro para relatar las experiencias de aquellos años de vida y de servicio, pero en los últimos años 80 y en los primeros 90 hubo un cambio en nuestro trabajo que me ofreció la oportunidad de cursar estudios teológicos graduados a media jornada en la Escuela de Teología del Sagrado Corazón, el seminario mayor de Detroit, Michigan. Con el tiempo llegué a hacer una licenciatura en Teología en 1996.

En la primavera de 1993 estaba en un aeropuerto de Zurich esperando el vuelo de regreso a Estados Unidos, utilizando el tiempo de mi escala como oportunidad para recuperarme en la lectura para un curso de Historia de la Espiritualidad, cuya tarea asignada consistía en leer el *Cántico espiritual* de San Juan de la Cruz.

Había intentado por primera vez leer *El ascenso al Monte Carmelo*, de San Juan de la Cruz, poco después del redespertar espiritual experimentado en Notre Dame. Después de leer tal vez menos de cien páginas, más o menos, recuerdo haberlo dejado porque me parecía difícil de entender y más bien negativo en su enfoque: no tenía nada con lo que yo pudiera identificarme en aquella época.

Ahora, sin embargo, en un aeropuerto de Zurich en 1993, a medida que leía el *Cántico espiritual*, era como si un exceso de luz y de profundidad y entendimiento me cegaran. A medida que leía sentía que todo lo que había experimentado, sentido, deseado, anhelado, y lo que me había forzado por comprender, se me estaba revelando con una profundidad de entendimiento, y en tal grado de belleza y significado,

Introducción

que me dejaba sin aliento literalmente. Era el libro apropiado en el momento apropiado.

Nunca había decaído en mi deseo de seguir al Señor o de crecer en santidad en todos estos años, pero el leer a Juan me volvió a abrir algo de las profundidades absolutas que había encontrado en Dios durante aquel redespertar hacía muchos años, y me dio la esperanza de que todo lo que entonces había esperado con relación a Él era realmente posible. Otra vez me llamaba a "remar mar adentro".

Me vi luego ocupado con los otros escritos de Juan de la Cruz, incluido *El ascenso al Monte Carmelo* que tan difícil y falto de atractivo me había parecido hacía años, encontrando en ellos un inmesno conocimiento y una ayuda grande para continuar el viaje espiritual. Tal vez fuera necesario, al menos en mi caso, cierta experiencia de la vida antes de poder comprender su verdad y relevancia.

Aunque en mis clases de Teología sólo tenía que leer fragmentos de estas obras, me encontré queriendo leerlas todas, y más aún. Me apliqué en los escritos de Santa Teresa de Ávila, Santa Catalina de Siena y Santa Teresita de Lisieux, encontrando en ellos inmensas profundidades de entendimiento, así como aliento para mí y sabiduría práctica. Y luego estudié a San Bernardo de Claraval, las *Confesiones* de San Agustín, las obras de San Francisco de Sales, y otras. Me sabían a poco estos grandes doctores de la Iglesia y sus enseñanzas sobre la vida espiritual.

Después, en 1997, el padre Michael Scanlan, por entonces rector de la Universidad Franciscana de Steubenville (Ohio), me llamó y me preguntó si estaría interesado en enseñar acerca de la "nueva evangelización" a una clase de Teología a nivel graduado. Le dije que podía hacerlo si él así lo quería, pero que prefería enseñar un curso sobre Santa Teresa de Ávila y San Juan de la Cruz. Como me conoce bien, le sorprendió un poco mi petición. Sabía que estaba estudiando a estos doctores, pero me preguntó: "¿Te sientes preparado para enseñarlos?" Sí que me sentía preparado, así que le contesté que sí. Las evaluaciones de los alumnos fueron muy positivas y cada verano desde entonces me han pedido enseñar en el programa graduado de Teología de la Franciscan University, y he enseñado durante

Introducción

bastantes veranos los siete doctores de la Iglesia que vamos a utilizar como guías en este libro.

Más tarde me pidieron que diera el curso de Espiritualidad Católica en Ave Maria College, una universidad relativamente nueva en mi zona, lo que estuve haciendo varios años hasta que la trasladaron a Florida.

Y entonces el Seminario Mayor del Sagrado Corazón y Facultad de Teología de la Archidiócesis de Detroit me pidió que enseñara el curso de Introducción a la Espiritualidad Católica y un curso a nivel graduado sobre Evangelización y Espiritualidad, lo que también he estado haciendo durante los últimos años. Ahora formo parte de su profesorado como director, en ese seminario, de los Programas Graduados de Teología sobre la Nueva Evangelización.

Cuando el 6 de enero de 2001, al finalizar el Año Jubilar 2000, El Papa Juan Pablo II publicó *Novo Millennio Ineunte*, su visión de la dinámica de la vida católica para el nuevo milenio, me asombró verle llamar a toda la Iglesia a conectar de nuevo con la tradición mística, mencionando específicamente a Catalina de Siena, Teresa de Ávila, Juan de la Cruz y Teresita de Lisieux, cuatro de los santos que yo había estado enseñando durante varios años en diversos centros.[3] Sentí que esto era una profunda confirmación de que iba por buen camino siguiendo la guía del Espíritu.

Creo que el Señor me ha dado un profundo deseo de comprender los escritos de estos grandes doctores de la Iglesia, no sólo para mí mismo sino para poder compartirlos con los demás. Sé por propia experiencia que muchos han intentado leer a estos santos y doctores y los han encontrado difíciles y lo han dejado. Hay muchas razones por lo que ocurre esto. Algunos de los escritos están deficientemente traducidos a un inglés ahora algo arcaico. Otros se extienden demasiado, haciendo difícil al principio ver la estructura y claridad

---

3 *N. del T.* El autor evita la confusión refiriéndose a Teresa de Ávila o Teresa, y a Thérèse de Lisieux o Thérèse. Por la misma razón, nos referiremos aquí sobre todo a Teresita (del Niño Jesús, como la conocemos también en el mundo hispanohablante) o Teresa de Lisieux, y sustituimos "de Ávila" por "de Jesús" (como es asimismo habitual entre nosotros).

Introducción

de su pensamiento. Y algunos, sencillamente, son difíciles. Por la razón que sea, en este momento de mi vida y de mi servicio, el Señor me ha dado la capacidad para entender a estos Doctores de la Iglesia y el deseo y habilidad de comunicar sus enseñanzas a otros.

Hasta ahora he hecho esto mediante la enseñanza directa en muchos ambientes diferentes y haciendo disponibles unos audioálbumes sobre cada uno de estos doctores donde intento comunicar su doctrina íntegramente de un modo comprensible.[4] Al hacer esto me ha llamado mucho la atención la coincidencia fundamental de estos doctores en lo que enseñan acerca del camino espiritual hacia Dios. A través de tantos siglos, lenguas, culturas y diferentes tipos de personalidad, el Señor ha infundido una sabiduría sobre el camino espiritual que es enormemente inspiradora y sorprendentemente armoniosa.

Me siento ahora preparado, y también guiado por el Señor, para intentar reunir en un libro una imagen y explicación de este mapa de ruta espiritual tal como lo encontramos en los escritos y en las vidas de estos doctores de la Iglesia. He hecho todo lo posible para dejar que estos santos hablen por sí mismos, mediante un generoso uso de sus propias palabras y limitando a un mínimo mis comentarios a fin de no entorpecer el flujo de este "mapa de ruta". Estoy muy agradecido a quienes poseen los derechos de las traducciones que he utilizado por darme permiso para usar las palabras de los santos tanto como lo he hecho. Espero que reconozcan, como yo, que sus palabras son irreemplazables —a menudo por su brillantez literaria, y siempre por su profundidad de visión interior y su relevancia práctica. También he querido utilizar sus propias palabras todo lo posible para que resalte claramente la asombrosa armonía mutua entre sus doctrinas. La fiabilidad del mapa de ruta que estoy trazando aumenta con creces no sólo por la

---

[4] Audioálbumes individuales [en inglés] dedicados a las enseñanzas de cada uno de estos santos están disponibles en versiones de casete y CD a través de Renewal Ministries, visitando *www.renewalministries.net*.

Introducción

eminencia de la doctrina de un Doctor de la Iglesia en particular, sino por la sorprendente armonía entre unos y otros en cuanto a los puntos esenciales del camino espiritual. Espero que vean que hay una multitud de testigos eminentemente autorizados y santos, que nos muestran claramente el camino que debemos seguir para alcanzar nuestra meta de unión con Dios, donde encontraremos el cumplimiento de todo deseo. También abrigo la esperanza de que encuentren el libro útil como "guía" o "mapa" al que puedan acudir repetidamente a través de los años cuando se precise sabiduría acerca de un aspecto específico de nuestro caminar. ¡Así de confiable y útil es la sabiduría de estos santos!

En este libro me he limitado únicamente a aquellos santos de la Iglesia Occidental que han sido reconocidos como Doctores de la Iglesia y que aportan una contribución principal a nuestra comprensión del camino espiritual. Hay en total treinta y tres Doctores de la Iglesia. Unos son reconocidos por su contribución a los comentarios bíblicos; otros por su teología moral; algunos por la defensa contra las herejías; algunos por su "teología espiritual" o sabiduría acerca del camino que lleva a la unión con Dios. Los Doctores de la Iglesia poseen el mayor nivel de autoridad y sus enseñanzas son reconocidas como de valor universal. Hay, por supuesto, Doctores de la Iglesia Oriental que han hecho importantes contribuciones en el campo de la espiritualidad, así como otros muchos santos y escritores del Occidente, pero en este libro nos concentraremos sólo en siete de estos Doctores, pues todos ellos hicieron una contribución capital para la comprensión del camino espiritual.

Bernardo de Claraval, un abad cisterciense del siglo XII, sobre quien más adelante aprenderemos más, pregunta dónde están los maestros que nos ayudarán a hacer este asombroso camino, y entonces responde:

> Dios proveerá. Ahí tiene a su alcance a los que necesita, para que la instruyan y la informen, le enseñen la fe y le

Introducción

entreguen los contenidos de la piedad y de la devoción a la nueva esposa que se desposará con el esposo celestial.⁵

Estos siete Doctores de la Iglesia a quienes recurriremos en busca de la sabiduría que nos guiará a lo largo de este camino, incluyendo el mismo Bernardo, son preeminentes entre aquellos "maestros" que Bernardo prometió que el Señor proveería.

He buscado la ayuda del Señor y la ayuda de nuestros amigos y maestros, los doctores y santos que forman la sustancia de este libro, para que sea útil ayudando a otros a iniciar, o continuar, o completar el camino hacia Dios, al final del cual encontramos el cumplimiento de todo deseo. Que en las páginas de este libro encontremos, en las voces de estos santos, la voz del Maestro mismo, guiándonos en nuestro caminar hacia Dios. "Y aunque el Señor os dé el pan de la adversidad y el agua de la aflicción, vuestro Maestro ya no se ocultará más, sino que tus ojos verán al Maestro, y con tus oídos oirás una palabra detrás de ti diciendo: 'Ese es el camino, vayan por él, ya sea a la derecha, ya sea a la izquierda'" (Is 30,20-21).

> Habrá allí una senda y un camino,
>   vía sacra se la llamará;
> no pasará el impuro por ella,
>   ni los necios por ella vagarán.
> No habrá león en ella,
>   ni por ella subirá bestia salvaje,
> no se encontrará en ella;
>   los rescatados la recorrerán.

---

5 *N. del T. Sermones sobre el Cantar de los Cantares*, sermón 76.7. A partir de aquí indicado como *CC*, número de sermón y número dentro de él.

Capítulo 1

LLAMADOS A LA SANTIDAD[1]

JESÚS RESUMIÓ SU DOCTRINA en una sorprendente y nada ambigua llamada a sus seguidores: "Ustedes, pues, sean perfectos como es perfecto su Padre celestial" (Mt 5,48). Perfectos en pureza, perfectos en compasión y amor, perfectos en obediencia, perfectos en amoldarse a la voluntad del Padre, perfectos en santidad. Cuando oímos estas palabras podemos, y es comprensible, ser tentados al desánimo, pensando que la perfección es imposible para nosotros. Y verdaderamente lo es abandonados a nuestros propios recursos, lo mismo que es imposible para los ricos entrar en el cielo, o para un hombre y una mujer ser mutuamente fieles toda su vida de matrimonio. Pero para Dios todas las cosas son posibles, incluso nuestra transformación.

Juan Pablo II —y puede que él mismo esté algún día entre los reconocidos como doctores— en su profética interpretación de los acontecimientos de la segunda mitad del siglo XX y principios del XXI, *Novo Millennio Ineuente*, señala que el Espíritu Santo está trayendo de nuevo al primer plano de la conciencia de la Iglesia la convicción de que estas palabras de Jesús van dirigidas realmente a cada uno de nosotros. Nos dice que el Jubileo del año 2000

---

1 *N. del T.* Título de uno de los valiosos libros del autor, *Called to Holiness* (Ann Arbor, 1988).

era simplemente la última fase de un período de preparación y renovación que había estado ocurriendo durante cuarenta años a fin de equipar a la Iglesia para los desafíos del nuevo milenio.

El papa Juan Pablo II habla de tres redescubrimientos hacia los cuales ha llevado el Espíritu Santo a la Iglesia, empezando por el Concilio Vaticano II, que concluyó en 1965. Uno de estos redescubrimientos es el de la "llamada universal a la santidad".[2]

> Todos los cristianos, de cualquier clase o condición, están llamados a la plenitud de la vida cristiana y a la perfección del amor (*NMI* 30).[3]

Juan Pablo vuelve a subrayar que esta llamada a la plenitud de santidad es una parte esencial de ser cristiano:

> Preguntar a un catecúmeno: "¿Quieres recibir el Bautismo?", significa al mismo tiempo preguntarle: "¿Quieres ser santo?" Significa ponerle en el camino del Sermón de la Montaña: "sean perfectos como es perfecto su Padre celestial" (Mt 5,48) [...] Es el momento de proponer de nuevo a todos con convicción este *"alto grado" de la vida cristiana*. La vida entera de la comunidad cristiana y de las familias cristianas debe ir en esta dirección (*NMI* 30, 31)

Antes de ir mucho más allá en nuestro examen del camino espiritual, dirijamos una mirada inicial a lo que realmente significa "santidad". En la Carta a los Efesios leemos: "nos eligió en él antes de la fundación del mundo, para que fuéramos santos e inmaculados ante él" (Ef 1,4). Ser santo no es principalmente cuestión de cuántos rosarios rezamos o en cuántas actividades cristianas estamos

---

2 Los otros dos redescubrimientos definidos por Juan Pablo II son "la Iglesia como comunión" y la "dimensión carismática de la Iglesia".
3 *Constitución dogmática "Lumen Gentio" sobre la Iglesia. Documentos del Concilio Vaticano II*, 40. A partir de aquí indicado como *LG*.

ocupados; es cuestión de que nuestros corazones sean transformados en un corazón de amor. Es cuestión de cumplir los grandes mandamientos que resumen toda la ley y los profetas: amar a Dios y a nuestro prójimo de todo corazón. O como dice Teresa de Jesús, la santidad es cuestión de llevar nuestra voluntad a la unión con la de Dios.

Teresa de Lisieux lo expresa de manera muy similar: "La perfección consiste en hacer su voluntad, en ser lo que Él quiere que seamos [...] el amor de Nuestro Señor se revela lo mismo en el alma más sencilla, que no opone resistencia alguna a su gracia, que en el alma más sublime".[4] Como dijo hacia el final de su vida: "No es mayor en mí el deseo de morir que el de vivir [...] Me gusta lo que él quiera".[5]

Juan Pablo II hace más adelante una llamada a las parroquias del tercer milenio a ser escuelas de oración y lugares donde se dé un "entrenamiento en santidad":

> Nuestras comunidades cristianas deben llegar a ser *auténticas "escuelas de oración"*, donde el encuentro con Cristo no se exprese solamente en petición de ayuda, sino también en acción de gracias, alabanza, adoración, contemplación, escucha, y viveza de afecto hasta el "arrebato del corazón" [...] se equivoca quien piense que el común de los cristianos se puede conformar con una oración superficial, incapaz de llenar su vida (*NMI* 33, 34).

Juan Pablo da varias razones por las que este cambio a la santidad de vida y a profundidad en la oración son importantes. Aparte del hecho de que es simplemente parte del mensaje del Evangelio, él señala que la cultura protectora de la "cristiandad" ha desaparecido virtualmente y que hoy la vida cristiana tiene que

---

[4] *Historia de un alma*, cap. 1, p. 27. *N. del T.* A partir de aquí indicado como *HA*, seguido del número del capítulo (usando, como para todos los libros citados, la numeración arábiga) y el de la página.
[5] "El 'Cuaderno amarillo' de la madre Inés", 27.5.4. *Obras Completas*, p. 798. A partir de aquí citado como *CA*, día.mes.número (si lo hay).

vivirse profundamente o puede no ser posible en absoluto vivirla. También hace notar que en medio de este proceso de secularización a nivel mundial, hay todavía hambre de sentido, de espiritualidad, a la que a veces se responde volviéndose hacia las religiones no cristianas. Es particularmente importante para los creyentes cristianos poder responder a esta hambre y "mostrar hasta qué profundidades puede conducir la relación con Cristo" (*NMI* 33, 40).

Reconociendo lo desafiante que es esta llamada, Juan Pablo deja claro que será difícil responder adecuadamente sin valernos de la sabiduría de la tradición mística de la Iglesia, ese conjunto de escritos y testimonios de vida centrado en el proceso de la oración y en las etapas de crecimiento en la vida espiritual. Nos dice por qué la tradición mística es importante y lo que podemos esperar que nos proporcione:

> La gran tradición mística [...] Muestra cómo la oración puede avanzar, como verdadero y propio diálogo de amor, hasta hacer que la persona humana sea poseída totalmente por el divino Amado, sensible al impulso del Espíritu y abandonada filialmente en el corazón del Padre (*NMI* 33).

Son verdaderamente extraordinarias estas palabras que utiliza aquí Juan Pablo, palabras a las que necesitaremos volver a lo largo de este libro. ¿Cómo es posible esta profundidad de unión con la Trinidad? Porque es ciertamente la respuesta a esta pregunta que nos da la tradición y que este libro intentará comunicar con claridad. Juan Pablo deja claro que esta profundidad de unión no es sólo para unas cuantas personas poco corrientes ("místicos"), sino que es la llamada que todo cristiano recibe de Cristo mismo: "Ésta es la experiencia vivida de la promesa de Cristo: 'El que me ama será amado de mi Padre y yo le amaré y me manifestaré en él (Jn 14,21)'" (*NMI* 33).

A continuación Juan Pablo resume parte de la principal sabiduría que nos enseña la tradición mística acerca del camino espiritual, sabiduría a la que prestaremos mucha atención a lo largo de este libro:

> Se trata de un camino sostenido enteramente por la gracia, el cual, sin embargo, requiere un intenso compromiso espiritual que encuentra también dolorosas purificaciones (la "noche oscura"), pero que llega, de tantas formas posibles, al indecible gozo vivido por los místicos como "unión esponsal". ¿Cómo no recordar aquí, entre otros tantos testimonios espléndidos, la doctrina de san Juan de la Cruz y de Santa Teresa de Jesús? (*NMI* 33).

Los cuatro principios que define Juan Pablo son básicos para una apropiada comprensión del camino espiritual.

1. Esta profundidad en la unión con Dios es totalmente inalcanzable con nuestros propios esfuerzos; es un don que sólo Dios puede dar, pues dependemos totalmente de su gracia para progresar en el camino espiritual. Y, sin embargo, sabemos también que Dios anhela dar esta gracia y llevarnos a la unión profunda.

    Sin Él nada podemos hacer, pero con Él todo es posible (cf. Mt 19,26; Mc 10,27; Lc 18,27; Flp 4,13). Sin Dios es imposible completar el camino con éxito, pero, en cierto sentido, con Él estamos ya allí. Él es verdaderamente el Camino y el destino a la vez; y nuestras vidas ahora mismo están, ocultas con Cristo, en Dios (Col 3,3).

2. Al mismo tiempo nuestro esfuerzo es indispensable. Nuestro esfuerzo no es suficiente para llevar a cabo esa unión, pero es necesario. Los santos hablan de disponernos para la unión. Los esfuerzos que hagamos nos ayudarán a disponernos para recibir los dones de Dios. Si realmente valoramos algo, debemos estar dispuestos a enfocar nuestra atención en las cosas que nos ayuden a alcanzar la meta. Y aun así, sin la gracia de Dios no podemos siquiera saber lo que es posible, ni desearlo, ni tener la fuerza para hacer esfuerzo alguno en ese sentido. Es la gracia de Dios lo que nos permite vivir el necesario "compromiso espiritual intenso".

"Desde allí buscarás a Yahvé tu Dios; y lo encontrarás si lo buscas con todo tu corazón y con toda tu alma" (Dt 4,29).

3. Como nos dice el Evangelio, es importante considerar lo que se requiere antes de emprender una tarea (antes de empezar a construir una torre o de entablar una batalla en una guerra) si queremos completarla con éxito. Mucho ha de cambiar en nosotros para hacernos capaces de una unión profunda con Dios. Las heridas del pecado original y de nuestros pecados personales son profundas y necesitan ser sanadas y transformadas a través de un proceso que tiene sus momentos necesariamente dolorosos. Al dolor de la purificación lo llama San Juan de la Cruz la "noche oscura". Es importante que no nos sorprendan los momentos dolorosos de nuestra transformación y que sepamos que son una parte necesaria y bendecida de todo el proceso.

"Es necesario que pasemos por muchas tribulaciones para entrar en el reino de Dios" (Hch 14,22b).

4. Y, finalmente, sepamos que todos los esfuerzos y dolores ¡valen la pena! ¡*Infinitamente* la valen! Restrospectivamente, el dolor del camino nos parecerá que ha sido leve comparado con el peso de la gloria para la que nos estábamos preparando (ver 2 Co 4,16-18).

La unión profunda (la "unión esponsal" o "matrimonio espiritual") es posible incluso en esta vida. Teresa de Jesús nos dice que no hay razón para que alguien que ha alcanzado una estabilidad básica viviendo una vida católica (tercera "mansión" en su sistema de clasificación) no pueda proseguir hasta llegar al "matrimonio espiritual" en esta vida (séptima mansión).[6]

Todos estos principios los exploraremos en profundidad en los próximos capítulos. Ahora necesitamos reconocer la trascendencia de este "redescubrimiento" de la llamada universal a la santidad y determinar nuestra propia respuesta a esa llamada.

---

[6] Teresa usa la imagen del alma como un gran castillo con muchos niveles concéntricos de mansiones o grupos de aposentos. Explica el camino espiritual en términos de pasar de esos aposentos exteriores al centro mismo del alma, donde está el Señor. La primera mansión es la más exterior y la séptima la más interior.

Todos probablemente sabemos de algún modo que estamos llamados a la santidad, pero tal vez nos resistamos a responder. Sintiendo el desafío de la llamada, pero viendo los obstáculos, es fácil tener razones para retrasarla o hacer concesiones y evitar una respuesta entusiasta e inmediata.

No es infrecuente, por ejemplo, pasar la responsabilidad a otros a quienes consideramos con mejores condiciones para responder con entusiasmo. Los que somos laicos católicos miramos a menudo nuestras vidas tan ocupadas y nuestros corazones indolentes y suponemos que los sacerdotes y las monjas están en mejores condiciones para responder a la llamada. Después de todo, podemos pensar para nuestros adentros, ¡para eso les pagamos! Podemos pensar que cuando nuestros niños se hagan mayores, o cuando nos jubilemos, o después de que haya pasado una crisis en el negocio, o cuando nos casemos, o..., que *entonces* estaremos en mejores condiciones para responder.

Desgraciadamente, ser sacerdote o monja tampoco elimina esa tentación a pasar la responsabilidad a otros. Al reducirse el número de sacerdotes es comprensiblemente fácil que los curas y las monjas se sientan agobiados por sus responsabilidades; y llevan un ritmo de vida tan ocupado que ellos mismos pueden suponer que son las órdenes de clausura las que están en mejor posición para responder con entusiasmo a la llamada a la santidad.

Pero incluso en las órdenes de clausura pueden encontrarse razones para cargarles la responsabilidad a otros. Y, además, teniendo que atender a los huéspedes, supervisar obras de renovación, asistir a asambleas monásticas o hacer queso, pan o mermeladas, es posible suponer que quien realmente puede responder a la llamada con entusiasmo es el ermitaño.

Claro que aun el ser ermitaño no garantiza tal respuesta. Después de todo, los ermitaños necesitan trazarse una regla de vida, tener encuentros con los superiores para revisarla, asegurarse de que su seguro médico los cubre apropiadamente, enfrentarse con distracciones y tentaciones externas e internas, ¡y tal vez hasta contribuir a un boletín para ermitaños!

Lo que realmente nos frena para dar una entusiasta respuesta a la llamada de Jesús, del Vaticano II, de los repetidos apremios del Espíritu, no son realmente las circunstancias externas de nuestras vidas, sino la pereza interior de nuestros corazones. Tenemos que tener claro que nunca habrá un momento mejor, ni un mejor conjunto de circunstancias, que ahora para responder con todo nuestro corazón a la llamada a la santidad. ¿Quién sabe cuánto tiempo más vamos a estar vivos en la tierra? No sabemos cuánto viviremos o lo que el futuro nos deparará. Ahora es el tiempo aceptable. Las mismas cosas que nos parecen obstáculos son precisamente los medios que Dios nos está dando para llevarnos a depender más profundamente de Él.

Claro que algunas veces lo que nos impide responder sin reservas en nuestras circunstancias presentes es el creer que no tenemos que concentrarnos demasiado en eso ahora mismo porque más tarde o más temprano cualquier purificación que podamos necesitar se hará en el purgatorio. Pero este modo de pensar presenta algunos problemas.

Es cierto que a veces no llegamos a la meta a que apuntamos, y es bueno tener una alternativa. Si apuntamos al cielo en el momento de nuestra muerte y realmente morimos en amistad con Cristo, pero no hemos sido suficientemente transformados para estar preparados para ver a Dios, el purgatorio es una bendición maravillosa. Pero si apuntamos hacia el purgatorio y no acertamos, entonces no hay realmente una buena alternativa disponible.

La fuente de toda nuestra infelicidad y miseria es el pecado y sus efectos, y cuanto antes tenga lugar la purificación del pecado y sus efectos en nuestras vidas, más felices seremos y mejor capacitados estaremos para verdaderamente amar a otros. Sólo entonces podremos entrar en el propósito que Dios tiene para nuestras vidas. Y, la verdad, en este caso, más vale antes que después.

Y, finalmente, es importante darse cuenta de que hay sólo una opción: o pasar por una completa transformación y entrar en el cielo o estar eternamente separados de Dios en el infierno. Hay únicamente dos destinos últimos, y si queremos entrar en el cielo debemos prepararnos para ver a Dios. Porque la santidad no es una "opción". En el cielo sólo hay santos; la transformación total no es una "opción" para los que están interesados en ese tipo de cosas, sino esencial para los que quieren pasar la eternidad con Dios.

> Procuren la paz con todos, y la santidad, sin la cual nadie verá al Señor (Hb 12,14)

El único propósito de nuestra creación, el único propósito de nuestra redención, es que podamos estar totalmente unidos a Dios en todos los aspectos de nuestro ser. Existimos para la unión; fuimos creados para la unión; fuimos redimidos para la unión eterna. Cuanto antes nos transformemos, más felices y más "cumplidos" estaremos. El único camino hacia "el cumplimiento de todo deseo" es emprender y completar el camino hacia Dios.

En el Antiguo Testamento estaba bien claro que ver realmente a Dios en nuestra condición humana no transformada significaba ser destruido.

> Entonces Moisés dijo a Yahve: "Déjame ver tu Gloria". El le contestó: "Yo haré pasar ante tu vista toda mi bondad y pronunciaré delante de ti el nombre de Yahvé; pues concedo mi favor a quien quiero y tengo misericordia con quien quiero" (Ex 33,18-20).

Es únicamente Jesús quien ve el rostro del Padre, y es a través de Jesús como podemos preparamos para compartir su visión del Padre. Es a través de nuestra unión con Jesús, de nuestra contemplación de su "rostro", como somos transformados poco a poco y preparados para la visión beatífica, que es tanto más de lo que comúnmente entendemos por "ver"; es verdaderamente una participación en el conocer y amar a la Trinidad extáticamente, una participación en el Amor mismo.

Cuando el papa Juan Pablo II consideraba qué era el legado más importante que del Año Jubilar 2000 debería transmitirse al nuevo milenio, esto es lo que dijo: "Pero si nos preguntamos, cual es el núcleo esencial de la gran herencia que nos deja, no dudaría en concretarlo en la *contemplación del rostro de Dios* (*NMI* 15).

Bernardo de Claraval expande nuestra visión de lo que significa contemplar el rostro de Cristo, "poder contemplar al Padre en el Hijo y al Hijo en el Padre" (*CC*, 76.6). Y nos anima con todo entusiasmo a emprender el camino:

> Sin embargo, trabaja, síguelo, búscalo; y que aquella innacesible claridad y sublimidad no te desvíe de buscarlo, ni te haga perder la esperanza de encontrarlo. "Si puedes creer, todo es posible para el que tiene fe" (Mt 9,22). "A tu alcance está la palabra, dice, en tus labios y en tu corazón" (Ro 10,8). Cree, y has encontrado, porque creer es haber encontrado. Saben los fieles que Cristo habita por la fe en sus corazones (Ef 3,17). ¿Hay algo que sea más propio? Búscalo, pues, con confianza; búscalo con devoción. "El Señor es bueno para el alma que lo busca" (Lam 3,25). Búscalo con los deseos, síguelo con las obras, encuéntralo con la fe (*CC*, 76.6).

Y, naturalmente, este entusiasmado buscar a Dios, esta contemplación de Cristo, es una parte central del mensaje de la Escritura:

> Mas todos nosotros, que con el rostro descubierto reflejamos como en un espejo la gloria del Señor, nos vamos transformando en esa misma imagen cada vez más gloriosos: así es como actúa el Señor, que es Espíritu (2 Co 3,18).

Este texto de la Escritura es un poderoso resumen del proceso de transformación que ahora empezaremos a examinar en más detalle.

Capítulo 2

VISIÓN GENERAL DEL CAMINO

A través de los siglos se han hecho varios intentos de clasificar las etapas del crecimiento espiritual. La clasificación predominante, utilizada por varios de los doctores de la Iglesia en quienes nos estamos basando, es el de la división en tres etapas: purgativa, iluminativa y unitiva. (Otro de los principales intentos de delinear los estadios del crecimiento es el de Santa Teresa de Jesús, que divide el camino en siete "mansiones" o vías).

Brevemente, *la etapa purgativa* incluye las fases iniciales de la vida espiritual, entre ellas la llegada a la conversión, el apartarse del pecado, el conducir nuestra vida conforme a la ley moral, el iniciarse en el hábito de la oración y las prácticas piadosas y el mantener una vida relativamente estable dentro de la Iglesia. (Las tres primeras mansiones de Teresa tratan de asuntos en relación con la vía purgativa).

La *etapa iluminativa* es de crecimiento continuo. Se caracteriza por la oración profunda, el crecimiento en las virtudes, la profundización en el amor al prójimo, mayor estabilidad moral, una entrega más completa al señorío de Cristo, mayor desprendimiento de todo lo que no es Dios y creciente deseo de una unión plena. Se acompaña de varios tipos de pruebas y purificaciones y a veces de grandes consuelos y bendiciones, incluyendo aquellas a las que solemos referirnos como "fenómenos místicos". (Las mansiones cuarta, quinta y sexta de Teresa tratan de asuntos relacionados con este estadio).

La *etapa unitiva* es de unión profunda y habitual con Dios, caracterizada por gozo profundo, humildad profunda, liberación de los temores hacia el sufrimiento o las pruebas, gran deseo de servir a Dios, y los frutos apostólicos. La experiencia de la presencia de Dios es casi continua; se experimenta gran entendimiento para las cosas de Dios; y, aunque no sin sufrimiento, el sufrimiento es ahora principalmente la gracia de compartir el sufrimiento redentor de Cristo en lugar del sufrimiento de purificación. Esta unión profunda y habitual está descrita de modos diferentes como "matrimonio espiritual" o "unión transformadora". (Teresa describe esta fase unitiva en la mansión séptima).

Esta división en tres etapas es una manera útil de caracterizar ampliamente los diversos aspectos del camino espiritual, así que nosotros la utilizaremos como principio para organizar nuestro estudio del camino. Pero, puesto que a muchos la terminología tradicional les parece un poco oscura y abstracta, usaremos a menudo algunas descripciones alternativas en un lenguaje corriente.

Llegados a este punto, quisiera presentar una tabla que intenta relacionar de manera amplia la terminología usada por varios de los doctores en quienes nos iremos basando y relacionarla con las tres etapas tradicionales de la vida espiritual. Esta tabla es simplemente un punto de referencia y un intento de ofrecer una visión general del camino de forma esquemática. Todos los conceptos se explicarán en los capítulos correspondientes. Además, es importante tener en cuenta que en la práctica ninguna de las etapas descritas por los diferentes santos coincide con la vida de nadie. Ellos mismos nos hacen ver cómo pueden presentarse en nuestra vida diferentes aspectos de estas etapas simultáneamente, aunque la dirección de nuestras vidas, si estamos progresando, debe reflejar cada vez más las características que señalan los santos como índices del progreso espiritual. Como dice Catalina de Siena, "He aquí los tres estados que pueden hallarse y que se hallan en diversas criaturas, y que pueden existir en una misma persona"[1]

---

1 *El diálogo*, cap. 56. *N. del T.* A partir de aquí indicado como *D*, seguido del número del capítulo.

Visión general del camino

	Vía purgativa	Vía iluminativa	Vía unitiva	Visión beatífica
Teresa de Jesús	Mansiones primera tercera; abandonar el pecado; orar; crecer en una vida católica bien ordenada y estable	Mansiones cuarta a sexta; recogimiento; unión de voluntades; preparación para la unión con dones y gracias, pruebas interiores y exteriores.	Mansión séptima, "matrimonio espiritual"; "perfecta", pero aún son posibles las faltas y los pecados veniales inadvertidos; mucho fruto en la oración y en la acción.	Conocer
Juan de la Cruz	"Principiantes"; meditación; "noche activa de los sentidos" (Ascenso I); "noche pasiva de los sentidos" (Noche oscura I).	Aprovechados"; contemplación; "noche activa del espíritu" (Ascenso II, III) "noche pasiva del espíritu).	Unión contemplativa "perfecta" y habitual; "matrimonio espiritual", "unión transformativa"; Llama de amor viva, Cántico espiritual (22-40).	y amar
Catalina de Siena	"Amor de esclavo" (volverse a Dios por miedo); abrazar los pies de Cristo (arrepentimiento de los pecados, conversión).	"Amor mercenario" (servir a Dios por la recompensa); crecer en la oración, virtud, estabilidad (paciencia, obediencia, humildad); contemplar la herida del costado de Cristo.	"Amor filial"; amor como de un amigo muy querido" (amar por el bien del otro); besar la boca de Cristo; unión de contemplación y acción.	como
Bernardo de Claraval	"Afecto natural" (amar a los que nos aman); postrarse a los pies de Cristo (arrepentimiento de los pecados, conversión).	"Libertad de espíritu" (amar a los demás como a uno mismo, esperando el beneficio); besar las manos de Cristo (virtud, oración, frutos del arrepentimiento).	"Amor de esposos"; amigos del Esposo (amor universal, aun por los enemigos).	somos
Francisco de Sales	Abandonar el pecado mortal, el pecado venial y el afecto por el pecado; establecer un plan ordenado de oración; temor servil del infierno.	Crecer en virtud; humildad, obediencia, paciencia, pobreza de espíritu, desprendimiento, estabilidad en la oración y amor al prójimo; amor mercenario, siervo que busca la paga.	Regido por el amor; amor de esposos; unión perfecta de voluntades para seguir los mandamientos, consejos e inspiraciones del Espíritu Santo; el amor perfecto expulsa al temor, pero los motivos serviles y mercenarios ayudan aún en momentos de tentación.	conocidos y amados

El tener una visión general de cómo los diferentes santos clasifican las etapas del proceso de transformación puede servir de ayuda cuando examinemos detalladamente los elementos particulares del camino hacia Dios.

Parte I

COMIENZA LA TRANSFORMACIÓN
(La vía purgativa)

Capítulo 3

DESPERTAR Y CONVERSIÓN

A veces las personas que son bautizadas en la infancia se crían, sencillamente, en una atmósfera de fe, madurando gradualmente hacia una vida de profunda santidad y misión. Mientras que la sanación y la purificación son todavía necesarias (a veces bastante) para progresar en personas que se hallan en esa situación, no hay ninguna experiencia notable de despertar o conversión tras una vida apartadas de Dios. Este fue el caso de Teresita de Lisieux y de Francisco de Sales, dos de los grandes doctores de espiritualidad a quienes nos referiremos frecuentemente en este libro. Los dos fueron bendecidos con un entorno familiar de fe y sólida instrucción, y simplemente maduraron (no sin un trauma significativo en el caso de Teresita) hacia una vida de santidad y con la misión especial que Dios les había dado.

Por otra parte, hay otras que, aunque puedan estar viviendo en cierta medida una vida católica, a menudo lo hacen con tibieza y con concesiones significativas. Sabemos que la tibieza es un estado que no agrada al Señor (ver Ap 3,15-16). Las personas en esta situación parecen estar forzadas a "servir a dos amos", o simplemente ciegos o ajenos a lo que realmente implica la llamada a la santidad, y no progresan mucho, o nada, en el camino espiritual. El Señor da a menudo gracias a personas que se encuentran en esta situación para despertarlas a una ferviente vida cristiana. Teresa de Jesús da testimonio de que ella se encontraba entre los tibios a quienes el Señor necesitaba despertar para que pudiera empezar de nuevo a progresar en el camino espiritual.[1]

Hay otros que viven más alejados del Señor y, más que un despertar, necesitan un redespertar. Algunos de estos puede que estén viviendo en las profundidades del descreimiento o en profunda esclavitud al pecado grave. Algunos pueden haber practicado su fe en cierta medida hace tiempo, pero se han apartado por varias razones. Puede que algunos no hayan oído nunca el Evangelio, ni hayan sido bautizados, ni emprendido el camino espiritual. A las personas que están en esta situación Dios, en su misericordia, les da la gracia suficiente para llevar a cabo la conversión, o reconversión. San Agustín da testimonio de que tal fue su situación.

Los comienzos o recomienzos son importantes en la vida espiritual. Se aprenden lecciones sobre el pecado y la gracia, y sobre nuestros esfuerzos y la misericordia de Dios, que no solamente son valiosos al principio, sino a lo largo del camino hacia la total unión. Sólo de este modo las lecciones aprendidas en la "etapa purgativa" del camino continúan formando y modelando el alma.

En este capítulo examinaremos algunas de las lecciones que podemos aprender del testimonio que dan Teresa y Agustín, respectivamente, sobre su despertar y conversión a una vida de santidad y misión.

Despertar a Dios: El testimonio de Teresa

Teresa nació el 28 de marzo de 1515 en Ávila, España, en una devota familia católica. Teresa tenía once hermanos. Su padre había vuelto a casarse tras haber muerto su primera mujer. Cuando Teresa

---

[1] El P. Thomas Dubay, S.M., ha escrito una excelente introducción a las enseñanzas de Teresa de Jesús y Juan de la Cruz, *Fire Within: St. Teresa de Ávila, St. John of the Cross and the Gospel—on Prayer* (*El fuego interior* [...] *y el Evangelio, sobre la oración*). *N. del T.* En español puede recomendarse la utilísima guía doctrinal de Fr. Maximiliano Harráiz, O.C.D., *Introducción a los escritos de Teresa de Jesús y Juan de la Cruz.*

Despertar y conversión

tenía trece años, su madre (la segunda mujer) murió también. Teresa pidió entonces a María, la Madre de Jesús, que también fuera su madre.

A medida que Teresa se hacía mayor, su padre sentía que su hija, vivaz y atractiva, necesitaba un ambiente más protector, y la envió a una escuela conventual cuando tenía dieciséis años. Teresa, reflexionando después sobre aquella experiencia, tuvo incluso algún consejo para padres en situación similar:

> Si yo tuviera que aconsejar, diría a los padres que en esta edad tuviesen gran cuenta con las personas que tratan sus hijos; porque aquí está mucho mal, que se va nuestro natural antes a lo peor que a lo mejor.[2]

Impresionada por una de las monjas, Teresa razonó que la mejor manera de salvar su alma era probablemente entrar en un convento, lo que hizo cuando tenía unos veinte años. Ingresó en el convento de carmelitas de La Encarnación, en Ávila, que era grande y no particularmente estricto. Había muchas idas y venidas tanto de monjas como de visitantes; las diferencias sociales y económicas se mantenían cuidadosamente. Algunas monjas tenían "suites", con sirvientes y animales de compañía, mientras que otras tenían sencillas celdas. Teresa empezó su estancia en el convento con bastante fervor; ocasionalmente experimentaba incluso la oración de unión, que describe como característica de la quinta mansión. Pero después de unos años se acomodó a una rutina que encerraba muchas concesiones a lo mundano y a la vanidad, lo cual impidió un progreso mayor. Hasta que tenía casi cuarenta años no despertó de nuevo a una vida ferviente, y empezó otra vez a progresar en el camino.

El medio que usó Dios para llamarla de nuevo hacia Él fue una pequeña imagen que mostraba sus sufrimientos al acercarse a su crucifixión. Al meditar en lo que Cristo había sufrido por ella, pidió

---

[2] *Libro de la vida. Obras de Santa Teresa de Jesús*, ed. por el P. Silverio de Santa Teresa, C.D. (Todas las obras de la santa se citan por esta edición), cap. 3.3. A partir de aquí indicado como *V*, seguido, como para sus otras obras, del número de capítulo y el de su parte.

fervientemente, y experimentó, la gracia de la conversión profunda, lo cual hizo que reemprendiera el camino espiritual. Poco después leyó las *Confesiones* de San Agustín, que acababan de traducirse al español, y Dios usó el testimonio de Agustín para consolidar el despertar que estaba ocurriendo en Teresa. Este despertar fue en 1554, cuando Teresa tenía casi cuarenta años. Empezó a concentrarse con gran constancia en amar y servir al Señor y, ocho años más tarde, en 1562, experimentó el "desposorio espiritual" de que habla en su descripción de la sexta mansión. Diez años después de esto, en 1572, tras recibir la Comunión de manos de San Juan de la Cruz, experimentó el "matrimonio espiritual" que describe en la séptima mansión. Tenía cincuenta y siete años. Murió en 1582, a la edad de sesenta y siete, agotada de tanto trabajo. Junto con Juan de la Cruz había llevado a cabo una reforma muy difícil de la Orden Carmelitana, y a su muerte había más de diecisiete monasterios reformados con más de doscientas monjas y más diez monasterios donde había aproximadamente trescientos frailes.

¿Qué bloqueó el progreso de Teresa?

Teresa, a petición de su director espiritual, escribió un relato de su vida, una verdadera autobiografía titulada *Su vida*. En esta obra, como en todos sus escritos, Teresa es muy honesta al hablar de sus debilidades y errores. Identifica claramente numerosas cosas que bloqueaban su progreso después de un comienzo prometedor en sus primeros años veinte, durante sus primeros en el monasterio.

Descuido respecto al pecado

Teresa hace una declaración muy asombrosa acerca de cómo el descuidarse respecto al pecado bloqueaba gravemente su progreso:

> En cuanto a los pecados veniales, hacía poco caso, y esto es lo que me destruyó (*V*, 4.7).

Despertar y conversión

Señala que esto fue en parte el caso a causa del consejo "liberal y permisivo" que le dieron los sacerdotes.

> Lo que era pecado venial decíanme que no era ninguno; lo que era gravísimo mortal, que era venial. Esto me hizo tanto daño [...] Duré en esta ceguedad creo más de diecisiete años, hasta que un padre dominico, gran letrado, me desengañó en muchas cosas (V, 5.3).

Sin embargo, al mismo tiempo, Teresa se daba cuenta de que probablemente debería haber reconocido instintivamente lo que realmente estaba mal o bien, y que podía haber algo en ella que aceptaba demasiado fácilmente tal consejo.

Hay verdaderamente una inclinación en todos nosotros a buscar consejos que nos dejen seguir nuestros deseos egoístas.

> Porque vendrá un tiempo en que los hombres no soportarán la doctrina sana, sino que, arrastrados por sus propias pasiones, se harán con un montón de maestros por el simple deseo de oír novedades, apartándose de la verdad y se volverán a las fábulas (2 Tim 4,3-4)

Teresa hace una distinción muy importante entre pecado venial deliberado, libremente escogido (advertido), y pecado venial que no es deliberado ni libremente escogido (inadvertido). Y da una descripción muy clara de lo que ella quiere decir:

> Tened esta cuenta y aviso, que importa mucho, que hasta que os veáis con tan grande determinación de no ofender al Señor, que perderíais mil vidas antes que hacer un pecado mortal, y de los veniales estéis con mucho cuidado de no hacerlos; esto de advertencia, que de otra suerte, ¿quién estará sin hacer muchos? (CP, 41.3).[3]

---

3 *Camino de Perfección*. N. del T. A partir de aquí indicado como CP, seguido del número de capítulo y el de su parte.

Cuando la Escritura dice que "el justo cae siete veces y se levanta" (Pro 24,16), Teresa entiende que se refiere a la persona básicamente justa que inadvertidamente comete pequeños pecados veniales. Teresa cree que hasta cierto punto todos podemos tener estas faltas inadvertidas durante toda la vida, aunque estemos progresando en el camino espiritual.

Teresa comenta que algunas veces el cometer un pequeño pecado y darse cuenta de ello ocurre casi simultáneamente, y que esos pecados veniales "inadvertidos", aunque son desgraciadamente comunes, no obstaculizan nunca el camino espiritual tanto como el decidir conscientemente cometer "pequeños" pecados. Su definición de pecado venial "advertido" es clara:

> Que esto me parece a mí es pecado sobrepensado, como quien dice: Señor, aunque os pese, haré esto; ya veo que lo veis y sé que no lo queréis y lo entiendo, mas quiero más seguir mi antojo que vuestra voluntad. Y que en cosa de esta suerte hay poco, a mí no me lo parece, por leve que sea la culpa, sino mucho y muy mucho (*CP*, 41.3).

Tomar la decisión de no escoger nunca libremente el cometer incluso un pequeño pecado es un punto crucial en el camino espiritual. Como señala Teresa, escoger libremente el cometer un "pequeño" pecado no es realmente cosa pequeña si estamos tratando de vivir una vida agradable a Dios.

Cuando no se evitan las cuasi-ocasiones de pecado

Una de las razones más comunes por las que no se consigue progresar en el camino espiritual, retrocediendo frecuentemente a los mismos pecados, es la falta de sabiduría en cuanto a evitar esas ocasiones que suelen contribuir a que pequemos. Esto fue verdad para Teresa durante aquellos muchos años en que "le patinaban las ruedas" sin progresar en el camino.

Despertar y conversión

Por eso alude a algunos problemas a los que era vulnerable cuando estaba conversando con ciertas personas, y expresaba su frustración de que lo sentía, pero no podía cambiar.

> se me acordaba los regalos que el Señor me hacía en la oración [...] y veía cuán mal se lo pagaba, no lo podía sufrir; y enojábame en extremo de las muchas lágrimas que por la culpa lloraba, cuando veía mi poca enmienda, que ni bastaban determinaciones, ni fatiga en que me veía, para no tornar a caer en poniéndome en la ocasión. Parecíanme lágrimas engañosas [...] Estaba todo el daño en no quitar de raíz las ocasiones y en los confesores, que me ayudaban poco. Que a decirme en el peligro que andaba y que tenía obligación a no traer aquellos tratos, sin duda creo se remediara; porque en ninguna vía sufriera andar en pecado mortal sólo un día, si yo lo entendiera (V, 6.4).

Incluso los que han llegado a los segundos aposentos (la segunda morada), en las primeras etapas del camino, están todavía en peligro de volverse atrás y rendirse "porque no dejan las ocasiones, que es harto peligro".[4]

El no evitar personas, situaciones o lugares relacionados con el pecar puede a su vez debilitar nuestro propósito de evitarlo, una razón por la cual muchos no progresan en la vida espiritual. Necesitamos pedir a Dios la sabiduría para reconocer esas situaciones que debilitan nuestra propósito de resistir los pecados y evitarlos todo lo posible.

Confianza en sí mismo

Teresa hace otra declaración muy fuerte, prácticamente idéntica a lo que dijo sobre el descuidarse acerca del pecado, y nos descubre una falsa comprensión y actitud que bloqueaban su progreso:

---

4 *Castillo interior o las moradas*, Morada 2, cap, 1.2. *N. del T.* Por ser más conocida en español como *Las moradas*, se indica a partir de aquí como *M*, número de la morada y el número dentro de ella.

Esto [el confiar en mí misma] fue lo que a mí me destruyó (*V*, 19.15).

Una de las razones más comunes por las que las personas inician el camino espiritual y luego se vuelven atrás es porque se ven fallando, desfalleciendo, cansándose o desanimados, como resultado de confiar en sus propias fuerzas o en su propio intelecto en lugar del Señor. A lo largo de este libro veremos que es éste un punto que, de un modo u otro, tocan prácticamente todos estos doctores de la Iglesia. Es bien claro el testimonio de Teresa sobre lo significativamente que este problema impedía su progreso, y aconseja así sobre ello:

> Os doy un aviso: que no penséis por fuerza vuestra, ni diligencia, llegar aquí —que es por demás— antes si teníades devoción, quedaréis frías; sino con simplicidad y humildad —que es lo que lo acaba todo— decir: "Fiad voluntas tuas" [hágase tu voluntad] (*CP*, 32.14).

Teresa señala la discernible diferencia entre el comportamiento de alguien que considera el camino espiritual como cuestión del propio esfuerzo y el de quien lo hace como cuestión de confiar en la misericordia de Dios:

> (cuando más determinados, menos confiados de nuestra parte, que de donde ha de venir la confianza ha de ser de Dios); cuando esto que he dicho entendamos de nosotros, no es menester andar tan encogidos ni apretados [...] sino andar con una santa libertad (*CP*, 41.4).

Teresa nos urge a confiar en que la sangre de Cristo y la misericordia de Dios nos guiarán en el camino espiritual, confiando en que progresaremos:

> Por la sangre que derramó por nosotros lo pido yo a los que no han comenzado a entrar en sí; y a los que han

> comenzado, que no basta para hacerlos tornar atrás [...] confíen en la misericordia de Dios, y nonada en sí, y verán cómo su Majestad le lleva de unas moradas a otras [...] y goce de muchos más bienes que podría desear, aun en esta vida, digo (*M*, 2, 1.9).

Con el tiempo, poco a poco, aunque no sea pronto, Teresa promete que si seguimos intentándolo y confiando, llegaremos a ser santos:

> Tener gran confianza porque conviene mucho no apocar los deseos, sino de Dios que, si nos esforzamos, poco a poco, aunque no sea luego, podremos llegar a lo que muchos santos con su favor (*V*, 13.2).

No valorar las gracias de Dios

Una de las características que encontramos en muchos santos es su prontitud en responder a las inspiraciones del Espíritu. Cuando Francisco de Asís se sentía impulsado a la oración, a menudo empezaba inmediatamente, donde estuviera, aunque fuera en mitad de una calle muy concurrida. De Catalina de Siena se conocía la misma diligencia en responder a las inspiraciones del Señor allá donde estuviera y haciendo lo que estuviera haciendo. Francisco de Sales define la naturaleza de la vida "devota" como caracterizada por una cuidadosa y pronta respuesta a la voluntad de Dios y a sus inspiraciones.

Teresa de Jesús señala que el no valorar las gracias que Dios nos concede, como cuando nos da la sensación de su presencia en la oración, impide a muchos progresar:

> Y alma a quien Dios le da tales prendas, es señal que la quiere para mucho: si no es por su culpa, irá muy adelante. Mas si ve, que poniéndola el reino del cielo en su casa, se torna a la tierra, no sólo no la mostrará los secretos que hay en su reino, mas serán pocas veces las que le haga este favor y breve espacio (*CP*, 31.11).

Teresa nos indica cómo responder adecuadamente cuando el Señor da señales de su presencia:

> Ya puede ser yo me engañe en esto, mas véolo y sé que pasa así, y, tengo para mí, que por eso no hay muchos más espirituales; porque, como no responden en los servicios conforme a tan gran merced, con no tornar a aparejarse a recibirla, sino sacar al Señor de las manos la voluntad que ya tiene por suya y ponerla en cosas bajas, vase a buscar adonde la quieran para dar más, aunque no del todo quita lo dado, cuando se vive con limpia conciencia. Mas hay personas, y yo he sido una de ellas, que está el Señor enterneciéndolas y dándolas inspiraciones santas, y luz de lo que es todo, y, en fin, dándoles este reino y poniéndolos en esta oración de quietud (*CP*, 31.12).

Bernardo también se da cuenta de que no muchos de nosotros estamos al principio lo atentos que deberíamos estar a estas visitas del Señor:

> ¿Crees tú que hay entre nosotros alguien tan vigilante y atento al momento de su visita, y que, en cada uno de sus movimientos, observe tan atentamente al Esposo que, cuando llegue y llame, le abra al instante? (Lc 12,36) (*CC*, 57.3).

Sin embargo, Bernardo nos anima a crecer en esa atención a las "luces" y "suaves codazos", a veces apenas perceptibles, que el Espíritu Santo desea darnos:

> [si] puede decir con el Profeta: "Tengo los ojos puestos en el Señor" [Sal 24,15], y también, "Tengo siempre presente al Señor" [Sal 23,5], ¿acaso no recibirá ése la salvación del Señor, y la misericordia de Dios su Salvador? [Sal 23,5].[5] Seguro que será visitado con frecuencia, y siempre reconocerá

---

5 *N. del T.* De acuerdo con el actual espíritu ecuménico, y para facilitar al lector el acceso en cualquier Biblia a cualquiera de los salmos citados, utilizo la numeración hebrea, que aparece en el Salterio de todas las confesiones cristianas (incluso, por ejemplo, en el Catecismo y en encíclicas papales), es decir, no la de la Vulgata (la versión de San Jerónimo traducida del griego al latín), usada por algunos de los autores aquí citados (y, en español, por los leccionarios y la Liturgia de las Horas).

el tiempo de su venida [Lc 19,44], aunque el que visita en el espíritu venga muy clandestina y furtivamente, como corresponde a un amante pudoroso (*CC,* 57.4).

Yo creo que es muy posible que, al leer este libro, el Señor dé señales de su presencia, entendimiento acerca de su manera de obrar, invitaciones a acercarse más a Él; valdría la pena adoptar esta práctica de responder inmediatamente al Señor con esa atención en la oración y en la acción de la que hablan Teresa y Bernardo.

También es posible que ciertas enseñanzas de los santos en este libro nos parezcan al principio imposibles, inquietantes, no razonables, desequilibradas, no realistas, hasta no verdaderas, muy como la reacción a muchas de las enseñanzas de Jesús. Yo les pediría que, por favor, resistieran e hicieran todo el camino. Puede que lleve algún tiempo entender lo que un santo en particular puede querer decir con algo que expresa de manera contundente; puede que haga falta algún tiempo para que nuestra actitud defensiva, nuestros temores y nuestras interpretaciones erróneas den paso a una visión más amplia y profunda de la realidad, incluyendo nuestra propia realidad. Pero puedo prometerles que vale la pena el esfuerzo.

Volveremos a la sabiduría de Teresa y Bernardo en posteriores etapas del camino, pero consideremos ahora la percepción que ofrece Agustín sobre la conversión.

Dinámica de la conversión: El testimonio de Agustín

Agustín nació el 13 de noviembre del año 354 en una ciudad que es hoy parte de Argelia oriental, a 72 kilómetros tierra adentro respecto al Mediterráneo. Sus padres, Patricio y Mónica, vivían acomodadamente de la pequeña hacienda que cultivaban. Mónica venía de una familia cristiana y era muy devota. Patricio no era cristiano, pero fue bautizado en su lecho de muerte en 372.

Como buen estudiante, Agustín sobresalía en los clásicos latinos. A la edad de diecisiete años tomó como querida a una chica de

Cartago, con quien vivió quince años, hasta que en Milán llegó a ser un obstáculo para su ascenso en sociedad. Tuvieron un hijo, Adeodato, que se convirtió a la vez que Agustín. Adeodato murió en 389 a los diecisiete años, un año después de volver él y Agustín de Italia a África.

Aunque Agustín tenía mucho interés por el dinero y por su éxito mundano como maestro, también tenía un auténtico deseo de conocer la verdad. Pero a la vez le apetecía enormemente tener una relación sexual estable.

Con el tiempo llegó a ser adepto de la versión maniquea del cristianismo y mantuvo este sistema de creencias durante diez años. La respuesta de Manes al problema del mal era declarar a Dios bueno, pero no todopoderoso. Tenía además una visión muy negativa del mundo material y de la procreación, aunque los miembros de la categoría de creyentes llamados "oyentes" podían tener esposas o queridas siempre que evitaran la procreación por medio de la anticoncepción o de la abstinencia periódica.

Al final, el conocimiento que tenía Agustín de la astronomía le hizo cuestionar los diversos mitos cósmicos que eran parte de la explicación maniquea de la realidad, y en sus últimos años incluso escribió una defensa del cristianismo contra el maniqueísmo. Siglos después Bernardo llamaría a Agustín "el poderoso martillo de los herejes" (*CC*, 78.7).

También Bernardo tuvo que combatir una reaparición de los errores del maniqueísmo en la herejía cátara de su tiempo.

> Pero si, con la locura de los maniqueos, te opones a la liberalidad de Dios, hasta el extremo de que lo que el creó y regaló para ser tomado con acción de gracias, tú, no sólo como un ingrato sino incluso como un temerario censor, lo tienes por inmundo, entonces no alabaré tu abstinencia (*CC*, 66.7).

Después de enseñar durante siete años en Cartago, una de las principales ciudades del norte de África, próxima a Italia, Agustín se trasladó a Roma esperando tener alumnos que se comportaran mejor, así como oportunidades para mayores ascensos en su carrera.

Tras un año en Roma, desilusionado con el comportamiento de los alumnos, que a menudo cambiaban de profesor justo antes de tener que pagarle, Agustín se trasladó a Milán en 384. Aquí entró en contacto con los filósofos influenciados por Platón, cuyos escritos le ayudaron con el tiempo a llevarle hacia el cristianismo. Estos filósofos le ayudaron a resolver algunos problemas conceptuales que tenía cuando llegó a una idea de Dios intelectualmente convincente. Todavía tenía que resolver, sin embargo, cuestiones morales, así como algunos temores.

Setecientos años más tarde Bernardo de Claraval observó que una imagen incorrecta de Dios puede inhibirle a uno en la fe y en la conversión:

> Por mi parte digo que ignoran a Dios todos los que no quieren convertirse a él. Y lo rechazan no por otra cosa sino porque se imaginan que es riguroso y severo el que en realidad es piadoso; duro e implacable el que es misericordioso; feroz y terrible el que es amable. Así la iniquidad se engaña a sí misma, fabricándose un ídolo en lugar de aquel que ni remotamente es así (*CC*, 38.2).

Bernardo a continuación contrarresta las falsas concepciones de Dios que impiden entregarse a Él:

> ¿Por qué teméis, hombres de poca fe? ¿Por qué no quiere perdonar los pecados? Los clavó en la cruz con sus manos. ¿Por qué sois blandos y delicados? Él conoce nuestro barro. ¿Por qué estáis tan mal acostumbrados y esclavizados por la costumbre de pecar? El Señor liberta a los cautivos. ¿Será acaso porque irritado por la crueldad y maldad de los crímenes tardará mucho en extender su mano salvadora? Donde proliferó el pecado acostumbró siempre a sobreabundar la gracia. ¿Será tal vez porque estáis agobiados por el vestido, la comida y las demás

cosas necesarias para vuestro cuerpo, y por eso os veis obligados a abandonar lo que de verdad es vuestro? Él sabe que tenéis necesidad de todo eso. ¿Qué más queréis? ¿Qué puede apartaros ya de la salvación? (*CC*, 38.2).

En julio de 386, para gozo de su madre, Agustín experimentó la conversión, y fue bautizado en Milán por San Ambrosio durante la Vigilia de Pascua de 387.

En 388, cuando Mónica, Agustín y Adeodato estaban en la ciudad portuaria de Ostia, murió Mónica y fue enterrada allí. Es muy emocionante el relato que hace Agustín de sus últimos días juntos, de su común experiencia de Dios y de su dolor. Entonces él regresó a África, donde formó una comunidad laica de amigos cristianos. En 391 fue "mobilizado" como sacerdote[6] en la diócesis de Hipona, en la costa, y unos cuatro años más tarde fue nombrado obispo.

Agustín murió el 28 de agosto de 430, a la edad de setenta y cinco años, cuando los vándalos estaban atacando Hipona y el Imperio Romano se derrumbaba ya. Agustín, junto con Tomás de Aquino, es considerado como uno de los más grandes teólogos que ha conocido la Iglesia, y se le considera, como a Bernardo de Claraval, uno de los más grandes escritores cristianos en latín.

Durante su vida Agustín fue un enorme defensor de la fe contra varias herejías y publicó una gran cantidad de material. Se dice que incluso los eruditos de Agustín no pueden estudiarlo todo. Uno de sus libros más influyentes fue el relato de su conversión, que llamó las *Confesiones*. Escrito en forma de alocución u oración dirigida a Dios, obviamente con la intención de que otros la oigan, las *Confesiones* son consideradas como una de las obras maestras de la literatura latina cristiana. Son confesiones en un doble sentido: confesiones de pecado y confesiones de la misericordia, bondad, belleza y grandeza de Dios. Al contar su propia historia, Agustín comunica una gran

---

6 En la Iglesia primitiva algunas veces los candidatos más populares para el cargo de sacerdote u obispo eran aclamados por el pueblo y ordenados rápidamente. Así ocurrió en el caso de Ambrosio, el obispo de Milán que bautizó a Agustín, y en el del mismo Agustín.

perspicacia para comprender el proceso de conversión, lo que nos ayudará muchísimo para entender algunos de los principios más importantes del camino espiritual. Ya hemos observado cómo las confesiones de Agustín, más de mil años después de escribirlas, impactaron profundamente a Teresa de Jesús para solidificar su propio redespertar hasta ser una ferviente seguidora del Señor.

Una de las cosas más asombrosas al leer el relato de Agustín es cómo, paulatinamente a través de muchos años y utilizando muchos medios diferentes, Dios preparaba a Agustín para la conversión.

En un primer lugar está, tal vez, la oración tan conocida de su madre, Mónica, por su conversión. Mónica no sólo rezó, sino que trataba de animar a Agustín en la fe, sin éxito inmediato. Agustín da la impresión, a pesar de su gran respeto por Mónica, de que cuando era joven no estaba muy interesado en escuchar sus exhortaciones para que se hiciera católico. Pero hay otras muchas influencias también.

Todavía en sus últimos años de adolescencia leyó un libro del filósofo romano Cicerón, llamado *Hortensius*, que le llevó a la convicción de que la felicidad se encontraba en la verdad más que en los placeres físicos. Y aunque pasaron muchos años antes de que Agustín tuviera la motivación y la fuerza para actuar según esta idea, se había plantado ya una semilla que preparaba el camino.

Otra experiencia que usó Dios para preparar el camino fue permitir que Agustín experimentara de primera mano el lado más mezquino del mundo. Su experiencia de la noble carrera de un profesor de literatura se vio manchada por la política que suponía conseguir buenos nombramientos, la dificultad de ganarse el sustento y, además, el comportamiento nada sincero de sus alumnos.

Y entonces Dios usó al gran filósofo "pagano" Platón y sus enseñanzas, en aquel tiempo desarrolladas por filósofos del Imperio Romano, para llevar a Agustín hacia una percepción más cercana a la verdad que le permitiera moverse más allá de los mitos de los maniqueos.

Además de estas preparaciones para la conversión, más importantes pero más distantes o indirectas, hubo algunos medios singulares, próximos y explícitamente cristianos, que Dios usó para impactar a Agustín. Éstos se cuentan principalmente en los libros VIII y IX de las *Confesiones*.

> Por otra parte, ya se habían evaporado todas mis dudas acerca de la sustancia incorruptible y del resto de sustancias que dimana de ella. Lo que ahora andaba buscando no era una mayor certeza de ti, sino una mayor estabilidad en ti.
> En cuanto a mi vida temporal, todo se tambaleaba. Era preciso que depurara mi corazón de levadura vieja [1 Co 13,12]. El camino, que es el Salvador en persona, me resultaba satisfactorio, pero aún sentía pereza en aventurarme por su angosto trazado.
> Entonces me sugeriste la idea [...] de acudir a Simpliciano, que me parecía un buen siervo tuyo. En él resplandecía tu gracia [...] Por eso quería yo entrevistarme con él y exponerle mis inquietudes, a fin de que me indicara el sistema adecuado para caminar por tus sendas en la situación anímica en que me hallaba [...].
> Por otra parte, yo sentía repugnancia y un profundo disgusto por toda mi actuación en el siglo. Me resultaba muy enojoso soportar su carga, dado que las pasiones ya no eran tan fogosas ni me estimulaban tanto las expectativas de los honores y del dinero para aguantar un yugo tan pesado.
> Frente a la dulzura y la belleza de tu casa, de la que yo estaba enamorado [Sal 26,8], nada ejercía atractivo alguno sobre mí. Pero me veía aún fuertemente encadenado a la mujer [...] Esta era la causa única y exclusiva de mi estado general de languidez... El motivo de que me consumieran preocupaciones agotadoras [...] Yo había encontrado la perla preciosa. Tenía que comprarla, aunque tuviera que vender todos mis bienes. Pero dudaba [Mt 13,46].[7]

---

[7] *Confesiones*, libro 8.1-2. *N. del T.* A partir de aquí indicado como *C*, número de libro y número dentro de él.

Despertar y conversión

Agustín, aunque atraído por el cristianismo, se resistía, sin embargo, a seguir lo que él percibía como sus sendas "estrechas", particularmente en el terreno de la moralidad sexual. Al final le llevaron a consultar a Simpliciano, un sacerdote maduro en la fe que sabía exactamente cómo hablar a Agustín. En efecto, Simpliciano había bautizado a Ambrosio y más tarde le sucedería como obispo de Milán. Le habló a Agustín de otra conversión, la de Victorino.

Victorino era un maestro romano muy importante, un platónico que también defendía a los tradicionales dioses romanos. De hecho, los romanos lo tenían en tan gran estima que se ofrecieron a erigirle una estatua en el foro de Roma. Victorino se hizo creyente en secreto, aunque, temiendo por su reputación, no quería declararse públicamente bautizándose e incorporándose a la comunidad cristiana. Fue Simpliciano el que al final le convenció para que lo hiciera. Agustín cuenta en las *Confesiones*:

> En realidad, Victorino tenía miedo de ofender a sus amigos, orgullosos adoradores de los demonios [...] Pero luego, tras intensas lecturas [de la Escritura] e impaciencias, adquirió solidez y cogió miedo de que Cristo le negara delante de sus ángeles si él se acobardaba de confesarle ante los hombres [Lc 12,9] [...] dio su nombre para obtener la regeneración bautismal, ante la sorpresa de Roma y la alegría de la Iglesia (*C*, 8.4).

En todo el libro de las *Confesiones* Agustín hace constantes referencias a las Escrituras para iluminar e interpretar la experiencia que está relatando.

> De hecho, tú mismo, Padre misericordioso, sientes mayor alegría por un pecador arrepentido que por noventa y nueve justos que no necesitan arrepentirse [Lc 15,7] [...] llega a provocar nuestras lágrimas la fiesta de tu casa [Sal 26,8], cuando en esta misma casa se lee el relato de tu hijo menor que había muerto y resucitó, que se había perdido y fue hallado [Lc 15,32] (*C*, 8.6).

El efecto en Agustín al oír el relato de Simpliciano sobre la conversión de Victorino fue inmediato:

> A partir del momento en que tu siervo Simpliciano concluyó su relato sobre Victorino, ardí en deseos de imitarle. Tal era el objetivo que se había propuesto (*C*, 8.10).

Agustín da testimonio muchas veces del poder del testimonio personal para acercar a la gente a Cristo, y de nuevo tendremos ocasión de ver su función en su propia vida. Pero todavía se interponía un gran problema en el camino de la conversión de Agustín: se hallaba profundamente esclavizado por el pecado y él mismo se sentía incapaz de romper con ello. Aquí llegamos a la parte esencial de lo que a menudo reprime de la conversión a las personas: esclavitud profunda al pecado habitual.

> Idénticas eran mis aspiraciones por liberarme yo, que me veía inmovilizado no con grillos extraños, sino por el férreo cepo de mi propia voluntad. Mi voluntad estaba en manos del enemigo. De ella se había forjado una cadena con que me tenía bien atado. En efecto, de la voluntad pervertida nace la pasión, de servir a la pasión nace la costumbre, y de la costumbre no combatida surge la necesidad [...] Sin embargo, la costumbre que se insolentaba contra mí había tomado alas por mi causa. Queriendo había llegado adonde no quería llegar (*C*, 8.5).

Bernardo de Claraval hace una observación similar:

> Pues el hecho de que el alma que pudo caer ya no pueda levantarse por sí misma, es debido a la voluntad, que languideciendo y estando prostrada a causa del amor viciado del cuerpo corrupto, deja de aceptar el amor de la justicia. Desconozco de qué manera depravada y extraña la misma voluntad, deteriorada funestamente por el pecado, se crea una necesidad, de tal manera que ni la necesidad, por ser voluntaria, pueda excusar a la voluntad, ni la

voluntad, por ser arrastrada, excluir la necesidad [...] El resultado es que la voluntad, una vez que ha consentido el pecado, se siente culpable, y ya no es capaz de librarse de él por sí sola, ni de excusarse en modo alguno (*CC*, 81.7).

El análisis que hace Bernardo de la caída en picado del pecado ocasional al pecado habitual tiene por objeto no sólo revelarnos la naturaleza de esa esclavitud, sino también guardarnos de ella.

> Pero, ¿quién es semejante a Pablo, que nunca condescendió con esa concupiscencia para obedecer al pecado? Por consiguiente, el que haya condescendido con el pecado sepa que ha levantado otra tapia, que es el desordenado e ilícito consentimiento. Y el que ha obrado así no puede gloriarse de que el Esposo le esté esperando detrás de la tapia, siendo así que ya no es una sola tapia (pared) la que le separa de él, sino dos [...] ¿Qué ocurrirá si la costumbre ha llegado a hacer del pecado un hábito, y el hábito ha llegado hasta el desprecio, como está escrito: "El impío, cuando llega a lo profundo del mal, desprecia"? [Pro 18.3]. Si salieses de este mundo en este estado, ¿no podrías ser devorado mil veces por los leones rugientes que aguardan la presa antes de llegar el Esposo que está separado de ti no por una sino por tan gran número de tapias? La primera tapia sería la concupiscencia, la segunda el consentimiento, la tercera el acto, la cuarta el hábito, la quinta el desprecio. Procura resistir con todas tus fuerzas a la concupiscencia, que es la primera, para que no llegue al consentimiento; y después toda la maquinación de la maldad se desmoronará (*CC*, 56.6).

En nuestro deseo de entender la dinámica del pecado y de la conversión debemos considerar cuidadosamente la revelación y honestidad de Agustín y Bernardo. Agustín se encontraba en una situación muy real de esclavitud. Estaba encerrado en un profundo hábito de pecado grave. Pero reconoce claramente que fue él quien tomó una serie de decisiones que poco a poco le llevaron a este grado de esclavitud. Aunque por una parte no era ya libre realmente para dejar de pecar —era verdaderamente esclavo del pecado— sí era responsable de haber llegado a ese estado por una serie de anteriores decisiones con las que, poco a poco, escogió el hacerse esclavo del pecado. ¡Vaya situación! Pero ésta es la situación en que, apartada de Cristo, se ve toda la raza humana (cf. Ro 6-8).

Llegado a este punto en sus *Confesiones*, Agustín reconoce que su incertidumbre acerca de la verdad ya no era una excusa válida para su modo de vida. Admite que ahora conoce la verdad de Cristo y la Iglesia, pero está desecho al ser incapaz de responder decisivamente. De hecho, se sumerge en la agonía de verse arrastrado en dos direcciones opuestas. Quiere arrepentirse, ¡pero es que no puede!

> Por propia experiencia llegué a comprender aquel pasaje que había leído: cómo la carne tiene tendencias contrarias a las del espíritu, y el espíritu tendencias contrarias a las de la carne [Ga 5,17]. Yo me encontraba en uno y en otra, entre ambas voluntades beligerantes, pero la mayor parcela de mí yo estaba situada más en aquello que aprobaba en mí que en aquello que en mí desaprobaba [...] Y evidenciándoseme por doquier de que dices la verdad, no tenía palabras que decirte, convencido como estaba de tu verdad. Sólo me salían palabras lentas y somnolientas: "¡Ahora mismo! ¡Ahora, enseguida! ¡Espera un poquito más!". Pero este ahora mismo y este enseguida iban para largo [...] Porque la ley del pecado es la fuerza de la costumbre, que arrastra y subyuga al espíritu, incluso contra su voluntad. "¡Infeliz de mí! ¿Quién me libraría de este cuerpo mortal, sino tu gracia por medio de Jesucristo, nuestro Señor?" [Ro 7,24-25] (*C*, 8.11-12).

Nos dice Agustín ahora cómo la gracia de Dios le vino gratuitamente en su genuina indefensión, y describe los medios que usó Dios para traerle a estos últimos pasos de conversión y liberación.

> Voy a contar también el procedimiento que empleaste para liberarme de las ataduras del deseo de unión

carnal que me tenía muy cogido, y de la esclavitud de las ocupaciones mundanas [...] Yo actuaba como de ordinario, pero con una angustia progresiva. Diariamente dirigía mis suspiros hacia ti [...] (*C*, 8.13).

Fue una inesperada visita de Ponticiano, un compañero africano con un alto cargo en la corte imperial de Roma, instalada por entonces en Milán, lo que precipitó una serie de acontecimientos que culminó en la liberación de Agustín de su sumisión satánica al pecado habitual.

Durante una visita, Ponciano advirtió que Agustín y sus amigos tenían en su casa un códice con las epístolas de San Pablo, y entonces él mismo declaró que se había bautizado como cristiano. Agustín admitió que, efectivamente, él y sus compañeros andaban buscando la verdad, y entonces Ponciano empezó a contarles lo que estaba pasando en el desierto de Egipto como resultado del ejemplo de Antonio, un monje del desierto. Les contó la sorprendente vida de Antonio, que había inspirado a miles de jóvenes para congregarse en el desierto y abrazar el modo de vida monástica cristiana. Agustín y sus amigos ni habían oído hablar de Antonio y la "renovación" monástica, y "le escuchábamos en silencio" (*C*, 8.6, 15).

Entonces Ponciano contó cómo Dios había usado a Antonio y la renovación monástica como medio para su propia conversión y la conversión de varios de sus amigos. Un día, mientras paseaban por el jardín esperando a que el emperador volviera del espectáculo del circo, se encontraron con varios cristianos que les dieron a conocer la *Vida de Antonio*, de Atanasio.

> Uno de los dos comenzó a leerla, y acto seguido a admirarse, a entusiasmarse y a pensar, mientras leía, en abrazar aquel género de vida, en servirte a ti en abandonar las ocupaciones seculares. Ambos pertenecían a la escala de funcionarios que se denominan administrativos.

En aquellos momentos, embargado de repente de un amor santo y de una vergüenza honesta, a la vez que enfadado consigo mismo, clavó sus ojos en el amigo y le dijo: "¿Me quieres decir, por favor, adónde queremos ir con todos nuestros afanes? ¿Qué pretendemos? ¿Qué objetivos persiguen nuestras actividades? ¿Incluso en palacio, ¿pueden nuestras aspiraciones soñar algo más alto que pertenecer al rango de los amigos del emperador? Y en la vida misma del palacio, ¿hay algo que no sea inconsciente ni esté plagado de peligros? ¡Qué cantidad de riesgos hay que correr para llegar a un riesgo aún mayor! Y yo me pregunto ahora: ¿cuándo tendrá lugar todo eso a lo que aspiramos? En cambio, si quiero, puedo ahora mismo ser amigo de Dios". Tales fueron sus palabras. Aturdido con las ansias de parto de una vida nueva, volvió los ojos a las páginas del libro. A medida que iba leyendo, iba operándose una profunda transformación en su interior, que es donde tú ves. Y su mente se iba despojando del mundo, como pudo verse poco después [...] "Yo ya he roto con todas aquellas expectativas nuestras y he resuelto servir a Dios. Y lo he decidido desde ahora mismo. Voy a poner manos a la obra en este mismo sitio [...]" (*C*, 8.15).

Tras este suceso, dos de los amigos de Ponciano dejaron sus profesiones, y ellos y sus novias decidieron adoptar la vida monástica. Otro amigo y Ponciano decidieron continuar sus profesiones, pero ahora como cristianos.

Mientras estaba hablando Ponciano, Agustín experimentó una fuertísima convicción de la profundidad y fealdad de su propio pecado.

> Hasta aquí el relato de Ponciano. Y tú, Señor, entre palabra y palabra, hacías que me replegara [...] Mi propia visión me infundía horror [...] y tú volvías a hacer que me careara conmigo mismo. Me restregabas contra mis propios ojos para que descubriese mi iniquidad y la odiase. Ya la conocía, pero hacía la vista gorda, la mantenía bien oculta y me olvidaba de ella. Pero en aquellos momentos, cuanto mayor era el amor que sentía por aquellos de quienes oía contar las sanas efusiones de haberse entregado a ti para que tú los sanaras totalmente, tanto más virulento era el

> odio que tenía contra mí mismo. Muchos eran los años que habían ido desvaneciéndose conmigo —quizá doce— desde que, cumplidos los diecinueve, tras leer el *Hortensio* de Cicerón, me había sentido estimulado al estudio de la sabiduría [...] Y yo, desventurado mozalbete, sí, desventurado de verdad, en los mismísimos comienzos de mi adolescencia había llegado a pedirte incluso la castidad y te había dicho: "Dame la castidad y la continencia, pero no ahora". Temía que me escucharas enseguida y me sanaras de la enfermedad de la concupiscencia, cuando lo que yo quería era satisfacerla, no extinguirla (*C*, libro 8.16).

Agustín estaba llegando también a la inquietante deducción de que tal vez amaba la búsqueda de la verdad más que su hallazgo; quizá llegara a ciertos juicios intelectuales como forma de evitar el desafío a su modo de vida que la misma verdad le traería. Cuando se marchó el inesperado visitante Ponciano, Agustín estaba sumido en la confusión. Estaba disgustado al enterarse de lo fácilmente que otros muchos estaban aceptando la verdad, una verdad que él se resistió a aceptar por lo menos durante doce años. Se avergonzaba ("violentamente invadido por un temeroso sentido de vergüenza") de la tal vez fabricada complejidad de su búsqueda, ante la pureza de corazón con que se rendían a la verdad los que seguían a Antonio. Se le habían agotado las excusas, se le habían agotado las objeciones intelectuales, y finalmente tuvo que enfrentarse cara a cara con su propio perverso apego al pecado —dejándole con "un temblor mudo" (*C*, 8.18), una "enfermedad de muerte" (Jn 11,4).

Extremadamente agitado, "alterado tanto mi rostro como mi mente" (8.19), Agustín acudió al amigo suyo en casa. Alipio, y exclamó: "'¡Pero, ¿que es lo que ha pasado? ¿Qué significan esas palabras que acabas de oír? Se levantan los indoctos y conquistan el cielo [Mt 11,12], y ahí tienes: ¡nosotros, con toda nuestra ciencia, pero sin corazón, nos revolcamos en la carne y en la sangre!' [...] quedándose él desconcertado y contemplándome en silencio. Mi lenguaje en este momento no era el acostumbrado. La frente, las mejillas, los ojos, el color, la modulación de la voz reflejaban el estado de mi ánimo con mayor claridad que las palabras que lograba articular" (*C*, 8.18, 19).

Agustín fue corriendo y entró en el jardín de la casa con Alipio detrás y preocupado, pues Agustín hacía "un montón de gestos corporales" (*C*, 8.20) mientras experimentaba la "agonía de la duda" y un gran conflicto interno.

> Me retorcía bajo mis ligaduras, esperando una ruptura total con lo poco que me retenía. Pero aún seguía reteniéndome. Tú, Señor, seguías presionándome en lo más íntimo de mi ser, redoblando con tu rígida misericordia los azotes del temor y de la vergüenza [...]
> Yo decía para mis adentros: "¡Rápido! ¡Ya! ¡Ahora mismo!", y de la palabra ya me encaminaba a la ejecución. Ya estaba casi a punto de hacerlo, pero no lo hacía [...] Cuanto más se acercaba aquel momento en que yo iba a ser otro distinto, tanto mayor horror me infundía. Cierto que no llegaba a arredrarme [separarme] y menos a disuadirme, pero me dejaba paralizado en el sitio. Me retenían frivolidades y vanidades de desatinados. Estas viejas amigas mías tiraban del vestido de mi carne y me decían por lo bajo: "Conque nos dejas, ¿eh? ¿Es cierto que a partir de ahora nunca vamos a estar contigo?" [...] ¡Qué inmundicias me sugerían, que indecencias! [...] La costumbre brutal y agresiva continuaba diciéndome: "¿Te crees que podrás vivir sin ellas" (*C*, 8.25-26).

Entonces Agustín recordó el ejemplo de los muchos que por el reino habían abrazado la castidad, incluso el celibato, y eso le dio fuerza.

> ¿Es que no vas a ser capaz de ser lo que fueron éstos y éstas? ¿O es que éstos y éstas lo pueden por sí mismos, sin apoyarse en el Señor? [...] ¿Por qué te apoyas en ti mismo, si careces de estabilidad? Lánzate en él. No temas, que no se retirará para que caigas. Lánzate tranquilo, que él te acogerá y te sanará (*C*, 8.27).

Despertar y conversión

Nos encontramos aquí de nuevo, como hicimos con Teresa de Jesús, con la verdad fundamental de la absoluta primacía de la gracia de Dios y la absoluta imposibilidad de proseguir en el camino espiritual sin ella.

Agustín se metió más dentro del jardín, alejado de Alipio, para que la presencia de otro no inhibiera sus profundos gemidos y su llanto, y oró:

> ¿Por qué no ahora mismo? ¿Por qué no poner fin ahora mismo a mis torpezas? (*C*, 8.28).

Y ahora llega la gracia decisiva:

> Tales eran mis exclamaciones y las lágrimas dolorosas y amargas de mi corazón. De repente oigo una voz procedente de la casa vecina, una voz no sé si de niño o de una niña, que decía cantando y repitiendo a modo de estribillo: "¡Toma y lee! ¡Toma y lee!" [...] Conteniendo, pues, la fuerza de las lágrimas, me incorporé, interpretando que el mandato que me venía de Dios no era otro que abrir el códice y leer el primer capítulo con que topase. Por otra parte, las referencias que me habían llegado de Antonio apuntaban a que una lectura evangélica que había oído por casualidad la había considerado como dicha expresamente para él [...] [y se había convertid inmediatamente][...] Así pues, me apresuré a acudir al sitio donde se encontraba sentado. Allí había dejado el códice del Apóstol cuando de allí me levanté. Lo cogí, lo abrí y en silencio leí el primer capítulo que me vino a los ojos: Nada de comilonas ni borracheras; nada de lujurias y desenfrenos; nada de rivalidades y envidias. Revestíos, más bien, del Señor Jesucristo y nos preocupéis de la carne para satisfacer sus concupiscencias [Ro 13,13-14]. No quise leer más ni era preciso. Al punto, nada más acabar la lectura de este pasaje, sentí como si una luz de seguridad se hubiera derramado en mi corazón, ahuyentando todas las tinieblas de mi duda (*C*, 8.29).

Agustín fue y se lo dijo a Alipio, a quien también sorprendió el pasaje que seguía al de Agustín, y decidió convertirse también. Entonces entraron en la casa para decírselo a Mónica, que se llenó de gozo. Tras muchos años de forcejeo, Agustín era libre.

Al examinar la historia de la conversión de Agustín es bastante sorprendente ver los medios poderosos a través de los cuales puede obrar Dios —a través de libros, encuentros providenciales, la desilusión con las cosas del mundo, la oración de intercesión, la fuerza de las decisiones y el ejemplo de otras personas y, especialmente, la fuerza de la Palabra, como testimonio verbal y en el texto de las Escrituras. Y a través de todo ello vemos la misericordiosa, sabia, paciente y poderosa mano de Dios guiando a Agustín, como nos guía a nosotros, hacia la libertad y la paz que sólo se encuentra en Él.

Algunas veces cuando leemos un testimonio de conversión como el de Agustín, después de una vida de tal inmoralidad, puede que los que hemos sido relativamente "buenos" nos sintamos excluidos —no en el sentido de echar de menos el pecado, pero sí de echar de menos el fervor y pasión de amor que a menudo suelen acompañar tales conversiones. Teresita de Lisieux —que, aunque indudablemente necesitaba pasar por la purificación en su vida para alcanzar plenitud de santidad, uno de sus confesores pensaba que jamás había cometido un pecado mortal— ofrece una solución a esta cuestión.

Meditando sobre la mujer penitente cuya historia se cuenta en Lucas 7,36-50 (tradicionalmente identificada como María Magdalena), Teresita recibió la luz sobre cómo podía ella ser digna de la apasionada respuesta de amor que parece ser característica de aquellos a quienes "se les ha perdonado mucho".

> Reconozco que, sin Él, habría podido caer tan bajo como santa María Magdalena [...] Pero sé también que a mí Jesús me ha perdonado mucho más que a santa María

Despertar y conversión

Magdalena, pues me ha perdonado por adelantado, impidiéndome caer. ¡Ah como desearía poder explicar lo que siento! (*HA*, 4, 105-106).

Con una profundidad de certero entendimiento, Teresita percibe que, verdaderamente, "sólo la misericordia de Dios me preservó" (*HA*, 4, 105). Si no hemos pecado tan seriamente es porque la gracia de Dios lo impide y nos protege, lo que nos da el derecho y el deber de estar tan profundamente agradecidos y apasionadamente amorosos como los más grandes de los pecadores perdonados.

Ahora que hemos examinado la historia del despertar de Teresa de Jesús y de la conversión de Agustín necesitamos reflexionar, antes de seguir, para entender claramente el testimonio que dan ambos respecto a la absoluta prioridad de la gracia de Dios. Esto ese esencial no sólo al principio de la vida espiritual, sino en cada etapa a lo largo del camino.

La primacía de la gracia

Juan Pablo II habló muy claramente del papel crucial de la gracia cuando compartió con nosotros su visión dinámica de la vida católica en el nuevo milenio:

En la programación que nos espera, trabajar con mayor confianza en una pastoral que dé prioridad a la oración, personal y comunitaria, significa respetar un principio esencial de la visión cristiana de la vida: *la primacía de la gracia*. Hay una tentación que insidia siempre todo camino espiritual y la acción pastoral misma: pensar que los resultados dependen de nuestra capacidad de hacer y de programar. Ciertamente, Dios nos pide una colaboración real a su gracia y, por tanto, nos invita a utilizar todos los recursos de nuestra inteligencia y capacidad operativa en nuestro servicio a la causa del Reino. Pero no se ha de olvidar que, sin Cristo, "no podemos hacer nada" (cf. Jn 15,5).

> La oración nos hace vivir precisamente en esta verdad. Nos recuerda constantemente la primacía de Cristo y, en relación con él, la primacía de la vida interior y de

la santidad. Cuando no se respeta este principio, ¿ha de sorprender que los proyectos pastorales lleven al fracaso y dejen en el alma un humillante sentimiento de frustración? (*NMI* 38).

Juan Pablo II señala que descuidar el poner en primer lugar el poder de Cristo y su gracia y descuidar el expresar esto en la práctica, abriéndonos a la transformación interior a través de la oración, es una tentación constante. Hay una poderosa tendencia en la naturaleza humana caída a desviarse de la confianza en Dios a la confianza en sí mismo, con los lamentables resultados sobre los cuales ha dado Teresa de Jesús su testimonio. En el corazón mismo de la revelación bíblica hay una profunda revelación acerca de la incapacidad del ser humano, aparte de Cristo, para vivir la vida cristiana. La primacía de la gracia, y nuestra respuesta en fe a este don, es el claro testimonio bíblico y un elemento absolutamente fundamental de la vida espiritual. Tenemos que ser muy claros en esto a medida que procedemos a explorar los elementos del camino espiritual. Descuidar el fundamento mismo, la primacía de la gracia, es levantar una estructura tambaleante que no resistirá. Consideremos antes de continuar un texto bíblico clave que aclara este punto.

> Y a vosotros que estabais muertos en vuestros delitos y pecados, en los cuales vivisteis en otro tiempo según el proceder de este mundo, según el príncipe del imperio del aire, el espíritu que actúa en los rebeldes. Entre ellos vivíamos también todos nosotros en otro tiempo en medio de las concupiscencias de la carne y de los malos pensamientos, destinados por naturaleza, como los demás, a la ira. Pero Dios, rico en misericordia, por el grande amor con que nos amó, estando muertos a causa de nuestros delitos, nos vivificó juntamente con Cristo —por gracia habéis sido salvados— y con él nos resucitó y nos hizo sentar en los cielos en Cristo Jesús, a fin de mostrar en los siglos venideros la sobreabundante riqueza de su gracia, por su bondad para con nosotros en Cristo Jesús. *Pues habéis sido salvados por la gracia*

Despertar y conversión

mediante la fe; y esto no viene de vosotros, sino que es un don de Dios; tampoco viene de las obras, para que nadie se gloríe. En efecto, hechura suya somos: creados en Cristo Jesús en orden a las buenas obras que de antemano dispuso Dios que practicáramos (Ef 2,1-10).

Aparte de Cristo estamos espiritualmente muertos, esclavos del pecado, merecedores de la ira de Dios, incluso del infierno. Pero sencillamente por la elección gratuita, el don de la misericordia de Dios se extiende a nosotros y se nos ofrece el cielo. Pablo repite el punto absolutamente fundacional: la salvación, en sus primeros momentos, es puramente un don de Dios, que sólo podemos recibir con gratitud y fe. No es ni una recompensa por ninguno de nuestros logros ni el resultado de ninguno de nuestros esfuerzos. Y la razón por la que Dios estructuró la salvación de esta manera concreta es la de quitar totalmente cualquier posibilidad de orgullo humano exigiendo la salvación como un logro propio. El orgullo humano y la confianza en sí mismo ha de romperse para que entre la salvación.

Después de nuestro reconocimiento inicial de nuestra propia incapacidad y desesperada necesidad (arrepentimiento), y nuestra aceptación del don de la misericordia, el perdón, y la nueva vida (fe), es realmente importante entonces vivir de acuerdo con el don. Pero incluso las buenas obras de la vida cristiana que tenemos la obligación de vivir —la vida de oración, de santidad, de compasión, de misericordia, de perdón, de servicio y misión— fueron "preparadas para nosotros de antemano" por Dios. El camino cristiano empieza cuando se acepta con fe la gracia de Dios, pero continúa del mismo modo. Por eso Juan Pablo II habla tan enfáticamente de la necesidad de reconocer y aceptar la realidad de la "primacía de la gracia". Es esta misma primacía sobre la que tan claramente dan testimonio Teresa de Jesús y Agustín en los relatos sobre sus respectivos caminos.

Francisco de Sales también da testimonio acerca de la prioridad de esta verdad:

> las obras de los buenos cristianos son de tan gran valor que por ellas se nos da el cielo; pero, Teótimo, no porque procedan de nosotros, siendo la lana de nuestros corazones, sino porque están teñidas con la sangre del Hijo de Dios [...] nuestros corazones, incapaces de concebir un solo buen pensamiento para el divino servicio, empapados en sagrada dilección por el Espíritu Santo que mora en nosotros, producen acciones sagradas que tienden y nos llevan a la gloria inmortal [...] a causa del Espíritu Santo, que, pues mora en nuestros corazones por la caridad, las hace en nosotros, por nosotros y para nosotros, con arte tan exquisito, que obras nuestras del todo, son en realidad más suyas, porque si El las produce en nosotros, nosotros las producimos en El; si El las hace para nosotros, nosotros las hacemos para El; si El las opera con nosotros, nosotros cooperamos con El [...] mérito y el provecho de nuestros servicios y buenas obras, y nosotros le dejamos toda su honra y alabanza, reconociendo que el comienzo, el progreso y el fin de cuanto bien hacemos dependen de su misericordia, por la cual vino a nosotros y nos previmos; vino en nosotros y nos guió, terminando lo que había comenzado.[8]

Teresita declara enfáticamente en el mismo comienzo de su autobiografía que toda su historia, del principio al final, no es sobre su querer o intentar, sino sobre la gracia, sobre las "misericordias del Señor" (*HA*, 1, 25).

Más adelante en su vida, casi incapacitada por una crisis emocional y espiritual provocada por la muerte de su madre y la subsiguiente partida para el convento de su "segunda madre", Pauline, fue sólo la "inefable" gracia del "milagro" de la sonrisa de María lo que rescató a Teresita de tal oscuridad. (Le pareció que una imagen de María de la familia, que tenía en su habitación, le sonreía, impartiendo tal amor y ternura que produjo su curación). En su indefensión la gracia de

---

[8] *Tratado sobre el amor de Dios*, libro 11, cap. 6. *N. del T.* A partir de aquí indicado como *TAD*, número de libro y el del capítulo.

Dios hizo posible que ella "naciera otra vez a la vida" y continuara creciendo por la continua gracia de Dios (*HA*, 3, 86).

Ella sabía que su única esperanza de ser santa era si Dios la hacía santa, concediéndole su continuada gracia para crecer y progresar.

> Este deseo (de ser una gran santa) podría parecer temerario, si se tiene en cuenta lo débil e imperfecta que yo era, y que aún soy después de siete años vividos en el colegio. No obstante, sigo teniendo la misma confianza audaz de llegar a ser una gran santa, pues no me apoyo en mis méritos —que no tengo ninguno— sino en Aquel que es la Virtud y la Santidad mismas. Sólo él, conformándose con mis débiles esfuerzos, me elevará hasta él y, cubriéndome con sus méritos infinitos, me hará santa (*HA*, 4, 91).

Bernardo también da testimonio consistentemente de la primacía de la gracia. Habla de la confusión y angustia de ser esclavo del pecado, aunque al mismo tiempo deseando la justicia. Habla de que simultáneamente le repele el demonio y es atraído hacia el bien que vemos en nosotros mismos, pero siendo a la vez incapaz de responder inclinándose hacia el bien.

> Por tanto una cosa como la otra las he dicho confiando en la gracia, no en la naturaleza, ni, por supuesto, en el propio esfuerzo. Sin duda es "la gracia la que vence al mal" [Sab 7,30], no el propio esfuerzo ni la naturaleza. Y no la de faltar la ocasión de presumir de haberlo conseguido: se ha vuelto hacia el Verbo (*CC*, 82.7).

Bernardo también advierte sobre el continuo peligro de convertir el mayor bien que hemos recibido —la gracia gratuita de Dios— en el mayor mal, el deludido orgullo que piensa que los dones de Dios son obra de uno o que son merecidos:

toda alma que entre vosotros busca a Dios se dé cuenta de que en este asunto Dios se le ha adelantado, y que ha sido buscada antes de que ella lo busque, no vaya a ocurrir que convierta en un gran mal para ella lo que es un gran bien. En efecto, de grandes bienes suelen derivarse males no menores, cuando, hechos unos privilegiados gracias a los bienes del Señor, hacemos uso de esos dones como si no se nos hubiesen dado, y no damos gloria a Dios [...] cuanto mejor es uno tanto peor se vuelve, si se atribuye a sí mismo aquello por lo que es mejor. No hay duda de que eso es pésimo. Y si alguien dice: "¡De ningún modo! Yo reconozco que por la gracia de Dios soy lo que soy", y sin embargo pretende apropiarse de la honrilla por la gloria recibida, ¿no es un ladrón y un bandido? Escuche el que se porta de esta manera: "Por tu boca te condeno, siervo malo". ¿Hay algo más perverso que un siervo que usurpa la gloria de su señor? (*CC*, 84.2).

Ahora que hemos reconocido el fundamento de la vida espiritual —la primacía de la gracia y la fe— necesitamos también tomar nota de todo el entramado bíblico a través del cual estos grandes doctores de la Iglesia y maestros de la vida espiritual miran sus vidas y todo el camino espiritual. Ésta es la clave para entender mucho de lo que dicen.

Capítulo 4

LA COSMOVISIÓN BÍBLICA DE LOS SANTOS

Es posible de enfocarnos en las doctrinas particulares de estos doctores de la Iglesia y aun así no percibir la poderosa visión de la realidad —la cosmovisión bíblica— que forma el marco de sus enseñanzas. Sin embargo, es casi imposible entender el sentido de una doctrina en particular a menos que uno entienda el marco o el entramado general —pasado, presente y futuro— que se nos descubre en la revelación bíblica. En este capítulo quisiera mostrar cuáles son los elementos más importantes de este entramado, cómo da forma al camino espiritual y la semejanza con que es comprendido a través de la tradición espiritual que estamos estudiando. Lo que estamos considerando aquí es un aspecto importante de esa "renovación de la mente" o ese "ponerse la mente de Cristo", a que nos urgen los apóstoles:

> Y no se acomoden al mundo presente, antes bien transfórmense mediante la renovación de su mente, de forma que puedan distinguir cuál es la voluntad de Dios: lo bueno, lo agradable, lo perfecto. (Rm 12,2)

Es el momento, ahora que comenzamos, de conocer a algunos nuevos santos. Uno de los santos elegidos por Dios para hacer singularmente claro este entramado bíblico del camino cristiano es Santa Catalina de Siena.[1]

El don del Padre para Catalina: Una visión de la realidad

Catalina nació en Siena, Italia, en 1347, la penúltima de veinticinco hijos. Su padre era un próspero tintorero de lana y hoy se puede visitar la casa de la familia, preservada casi toda ella.

Como otra santa que también moriría joven, Teresita de Lisieux, el proceso de transformación de Catalina empezó a una edad sorprendentemente temprana. Cuando tenía seis años tuvo una visión de Cristo Rey bendiciéndola desde encima de la iglesia de los Dominicos, en Siena. Ella se sintió llamada personalmente por el Señor mismo e hizo promesa de virginidad a la edad de siete años. A los quince se cortó el pelo como manera de resistir los esfuerzos de sus padres por darla en matrimonio. A los dieciocho convenció a los dirigentes de una Orden Dominicana terciaria de la ciudad, designada especialmente para viudas, para que la aceptaran en la comunidad. Durante tres años llevó una vida de soledad y oración, saliendo del dormitorio de la casa familiar sólo para la Misa. A los veintiuno, habiendo experimentado el "matrimonio espiritual" de que hablan muchos de los doctores de la Iglesia que estamos estudiando, salió de su habitación y empezó una vida de servicio a su familia y a los pobres y enfermos de Siena. Cuando se declaró la plaga en Siena en 1374, Catalina, a la edad de veintisiete años, se puso al frente del ministerio para las víctimas de la plaga.

Pronto se hizo evidente que Catalina poseía una extraordinaria combinación de dones contemplativos y carismáticos: conocimiento y sabiduría, sanación, liberación y profecía. La gente reconocía que Dios estaba obrando en ella y empezó a buscarla para pedirle

---

[1] Sor Mary Anne Fatula, O.P., ha escrito una excelente introducción a las enseñanzas de Catalina de Siena, *Catherine of Siena's Way*, cuarto volumen de la serie *The Way of the Christian Mystics*. *N. del T*. En español, por ejemplo, Giorgo Papasogli, *Catalina de Siena, reformadora de la Iglesia*.

consejo. Comía muy poco, pero llevaba una vida muy activa. En una ocasión trató incluso de mediar entre facciones beligerantes en Italia, con diferentes resultados. También viajó hasta Aviñón, donde vivía el papa, Gregorio XI, para instarle a vencer sus temores y volver a su legítima sede de Roma. En efecto, el papa volvió, y la mayoría de los eruditos creen que un factor en su decisión fue la intervención profética de Catalina.

Su director espiritual, el Beato Raimundo de Capua, que más tarde llegó a ser general de la Orden Dominicana, escribió un maravilloso relato de primera mano sobre la vida de Catalina.[2] Catalina no sabía leer ni escribir hasta bien entrados los veintitantos años y nunca recibió una educación teológica formal; pero, como Teresa de Jesús, aprendió mucho por conversaciones con competentes teólogos y recibió muchísima sabiduría directamente de Dios.

Catalina dictaba muchas cartas, de las que se han conservado más de cuatrocientas. Su obra principal, que constituyó una base significativa para ser reconocida como doctora de la Iglesia, se llama simplemente *El diálogo*. Como el título implica, el libro está escrito en forma de diálogo entre Catalina y Dios Padre. Catalina le hace al Padre cuatro preguntas y el libro contiene lo que Dios Padre comunicaba a Catalina como respuesta. Muchos testigos dan testimonio de que recibió casi la totalidad del libro directamente en oración, dictándolo a medida que lo recibía.

Ella y su pequeña comunidad de hombres y mujeres se trasladaron a Roma a petición del papa Urbano VI, sucesor de Gregorio. Durante los últimos días de su vida asistió al papa y a varios cardenales a la vez que continuaba enseñando a sus discípulos. Todos los días iba andando desde su vivienda de Roma hasta la Basílica de San Pedro para asistir a Misa, hasta que en febrero de 1380 ya no pudo andar más. El 29 de abril de 1380 murió a la edad de treinta y tres años.

---

2 Beato Raimundo de Capua, *Santa Catalina de Siena*.

El papa Pablo VI la declaró doctora de la Iglesia el 4 de octubre de 1970, una semana después que a Santa Teresa de Jesús. Juan Pablo II la nombró patrona de Europa en 1999.[3]

Jesús, puente sobre aguas agitadas

Una de las principales imágenes que Dios Padre dio a Catalina para explicar la "estructura de la realidad" fue la imagen de Jesús como puente entre el cielo y la tierra. Bajo el puente fluyen oscuras y agitadas aguas, arrastrando a los seres humanos a la destrucción. El único camino sobre estas aguas, dominadas satánicamente, es el del puente que es Jesús.

El Padre comunica a Catalina que Jesús es la única esperanza para que la raza humana escape a la destrucción y que todos los que conozcan el puente deben tomarlo para salvarse. El Padre le dice también a Catalina que hay realmente un cielo y un infierno, y que son horrorosas las consecuencias de rechazar la salvación ofrecida por medio de Jesús. La vida humana está siendo continuamente evaluada a la luz de la eternidad. Lo que creemos y cómo nos comportamos en esta vida determina nuestro destino eterno.

Bernardo, como Catalina, expresa con gran realismo la profunda y significativa realidad de nuestra condición caída debida al pecado original:

> En este día nacimos todos. Eva permanece viva en nuestra carne, por cuya hereditaria concupiscencia la solícita serpiente se empeña en reclamar nuestro asentimiento a su rebeldía, por eso llevamos impresa en nosotros la señal de la antigua conspiración (*CC*, 72.8).

---

[3] *N. del T.* Las otras patronas son Santa Brígida de Suecia y la judía conversa y carmelita descalza Santa Teresa Benedicta de la Cruz (Edith Stein).

La cosmovisión bíblica de los santos

A continuación explica claramente algunas de las implicaciones:

> Si no se naciese hijo de ira, no sería necesario renacer [Jn 3,7] [...] ¡Ay de los hijos de la rebeldía [Ef 5,6], también de aquellos descendientes de Adán que nacieron hijos de ira [Ef 2,3], y que por obstinación diabólica, para sí mismos han convertido la ira en cólera, la vara en vergajo [látigo], e incluso en martillo! En fin, para sí mismos atesoran ira para el día de la ira [Ro 2,5]. ¿La ira acumulada que es sino cólera? Cometieron el pecado del diablo, y serán abatidos con la sentencia del diablo (*CC*, 69.3).

El horror del infierno

Catalina continúa completando la imagen al compartir con nosotros lo que ella entiende que el Padre le comunica:

> Mas quienes no andan por este camino [el puente] van por debajo, por el río, camino hecho no con piedra, sino con agua. Y como el agua no tienen consistencia, nadie puede andar por ella que no se ahogue [...] Estos siguen la mentira y andan por el camino de la mentira. Son hijos del demonio, padre de la mentira [Jn 8,44], y, porque pasan por la puerta de la mentira, reciben eterna condenación [...] He aquí el fin miserable a que llegan estos que andan por el camino de abajo, el río, no retrocediendo para reconocer sus culpas y para pedirme misericordia. Llegan a la puerta de la mentira, porque siguieron la doctrina del demonio, que es padre de la mentira, y este mismo demonio es su puerta, y por ella llegan a la condenación eterna (*D*, 27, 42).

Bernardo también explica claramente las consecuencias de rechazar la misericordia de Cristo y lo terriblemente definitivo que es el infierno. Ahora es el tiempo de la misericordia; pero con la muerte o con el retorno del Señor el tiempo de misericordia, el tiempo de poder responder libremente a la oferta de la salvación en Jesús, habrá llegado a su fin:

> Vete, pues, a esperar en medio del infierno la salvación que ya se ha realizado en medio de la tierra. ¿Qué posibilidad de alcanzar el perdón es la que sueñas que se te ha de mostrar entre las llamas eternas, siendo así que ya pasó el tiempo de la misericordia? Para ti, que has muerto en pecado [Jn 8,24], ya no queda un sacrificio por los pecados [Hb 10,26]. No es crucificado de nuevo el hijo de Dios [Hb 6,6]: murió una vez y ya no muere más [Ro 6,9.10]. La sangre que fue derramada sobre la tierra no desciende a los infiernos. La bebieron todos los pecadores de la tierra; los demonios ya no pueden reclamar nada de ella para sí para apagar sus llamas, ni tampoco los hombres asociados a los demonios (*CC*, 75.5).

Bernardo no duda en identificar algunos ejemplos, posiblemente históricos, de aquellos que han encontrado el destino de la condenación eterna:

> Con razón lloró David por el hijo parricida, porque sabía que estaba cerrada para él la salida del vientre de la muerte por causa de la enormidad de su pecado. Con razón lloró también por Saúl y Jonatán, porque, habiendo sido tragados a la vez por la muerte, ya no esperaba que pudieran salir [2 Sam 1,17-27]. Sin embargo, con toda certeza resucitarán, pero no para la vida: mejor dicho, resucitarán para la vida, para que, estando vivos en la muerte, mueran más tristemente, aunque de Jonatán se puede pensar no sin razón que no está condenado (*CC*, 26.12).

También relaciona la existencia en el infierno de los demonios y la de los humanos condenados, describiendo a ambos como "sombras":

> han sido designadas con el nombre de sombras las potestades contrarias, que por el Apóstol no sólo son llamadas sombras o tinieblas, sino también príncipe de las tinieblas [Ef 6,12]; y a la vez designa a todos los hombres que se adhieren a ellos, es decir, a los hijos de la noche, no

a los de la luz del día [1 Tes 5,5]. En efecto, estas sombras no serán reducidas a la nada cuando aspire el día, como ocurre con las sombras materiales, que ante el resplandor de esta luz corporal no sólo vemos que desaparecen sino que se extinguen totalmente. Por lo tanto, en modo alguno serán reducidas a la nada; será algo peor. Seguirán viviendo, pero inclinadas y subyugadas [...] no son aniquiladas, para que sean abrasadas siempre (*CC*, 72.5).

Los cuatro tormentos del infierno

El Padre dio a Catalina una vivísima comprensión de la realidad del infierno y de los cuatro principales tormentos que allí se sufren.

> El primero es que se ven privadas de mi visión. Es esto para ellos pena tan grande, que, si les fuera posible, elegirían antes el fuego y los más terribles tormentos, con tal que pudieran verme, que estar privados de mi visión, careciendo de todas estas penas.
>
> Este tormento despierta en ellos el segundo: el gusano de la conciencia, que roe siempre, viéndose privados de mí y de la visión de los ángeles por su culpa, y verse hechos dignos de la compañía de los demonios.

Así como los teólogos se refieren a veces al estado del arrobamiento celestial como la "visión beatífica", Dios Padre le indica a Catalina que el tercer tormento del infierno será su opuesto, la "visión demoníaca" de la fuente misma del mal, lo que intensifica todos los tormentos. El Padre indica que las almas perdidas, al ver la horrorosa imagen del demonio, llegan a saber mejor lo que han llegado a ser por su pecado impenitente. Lo mismo que en la vida todo conocimiento de las realidades sobrenaturales está significativamente velado, después de la muerte se quita el velo: el mal y el bien se ven tal como son. Volviéndonos hacia Cristo nos hacemos poco a poco como Él en su gran belleza; volviéndonos hacia el pecado y el demonio nos hacemos más como él en su mayor horror y fealdad. Lo que hemos llegado a ser, por las creencias y acciones a las que nos hemos entregado en esta vida, se revela con total claridad después de la muerte:

> Les es todavía de mayor pena, porque le ven [el demonio] en su propia figura; tan horrible, que no hay corazón humano que lo pueda imaginar (D, 38).

Entonces el Padre le recuerda a Catalina una experiencia que tuvo ella una vez:

> Recordarás que, habiéndotelo mostrado en su propia forma por un brevísimo espacio de tiempo (sabes perfectamente que fue un instante), al volver en ti preferías mil veces, antes que verlo otra vez, caminar por un camino de fuego aunque fuese hasta el último día del juicio. A pesar de lo que viste, no puedes saber lo horrible que es [...] (D, 38).

El cuarto tormento es el incesante arder de un fuego inmaterial que tiene tantas formas como formas tienen los pecados que hemos cometido, y es más o menos severo en proporción a su gravedad (D, 38).

> en sus cuerpos aparece la señal de las iniquidades cometidas con indecible pena y tormento. Cuando oigan aquella terrible palabra: "Id, malditos, al fuego eterno" [Mt 25,4], cuerpo y alma irán a vivir con los demonios, sin remedio alguno de esperanza y envueltos con todas las hediondeces de la tierra, cada uno según sus acciones depravadas. El avaro, con la inmundicia de su ambición, envuelto con las riquezas del mundo, que tan desordenadamente amó, arderá con ellas en el fuego. El cruel, con su crueldad; el inmundo, con su inmundicia y la abyecta concupiscencia. El injusto, con sus injusticias; el envidioso, con su envidia; el rencoroso, con su odio y rencor para con el prójimo. El amor desordenado de sí mismo, junto con el orgullo del que procedieron todos sus males, arderá también y les proporcionarán tormento intolerable. Todos serán castigados de diversas maneras, alma y cuerpo juntamente (D, 42).

Bernardo señala que muchos no captan estas verdades debido a una falta de penetración contemplativa, o porque no invitan a la acción del Espíritu Santo para que dé vida a la Sagrada Escritura.

> Hay también un lugar desde el que la secretísima y severísima observación del justo juicio de Dios [Sal 7,12], que es terrible en sus designios sobre los hijos de los hombres [Sal 65,5], vigila a la criatura racional que ha sido condenada. En este lugar, digo, Dios es visto por el atemorizado contemplativo como aquel que, por su juicio justo pero misterioso, ni borra los males de los réprobos, ni acepta los bienes, e incluso endurece sus corazones, no vaya a ser que deploren su mala vida y vuelvan a buen camino, y por haberse convertido tenga que salvarlos [Jn 12,40]. Esto ocurre por un decreto justo y eterno, tanto más horrible cuanto más inamovible permanece para la eternidad. Hemos de sentir terror de lo que leemos en el Profeta, donde, hablando Dios con sus ángeles, dice: "Si se trata con bondad al malvado..." Ellos temerosos y deseando averiguar el pensamiento de Dios, preguntan: "¿No aprenderá la justicia?" "No", responde, señalando el motivo: "En la tierra de los santos cometió la maldad, y no verá la gloria de Dios" [Is 26,10] (*CC*, 23.12).

El temor de Dios

El "temor de Dios", tal como se habla de él en la Biblia, no es sólo un concepto, sino una experiencia que nos predispone a la sabiduría. De hecho, "Principio del saber es temer al Señor; son cuerdos los que lo practican" (Sal 111,10; Sir 1,14).[4]

Este temor no es el temor hacia un Dios tiránico que impetuosa y arbitrariamente inflige el castigo, sino el apropiado respeto, y temor, hacia un Dios que administra su justo castigo a los que lo merecen. El temor bíblico de Dios es un temor inteligente basado en una profunda percepción de la santidad y majestad de Dios que reconoce justamente la posibilidad de violar su ley, despreciando su amor,

---

4 También Sal 4,5; 25,12; 33,11.

rechazando su misericordia y mereciendo la separación eterna de Él. Mientras que el temor del Señor es simplemente el principio de la sabiduría, y el fin de la sabiduría es el amor (1 Jn 4,17), uno no se mete de golpe en el amor sin una profunda y continuada experiencia del temor bíblico, inspirado por el Espíritu. De hecho, la Escritura nos dice que "bienaventurado es el hombre que teme al Señor", y que, verdaderamente, este temor del Señor que da Dios nos libera de otros temores: "No habra de temer las malas noticias, con firme corazón confiara en Yahvé" (Sal 112,7).

> El temor del Señor es gloria y honor,
>   alegría y corona de júbilo.
> El temor del Señor deleita el corazón,
>   da alegría, gozo y larga vida.
> El que teme al Señor tendrá un buen final
>   y el día de su muerte será bendecido (Sir 1,11-13).

Hoy existe una gran aversión hacia un apropiado temor del Señor. Y, por consiguiente, existe una gran trivialización del amor y una gran necedad con respecto a la relación con Dios. El temor de Dios es un don de Dios; no se opone al amor, pero nos prepara para él. El temor del Señor y el amor del Señor van unidos. Una de las razones por las que ha habido tanta necedad en la Iglesia y en el mundo ha sido la carencia de temor de Dios.

Bernardo nos dice que no aprendemos sabiduría en una sala de conferencias, sino en un encuentro con el Señor que produce un temor apropiado:

> en este lugar [...] escuchamos a la Sabiduría, maestra de todas las cosas, enseñando en algo así como su auditorio, pero en este segundo lugar la recibimos; allí somos instruidos, aquí el amor se apodera de nosotros. La instrucción nos hace doctos; el amor, sabios [...] la Sabiduría: a muchos de los que enseña lo que se de hacer no los sigue animando para que lo lleven a cumplimiento

> [...] una cosa es conocer a Dios y otra temerlo; y no es el conocimiento el que hace sabio; sino el temor que nos conmueve [...] Está muy bien dicho que el temor del Señor es la primicia de la sabiduría, porque, cuando Dios mueve el alma a temerlo, y no cuando la instruye para que sepa muchas cosas, es cuando el alma empieza a saborear a Dios [...] el sabor hace al sabio [...] [el temor] es el primero que se opone a la peste de la insipiencia (*CC*, 23.14).

La gloria del cielo

Una de las cosas más sorprendentes que Catalina nos transmite de Dios Padre es cuánta más "profundidad" hay en la realidad de lo que comúnmente suponen muchos. El pecado y el mal son bastante más feos y horrendos de lo que la mayoría de nosotros podemos imaginar; pero también lo son la belleza, la gloria y la bondad del cielo más grandes de lo que podemos alcanzar a comprender.

> Ni los ojos de tu entendimiento pueden ver, ni los oídos oír, ni la lengua referir, ni pensar el corazón cuánto es el bien de los elegidos. ¡Qué gozo para ellos el verme a mí, que soy todo bien! ¡Qué dicha experimentarán al recuperar su cuerpo glorificado! [...] Todos gozarán de verse semejantes a Él [mi Hijo]. Sus ojos se conformarán con los ojos de Él; sus manos, con las manos de Él; todo su cuerpo, con el cuerpo de mi dulce Verbo, Hijo mío [...] Estos no esperan el juicio divino con temor, sino con alegría. Y el semblante de mi Hijo no les parecerá terrible ni lleno de odio, porque éstos terminaron en caridad y en amor a mí y en la benevolencia del prójimo (*D*, 41).

Bernardo describe la diferencia en el último destino de los seres humanos:

> a los que ven se les aumentará la luz y a los que no ven se les disminuirá [...] Estos serán sus últimos destinos, es decir, la extrema ceguera y la suma claridad [...] ya no habrá cosa alguna que se les quite a los que están vacíos;

ya no habrá cosa alguna que se añada a los que están llenos, a no ser no sé qué cosa que estos últimos presumen que han de recibir además de lo que ya tienen, según la promesa que les fue hecha [...] "Os verterán una medida generosa, colmada, remecida, rebosante" [Lc 6,38], "un peso eterno de gloria" [2 Co 4,17], hasta el punto de que la añadidura de esta desbordante glorificación se desborda hasta los cuerpos [...] a los que el día que inspira ilumina por dentro, el día que aspira los adorna por fuera y los reviste con un manto de gloria [Sir 6,32] (*CC*, 72.9-10).

La unión con Dios y el amor hacia Él, que empiezan en esta vida y crecen a medida que progresa el camino espiritual, se manifestarán y perfeccionarán gloriosamente en el cielo. Pero también la unión y el amor que hemos tenido unos con otros en esta vida se manifestarán y perfeccionarán gloriosamente en el cielo. El Padre le dice a Catalina que las relaciones concretas que hayamos tenido en la tierra, siempre que fueran en el Señor, en el cielo crecerán realmente en profundidad de intimidad y amor. Las amistades y el matrimonio que fueron vividos en y con Jesús serán "salvados" y de hecho demostrarán ser un amor que es verdaderamente "para siempre". El tiempo para la procreación biológica habrá llegado a su fin —nuestros cuerpos están ahora transformados en la gloria, dispuestos para una eternidad de celebración— pero el amor en Cristo que se hizo crecer en relaciones verdaderamente cristianas durarán para siempre. ¡No sólo nos conoceremos y reconoceremos unos a otros en el cielo, sino que nos conoceremos y nos amaremos todavía más!

> Me desea siempre y siempre me ama. Por esto su deseo no resulta frustrado, porque, teniendo hambre, queda saciada, y sin embargo, saciada, sigue teniendo hambre, aunque tiene muy lejos el hastío de la saciedad, lo mismo que la pena del hambre [...] Porque han permanecido en mi caridad y en la del prójimo y, unidos entre sí por la caridad común y particular, que procede de una misma caridad, además del bien universal que todos poseemos,

La cosmovisión bíblica de los santos

gozan y se alegran, participando unos en el bien de los otros por el efecto de la caridad. Gozan y se alegran los ángeles, en medio de los cuales están los santos, según las diversas virtudes que tuvieron en el mundo, permaneciendo unidos todos con el vínculo de la caridad. Tienen una participación singular en la felicidad de aquellos a quienes amaron en el mundo, con singular amor; amor que les hacía crecer en la gracia, aumentada en la virtud. El uno era ocasión para el otro de manifestar la gloria y alabanza de mi Nombre en sí mismo y en el prójimo. De modo que luego, en la vida perdurable, no perdieron este amor, sino que, por el contrario, lo conservan y lo participan mutuamente con mayor intimidad y abundancia, añadiéndoseles esta felicidad al bien general gustado por todos los elegidos [...] cuando un alma llega a la vida eterna, todos participan del bien de esta alma (*D*, 41).

No sólo se conocen y aman las almas aún más plenamente en el cielo, sino que no cesan de conocer y amar a los que están todavía en el camino en la tierra. No estamos solos. Nos conocen. Somos amados.

Sus deseos claman intensamente en mi presencia por la salvación del mundo entero. Porque su vida terminó en la caridad del prójimo. No se ven privados de ella, ya que con ella pasaron por la puerta de mi unigénito Hijo [...] Mira, pues, cómo permanecen unidos con aquel vínculo de amor en que terminó su vida, y que dura por toda la eternidad [...] El deseo de los bienaventurados está en ver el esplendor de mi honor en vosotros, caminantes, peregrinos, que continuamente andáis hacia el término de la muerte. En este deseo de mi honor desean vuestra salud, y por esto ruegan incensantemente por vosotros; y este deseo es cumplido por lo que a mí concierne, siempre que vosotros, ignorantes, no hagáis resistencia a mi misericordia (*D*, 41).

Por haber habido en la Iglesia en décadas recientes tanto silencio, o patente escepticismo, respecto al cielo y el infierno, el horror del pecado y la gloria del "cielo",[5] puede que el enfrentarse con la visión de Catalina —que está absolutamente basada en las Escrituras y firmemente arraigada en la Tradición de la Iglesia— nos haga enfrentarnos a cuestiones de "equidad", o hacernos la famosa pregunta: "¿Cómo puede un Dios bueno enviar a alguien al infierno?" Es interesante observar cómo el Padre muestra a Catalina que cuando cada persona muere se precipita realmente hacia donde *quiere* ir. De un modo muy real, cada persona escoge su propio destino a través de su vida y, en el momento de su muerte, abraza lo que realmente ha llegado a ser su elección.

Escogemos nuestro propio destino

Considera, por tanto, cuán grande es la imbecilidad del hombre, que se hace débil donde debía ser fuerte, poniéndose él mismo en las manos del demonio. Por esto, que sepas qué les sucede en el punto de la muerte habiendo caído en vida bajo el poder del demonio (no a la fuerza, que no es posible, sino que voluntariamente se han puesto en sus manos). Llegando al último momento bajo este terrible poder, no esperan ya el juicio, porque ellos mismos, en su conciencia, son sus propios jueces; y, desesperados, llegan a la eterna condenación. Su odio les hace alcanzar el infierno en el momento de la muerte. Antes de que llegue a él, ellos mismos lo arrebatan para sí, como premio que les es debido, y en él se precipitan con el demonio, que es su señor (*D*, 43).

---

5 El Papa Juan Pablo II es una notable excepción a este silencio sobre la vida en el cielo. A través de varios años pronunció muchas alocuciones dedicadas a considerar la "teología del cuerpo", que incluía charlas sobre cómo nuestras identidades como varón y hembra pueden expresarse en la vida resucitada del cielo. La audiencia general del 9 de diciembre de 1981, 13 de enero de 1983 y 10 de febrero de 1982 tienen especial interés a este respecto. Toda la serie de charlas sobre la "teología del cuerpo", incluyendo estos auditorios concretos, fueron publicadas en un libro por varias editoriales. Una de estas ediciones es *The Theology of the Body: Human Love in the Divine Plan. N. del T.* En español tenemos, como libro, *Perlas. Teología del cuerpo en Juan Pablo II*, de Leticia Soberón Mainero. En la red se encuentra fácilmente el texto de las 129 catequesis de Juan Pablo II desde 1979 sobre "teología del cuerpo".

Así como los últimos momentos de un pecador impenitente son horribles, son maravillosos los momentos finales de los que mueren confiando en la misericordia de Dios.

> Así como los justos, que han vivido en caridad y en ella mueren, al llegar a la muerte, si han vivido perfectamente en la virtud, iluminados con la luz de la fe, con perfecta esperanza en la sangre del Cordero, ven el bien que yo les he aparejado y lo toman con los brazos del amor, abrazándome estrecha y amorosamente a mí, sumo y eterno bien, en aquel momento de la muerte. Así gustan de la vida eterna aun antes que hayan dejado el cuerpo mortal (*D*, 43).

Incluso el purgatorio tiene perfecto sentido como una maravillosa provisión por parte de la misericordia de Dios, una parte maravillosa de la Buena Noticia.

> En cuanto a aquellos que han vivido y mueren en una caridad ordinaria y común sin haber llegado a esta grande perfección, también ellos abrazan mi misericordia con aquella misma luz de la fe y la esperanza de los perfectos, aunque ellos la tengan imperfectamente. Y, a pesar de ser imperfectos, abrazan mi misericordia, porque la creyeron mayor que sus propias culpas (*D*, 43).

Catalina resume las palabras del Padre:

> Ni los unos ni los otros esperan ser juzgados, sino que, saliendo de esta vida, cada uno va al lugar que le es propio. Lo gustan y empiezan a poseerlo aun antes de dejar el cuerpo, en el momento de morir; los condenados, por su odio y desesperación; los perfectos, por el amor y la luz de la fe, con la esperanza en la Sangre. Los imperfectos, gracias a su fe y a mi misericordia, llegan al purgatorio (*D*, 43).

El estado de nuestra alma determina incluso cómo el Señor "aparece" ante nosotros y la emoción que infunde en nosotros el encuentro con Él. Como dice Bernardo:

> Ya veis que la mirada del Señor siendo siempre la misma, no siempre tiene la misma eficacia, sino que se adapta a los méritos de cada uno de los que mira, y a unos les infunde miedo mientras que a otros les reporta consuelo y seguridad (*CC*, 57.2).

El Padre revela a Catalina una percepción muy similar:

> Estos [los que mueren en amistad con el Señor] no esperan el juicio divino con temor, sino con alegría. Y el semblante de mi Hijo no les parecerá terrible ni lleno de odio, porque éstos terminaron en caridad y en amor a mí y en la benevolencia del prójimo. Ves, pues, cómo no habrá en Él cambio en su semblante cuando venga a juzgar con mi majestad, sino en aquellos que sean juzgados por Él. A los condenados aparecerá lleno de odio y de justicia. A los elegidos, lleno de amor y misericordia *(D, 41)*.

Aun en esta vida la condición de nuestra alma se reflejará en cómo pensamos en Dios y en cómo le percibimos.

Parte de la misión especial de Catalina como Doctora de la Iglesia es enseñar la cosmovisión que se encuentra en la Escritura, aumentada por las percepciones especiales que el Padre le da con este propósito. Pero todos los doctores de la Iglesia que estamos considerando comparten esta cosmovisión del mundo en todo lo esencial. Todos ellos escriben a la luz de la gravedad de la situación de la raza humana apartada de Cristo, la realidad del cielo y el infierno y la urgente necesidad de ordenar todo lo posible nuestra vida para seguir a Cristo —*ahora mismo*. Como dice Bernardo sin rodeos:

> Merece la muerte, y de hecho ya está muerto, el que se niega a vivir para ti, Señor Jesús. Y el que no llega a tener experiencia de ti, ha perdido la capacidad de experimentar cosa alguna. Y el que vive para algo que no seas tú, es como si no existiera, y realmente es la nada [...] Todo lo hiciste para ti, oh Dios, y el que quiere vivir para sí mismo y no para ti empieza a ser nada entre todos los seres.

La cosmovisión bíblica de los santos

"Teme al Señor y guarda sus mandatos, porque eso es ser hombre" [Ecl 12,13] (*CC*, 20.1).

Algunas de las enseñanzas de estos santos pueden entenderse plenamente sólo cuando vemos lo que ven acerca de la verdadera forma de la realidad. Catalina nos ayuda a entrar en la realidad, pero también muchos otros. Ha llegado el momento de conocer a San Juan de la Cruz.

Mantened vuestros ojos en la meta: La brillante visión de San Juan de la Cruz

Juan de la Cruz nació en Fontiveros, provincia de Ávila, en el centro de España, en 1542. Al morir su padre cuando tenía sólo tres años, su madre y sus dos hermanos tuvieron que luchar para sobrevivir. Un tío que era sacerdote se ocupó de él, ayudándole a obtener trabajo como celador y a la vez iniciar sus estudios. Tal vez como resultado de estas experiencias tempranas tuvo Juan a través de toda su vida una sensibilidad especial para los pobres y los enfermos. Era muy buen estudiante y le admitieron en la universidad, donde cursó estudios liberales y más tarde Teología. Se sintió llamado al sacerdocio y proyectó hacerse fraile carmelita, pero se sentía incómodo con lo que percibía como laxitud en la Orden. Un año antes de su ordenación, cuando pensaba en dejar tal vez los Carmelitas y unirse a los Cartujos, conoció a Teresa de Jesús. Tenía unos veinticinco y ella cincuenta y dos. Teresa y Juan tuvieron un "encuentro de las mentes" y Teresa convenció a Juan para que trabajase con ella para la reforma de su Orden. Mientras Teresa dirigía la reforma de las mujeres carmelitas, Juan se ocupaba en establecer monasterios reformados de hombres. Pudieron, en diferentes momentos de sus viajes, pasar juntos períodos considerables, y se ve claro que sus escritos, aunque bastante diferentes en tono y estilo, están fundamentalmente enseñando el mismo enfoque de la vida espiritual. Hasta se refieren el uno al otro en sus escritos ocasionalmente.

El cumplimiento de todo deseo

Teresa y Juan encontraron muchos obstáculos en su intento de reformar su Orden. La Orden en general no apreció sus esfuerzos y a veces los resistieron bastante vigorosamente. Un desconcertante solapamiento del estado y la autoridad eclesiástica, local y universal, causaba aún más dificultades. El rey católico de España, el nuncio apostólico, el general de la Orden, diversos legados apostólicos, diferentes concilios de la Orden, superiores locales, todo contribuyó a una mezcla que era a menudo desconcertante y llena de conflictos. Llegó un momento en que la Orden de Juan le raptó de donde estaba sirviendo, le vendaron los ojos y se lo llevaron a uno de sus monasterios, donde le retuvieron en aislamiento en una celda durante muchos meses y con mala comida, con poca luz y sin poder mudarse de ropa. Periódicamente le llevaban ante los demás monjes y le presionaban para que negara sus esfuerzos por la reforma, lo que se negó a hacer. Le dijeron falsamente que todos los demás habían abandonado los intentos de reforma, incluso Teresa, y con regularidad era azotado por cada uno de los monjes por turnos en un esfuerzo por doblegarlo. Teresa apeló al rey cuando le raptaron, pero no recibió ayuda alguna. Después de unos nueve meses de reclusión, Juan, que se hallaba en muy mal estado, sintió que había recibido una invitación del cielo y la sabiduría práctica necesaria para escapar, y así lo hizo.

Fue en la prisión donde Juan compuso de memoria, y en trozos de papel, su gran poema *El cántico espiritual*, para el que más tarde escribió un comentario. Con el tiempo el papa permitió a los carmelitas reformados (llamados "descalzos" porque iban descalzos o llevaban sandalias en lugar de zapatos) formar una provincia autónoma. Sólo después de la muerte de los dos, Teresa y Juan, se les concedió total independencia. Durante bastantes años Juan fue parte del gobierno central de los carmelitas reformados de España y ayudó a fundar muchos monasterios. Pero cuando eligieron a un nuevo general de los carmelitas reformados que no estaba a favor suyo, Juan no fue reelegido para el gobierno de la Orden. Cuando sus amigos expresaron su consternación, escribió a uno de ellos:

> [...] de lo que a mí toca, no le dé pena, que ninguna a mí me da. De lo que la tengo muy grande es de que se eche culpa a quien no la tiene; porque estas cosas no las hacen los hombres, sino Dios, que sabe lo que nos conviene y las ordena para nuestro bien. No piense otra cosa sino que todo lo ordena Dios; y adonde no hay amor, ponga amor, y sacará amor [...].[6]

En estas pocas y admirables frases Juan comunica su fuerte fe en que la providencia de Dios domina todos los acontecimientos de la vida —aun aquellos que parecen ser un contratiempo personal o un contratiempo para el reino de Dios. También da consejos prácticos sobre cómo hacer frente a situaciones que parecen "imperfectas", motivadas por algo contrario al amor: cuando Dios Padre no encontró amor en la raza humana, puso amor en ella con la encarnación de su Hijo. Entonces Él encontró amor, en su Hijo Jesús y en todos los que se habían hecho parte de su Cuerpo. Juan nos aconseja hacer lo mismo: cuando no encontremos amor en una situación, podemos poner amor en esa situación, ¡y entonces lo encontraremos!

Bernardo, con considerable agudeza, había dicho algo muy parecido:

> De no haber sido porque [Jesús] amó a los pecadores aún no tendría amigos; lo mismo que todavía no existirían los que tanto amó, si no fuera porque los amó cuando aún no existían (*CC*, 20.2).

Cuando cambió el gobierno en la Orden y Juan fue excluido como dirigente, un fraile, a quien Juan había corregido una vez, emprendió una campaña para que le echaran de la Orden. Pero aunque trató de buscar información sobre Juan que les diera pie para la expulsión, no encontró nada. Se dijo algo de enviar a Juan a México cuando se puso enfermo con una grave infección en la pierna

---

6 Carta de 6.7.1591 a la carmelita descalza, y superiora en Segovia, Madre María de la Encarnación *N. del T. En San Juan de la Cruz. Obras completas*, p. 1085. Las demás obras del santo se citan por'. *N. d-*or la edición que aparece en la bibliografía.

(erisipela). El prior del monasterio adonde viajó Juan para obtener atención médica, no le recibió muy bien, preocupado por la carga que sería como una boca más que alimentar. Al final, la humildad y paciencia de Juan conmovieron tanto a este prior tan difícil que se arrepintió de su dureza y con el tiempo creció significativamente en santidad. Sin antibióticos en aquellos tiempos, la infección se le extendió a Juan por todo el organismo. Cuando estaba muriendo los frailes le recordaron todo lo que había sufrido por Dios y todas las buenas obras que había hecho, pero el les respondió que era por los méritos de la sangre de Cristo por lo que esperaba salvarse.

Juan continúa en una línea de testimonio vívido que hemos visto ya en Teresa de Jesús y en Catalina de Siena: que toda nuestra esperanza está en la sangre que Cristo derramó por nosotros.

Juan les pidió a sus frailes que no recitaran las oraciones tradicionales por los moribundos, sino que le leyeran de la Biblia el Cantar de los Cantares, que habla tan conmovedoramente del amor entre Cristo y el alma y que tanto había influido en su propia vida y escritos. Cuando murió había escrito cuatro grandes obras sobre el camino espiritual, hoy consideradas por muchos como las obras más grandes jamás escritas sobre la vida espiritual. Tendremos amplia oportunidad de aprender de ellas en los próximos capítulos. Pero también él, lo mismo que Catalina, actuaba dentro del marco de una clarísima visión de la realidad que Dios nos revela en la Escritura.

Las presuposiciones en la doctrina de Juan: La cosmovisión bíblica

En la mayor parte de su obra, Juan supone que aquellos para quienes está escribiendo han experimentado ya un despertar espiritual o conversión; de hecho, su principal auditorio es el de los que están en los monasterios carmelitanos. Por esta razón no dedica mucho tiempo a los pasos más básicos de la vida espiritual. Pero al empezar su *Cántico espiritual* plantea lo que supone que hemos llegado a entender al comenzar nuestro camino.

Cayendo el alma en la cuenta de lo que está obligada a hacer, viendo que la vida es breve (Job 14,5), la senda de la vida eterna estrecha (Mt 7,14), que el justo apenas se salva (1 Pe 14,14), que las cosas del mundo son vanas y engañosas, que todo se acaba y falta como el agua que corre (2 Sam 14,14), el tiempo incierto, la cuenta estrecha, la perdición muy fácil, la salvación muy dificultosa; conociendo, por otra parte, la gran deuda que a Dios debe en haberle criado solamente para sí, por lo cual le debe el servicio de toda su vida, y en haberla redimido solamente por sí mismo, por lo cual le debe todo el resto y respondencia del amor de su voluntad, y otros mil beneficios en que se conoce obligada a Dios desde antes que naciese, y que gran parte de su vida se ha ido en el aire; y que de todo esto ha de haber cuenta y razón, así de lo primero como de lo postrero, hasta el último cuadrante (Mt 5,26), cuando escudriñará Dios a Jerusalén con candelas encendidas (Sof 1,12), y que ya es tarde y por ventura lo postrero del día (Mt 20,6);[7] para remediar tanto mal y daño, mayormente sintiendo a Dios muy enojado y escondido por haberse ella querido olvidar tanto de él entre las criaturas, tocada ella de pavor y dolor de corazón interior sobre tanta perdición y peligro, renunciando todas las cosas, dando de mano a todo negocio sin dilatar ni un día ni una hora, con ansia y gemido salido del corazón herido ya del amor de Dios comienza a invocar [a] su Amado y dice:

¿Adónde te escondiste
Amado y me dejaste con gemido?
Como el ciervo huiste
habiéndome herido;
salí tras ti, clamando, y eras ido.[8]

---

7   *N. del T.* La edición en inglés utilizada por Ralph Martin cita Lc 24,29, donde el "ya es tarde" viene del episodio de los discípulos de Emaús, como dice a pie de página la edición española aquí utilizada.
8   *Cántico espiritual*, Canción 1.1. A partir de aquí indicado como *CE*, seguido del número de cada canción y el de su parte.

Lo que dice Juan aquí es tan directo y tan intenso que es fácil sobresaltarse. O podemos tener la tentación de fingir que no lo acabamos de leer y continuamos. Tal vez nuestra reacción emocional nos incline a decir: "¡No puedo enfrentarme con eso!" ¡Esperemos poder resistir la tentación e intentemos entender!

Y no es solamente Juan, por supuesto, quien nos comunica esta asombrosa visión de la necesidad que hombres y mujeres tienen de dar cuentas a Dios. Bernardo lo hace de manera igualmente vívida. En el texto que sigue, "Jerusalén" se refiere a los que viven una vida devota, y "Babilonia" a los que viven alejados de Dios:

> "En aquel día registraré Jerusalén con linternas" [Sof 1,12] [...] Sondea el corazón y las entrañas [Sal 7,10], y el mismo pensamiento del hombre será patente para él [Sal 75,11]. ¿Qué quedará en pie en Babilonia si Jerusalén está escrutada a fondo? [...] En cambio yo, que parezco un monje y un ciudadano de la Jerusalén celestial, tengo mis pecados ocultos, encubiertos con el nombre y el hábito de monje; y por eso será necesario buscarlos con un examen minucioso y sacarlos de las tinieblas a la luz con las linternas [...] Cuando venga para esto, se ha de temer mucho, no vaya a ocurrir que sometidas a un examen tan minucioso, muchas de las que según nuestro parecer eran justicias, aparezcan como pecados. Una cosa es cierta: "Si nos juzgásemos nosotros, no nos juzgarían" [1 Co 11,31] (*CC*, 55.2-3).

El auténtico temor del Señor, y la vida arrepentida y prudente que produce, conduce a una creciente confianza en el amor de Dios. Temor del Señor y temor de Dios no son enemigos sino amigos. El don del temor del Señor prepara el camino para el don del amor. Bernardo trata de prepararnos para el camino espiritual:

> La esposa no teme porque no tiene conciencia de nada malo [1 Co 4,4]. ¿Qué puede temer la amiga, la paloma, la hermosa (*CC*, 55.4).

La cosmovisión bíblica de los santos

Bernardo está tratando de ayudarnos a comprender lo muy necesitados que estamos de misericordia y de gracia. Quiere que empecemos a desear pasar por la etapa purgativa hacia la etapa iluminativa para, algún día, alcanzar la etapa unitiva. Sólo entonces podremos vivir en la libertad de la "esposa", donde el temor es reemplazado por el amor, el gozo y la confianza.

Puede que no estemos acostumbrados a oír sermones desde el púlpito contemporáneo sobre los pasajes a que se refieren Juan y Bernardo, y, sin embargo, son algunos de los más importantes de la Biblia. Pues lo que hacen es mostrar la gravedad de la tarea en que estamos ocupados, arrancar las ilusiones que nos creamos para evitar enfrentarnos con las verdades difíciles, y darnos la oportunidad de basar las decisiones de nuestra vida en la verdad y no en ilusiones, la oportunidad de salvarnos y no de morir en nuestro pecado.

Cada uno de los pasajes a que Juan y Bernardo se refieren proporcionarían una cuidadosa reflexión, pero eso tendrá que dejarse para un momento de lectura espiritual y de piadosa reflexión si hemos de conseguir la meta de este libro. Me gustaría, sin embargo, hacer resaltar uno de los textos que cita Juan, puesto que es uno al que él y otros vuelven una y otra vez en sus escritos. Es quizá el pasaje de la Escritura que Juan cita más a menudo:

> Entren por la entrada estrecha; porque ancha es la entrada y espacioso el camino que lleva a la perdición, y son muchos los que entran en ella; mas ¡qué estrecha la entrada y qué angosto el camino que lleva a la Vida!; y pocos son los que lo encuentran (Mt 7,13-14).

En estas palabras Jesús nos da una información absolutamente esencial, que descuidamos con considerable peligro para nosotros. Él dice bien claro que el dejarnos arrastrar por la cultura contemporánea no nos llevará al cielo, sino al infierno. Enseña claramente que si queremos llegar a la felicidad —el cumplimiento de todo deseo— y

El cumplimiento de todo deseo

no a la destrucción (que es frustración perpetua), necesitamos tomar el camino y entrar por la entrada que lleva al cielo. Jesús deja claro que Él es el camino al cielo y la entrada a la vida eterna.

Es muy triste, pero cierto, que cuando en mis viajes hablo a católicos por todo el mundo, veo que muchos han llegado a mirar la realidad de un modo que es casi directamente opuesto a como Jesús dice que es. Si yo fuera a expresar claramente la cosmovisión de muchos católicos de hoy día, lo haría así: "Amplio y ancho es el camino que conduce al cielo y muchos van por esa vía. Estrecha es la senda que conduce al infierno y casi nadie va por esa senda".

Es absolutamente terrible y trágico que en una cuestión de importancia tan crítica como ésta tantos católicos hayan llegado a creer exactamente lo opuesto a lo que nos dice Jesús en este caso. De hecho, confirma la verdad de lo que Jesús enseña: dejarse arrastrar por la cultura contemporánea, por la manera contemporánea de "pensar", nos aparta de la verdad y de la felicidad hacia la falsedad y la destrucción.

Juan de la Cruz sabe que necesitamos tenerlo muy claro en cuanto a la forma básica de la realidad, la revelación bíblica de lo que realmente ocurre en la vida, para así tomar decisiones sabias cuando emprendemos el camino espiritual. Concentrarse en "mejorar nuestro tiempo de oración", por ejemplo, es enfocarlo muy limitadamente cuando pensamos en la totalidad del camino espiritual. Necesitamos ver todo el conjunto para comprender cómo cada elemento de la vida espiritual tiene su función y por qué deben tomarse ciertas decisiones y por qué estas decisiones tienen tanto sentido.

Pero no es únicamente en Bernardo, Catalina y Juan en quienes encontramos esta sorprendente comprensión de la cosmovisión bíblica. La encontramos en todos los escritos de todos los santos que estamos considerando. Por ejemplo, a través de los escritos de Teresa de Jesús encontramos constantes referencias a la imagen total que ella presupone que todos entendemos: la realidad del demonio, el horror del pecado, el precio pagado por nuestra salvación, la brevedad de la vida, las consecuencias de nuestras elecciones, y la realidad del juicio, el cielo y el infierno.

> ¿Qué va en que esté yo hasta el día del juicio en el purgatorio, si por mi oración se salva sólo un alma? [...] De penas que se acaban, no hagáis caso de ellas cuando interviniere algún servicio mayor al que tantas pasó por nosotros (*CP*, 3.6).
>
> Porque aunque no tengan tantos pecados, por maravilla habrá quien deje de tener alguno por que haya merecido el infierno (*CP*, 13.3).

Teresa entiende que el tener una visión clara de todo el conjunto cambiará nuestro modo de vida y lo que escogemos, porque veremos lo que realmente importa:.

> Paréceme ahora a mí que cuando una persona la ha llegado Dios a claro conocimiento de lo que es el mundo, y qué cosa es el mundo, y que hay otro mundo, y la diferencia que hay de lo uno a lo otro, y que lo uno es eterno y lo otro soñad (*CP*, 6.3).

Comprendiendo lo que Catalina comprendió sobre cómo el amor humano en el Señor puede continuar en la eternidad, Teresa presenta la implicación de lo que ocurre cuando el amor humano no es en el Señor, cuando una parte quiere amar según la mente de Cristo y la otra no:

> Ve que no son para en uno, y que es imposible durar a quererse el uno al otro; porque es amor que se ha de acabar con la vida, si el otro no va guardando la ley de Dios, y entiende que no le ama y que han de ir a diferentes partes (*CP*, 6.8).

Teresa sabe que se está entablando una batalla espiritual por las almas de los seres humanos y que el depender del Señor es la clave para la victoria:

> trabajando nosotros poco a poco lo que es en nosotros, no tendremos mucho más que pelear, que el Señor toma la mano contra los demonios y contra todo el mundo en nuestra defensa. ¿Pensáis, hermanas, que es poco bien procurar este bien de darnos todas al Todo, sin hacernos partes? (*CP*, 8.1).

Las personas espiritualmente sensibles como Teresa poseen una aguda conciencia de lo que es verdad para todos y un firme sentido de las implicaciones lógicas de esta verdad.

> más toda es corta la vida y algunas cortísimas. ¿Y qué sabemos si seremos de tan corta, que desde una hora o momento que nos determinemos a servir del todo a Dios, se acabe? Posible sería; que, en fin, todo, lo que tiene fin, no hay que hacer caso de ello; y pensando que cada hora es la postrera, ¿quién no la trabajará? Pues creedme que pensar esto es lo más seguro (*CP*, 12.2).

Y también Bernardo, profundamente empapado de la cosmovisión de la Escritura, es agudamente consciente de la brevedad de la vida y también de "lo único" que es necesario.

> Por eso, apresurémonos a encontrar alivio de esta vieja e inicua conspiración, porque los días del hombre son pocos (Job 14,5). Que nos reciba el día que respira antes de que nos absorba la noche que suspira, y que ha de envolvernos con las tinieblas exteriores de una oscuridad eterna [Mt 8,12] (*CC*, 72.9).

Capítulo 5

LA TRANSFORMACIÓN DEL PENSAMIENTO, EL DESEO Y LA ACCIÓN

A medida que la verdad acerca de la realidad —acerca de Dios, el mundo y nosotros mismos— se nos comunica en una amplia variedad de formas, experimentamos una progresiva transformación. No sólo pensamos de forma diferente y actuamos de forma diferente, sino que empezamos realmente a desear y sentirnos diferentes. Al ponernos la "mente de Cristo" adoptamos también sus deseos y participamos en la dinámica de su amor activo.

Y ahora es el momento de conocer más de cerca a otro de los santos que nos están enseñando, Thérèse,[1] la cual nos da una imagen sorprendentemente detallada de las diferentes maneras en que Dios se comunicaba personalmente con ella, y la subsiguiente transformación que ella experimentó.

Thérèse de Lisieux: El deseo del cielo

Teresita es la más joven de nuestros maestros en dos sentidos: vivió y murió justo antes del comienzo del siglo XX, y cuando murió tenía sólo veinticuatro años. Ya nos hemos beneficiado de algunos

---

[1] *N. del T.* A quien nosotros conocemos también como Santa Teresa del Niño Jesús o Santa Teresita del Niño Jesús, la llamaremos: Teresita o Thérèse. Esto es para no confundirla con Teresa de Jesús, a la que llamaremos Teresa.

de los reveladores pensamientos de Teresita, y aún faltan muchos más. Pero ahora toca ya "encontrarnos" con ella y que nos cuente algo del gran deseo del cielo que Dios le dio. Su aguda percepción de cómo todo necesita ser ordenado para obtener un don tan grande nos proporciona otro testimonio sobre la cosmovisión bíblica.

Teresita nació el 2 de enero de 1873 en la región francesa de Normandía, la más joven de las cinco niñas de los Martin. Como con Catalina, por lo corta que iba a ser su vida, Dios empezó el proceso de atraérsela hacia Él a una edad muy temprana y de un modo muy intenso. Nació en una familia católica extraordinariamente devota, cálida y con sabiduría, y recibió la mejor educación religiosa en la fe que puede imaginarse. Sensible por naturaleza, le impresionaban la belleza de la naturaleza y de las relaciones humanas, y Dios usó todo esto para revelar a Teresita su propia belleza desde muy corta edad. Deseosa de seguir a sus dos hermanas mayores en el monasterio carmelita de Lisieux, pudo entrar finalmente a la edad de quince años. No parecía ser ella nada "especial" en el convento, pero interiormente el Señor estaba obrando una gran purificación a fin de unirla a Él. También le estaba dando profundas ideas acerca del camino espiritual. En los últimos años de su vida le pidieron que escribiera algo de la historia de su vida, que fue publicada después de su muerte bajo el título *Historia de un alma*. En ella Teresita cuenta la historia de su propio camino de una manera que ha inspirado a millones.

Teresita divide la historia de su caminar en tres etapas. La primera etapa abarcó desde su nacimiento hasta la edad de cuatro años, que ella describe como una época llena de felicidad y amor. La segunda etapa fue desde la muerte de su madre, cuando tenía cuatro años y medio, hasta los catorce, que describe como la más dolorosa de los tres estadios. La tercera etapa comenzó con una intervención de la gracia purificadora y sanadora de Dios. Esto le permitió encontrar sanación para las debilitantes y emocionales heridas que infligieron en su alma la muerte de su madre y la partida para el convento de su "segunda madre", su hermana Pauline. Teresita reconoce que el modo

La transformación del pensamiento, el deseo y la acción

en que respondió a esas pérdidas estaba también arraigado en cierto modo en su propia obstinación, así como en los ataques del demonio. Esta tercera etapa comprendió sobre todo su vida en el monasterio carmelita hasta su muerte a la edad de veinticuatro años Teresita se daba cuenta de que su purificación tenía que ser intensa y empezar pronto "para poder ofrecerme mucho antes a Jesús" (*HA*, 1, 46).

Aunque sin la gran actividad de Teresa de Jesús o la aguda percepción teológica de Juan de la Cruz, Teresita era realmente su "hija" en la tradición espiritual del Carmelo. En lenguaje sencillo ha comunicado justo las mismas verdades que Teresa y Juan, es decir, las del Evangelio mismo. Tal vez por estar más cercana a nosotros en el tiempo, y por haber sido tan popular en el reciente catolicismo, es fácil sentimentalizar a Teresita y pasar por alto las grandes profundidades de la historia de su vida y de su sabiduría, porque el testimonio de Teresita no es menos desafiante, ni menos provechoso, que los de los otros santos que nos están enseñando. ¡Intentaremos no hacer eso!

Durante los últimos años de su vida sufrió de tuberculosis progresiva y, el último año y medio, de una gran e incesante tentación contra la fe. Pero de esto hablaré más después.

Murió el 30 de septiembre de 1897, a la edad de veinticuatro años. Un año después se publicó su autobiografía y los peregrinos comenzaron a acudir a su sepultura, dando testimonio del poder de su oración de intercesión. Para 1914 su convento recibía doscientas cartas al día, prueba también de su poderosa intercesión. Para 1923 se recibían ya casi mil cartas diarias. Fue canonizada en 1925 y nombrada Doctora de la Iglesia en 1997 por el Papa Juan Pablo II.

La vida a la luz espléndida de la eternidad

Teresita de Lisieux vio con asombrosa claridad, desde la más temprana edad, que si existía el cielo, toda lo de la vida en la tierra tenía que ser evaluado a la luz de es existencia. La vida en la tierra pasa, el cielo es eterno; esto tiene consecuencias para cómo creemos y cómo escogemos las cosas ahora. Teresita vio, con la extraordinaria

El cumplimiento de todo deseo

lógica de la divina revelación, que el mayor bien que podríamos desear para cualquier ser humano a quien amamos es desearle el cielo.

El Espíritu hizo nacer en el corazón de Teresita un gran anhelo de Dios, haciendo eco de los profundos deseos de Dios expresados por el Espíritu Santo en los Salmos.

> Como anhela la cierva los arroyos,
>   así te anhela mi ser, Dios mio.
> Mi ser tiene sed de Dios,
>   del Dios vivo;
> ¿cuándo podré ir a ver
>   el rostro de Dios? (Sal 42,1-2)

Zélie, madre de Teresita, contó esta historia en una de sus cartas a su hija Pauline:

> La niña es un verdadero diablillo, que viene a acariciarme deseándome la muerte: "¡Cómo me gustaría que te murieras, mamaíta...!" La riñen, y me dice: "¡Pero si es para que vayas al cielo! ¿No dices que tenemos que morirnos para ir allá?" Y cuando está con estos arrebatos de amor, desea también la muerte a su padre (*HA*, 1, 30-31).

Teresita nos cuenta que, ya cuando era una niña, el Señor usaba las ocasiones más simples para inculcarle profundamente la realidad de la brevedad de la vida y el gozo de la eternidad. Escribe a una hermana mayor y le cuenta cuando una vez su padre la llevó de pesca:

> A veces intentaba pescar con mi cañita, pero prefería ir a sentarme sola en la hierba florida. Entonces mis pensamientos se hacían muy profundos, y sin saber lo que era meditar, mi alma se abismaba en una verdadera oración ... Escuchaba los ruidos lejanos... El murmullo del viento y hasta la música difusa de los soldados, cuyo sonido llegaba hasta mí, me llenaban de dulce melancolía el corazón... La tierra me parecía un lugar de destierro y soñaba con el cielo... La hermosa rebanada de pan con

> mermelada que tú me habías preparado había cambiado de aspecto: en lugar de su vivo color, ya no veía más que un pálido color rosado, todo rancio y revenido... Entonces la tierra me parecía aún mas triste, y comprendía que sólo en el cielo la alegría sería sin nubes (*HA*, 2, 52-53).

Incluso cuando era una niña pequeña Teresita de Lisieux tenía una aguda percepción acerca de la trascendencia de las cosas. Y no es el único niño que ha visto y sentido las cosas con una claridad así. Vio el corazón interior de la creación caída desmoronándose lentamente hasta descomponerse. Las briznas de belleza que nos rodean suscitaban en ella un anhelo de la mayor Belleza que no pasa, que verdaderamente permanece para siempre. Pensando en estas cosas de la vida ordinaria la vida se hizo para ella meditación y oración contemplativa, sin conocer la terminología de la teología espiritual. La naturaleza, las relaciones, la soledad, el ansia de su corazón por la plenitud, en todas estas cosas percibía la invitación presente, puesta allí por el Creador, iluminada en su mente y en su corazón por el Espíritu: elevar su mente y corazón hacia Dios, orar.

La naturaleza

Todo en la naturaleza, exactamente como lo dicen los Salmos, le hablaba a Teresita de la gloria de Dios. El universo existe para hablar de la gloria de Dios y lo hace con asombrosa fuerza y elocuencia para aquellos que tienen ojos para ver y oídos para oír.

> Tenía yo seis o siete años cuando Papá nos llevó a Trouville. Nunca olvidaré la impresión que me causó el mar. No me cansaba de mirarlo. Su majestuosidad, el rugido de las olas, todo le hablaba a mi alma de la grandeza y del poder de Dios (*HA*, 2, 66).

Otra vez, viendo la puesta de sol que se reflejaba en el océano, la comprendió como una imagen de la gracia de Dios vertiendo su luz sobre el camino por el que ella tenía que viajar de la tierra al cielo:

> Allí, al lado de Paulina, hice el propósito de no alejar nunca mi alma de la mirada de Jesús, para que pueda navegar en paz hacia la patria del cielo (*HA*, 2, 67).

Cuenta cómo recordaba los mas pequeños detalles de los paseos de la familia los domingos antes de morir su madre: los campos llenos de flores, grandes espacios abiertos, inmensos abetos (*HA*, 1, 45). Habla cariñosamente de su canario y otros pájaros que tenía como mascotas (*HA*, 5, 4).

Ofrece grandiosas descripciones de los Alpes suizos, contando su peregrinación a Roma para pedir al papa que la admitiera en el monasterio antes del límite normal de dieciséis años. Quería estar en los dos lados del tren a la vez (típico de Teresita el "elegir todo") y apenas podía mantener el ritmo del continuo y veloz espectáculo de montañas, pueblos, barrancos, picos, bosques, nubes, cascadas, impetuosos riachuelos, cumbres nevadas, lagos, y el sol tan brillante. Y comenta:

> La contemplación de toda esa hermosura hacía nacer en mi alma pensamientos muy profundos. Me parecía comprender ya en la tierra la grandeza de Dios y las maravillas del cielo... [...] Comprendí lo fácil que es replegarse sobre uno mismo y olvidar el fin sublime de la propia vocación [...] (*HA*, 6, 155).

Pensaba en cuando estaría en el convento y podría sólo vislumbrar una pequeña porción del cielo estrellado. Teresita decidió que el recuerdo de estas maravillas la ayudarían a olvidar "mis propios y mezquinos intereses", ahora que *"mi corazón ha vislumbrado* lo que Jesús tiene preparado para los que le aman" (1 Co 2,9) (*HA*, 6, 155).

En otra ocasión quiere incluso expresar lo mucho que le gusta la nieve y lo que significó para ella que el día de su toma de hábito nevara inesperadamente (*HA*, 7, 189, 190). Teresita sabía que había algo más grande que la naturaleza: el Dios que creó la naturaleza.

Y a la vista de todas aquellas cosas, que yo miraba por primera y por última vez en mi vida, ¡mi alma se llenaba de poesía! Pero las veía desvanecerse sin la menor pena. Mi corazón aspiraba a otras maravillas. Había contemplado ya bastante las bellezas de la tierra, y sólo las del cielo eran ya el objeto de sus deseos. Y para ofrecérselas a las almas, ¡quería convertirme en prisionera! (*HA*, 6, 176).

Pero no era sólo la naturaleza lo que suscitaba en Teresita anhelo del cielo; eran también el amor y el cariño que encontraba en las relaciones humanas.

Amigos y familia: Heridas de amor

Teresita sentía profundo amor por su familia y su familia profundo amor por ella. Aparte de la temprana muerte de su madre, lo que fue efectivamente traumático para Teresita, tuvo lo que consideraría una educación ideal. Al ser la más joven de las cinco hijas Martin que vivían (otros cuatro niños de los Martin habían muerto en la infancia), ella fue muy mimada, incluso consentida. A los siete años, mientras estaba fuera de casa en un retiro previo a la primera Comunión, tuvo que pasar la vergüenza de admitir a la maestra encargada que no sabía peinarse o rizarse el pelo ella misma, puesto que sus hermanas se lo hacían siempre. Aunque estuvo fuera sólo unos días, sus padres y hermanas la visitaron a diario y le llevaban dulces (*HA*, 4, 95). (Cuando estaba muriendo, sabiendo que no había ningún peligro de "atracción desordenada", le pidió a una de sus hermanas que la besara haciendo mucho ruido, ¡y también pidió un petisuí de chocolate![2] Le encantaba el chocolate. Pero el mimo era "equilibrado" con una firme, aunque amorosa, instrucción sobre las verdades de la fe, y junto con la corrección si era necesario. Teresita sabía que el "terreno" en que estaba plantada era

---

[2] N. del T.. "Petisús", como familiarmente se le conoce en español, designa un pequeño dulce oblongo o redondo de masa fina relleno de alguna crema y típicamente, como en este caso, con chocolate por encima.

ideal para conocer el amor del Padre. De hecho, se está considerando la posible canonización de su padre y su madre, y algún día podrían ser reconocidos como santos.³

Teresita adoraba a su padre. Veía en él una imagen de Dios Padre. Le llamaba su "rey" y él la llamaba su "reina". Ella pensaba que se estaba haciendo santo y lo comparaba a San Francisco de Sales, de quien sabía que, como su padre, había vencido una personalidad impetuosa y llegado a un punto de madura virtud. Tanto su esposa como su hija aseguraban que jamás les había dirigido una palabra que no fuera amable. Fue durante sus paseos a primera hora de la tarde, para visitar diferentes iglesias en los pueblos donde vivieron, cuando visitaron la capilla del Carmelo de Lisieux, que con el tiempo recibiría a cuatro de las hijas de los Martin.

Cuando Teresita vio a su padre rezando, su corazón se elevó hasta el cielo.

> Durante sus visitas diarias al Santísimo, se le llenaban con frecuencia los ojos de lágrimas y su rostro reflejaba una dicha celestial... (*HA*, 7, 188).

Y en otra ocasión Teresita comentó que aunque el sermón de la Misa era muy bueno, el sermón de ver a su padre rezar era mejor.

> yo escuchaba bien, pero miraba más a papá que al predicador. ¡Me decía tantas cosas su hermoso rostro...! A veces su rostro se llenaba de lágrimas que trataba en vano de contener. Tanto le gustaba a su alma abismarse en las verdades eternas, que parecía no pertenecer ya a esta tierra... Sin embargo, su carrera estaba aún muy lejos de terminar: tenían que pasar todavía largos años antes de que el hermosos cielo se abriera ante sus ojos extasiados y de que el Señor enjugara las lágrimas de su servidor fiel y cumplidor (*HA*, 2, 58).

---

3 *N. del T.* Efectivamente, Louis Martin y Zélie Guerin fueron beatificados por Benedicto XVI el 19 de octubre de 2008, aniversario de su casamiento, como ejemplo de matrimonio de vida santa.

La transformación del pensamiento, el deseo y la acción

Aunque la vida de la familia Martin estaba centrada en Dios, también era muy humana. El padre de Teresita jugaba a juegos con ella, le cantaba canciones religiosas y seculares, le contaba cuentos (algunos de miedo) —la familia compartía mucho gozo y "buenos ratos" juntos.

Teresita estaba muy unida a sus hermanas y las quería profundamente. Muchas "tiernas caricias" y "besos y abrazos" caracterizaban sus relaciones. Los de fuera lo observaban y exclamaban a veces: "¡Como se quieren! ¡Ah, nada podrá separarlas!" Y a ella y a Céline, la más cercana en edad, ella misma y otras personas describían como "inseparables" (*HA*, 1, 40). Teresita hablaba de ella y Céline como "hermanas espirituales" llamadas por el señor "a progresar juntas" con lazos de amor en Cristo más fuertes que la sangre. Como hacía a menudo, citaba un pasaje de San Juan de la Cruz para explicar lo que estaba experimentando (*HA*, 5, 130-131).

> A zaga de tu huella
> las jóvenes discurren al camino.
> Al toque de centella
> al adobado vino,
> emisiones de bálsamo divino (*CE*, 25).

Cuando Pauline, su "segunda madre", fue la primera de las hijas de los Martin que entró en el Carmelo, Marie, la hermana mayor, cuidó de Teresita amorosamente. Cuando a Marie le llegó la hora de entrar, Teresita describe su reacción.

> *Cada* vez que pasaba ante la puerta de su habitación, llamaba hasta que me abría y la besaba con todo el alma; quería hacer provisión de besos para todo el tiempo que iba a verme privada de ellos (*HA*, 4, 115).

Al hablar de su gran deseo de unirse a su hermana Pauline en el convento, Teresita comprendía que la gran importancia de estar allí no era sólo por estar con su hermana, sino para "¡esperar el *cielo* juntas!" (*HA*, 4, 99).

La solidaridad humana y espiritual que podemos experimentar unos con otros en el camino hacia Dios la expresa Teresita conmovedoramente cuando recuerda cómo ella y sus hermanas compartían profundamente el intenso sufrimiento del deterioro físico y mental de su padre. Por entonces Teresita, Pauline y Marie estaban en el convento y Céline y Léonie estaban en casa cuidando a su padre.

> No era ya no caminar por los senderos de la perfección: ¡volábamos las cinco! [...] Las rejas del Carmelo, lejos de separarnos, unían todavía más estrechamente nuestras almas. Teníamos las dos los mismos pensamientos, los mismos deseos, el mismo *amor a Jesús* y a las *almas...* (*HA*, 7, 192).

En definitiva, Teresita sabía que la ternura que experimentaba en el amor de su familia no tenía que disminuir a medida que crecían en santidad, sino más bien aumentar.

> El corazón, al entregarse a Dios, no pierde su cariño natural; al contrario, ese cariño crece al hacerse más puro y más divino (*HA*, 10, 263).

¡Qué parecidas a las palabras que el Padre dirigió a Catalina acerca de la intensificación del amor interpersonal en el cielo! (*D*, 41).

Teresita tenía un vivo sentido de cómo el amor humano no disminuye en el cielo, sino que se intensifica, y tenía muchas ganas de poder amar a sus hermanas aún más en la vida glorificada del cielo.

> ¿Y mi Céline querida? ¿Qué no hizo por su Thérèse...? Los domingos, en vez de salir de paseo, venía a encerrase horas enteras con una pobre niña que parecía idiota [...] Nadie os hizo *sufrir* tanto como yo, y nadie recibió nunca tanto *amor* como el que vosotras me prodigasteis... Gracias a Dios, tendré el cielo para resarcirme. Mi Esposo

La transformación del pensamiento, el deseo y la acción

> es enormemente rico, y yo meteré la mano en sus tesoros de *amor* para poder devolveros centuplicado todo lo que sufristeis por causa mía (*HA*, 3, 84).

Cuántas veces, cuando leemos estos escritos, nos vienen a la mente frases de la Escritura. Estos santos están viviendo, experimentando y enseñando lo que se nos revela en la Escritura, pero raramente exploramos las profundidades de su perspectiva o aplicabilidad presente.

> Así pues, si han resucitado con Cristo, busquen las cosas de arriba, donde está Cristo sentado a la diestra de Dios. Aspiren a las cosas de arriba, no a las de la tierra. Porque han muerto, y su vida está oculta con Cristo en Dios. Cuando aparezca Cristo, vida suya, entonces también ustedes aparecerán gloriosos con él (Col 3,1-4).

> Porque estimo que los sufrimientos del tiempo presente no son comparables con la gloria que se ha de manifestar en nosotros (Rm 8,18).

> ¿A quién tengo yo en el cielo?
> Estando contigo no hallo gusto en la tierra.
> Aunque se consuman mi cuerpo y mi mente,
> tú eres mi roca, mi lote,
> tú eres mi roca, mi lote, Dios por siempre [...]
> Pero mi bien es estar junto a Dios (Sal 73,25-26. 28).

A Teresita la atraía Juana de Arco, otra joven santa francesa, que, al menos externamente, vivió una vida tan diferente a la de la enclaustrada Teresita de Lisieux —¡dirigiendo los ejércitos franceses en batallas contra los ingleses! Pero, internamente, su ardiente amor de Dios era el mismo, y la batalla espiritual que estaban entablando era la misma. De hecho, Teresita escribió dos piezas teatrales sobre Juana que ella y sus compañeras monjas representaron en el convento, y Teresita hacía el papel de Juana. Reflexionando sobre su atracción hacia Juana, Teresita nos revela algunos pensamientos muy importantes.

> Por entonces recibí una gracia que siempre he considerado como una de las más grandes de mi vida, ya que esa edad no recibía las *luces* de que ahora me veo inundada. Pensé que había nacido para la *gloria* [...] Este deseo podría parecer temerario, si se tiene en cuenta lo débil e imperfecta que yo era, y que aún soy después de siete años vividos en religión. No obstante, sigo teniendo la misma confianza audaz de llegar a ser una gran santa, pues no me apoyo en mis méritos —que no tengo *ninguno*— sino en Aquel que es la Virtud y la Santidad mismas. Sólo él, conformándose con mis débiles esfuerzos me elevará hasta él y, cubriéndome con sus méritos infinitos, me hará *santa* (*HA*, 4, 91).

El propósito de cada una de nuestras vidas es alcanzar el estado de gloria, ser santos. O bien llegamos a ser santos y alcanzamos el cielo o nos hacemos, en el infierno, conforme a la imagen de los demonios. Dios ayudó a Teresita a comprender esto y también le hizo ver con gran claridad que no era por sus méritos o su fuerza o su virtud por lo que ocurriría esto, sino confiando solamente en Dios. Recordemos las frías palabras de Teresa de Jesús (por quien, por cierto, Teresita recibió su nombre): "Esta confianza en mí misma fue lo que me destruyó" (*V*, 19.15).

Todos los santos han llegado a conocer esta verdad profunda y fundamental: que el propósito de la vida es la gloria del cielo, y que la única manera de alcanzar la meta es por la absoluta confianza en Dios.

Dios permitió a Teresita tener la habilidad de ver la falta de verdadero discernimiento y modo de pensar realmente lógico que impregna la atmósfera del mundo, especialmente en comparación con la penetrante claridad y cristalina lógica de la cosmovisión bíblica.

> Dios me concedió la gracia de conocer el mundo, a no ser justo para despreciarlo y alejarme de él [...] Y confieso que aquella vida [en Alençon] tenía sus encantos para mí [...] Los amigos que teníamos allí eran demasiado mundanos y compaginaban demasiado las alegrías de la tierra con el

servicio de Dios. No pensaban lo bastante en la *muerte*, y sin embargo la *muerte* ha venido a visitar a un gran número de personas a las que yo conocí, ¡¡¡jóvenes, ricas y felices!!! [...] Y veo que todo es vanidad y aflicción de espíritu bajo el sol..., y que el *único bien* que vale la pena es amar a Dios con todo el corazón y ser *pobres* de espíritu aquí en la tierra... Tal vez Jesús quiso mostrarme el mundo antes de hacerme la *primera visita*, para que eligiera más libremente el camino que iba a prometerle seguir (*HA*, 4, 92).

Teresita tuvo una experiencia similar en su peregrinación a Roma. Viajó cómodamente con católicos acomodados, algunos de los cuales eran de la nobleza y tenían títulos, algunos de ellos sacerdotes. Se alojaban en los hoteles más elegantes. Ella confiesa que estaba un poco deslumbrada al principio viajando con semejante compañía. Según avanzaba el viaje, sin embargo, podía ver la necedad y vanidad del estar apegados a los títulos, a la fortuna y a la posición social, convenciéndola de que la única nobleza y dignidad verdaderas vienen de nuestra relación con el Señor. Concretamente, el ver la fragilidad de los sacerdotes que la acompañaban le ayudó a comprender una de las principales misiones del Carmelo: orar por los sacerdotes (*HA*, 6, 150-151).

Para Teresita esta peregrinación "de primera clase" llegó a ser una oportunidad para ver de primera mano la vanidad y el vacío de todo lo que no es Dios.

> A lo largo de todo nuestro viaje nos alojamos en hoteles principescos. Nunca antes me había visto rodeada de tanto lujo [...] artesonados de oro, escaleras de mármol blanco y tapices de seda [...] Comprendí bien que la alegría no se halla en las cosas que nos rodean, sino en lo más íntimo de nuestras almas; se la puede poseer lo mismo en una prisión que en un palacio. La prueba está en que yo soy más feliz en el Carmelo, aun en medio de mis sufrimientos interiores y exteriores, que entonces en el mundo, rodeada de las comodidades de la vida y sobre todo de la ternura del hogar paterno... (*HA*, 6, 171).

La sensibilidad de Thérèse se extendía no sólo a la mundanalidad y falta de discernimiento tan comunes en la sociedad, sino también a las dimensiones positivas de las "formas de este mundo", en cuanto a su participación en el gran misterio de Cristo y la Iglesia y en cómo apuntaban a ello. Mientras su prima Jeanne se preparaba para su boda, Teresita estaba ávidamente atenta para ver lo que podría aprender para ser una mejor esposa de Jesús.

> Ocho días después de mi toma de velo tuvo lugar la boda de Juana. Me sería imposible decirte, Madre querida, cuánto me enseñó su ejemplo acerca de las delicadezas que una esposa debe prodigar a su esposo. Escuchaba ávidamente todo lo que podría aprender al respecto, pues no quería hacer yo por mi amado Jesús menos de lo que Juana hacía por Francis, una criatura ciertamente muy perfecta, ¡pero al fin de cuentas una *criatura*...! (*HA*, 8, 203).

Sin embargo, a pesar de lo mucho que Dios usó las relaciones humanas para ayudar a Teresita en el camino, a veces también permitía por su bien la ausencia de esta relaciones. El día de su profesión, y también cuando recibió el velo, ni el obispo, ni su director espiritual, ni su padre, cuya salud empeoraba gravemente, pudieron estar presentes.

> el día de mis bodas estuve realmente huérfana de padre en la tierra, pero pudiendo mirar con confianza al cielo y decir con toda verdad: "*Padre* nuestro, que estás en el cielo" (*HA*, 7, VIII).

El director espiritual con quien se sentía más en sintonía fue destinado a Canadá, y por cada doce cartas que Teresita le escribía, recibía ella una de él. Pero ella sabía que su Director era Jesús.

También menciona que aunque las superioras del convento eran la mayoría admirables mujeres, a menudo eran duras con ella. En esto reconocía una gracia de Dios que la ayudó a no llegar a estar atada "humanamente en el claustro... Gracias a Dios, no caí en esa trampa" (*HA*, 7, 185), lo que le ayudó a que su amor permaneciera puro y no posesivo.

Como en el caso de Teresita, podemos aprender mucho de las relaciones humanas, el amor y el matrimonio (¡o su ausencia!) que nos ayude a comprender y vivir nuestra relación con el Padre, el Hijo y el Espíritu Santo. Teresa de Jesús resumió toda su enseñanza espiritual exhortándonos a ser buenos amigos de Jesús.

La llamada de la liturgia

El espíritu de la liturgia impregnaba la vida de la familia Martin. Teresita comenta frecuentemente la importancia de la Misa y de recibir la Comunión. Lo mismo con el sacramento de Reconciliación. Sus descripciones del cuidado con que se preparó para su primera Confesión y primera Comunión son verdaderamente inspiradoras. Y está claro que Teresita era muy consciente de la esencia interpersonal de los sacramentos —el encuentro con el amor de Dios y su expresión en el amor al prójimo.

Ella habla de hacer una Confesión general la noche antes de su primera Comunión.

> La víspera del gran día recibí por segunda vez la absolución. La confesión general me dejó una gran paz en el alma, y Dios no permitió que viniera a turbarla ni la más ligera nube. Por la tarde pedí perdón a toda la *familia*, que fue a verme, pero sólo pude hablar el lenguaje de las lágrimas (*HA*, 4, 96-97).

También describe su primera Comunión:

> ¡Qué dulce fue el primer beso de Jesús a mi alma...! Fue un beso de *amor*. Me sentía amada, y decía a mi vez: "Te amo y me entrego a ti para siempre". No hubo preguntas, ni luchas, ni sacrificios. Desde hacía mucho tiempo, Jesús y la pobre Teresita se habían *mirado* y se habían comprendido... Aquel día no fue ya una

> *mirada*, sino una *fusión*. Ya no eran *dos*: Thérèse había desaparecido como la gota de agua que se pierde en medio del océano. Sólo quedaba Jesús, él era el dueño, el rey. ¿No le había pedido Thérèse que le quitara su *libertad*, pues su *libertad* le daba miedo? ¡Se sentía tan débil, tan frágil, que quería unirse para siempre a la Fuerza divina...! (*HA*, 4, 98).

El Señor dio a Teresita de Lisieux una aguda comprensión y experiencia de la realidad de la comunión de los santos y de la interpenetración de cielo y tierra, especialmente en la liturgia. Aunque su madre había muerto y Pauline estaba en el convento, ella sabía que estaban presentes cuando recibió la Comunión.

> No, el día de mi primera comunión no me entristecía la ausencia de mamá: ¿no estaba el cielo dentro de mi alma, y no ocupaba en él un lugar mi mamá desde hacía mucho tiempo? Entonces, al recibir la visita de Jesús, recibía también la de mi madre querida, que me bendecía y se alegraba de mi felicidad (*HA*, 4, 98).

Hubiera preferido tener allí a Pauline "en persona", pero sabía que estaba unida a ella en comunión también.

> Aquel día, sólo la alegría llenaba mi corazón; y yo me unía a mi Paulina, que se estaba entregando de manera irrevocable a Quien tan generosamente se entregaba a mí... (*HA*, 4, 98).

Teresita sabía, sin embargo, que esta comunión de amor, esta interpenetración de cielo y tierra, no estaba restringida a estos encuentros sacramentales especiales, sino que se extendía a la vida toda. Cuando aún estaba sufriendo de excesiva escrupulosidad y parecía que nada la ayudaba, decidió pedir a sus hermanos y hermanas fallecidos que le ganaran la gracia de una sanación.

La transformación del pensamiento, el deseo y la acción

> debían tomar de ellos la *paz* para mí y mostrarme que también en el cielo se sabe amar... La respuesta no se hizo esperar. Pronto la paz vino a inundar mi alma con sus olas deliciosas, y comprendí que si era amada en la tierra, también lo era en el cielo. A partir de aquel momento, fue creciendo mi devoción hacia mis hermanitos y hermanitas, y me gusta conversar a menudo con ellos y hablarles de las tristezas del destierro... y de mi deseo de ir pronto a reunirme con ellos en la patria... (*HA*, 4, 118).

Tenía también Teresita una admirable penetración acerca del sacramento de la Confirmación.

> Me prepararon con gran esmero para recibir la visita del Espíritu Santo. No entendía cómo se cuidaba mucho la recepción de este sacramento de *amor* [...] Al igual que los apóstoles, esperaba jubilosa la visita del Espíritu Santo [...] Por fin llegó el momento feliz. No sentí ningún viento impetuoso al descender el Espíritu Santo, sino más bien aquella *brisa tenue* cuyo susurro escuchó Elías en el monte Horeb... Aquel día recibí la fortaleza para *sufrir*, ya que pronto iba a comenzar el martirio de mi alma... (*HA*, 4, 101-102).

Pero no eran sólo los sacramentos y los días especiales de fiesta lo que impartía gracia y aumentaba en Teresita el deseo de Dios, era toda la vida de la familia católica y la parroquia donde se crió. Le encantaban las procesiones del Santísimo Sacramento, donde arrojaba sus pétalos de rosa lo bastante alto esperando que tocaran la custodia. Le encantaban las visitas diarias para rezar ante el Santísimo Sacramento en las distintas iglesias de la zona. Su familia y su parroquia y todo el entorno católico de su ciudad eran para Teresita una verdadera "escuela de oración" en la que recibía "entrenamiento en santidad".[4]

Teresita sabía que estos signos visibles apuntan a unas realidades invisibles más grandes en el tiempo presente, a las que nos llevan las

---
[4] Ver Juan Pablo II, *Novo Millennio Ineunte* 31-33.

visibles. Cuando habla de su peregrinación a Roma con su padre, declara: "mi alma se ensanchó al contacto con las cosas santas" (*HA*, 6, 150). Pero también sabía que estas cosas santas se quedaban muy por debajo de las realidades que nos esperan en el cielo.

Hablando de su visita a Loreto, Italia, adonde se decía que habían trasladado la casa de la Sagrada Familia, da testimonio de su sed por "la cosa misma".

A pesar de que los otros en la peregrinación se contentaban con tener Misa en la iglesia construida para todos sobre la Casa Santa, Teresita y Céline querían asistir a Misa dentro de la misma "casa", y encontraron a un sacerdote que tenía permiso especial para decir Misa allí. Y comenta ella:

> ¿Qué será entonces cuando recibamos la comunión en la morada celestial del rey de los cielos...? Allí ya no veremos que se nos acaba la alegría, no existirá ya la tristeza de la partida, y para llevarnos un recuerdo no tendremos que *rascar furtivamente* las paredes santificadas por la presencia divina, pues su *casa* será la nuestra por toda la eternidad... Dios no quiere darnos su casa de la tierra; se conforma con enseñárnosla para hacernos amar la pobreza y la vida escondida. La que nos reserva es su propio palacio de la gloria, donde ya no le veremos escondido bajo las apariencias de un niño o de una blanca hostia, ¡¡¡sino tal cual es en el esplendor de su gloria infinita!!! (*HA*, 4, 160).

Fuera colándose en el Coliseo entre los guardias y recogiendo una piedra santificada por la muerte de los mártires, fuera recogiendo un trocito de la Casa de Loreto, nos dice Teresita que siempre tenía que "tocarlo todo" —sabiendo que lo que realmente quería tocar era al Señor mismo.

Y le encantaban los domingos.

> ¡Qué día el domingo...! Era la fiesta de Dios, la fiesta del *descanso*. Empezaba por quedarme en la cama más tiempo que los otros días; además, mamá Paulina mimaba a su hijita llevándole el chocolate a la cama, y después la vestía

como a una reinecita... La madrina venía a peinar los rizos de su *ahijada*, que no siempre era buena cuando le alisaba el pelo, pero luego se iba muy contenta a coger la mano de su rey, que ese día la besaba con mayor ternura aún que de ordinario. Después toda la familia iba a Misa (*HA*, 2, 57-58).

Asombrosa catequesis

Una de las cosas asombrosas que vemos en la "formación" de Teresita de Lisieux fue la significativa transmisión de la fe a través de los que fueron sus maestros. Aunque aprendió mucho en sus pocos años de colegio y se benefició muchísimo de retiros presacramentales, de la predicación en su parroquia y de los libros que leyó, fue su familia lo que desempeñó el papel principal en comunicarle la fe. A través de su familia experimentó la fe como una realidad viva, comunicada certeramente y con entendimiento en una atmósfera de fe, amor y testimonio personal. Mientras que la función del padre fue importantísima, tanto como enseñanza a través de palabras y actividades como por el ejemplo, también sus hermanas cumplieron una función importante.

Pauline, mientras estaba aún en casa, aclaró muchas preguntas que tenía Teresita sobre los caminos de Dios (*HA*, 2, 61-62). Y cuando Pauline estaba más tarde en el Carmelo, Teresita da crédito a las cartas de sus hermanas como muy importantes en su preparación para sus primeros sacramentos.

> ¡Con cuánto esmero me preparaste, Madre querida, diciéndome que no iba a decir mis pecados a un hombre, sino a Dios! Estaba profundamente convencida de ello (*HA*, 2, 56).

Pero fue Marie la que, como aún vivía en casa, hizo más que nadie por Teresita.

> Me sentaba en su regazo y allí escuchaba con *avidez* lo que me decía. Creo que todo su corazón, tan *grande* y tan generoso, se volcaba en el mío. Como los grandes

guerreros enseñan a sus hijos el oficio de las armas, así me hablaba ella de las *luchas* de la vida y de la palma que se entregaría a los vencedores... María me hablaba también de las riquezas inmortales que podemos atesorar fácilmente cada día, y de la desgracia que sería pasar junto a ellas sin querer tomarse la molestia de extender la mano para cogerlas. Luego me enseñaba la forma de ser *santa* por la fidelidad en las cosas más pequeñas. Me dio la hojita "El renunciamiento", que yo meditaba con auténtico placer... (*HA*, 5, 93-94).

La sabiduría de lo alto

Incluso personas que nunca han oído hablar de "meditación" o "contemplación" pueden encontrarse meditando y contemplando cuando Dios atrae sus pensamientos hacia Él e infunde en ellas luz y amor desde lo alto. Teresita da testimonio de esta infusión de gracia, sin complicaciones y no analítica, que ella experimentaba a menudo en sus momentos libres:

Pienso, en Dios, en la vida..., en la ETERNIDAD, bueno, *pienso* [...] Ahora comprendo que, sin saberlo, hacía oración y que Dios me instruía en lo secreto (*HA*, 4, 94).

A pesar de las grandes luces que había estado recibiendo desde los cuatro años, después de morir su madre y hasta la edad de catorce años, también luchó mucho contra su obstinación y con la angustia por la muerte de su madre. Reconocía que era "verdaderamente insoportable" por su "extremada sensibilidad" (*HA*, 5, 120); estaba llena toda ella de hipersensibilidad, temores y, posiblemente, enfermedades psicosomáticas. Su angustia se recrudeció cuando su "segunda madre", Pauline, entró en el convento y también la dejó. Su lucha llegó a ser tan intensa que sólo podía pensar que el demonio había recibido permiso para afligirla de estas maneras.

Hasta Nochebuena, cuando tenía catorce años, el Señor no la liberó de esta continuada lucha y aflicción. Como estaba apegada a cierta costumbre de Navidad de la familia Martin, Teresita se sintió desolada cuando oyó a su padre decir a una de sus hermanas que se alegraba de que ése fuera el último año que iban a hacerlo. Pero, como una heroicidad para ella, Teresita se sobrepuso a su desolación y bajó valientemente a continuar la celebración. Su esfuerzo por vencer su dolor y el sentirse herida fue compensado por una infusión de la gracia de Dios, un momento que consideró un hito significativo. En esta misericordia de Dios recibió "la gracia de salir de la niñez; en una palabra, la gracia de mi total conversión" (*HA*, 5, 120). Lo que entonces floreció en Teresita fue un gran deseo de trabajar por la conversión de los pecadores.

> Aquella *noche de luz* comenzó el tercer período de mi vida, el más hermoso de todos, el más lleno de gracias del cielo... La obra que yo no había podido realizar en diez años Jesús la consumó en un instante, conformándose con mi *buena voluntad*, que nunca me había faltado [...] Yo podía decirle, igual que los apóstoles: Señor, Hizo de mí pescador de *almas*, y sentí un gran deseo de trabajar por la conversión de los pecadores, que no había sentido antes con tanta intensidad. Sentí, en un palabra, que entraba en mi corazón la *caridad*, sentí la necesidad de olvidarme de mí misma para dar gusto a los demás, ¡y desde entonces soy feliz..! [...] También resonaba continuamente en mi corazón el grito de Jesús en la cruz: "¡*Tengo sed!*". Estas palabras encendían en mí un ardor desconocido y muy vivo... Quería dar de beber a mi Amado, y yo misma me sentía devorada por la sed de *almas*...No eran todavía las almas de los sacerdotes las que me atraían, sino la de los *grandes pecadores; ardía* en deseos de arrancarles del fuego eterno... (*HA*, 5, 122-123).

Dios infundió en la mente y el corazón de Teresita una clara comprensión de la urgencia de llevar a otros a la conversión y un ardiente deseo de "arrancarles del fuego eterno" (*HA*, 5, 123).

Cuando sucedió que Teresita leyó un libro entonces famoso sobre "el fin del mundo presente y los misterios de la vida futura", aumentaron su anhelo del cielo y su deseo de participar en la misión salvadora de Jesús.

> Esta lectura fue también una de las mayores gracias de mi vida [...] la impresión que me produjo es demasiado íntima y demasiado dulce para poder contarla... Todas las grandes verdades de la religión y los misterios de la eternidad sumergían mi alma en una felicidad que no era de esta tierra... Vislumbraba ya lo que Dios tiene reservado para los que le amen (pero no con los ojos del cuerpo, sino con los del corazón). Y viendo que las recompensas eternas no guardaban la menor proporción con los insignificantes sacrificios de la vida, quería *amor, amar apasionadamente* a Jesús y darle mil muestras de amor mientras pudiese (*HA*, 5, 126-127).

Lo que hemos visto en la narración que hace Teresita de su vida es una transformación de mente, corazón y hechos, y veremos más en los siguientes capítulos. Estamos presenciando la Palabra de Dios y el Espíritu de Dios "en acción".

Esta transformación que ella cuenta es analizada con sorprendente detalle por Juan de la Cruz. Veamos brevemente el análisis que hace Juan de la transformación de las emociones, como ayuda para nuestra comprensión del proceso de transformación de nuestros deseos. Empecemos con unas palabras de Jesús sobre las emociones del miedo y la alegría, palabras que son fundamentales para la experiencia de la transformación.

La transformación del deseo

Iniciamos el camino espiritual con toda suerte de deseos conflictivos. A medida que la Palabra de Dios nos forma y adoptamos la mente de Cristo, también encontramos nuestros deseos empezando a cambiar o reconfigurarse. Cosas que antes deseábamos intensamente son ahora menos importantes; cosas que definitivamente no nos gustaban antes, ahora nos vemos deseándolas más intensamente. El valor que damos a las cosas empieza a cambiar y nuestras emociones comparten esa transformación.

La transformación del pensamiento, el deseo y la acción

Jesús señala la importancia de permitir que nuestras emociones lleguen a armonizar con nuestra apreciación más profunda de la visión bíblica del mundo. Él habla concretamente de cómo lo que tememos y aquello en lo que nos gozamos empieza a cambiar.

La transformación del miedo

> Les digo a ustedes, amigos míos: No teman a los que matan el cuerpo, y después de esto no pueden hacer más. Les mostraré a quién deben temer: teman a Aquel que, después de matar, tiene poder para arrojar a la gehenna; sí, les repito: teman a ése. (Lc 12,4-5)

Jesús nos está diciendo claramente que el temor de Dios a la luz de las consecuencias eternas de nuestras acciones es mucho más importante que temer a aquellos que pueden simplemente matar el cuerpo, pero no afectarnos eternamente. Pero inmediatamente pasa a decirnos:

> ¿No se venden cinco pajarillos por dos ases? Pues bien, ni uno de ellos está olvidado ante Dios. Hasta los cabellos de su cabeza están todos contados. No teman; valen más que muchos pajarillos. (Lc 12,6-7)

Aquí vemos que Jesús habla de la transformación progresiva de nuestras emociones de temor a medida que crecemos en la verdad y el amor del Señor. La verdad nos lleva a reorientar nuestro miedo, de un miedo miope, simplemente de la pérdida temporal, a un miedo a la pérdida eterna mucho más sabiamente ubicado. Pero a medida que crecemos en nuestra relación con el Señor, progresando en el camino espiritual, llegamos a una confianza en su amor y en la armonía de nuestra vida con su voluntad, y el miedo se va disipando paulatinamente por medio de una amorosa confianza en la custodia de Dios ahora y para la eternidad. Queda la profunda reverencia que habita en nosotros por la santidad de Dios, y el horror de ofenderle a Él es reemplazado por la confianza en su amor.

En esto ha alcanzado el amor la plenitud en nosotros: en que tengamos confianza en el día del Juicio, pues según él, así seremos nosotros en este mundo. No cabe temor en el amor; antes bien, el amor pleno expulsa el temor, porque el temor entraña castigo; quien teme no ha alcanzado la plenitud en el amor (1 Jn 4,17-18).

La transformación de la alegría

Jesús enseñó también acerca de la transformación de la emoción del gozo cuando somos formados en la verdad de las cosas por la Palabra de Dios.

> Pero no se alegren de que los espíritus se les sometan; alégrense de que sus nombres estén escritos en los cielos. (Lc 10,20)

Cuando la verdad que el Señor nos revela impregna nuestro ser, nuestras emociones empezarán a reflejar la lógica de esta verdad.

Juan de la Cruz explica que podemos acostumbrarnos a responder emocionalmente a diversas cosas de una manera que no esté realmente en armonía con la verdad de las cosas. El comprender los modos en que nuestra respuestas emocionales no se corresponden realmente con la realidad puede ser un paso importante para abrirse a la obra transformativa del Espíritu.

Juan, siguiendo la teología escolástica, habla de las emociones primarias de alegría, esperanza, dolor y miedo, y proporciona un amplio análisis de cómo la emoción de alegría, cuando responde neciamente a cosas de una manera que no está en armonía con la verdad real, puede dañar el alma y retrasar nuestro progreso en el camino hacia Dios.[5] No proporciona Juan ese análisis para las demás emociones primarias, pero indica que cuando una emoción llega a armonizar con la verdad, a menudo las otras hacen lo mismo. Esta "muerte" al regocijo desordenado es un aspecto al que se refiere Juan

---

5 *Subida al Monte Carmelo*, libro 3, caps. 16-25. *N. del T.*A partir de aquí indicado como *SMC*, seguido del número de libro, del capítulo y de su número.

La transformación del pensamiento, el deseo y la acción

como "noche oscura de la voluntad". Es otra manera en que Juan nos ayuda para que lleguemos a amar más plenamente lo que Dios ama, y a odiar más plenamente lo que Dios odia.

Juan identifica seis clases de bienes en los cuales debemos gozarnos: temporales, naturales, sensoriales, morales, supernaturales y espirituales. Por bienes temporales entiende cosas como el dinero, la reputación, la posición y las relaciones. Por bienes naturales entiende cosas como la belleza, la gracia, la elegancia y la configuración corporal, así como las cualidades del alma, tales como inteligencia, discreción y otros talentos. Por bienes sensoriales entiende lo que da deleite a los sentidos, exteriores e interiores, tal como deleite ante lo que vemos, oímos, olemos, gustamos, tocamos e imaginamos. Por bienes morales entiende las virtudes, obras de misericordia, el obedecer los mandamientos, el buen juicio y los buenos modales. Por bienes supernaturales entiende Juan cosas como los dones carismáticos del Espíritu, que son dados para edificar el Cuerpo de Cristo y beneficiar a otros. Por bienes espirituales entiende los dones infusos de Dios, deliciosos y dolorosos a la vez, que nos preparan para la unión.

Para no agobiarnos, llegados a este punto en nuestra descripción del camino, quisiera resumir parte de las enseñanzas de Juan sobre cómo tendemos a alegrarnos indebidamente de la primera clase de bienes, los bienes materiales, y el daño que esto causa en el alma. Ver cómo analiza la primera clase nos dará una buena idea de cómo trata también las otras clases de bienes. Asimismo tendremos ocasión de acudir en futuros capítulos a otros pensamientos de Juan en este campo.

Bienes temporales

Juan de la Cruz define los bienes temporales concretamente como "riquezas, estados, oficios y otras pretensiones, parientes, casamientos, etc." (*SMC*, 3, 18.1). Mientras que declara claramente que ninguno de estos bienes es necesariamente pecaminoso ni causa de pecado, también advierte que, debido a nuestra naturaleza humana debilitada, tendemos a sentir apego por ellos, buscando en ellos la satisfacción que sólo Dios puede dar, y nos asegura que no acabaría nunca de citar la Escritura si nos diera referencias para ilustrar cómo cada uno de estos bienes pueden llegar a ser un obstáculo en nuestro camino hacia Dios. Su principio básico es que deberíamos gozarnos en estos bienes hasta el punto en que nos estemos acercando más a Dios, cumpliendo su voluntad y dándole honor y gloria a través de ellos. Como dice él:

> Síguese, pues, que el hombre ni se ha de gozar de las riquezas cuando las tiene [él] ni cuando las tiene su hermano, sino si con ellas sirven a Dios [...] Y lo mismo se ha de entender de los demás bienes de títulos, [estados], oficios, etc., en todo lo cual es vano el gozarse sino si en ello sirven más a Dios y llevan más seguro el camino para la vida eterna [...] Pues sobre los hijos tampoco hay de qué se gozar, ni por ser muchos, ni ricos, y adornados de dones y gracias naturales y bienes de fortuna, sino en si sirven a Dios [...]
>
> Pues gozarse sobre la mujer o sobre el marido, cuando claramente no saben que sirven a Dios mejor en su casamiento [...]
>
> Y así no se ha de poner el gozo en otra cosa que toca en servir a Dios, porque lo demás es vanidad y cosa sin provecho, pues el gozo que no es según Dios no le puede aprovechar [al alma] (*SMC*, 3, 18.3,4,6).

Juan indica con detalle el daño considerable que se inflige en el alma cuando nos gozamos indebidamente en estos bienes temporales. ¡Incluso sostiene que "ni tinta ni papel bastaría, y el tiempo sería corto" si fuera a describir todo el daño que ocurre! (*SMC*, 3, 19.1).

Su punto básico es que en la medida en que nos gozamos desordenadamente en cosas que son menos que Dios nos alejamos de Dios, y esto daña el alma. Y hasta define cuatro grados de daño.

El primer grado de daño es un enturbiamiento del intelecto hacia las cosas de Dios, lo cual causa un cierto "retroceso".

La transformación del pensamiento, el deseo y la acción

> El empacharse el alma que era amada antes que se empachara, es engolfarse en este gozo de criaturas; y de aquí sale el primer grado de este daño, que es volver atrás; lo cual es un embotamiento de la mente acerca de Dios, como la niebla oscurece el aire para que no sea bien ilustrado de la luz del sol; porque, por el mismo caso que el espiritual pone su gozo en alguna cosa y da rienda al apetito para impertinencias, se entenebrece acerca de Dios y anubla la sencilla inteligencia del juicio [...] que aunque no haya malicia concebida en el entendimiento del alma, sólo la concupiscencia y gozo de éstas basta para hacer en ella este primer grado de este daño que es el embotamiento de la mente y la oscuridad del juicio para entender la verdad y juzgar bien de cada cosa como es (*SMC*, 3, 19.3).

El segundo grado de daño por un indebido gozo en los bienes temporales es una actitud progresivamente indulgente hacia las cosas pasajeras del mundo. Juan habla de ello como un cierto "dilatación de la voluntad y aún con más libertad en las cosas temporales; la cual [...] ni tener ya en tanto el gozarse y gustar de los bienes criados". Este daño "le hace apartarse de las cosas de Dios y santos ejercicios y no gustar de ellos, porque gusta de otras cosas y va dándose a muchas imperfecciones e impertinencias y gozos y vanos gustos". Las personas que están en esta etapa de deterioro no carecen de culpabilidad y hasta malicia, puesto que

> se van apartando de la justicia y virtudes, porque van más extendiendo la voluntad en la afección de las criaturas. Por tanto, la propiedad de los de este grado segundo es gran tibieza en las cosas espirituales y cumplir muy mal con ellas, ejerciéndolas más por cumplimiento o por fuerza, o por el uso que tienen en ellas, que por razón de amor (*SMC*, 3, 19.5-6).

El tercer grado de daño es "dejar a Dios del todo". La negligencia y la tibieza conducen ahora a caer en "pecados mortales por la codicia". La avaricia por las cosas temporales se ha convertido en el motivo que controla sus vidas y a medida que

> su apetito crece tanto más y su sed cuanto ellos están más apartados de la fuente que sola los podía hartar, que es Dios [...] Y esto es porque en las criaturas no halla el avaro con qué apagar su sed, sino con qué aumentarla; estos son los que caen en mil maneras de pecados por amor de los bienes temporales y son innumerables sus daños (*SMC*, 3, 19.7).

El cuarto grado de daño, según Juan, es ese olvidarse de Dios. Estas personas tienen ahora un nuevo dios, el dinero. La misma codicia se ha convertido en una forma de idolatría. (cf. Col 3,5).

En el próximo capítulo consideraremos el consejo de San Francisco de Sales: el mejor momento para vencer la tentación es el primer momento en que nos damos cuenta de ella. Juan de la Cruz tiene un consejo parecido referente a enfrentarse con apegos pequeños y desordenados a las cosas temporales.

> Ha, pues, el espiritual de mirar mucho que no se le comience a asir el corazón y el gozo a las cosas temporales, temiendo que de poco vendrá a mucho, creciendo de grado en grado, pues de lo poco se viene a lo mucho [...] y de pequeño principio, al fin es el negocio grande [...] Y nunca se fíe por ser pequeño el asimiento, si no le corta luego, pensando que adelante lo hará [...] si cuando es tan poco y al principio, no tiene ánimo para acabarlo, cuando sea mucho y más arraigado, ¿cómo piensa y presume que podrá? (*SMC*, 3, 20.1).

Todos los santos, incluyendo Juan, hablan de los maravillosos resultados que se dan por abrazar las disciplinas y sabiduría práctica del camino espiritual. Paradójicamente, el que "pierde" su gozo desordenado en bienes temporales gana un gozo mayor y más puro en ellos. Es la paradoja del Evangelio. El que se niega a sí mismo —es decir, se pierde a sí mismo— (i.e. su yo desordenado) —se encuentra a sí mismo.

La transformación del pensamiento, el deseo y la acción

Los que se "niegan" a sí mismos el gozo desordenado en las cosas temporales se maravillarán al descubrir un gozo "mayor" en las cosas temporales, así como

> libertad de ánimo, claridad en la razón, sosiego, tranquilidad y confianza pacífica en Dios [...]
> Adquiere más gozo y recreación en las criaturas con el desapropio de ellas, el cual no se puede gozar en ellas si las mira con asimiento de propiedad, porque éste es un cuidado que, como lazo, ata el espíritu a la tierra y no le deja anchura de corazón [(2 Co 6,11) [...]
> Gózase, pues, éste en todas las cosas, no teniendo el gozo apropiado a ellas, como si las tuviese todas; y esotro, en cuanto las mira con particular aplicación de propiedad, pierde todo el gusto de todas en general.
> Éste, en tanto que ninguna tiene en el corazón, las tiene, como dice San Pablo, todas en gran libertad (2 Co 6,10); esotro, en tanto que tiene de ellas algo con voluntad asida, no tiene ni posee nada, antes ellas le tienen poseído a él el corazón; por lo cual, como cautivo, pena [...] todo se le suele ir en dar vueltas y revueltas sobre el lazo a que está asido y apropiado su corazón. (*SMC*, 3, 20.2-3)

Juan nos dice que a menudo el Señor convierte misericordiosamente el vano gozo de bienes temporales en tristeza y amargura, como invitación a volver a nuestros cabales y adorarle sólo a Él. ¡Si al menos oyéramos el mensaje!

Frecuentemente Juan declara sus reveladoras reflexiones tan directamente y sin concesión alguna que podemos sentirnos abrumados o desanimados. Pero si le leemos con cuidado y en actitud de oración, veremos que también nos está animando. Él reconoce que, a pesar de nuestros mejores esfuerzos, nuestras emociones no se transformarán completamente hasta que no alcancemos el punto del "matrimonio espiritual", en el cual Dios mismo completa la purificación a la que únicamente solo podríamos inclinarnos en esa dirección, por así decirlo.

Antes del "matrimonio espiritual" —la séptima mansión en la clasificación de Teresa y el camino unitivo en las de Catalina y Bernardo— declara Juan:

> Y acerca de la memoria, muchas variedades y cuidados y advertencias impertinentes, que los llevan el alma tras de sí.

Respecto, también, a las cuatro pasiones del alma, hay muchas esperanzas inútiles, alegrías, dolores y temores a los que el alma sigue (que Juan denomina "ganadillo").

> Unos tienen más y otros menos, tras de que se andan todavía siguiéndolo, hasta que, entrándose a beber en esta interior bodega, lo pierden todo, quedando, como habemos dicho, hechos todos en amor; en la cual [bodega] más fácilmente se consumen estos ganados de imperfecciones del alma que el orín y el moho de los metales en el fuego. Así, se siente ya libre el alma de todas niñerías de gustillos e impertinencias tras de que se andaba, de manera que puede bien decir: "el ganado perdí que antes seguía" (*CE*, 26, 18-19).

Es la cosmovisión bíblica —la verdad de la palabra de Dios— lo que capacita nuestras mentes para renovarse, ordenarse nuestras emociones y hacerse justas nuestras acciones.

Es la misma Palabra de Dios, según nos la explican los santos, lo que puede ayudarnos a ganar tan importante batalla contra el pecado. Y a eso pasamos ahora.

Capítulo 6

LA LUCHA CONTRA EL PECADO

Al comenzar este camino espiritual, la lucha contra el pecado puede ser especialmente intensa. La ignorancia acerca de lo que está bien o está mal necesita dar paso al verdadero entendimiento. La conversión tiene que hacerse profunda. Los hábitos profundamente arraigados tienen que exponerse a la luz y al poder de la gracia.

Bernardo nos da este asombroso sumario:

> Os hemos enseñado que cualquier alma, aunque esté cargada de pecados [2 Tim 3,6], enredada por los vicios, aprisionada por los placeres, cautiva en el destierro, encarcelada en el cuerpo, pegada al fango [Sal 68,3], hundida en el cieno, esclava de sus miembros, abrumada por las preocupaciones, dispersa por los negocios, oprimida por los miedos, afligida por los dolores, perpleja a causa de los errores, acongojada por las preocupaciones, desazonada por las sospechas y, por último, extranjera en tierra de enemigos [Ex 2,22], y, según las palabras del Profeta, contaminada con los muertos, reputada entre los que yacen en el infierno [Ba 3,11]; hemos enseñado, repito, que esta alma puede volver hacia sí misma, desde donde no sólo pueda respirar con la esperanza del perdón, con la esperanza de la misericordia, sino también desde donde se atreva a aspirar a las bodas del Verbo, y a no sentir temor de llevar el suave yugo del amor [Mt 11,30] con el Rey de los ángeles (*CC*, 83.1).

Bernardo, dolorosamente consciente del estado del alma apartada de Dios, no obstante sabe que toda alma, sin excepción, por muy profundamente encenagada que esté en el fango del pecado y de la vida desordenada, es llamada no sólo a iniciar el camino de unión con Dios, sino a completarlo con éxito al llegar al matrimonio espiritual.

Es ahora el momento para conocer otro maestro que puede ayudarnos muchísimo en progresar en este noble camino, San Francisco de Sales.

La santidad de cada día: La sabiduría de Francisco de Sales

Francisco nació el 21 de agosto de 1567 en Francia, cerca de la actual frontera con Suiza. Era el primogénito de trece hijos, cinco de los cuales murieron en la infancia, y le pusieron el nombre por Francisco de Asís. Su padre, llamado también Francisco, se casó a la edad de cuarenta y tres años con una muchacha llamada Frances que tenía entonces catorce años. A diferencia de Agustín, Francisco se crió en la fe y a los doce años se sintió fuertemente llamado a servir al Señor como sacerdote. Recibió una buena educación, estudió en el Colegio de los Jesuitas de París y conocía con fluidez el latín y el francés. Era consumado en las "artes de la nobleza" (equitación, esgrima, baile). Cursó estudios superiores en Leyes y Teología en la Universidad de Padua y recibió el doctorado a los veinticuatro años.

La Universidad de Padua era una gran universidad cosmopolita con más de veinte mil alumnos. Fue allí donde Francisco adquirió la sabiduría que le permitiría vivir una vida de santidad en medio del mundo, sabiduría que más tarde desarrolló en detalle en su famosa obra *Introducción a la vida devota*. Su otra obra principal es el *Tratado sobre el amor de Dios*, que presenta una detallada exposición de las etapas más avanzadas del camino espiritual.

Tras completar sus estudios le dieron título nobiliario y le ofrecieron una senaduría en el senado de Chambery. El padre de Francisco, que ya tenía setenta años, le había elegido a una chica de catorce años para que se casara con ella, oferta que el declinó. Al final le habló a su padre de su vocación para el sacerdocio.

La lucha contra el pecado

Después de ordenarse le asignaron para restablecer la Iglesia Católica en la región cerca de Ginebra, que había llegado a estar bajo la dominación calvinista. Ginebra era la diócesis donde había nacido Francisco y donde sirvió como sacerdote, pero durante su vida permaneció firmemente en manos de los calvinistas y el obispo católico vivía en Annecy, a no mucha distancia en el sur de Francia.

En su época, cuando estaban exaltadas las pasiones entre los católicos y los reformadores protestantes, Francisco llevó a cabo su misión de un modo que demostraba considerable respeto por los protestantes a la vez que mantenía firmemente la fe católica. A este respecto, como en otras muchas cosas, se anticipó al espíritu ecuménico del Concilio Vaticano II. Declaró que la oración, las limosnas y el ayuno serían los medios utilizados para restablecer la Iglesia en aquella región. A la vez que se propuso ganar de nuevo Ginebra para la Iglesia Católica, Francisco declaró que debía hacerse con caridad y que él y sus colaboradores sufrirían privaciones antes que sus adversarios. Recibió permiso especial para leer las obras más importantes de Calvino a fin de poder tener un conocimiento de primera mano del pensamiento contenido en ellas. También hizo visitas privadas al sucesor de Calvino en Ginebra en un intento de ganárselo, esfuerzos que al parecer no tuvieron éxito, pero que fueron cordiales y establecieron un respeto mutuo.

Los años pasados en esta temprana misión fueron difíciles. Debido a la gran hostilidad hacia su trabajo, Francisco tuvo que huir a menudo para evitar que le pegaran, o algo peor. Convenció, sin embargo, a algunos de los pastores calvinistas para que se enfrentaran con él en un debate público, y ponía copias de panfletos hechas a mano en lugares públicos o las metía por debajo de las puertas de las casas como forma de compartir la verdad católica. Con el tiempo consiguió un éxito considerable. Se restablecieron muchas parroquias católicas y gran parte de la población se reconcilió con la Iglesia.

Llegó un momento en que el papa Clemente VIII invitó a Francisco a Roma para que participara en debates teológicos con los teólogos de Roma. Le fue tan bien que fue nombrado obispo auxiliar de Ginebra y finalmente fue el sucesor en aquella sede cuando murió el anterior obispo. Pero como aún no podía residir en Ginebra, continuó su exilio católico en Annecy.

Enviado con una misión a París entró en contacto con los escritos de Teresa de Jesús, que había muerto sólo doce años antes y cuyas carmelitas reformadas estaban estableciendo un convento en Francia. También tuvo ocasión de hacer varias veces los Ejercicios Espirituales de San Ignacio, lo que confirmó su creencia de que todos los católicos están llamados a la santidad. Como obispo puso gran énfasis en el reclutamiento y formación de sacerdotes, ordenando novecientos sacerdotes en sus veintidos años de obispo. Siempre animaba a sus sacerdotes a buscar a laicos llamados a la "devoción" y a trabajar con ellos, ofreciéndoles formación.

En 1604 conoció a una mujer casada y con hijos, Jeanne Françoise de Chantal, que al morir su marido trabajó con él para establecer una nueva orden religiosa llamada la Visitación. Francisco y Jeanne querían que las monjas visitaran a la gente en sus casas, pero las reglas de la vida religiosa de aquel tiempo exigían que estuvieran en clausura.

En 1609 publicó la *Introducción a la vida devota*, que se ha estado publicando desde entonces.

Sufriendo una serie de problemas de salud, Francisco murió de un infarto el 28 de diciembre de 1622, a la edad de cincuenta y cinco años. Fue canonizado en 1665 y declarado Doctor de la Iglesia Universal en 1877.

Hasta la época de Francisco, los sacerdotes, las monjas o los monjes escribían casi todos los libros sobre la vida espiritual. Aunque estas obras contenían mucho de utilidad para los laicos, y a menudo sus autores intentaban relacionar lo que escribían con la vida laica, eran no obstante propios de la vida religiosa. Francisco se puso a escribir un libro concretamente para la gente que vivía en el "mundo".

Espiritualidad para laicos: La "vida devota"

Francisco expone su propósito muy claramente en el prefacio:

La lucha contra el pecado

> Casi todos los autores que hasta la fecha han venido estudiando la devoción, han tenido por pauta enseñar a los que viven alejados de este mundo o, por lo menos, han trazado caminos que empujan a un absoluto retiro. Mi objeto ahora es adoctrinar a los que habitan las ciudades, viven entre sus familias o en la corte, obligándose en los exterior a un modo de ser común.[1]

¿Qué quiere decir Francisco por devoción? En efecto, cuando habla de la vida "devota" se está refiriendo a la vida ferviente y comprometida, una vida encaminada a crecer en santidad. Consideremos sus definiciones.

Primero, se esfuerza por mostrar lo que no es verdadera devoción. Le preocupa el hecho de que los modos populares de entender la vida devota encierran muchas distorsiones, incluso fomentando una falsa espiritualidad.

> Cada uno pinta la devoción según su pasión y fantasía. El que se siente inclinado a ayunar se considerará muy devoto si puede ayunar, aunque su corazón esté enconado por rencillas, y mientras por sobriedad no se atreva a mojar su lengua, no digo en el vino, pero ni siquiera en el agua, no temerá teñirla en la sangre del prójimo mediante meledicencias y calumnias. Otro se creerá devoto porque reza un sinnúmero de oraciones diariamente, aunque después su lengua se desate de continuo en palabras insolentes, arrogantes e injuriosas contra sus familiares y vecinos (*IVD*, 1, 1).

Francisco describe a continuación cómo otro puede dar dinero al pobre, pero no perdonar a sus enemigos. O algún otro puede perdonar a sus enemigos, pero no pagar sus facturas como no le obliguen a hacerlo por la ley. Lo que está tratando de demostrar es que la "devoción" o santidad no consiste principalmente en prácticas externas de piedad, sino en un corazón transformado en amor y justicia (*IVD*, 1, 1).

---

1 *Introducción a la vida devota*, Prólogo. *N. del T.* A partir de aquí indicado como *IVD*, seguido del número de la parte y el del capítulo (y su número, si lo tiene).

De manera parecida, Bernardo era consciente de que las apariencias exteriores de devoción pueden ocultar un desorden interior, incluso en la vida de las órdenes religiosas.

> Alguna vez hemos oído a algunos de los que llevan hábito de monjes y han profesado vida religiosa recordar y jactarse de sus malas acciones pasadas, como, por ejemplo, de haber peleado valientemente con un gladiador, o de haber sostenido con sutileza una controversia con un maestro de gramática, o alguna otra cosa muy apreciada [...] Algunos recuerdan de nuevo esas cosas como afectando dolor y arrepentimiento [...] después de haber tomado el hábito, astutamente son causa de tropiezo para algunos, y han ofendido y abusado de su hermano [1 Tes 4,6]; o porque con atrevimiento han aplicado la ley del talión como respuesta a la injuria y a la afrenta, es decir, han devuelto mal por mal o injuria por injuria (*CC*, 16.9-10).

Francisco insiste en que la verdadera devoción debe tocar cada una de las áreas de nuestra vida. La verdadera devoción no es sólo cuestión de prácticas espirituales, sino de poner toda nuestra vida bajo el señorío de Cristo. Francisco es conocido por su lema: "¡Viva Jesús! ¡Vive Jesús!", en su "Oración dedicatoria", en la que dice al final: "Sí, ¡oh Señor mío, Jesús!, vive y reina en nuestros corazones por los siglos de los siglos. Así sea".

Como veremos más adelante, la Escritura y todos nuestros escritores en este libro dejan claro que la verdadera espiritualidad o devoción se caracteriza por el amor a Dios y el amor al prójimo. No podemos separar los dos sin una grave distorsión.

Uno de los mayores desafíos con que se enfrenta la Iglesia hoy, como señaló el Concilio Vaticano II, es la escisión entre la fe y la vida diaria. O, como dijo el papa Pablo VI, la escisión entre la fe y la cultura.

Tras establecer lo que no es la verdadera devoción, Francisco da su propia definición, que es única.

La lucha contra el pecado

> Cuando [el amor divino] llega a tal grado de perfección que no solamente nos hace obrar bien, sino que nos impulsa a realizar todas nuestras acciones cuidadosa, frecuente y prontamente, entonces se llama devoción [...] En pocas palabras, la devoción no es otra cosa que una agilidad o vivacidad espiritual, por cuyo medio la caridad actúa en nosotros y nosotros actuamos en ella con prontitud y alegría [...] nos induce a obrar pronta y amorosamente al tratarse de aquellos actos buenos que no están mandados, sino simplemente aconsejados o que nos son inspirados [...] y entonces, como un hombre sano, no solamente camina, sino que corre y salta por la vía de los mandamientos de Dios [Sal 119,32] [...] no sólo en la observación de los mandamientos, sino también en el ejercicio de los consejos y las inspiraciones celestiales (*IVD*, 1, 1).

En otras palabras, para Francisco vivir la vida devota es alcanzar el punto en nuestro amor a Dios y al prójimo en el que deseamos ardientemente ("cuidadosa, frecuente y prontamente") hacer su voluntad de todas las diversas maneras en que se nos comunique: en los deberes de nuestra posición en la vida, en la enseñanza objetiva de la Palabra de Dios, en oportunidades y ocasiones que se nos presentan, en respuesta a inspiraciones interiores.

Francisco es bien consciente de que alcanzar este nivel de devoción no es poca cosa, y por eso procede a dar instrucciones sobre cómo progresar en el camino espiritual para alcanzar este punto. Como hemos visto ya al considerar los testimonios de Teresa y Agustín, abandonar el pecado es una parte muy importante del proceso. Como dice el salmo:

> ¿Quién subirá al monte de Yahvé?
> ¿quién podrá estar en su santo recinto?
> El de manos limpias y puro corazón,
> el que no suspira por los ídolos,
> ni jura con engaño (Sal 24,3-4).

La primera purgación: El pecado mortal

Evidentemente, alejarse del pecado grave es una de las primeras cosas que tienen que ocurrir en la verdadera conversión. Como escribe Francisco:

> ¿Cuáles son tus sentimientos respecto al pecado mortal? ¿Tienes resolución firme de no cometerlo, suceda lo que suceda? [...] En dichas promesas consiste el fundamento de la vida espiritual (*IVD*, 5, 4).

Francisco recomienda que una persona en tal situación —volviendo al Señor desde una vida que incluía el pecado mortal— considere la posibilidad de hacer una "confesión general". Esto supone hacer una cita con un confesor en quien se confíe y repasar toda la vida de uno como modo de empezar de nuevo. Francisco reconoce que esto no es absolutamente necesario, pero lo aconseja enérgicamente.

También señala lo importante que puede ser el practicar regularmente el sacramento de la Reconciliación para hacer un verdadero cambio en nuestra vida. Indica, sin embargo, que para que los sacramentos sean realmente eficaces es importante que nos preparemos para acudir a la confesión y ser sinceros y serios en querer abandonar el pecado.

> Hay pecadores que se confiesan de sus pecados, pero siguen aficionados a la culpa; es decir, hacen el propósito de no pecar más, pero tienen cierto pesar de sentirse privados y deberse abstener de las delectaciones morbosas; sus corazones renuncian al pecado y se alejan de él, pero no dejan por esto de mirar hacia atrás (*IVD*, 1, 7).

Francisco recomienda la confesión semanal, aunque otros escritores espirituales recomiendan otra frecuencia, por ejemplo, cada mes. Aun cuando no tengamos ningún pecado mortal que confesar, Francisco señala la ventaja de confesar los pecados veniales, aunque no tenemos obligación de hacerlo, ya que los pone en evidencia para que podamos actuar sobre ellos más enérgicamente, además de beneficiarnos de la gracia dada en el sacramento. Francisco hace hincapié en que necesitamos sentir de verdad haber cometido pecados, para así hacer menos posible su reaparición.

> Muchos se confiesan por costumbre de los pecados veniales y como por cumplido, sin intención alguna de enmendarse, por lo que toda la vida andan agobiados bajo el peso de los mismos, y de esta forma pierden muchos bienes y provechos espirituales [...] es verdadero abuso confesarse de cualquier clase de pecados, sea mortal o venial, sin querer purificarse, pues para esto ha sido instituida la confesión (*IVD*, 2, 19).

También recomienda que seamos lo más específicos posible en nuestra confesión y no confesar sólo generalidades. Por ejemplo, nos anima a no confesar en términos generales que no hemos amado bastante a Dios o a nuestro prójimo, o rezado lo bastante devotamente, puesto que "todos los santos del cielo y todos los hombres de la tierra podrían decir lo mismo si se confesaran" (*IVD*, 2, 19).

La segunda purgación: El afecto hacia el pecado

Una de las ideas de Francisco de más penetración y utilidad es su doctrina sobre el afecto al pecado. Señala que a menudo podemos alejarnos de los pecados graves en nuestra vida y esforzarnos más por no cometerlos, pero alimentando aún afecto por ese pecado, lo cual retrasa mucho nuestro progreso espiritual y nos predispone a futuras caídas.

Nos hace ver que aunque los israelitas dejaron Egipto en efecto, muchos no lo dejaron en afecto; y lo mismo es cierto de muchos de nosotros. Dejamos el pecado en efecto, pero de mala gana, y volvemos la vista hacia él con afecto, como hizo la mujer de Lot cuando miró para atrás hacia la ciudad condenada de Sodoma. Nos da un ejemplo divertido, pero revelador, de cómo un médico, para dar la salud, puede prohibirle a sus enfermos comer fruta indigesta por si se mueren. Los pacientes, por tanto, se abstienen de comerla, pero sienten pena de tenerlo que hacer, hablan de ella, la comerían si pudiesen y, al menos quieren olfatearla, considerando dichosos a los que pueden comerla. De semejante forma, estos débiles y cobardes penitentes se abstienen del pecado durante algún tiempo, pero a regañadientes; querrían poder pecar sin exponerse al peligro de condenarse; hablan con interés y gusto de la culpa y consideran felices a los que la cometen (*IVD*, 1, 7).

Dice Francisco que es como la persona a quien le gustaría vengarse de alguien "si pudiera", o una mujer que no tiene intención de cometer adulterio, pero a quien le gusta flirtear. Las almas así están en peligro. Además, el verdadero peligro de caer de nuevo en pecado grave, al tener un "corazón dividido" hasta ese punto, hace la vida espiritual agotadora, y prácticamente imposible la vida "devota" de pronta, diligente y frecuente respuesta a la voluntad de Dios.

Bernardo nos recuerda de manera semejante que el sentir tal afecto por el pecado no es necesariamente un pecado en sí. Sentir celos sin ceder a ello no es pecado, sino una "pasión que algún día será sanada". Nos advierte, sin embargo, que si "alimentamos" tales afecciones o pasiones desordenadas vamos por mal camino. También nos dice que debemos esforzarnos por eliminar o reducir tal afecto por el pecado por medio de la confesión, lágrimas y oración. Y aunque no podamos comprobar el éxito, al menos podemos crecer en mansedumbre y humildad mientras llevamos así la carga de una lucha continua (*CC*, 49,8).

¿Qué propone Francisco como remedio para ese apego que aún queda al afecto por el pecado? ¡La recuperación de la cosmovisión bíblica!

Él mismo lleva al lector de la *Introducción a la vida devota* a través de diez meditaciones sobre estas verdades básicas, concentrándose en todo cuanto nos ha dado Dios y en la deuda de gratitud que le debemos, la fealdad y horror del pecado, la realidad del juicio y del infierno, la gran misericordia y bondad de la obra redentora de Jesús,

La lucha contra el pecado

la brevedad de la vida y la gran belleza y gloria del cielo (*IVD*, 1, 8-18). Francisco y todos los santos que estamos considerando creen que hay realmente poder en la Palabra de Dios y que el meditar sobre la verdad puede liberarnos progresivamente de las afecciones por el pecado que aún nos queden.

La Escritura es clara en esto:

> ¿Cómo purificará el joven su conducta?
>   Observando tu palabra.
> Te busco de todo corazón,
>   En el corazón guardo tu promesa,
>   para no pecar contra ti [...]
> Tus ordenanzas quiero meditar
>   y fijarme en tu forma de actuar.
> Me deleito en tus preceptos,
>   no olvido tu palabra (Sal 119,9-12. 15-16).

Los santos tienen una manera maravillosa de poner la perspectiva de la Escritura en contacto con las circunstancias de la vida. Teresa de Jesús dice así:

> Gran remedio es para esto traer muy continuo en el pensamiento la vanidad que es todo y cuán presto se acaba, para quitar las afecciones de las cosas que son tan valadíes, y ponerla en lo que nunca se ha de acabar. Y aunque parece flaco medio, viene a fortalecer mucho el alma; y en las muy pequeñas cosas traer gran cuidado, en aficionándonos a alguna, procurar apartar el pensamiento de ella y volverle a Dios, y su Majestad ayuda (*CP*, 10.2).

Necesitamos hacer nuestra la oración de la Escritura:

> Enséñanos, pues, a contar nuestros días
>   para que entre la sensatez en nuestra cabeza (Sal 90,12).

El meditar sobre la pasión de Cristo es recomendado a menudo como algo de mucho valor. Bernardo lo dice así:

> ¿Qué cosa hay más eficaz para curar las heridas de la conciencia y para purificar los ojos del alma, que la frecuente meditación de las llagas de Cristo? (*CC*, 62.7).

Francisco sabe que mientras estamos vivos en este cuerpo las heridas del pecado original y nuestros verdaderos pecados pasados harán brotar el afecto al pecado una y otra vez. Pero es nuestra respuesta a esta inclinación de nuestra naturaleza hacia el pecado lo que determina cómo estamos progresando en el camino espiritual. Necesitamos crecer en nuestro odio al pecado para poder resistirlo cuando hace sus llamadas. Catalina de Siena habla de la espada de doble filo con que luchamos en la batalla espiritual: un lado es el odio al pecado, el otro es el amor a la virtud.

Bernardo habla de la desdicha que supone volver a la esclavitud de nuestras pasiones desordenadas una vez que hemos gustado la gracia de Dios. Una persona así está condenada a una continua frustración, puesto que las cosas del mundo simplemente no pueden satisfacer nuestra hambre y nuestra "insaciable avidez", porque las cosas de este mundo están pasando. Bernardo lamenta el destino del alma que, después de haber "gustado por una vez la dulzura del amor espiritual, [ha de] volver de nuevo [...] a las molestias de la carne [Lam 4,5]" (*CC*, 35.1).

El vigoroso esfuerzo a que los santos nos urgen en la lucha contra el pecado está firmemente cimentado en la Escritura.

> Sométanse, pues, a Dios; resistan al Diablo y él huirá de ustedes. Acérquense a Dios y él se acercará a ustedes. Limpien pecadores, las manos; purifiquen los corazones, hombres irresolutos. Lamenten su miseria, entristézcanse y lloren. Que su risa se cambie en llanto y su alegría en tristeza. Humíllense ante el Señor y él los ensalzará (Sant 4,7-10).

Necesitamos proponernos, con la ayuda de la gracia de Dios, no escoger nunca libremente el ofenderle. Francisco deja claro que esa purificación del afecto por el pecado debe extenderse también a los pecados veniales.

El pecado venial

Teresa, Bernardo y Francisco reconocen que probablemente habrá siempre algunos pecados veniales inadvertidos que cometemos, sin verdadera reflexión o elección. Como dice Bernardo:

> ¿Quién de nosotros poseerá al menos una de estas dos cosas íntegra y perfectamente, de tal manera que alguna vez no sea bastante estéril en el hablar y demasiado perezoso en el obrar? (*CC*, 12.11).

También enseñan, sin embargo, muy clara y enfáticamente, que siempre que esté en nuestro poder, necesitamos proponernos no elegir libremente el ofender a Dios nuca más, aun en cosas pequeñas, si queremos progresar en la vida espiritual.

Tanto Francisco como Teresa indican que caer en alguna mentira involuntaria, por ejemplo, por vergüenza, es una cosa; pero mantener apego a decir pequeñas mentiras, o libremente decidir hacerlo, es un obstáculo significativo para progresar, y verdaderamente ofensivo para el Señor.[2]

El afecto al pecado venial, lo mismo que el afecto hacia el pecado mortal, necesita desaparecer de nuestras vidas progresivamente a medida que avanzamos en el camino espiritual.

> No podemos considerarnos nunca completamente purificados de pecados veniales, o al menos conservar durante largo tiempo esta pureza, pero podemos desechar de nosotros el afecto al pecado venial [...] no es lícito alimentar conscientemente la voluntad de continua y

---

2 Ver las citas de Santa Teresa sobre el pecado venial en el cap. 3, pp. 20-22.

perseverante afición al pecado venial; sería grave locura querer guardar plenamente en nuestra conciencia una cosa tan molesta a Dios como es la voluntad de desagradarle. El pecado venial, por pequeño que sea, desagrada a Dios (*IVD*, 1, 22).

Viviendo la inevitable cercanía personal de una comunidad de monjes, Bernardo es particularmente sensible a cómo la falta de amabilidad en el hablar y en la actitud puede dañar las relaciones y herir las almas.

> No es suficiente, repito, que la boca se prive de estas cosas y de otras semejantes; hay que evitar también las leves, si es que debe llamarse leve a cualquier cosa que te atrevas a realizar contra tu hermano con el deseo de herirle, siendo así que sólo con que te irrites contra él eres ya reo del juicio divino (*CC*, 29.4).

Bernardo nos aconseja también tener cuidado de cómo respondemos cuando se nos ha hecho algún mal.

> Por tu parte acepta con fortaleza las injurias, porque no es difícil que en los monasterios se caiga de vez en cuando en eso, pero no te apresures a responder inmediatamente a tu hermano con otra injuria, como hace la gente del mundo. Ni siquiera con el deseo de corregirle te atrevas en modo alguno a atravesar con una palabra aguda a un alma por la que Cristo se dignó morir en la cruz; ni a gruñir reprochándola; ni a musitar con los labios murmuraciones; ni a arrugar la nariz; ni a burlarte mofándote de él; ni frunzas el ceño en señal de ira o de amenaza. Que tu excitación muera en ti mismo, que es donde nació, para que no se permita salir a la que es portadora de muerte, y así no cause la muerte a nadie, para que también tú puedas decir con el Profeta: "Me turbé, pero no hablé" (*CC*, 29.5).

La lucha contra el pecado

Alimentar el afecto por el pecado venial, indica Francisco, debilita los poderes de nuestro espíritu, se interpone ante los consuelos de Dios y abre la puerta a las tentaciones. Al mismo tiempo no quiere engendrar en nosotros una escrupulosidad morbosa sobre los miles de tentaciones, y a veces pecados veniales inadvertidos, que son parte de la vida en este mundo, y nos asegura que esos pecados y faltas veniales inadvertidos no son cuestión de gran preocupación, "con tal de que, apenas notemos la acción de estas arañas espirituales en nuestra conciencia, las rechacemos" y nos neguemos a abrigar afecto alguno por ellos (*IVD*, 1, 22).

Francisco nos dice claramente que el proceso de purificación continuará toda la vida, por eso "no deben turbarnos nuestras imperfecciones; porque nuestra perfección consiste en el combatirlas" (*IVD*, 1, 5).

Lo que es importante es el odio al pecado, y más importante aún es la confianza en la misericordia de Dios.

> ¡Que Yahvé, que es bueno, perdone a todos aquellos cuyo corazón está dispuesto a buscar al Dios Yahvé, el Dios de sus padres, aunque no tengan la pureza requerida para las cosas sagradas! (2 Cro 30,18b-19).

Teresita de Lisieux dice claramente que el crecimiento en la vida espiritual es generalmente un proceso paulatino; Jesús es paciente con nosotros, "pues no es amigo de enseñárselo todo a las almas de una vez. Normalmente va dando sus luces poco a poco" (*HA*, 7, 194).

También nos habla ella de una "gozosa resignación" a la lucha contra las faltas durante toda la vida.

> Al principio de mi vida espiritual, hacia los 13 o los 14 años, me preguntaba qué progresos tendría que hacer más adelante, pues creía que no podría comprender ya mejor la perfección. Pero no tardé en convencerme de que cuanto más adelanta uno en este camino, más lejos se ve del final. Por eso, ahora me resigno a verme siempre imperfecta, y encuentro en ello mi alegría...) (*HA*, 7, 194).

El cumplimiento de todo deseo

La resignación de Teresita no era de desesperación, desánimo, pasividad o falta de esfuerzo, sino de una humilde aceptación de su imperfección de criatura a pesar de sus esfuerzos, imbuida de gozo por su esperanza de que el amor transformador de Dios la llevaría finalmente a la perfección.

En los últimos días de su vida, cuando estaba prácticamente ahogándose por la tuberculosis, la corrigieron por un comentario impaciente que había hecho a una hermana a quien encontraba "pesada". ¿Su respuesta?

> ¡Qué feliz me siento de verme imperfecta y con tanta necesidad de la misericordia de Dios en el momento de la muerte![3]

Para ser realista, dice Francisco, probablemente habrá siempre faltas, pero Dios puede usar incluso éstas para hacer nuestra humildad más honda.

> Las imperfecciones y los pecados veniales no quitan la vida espiritual, a la que sólo se opone la culpa grave; lo importante es que no nos hagan perder el ánimo [...] Es para nosotros una situación ventajosa en esta lucha el considerarnos vencedores mientras queramos pelear (*IVD*, 1, 5).

Francisco, como muchos de los santos, quiere animarnos para el camino espiritual. Es éste un camino que todos estamos llamados a emprender; y Dios nos dará la gracia de progresar en él si al menos estamos dispuestos a perseverar, a luchar de verdad.

> Lo que [cayó] en buena tierra son los que, después de haber oído, conservan la palabra con corazón bueno y recto, y dan fruto con perseverancia (Lc 8,15).

---

3 *N. del T.* "El 'Cuaderno amarillo' de la madre Inés", 29.7.3. A partir de aquí indicado como *CA* y la fecha (día.mes.número), como aparece en "Últimas conversaciones".

La lucha contra el pecado

Bernardo quiere que sepamos que incluso en medio de la lucha —sea contra el pecado mortal o el pecado venial, la mundanalidad o la tentación, por perseverancia en la oración o crecimiento en virtud, por amar o perdonar— necesitamos profundamente "apoyarnos en el Amado". Él sabe que esa lucha es muy dura, realmente imposible, sin la ayuda del Señor:

> Pero esto será imposible si no estás en desacuerdo contigo, si no te enfrentas contigo mismo, si no luchas sin cansarte contra ti mismo con un esfuerzo duro y constante y, por último, si no dices adiós a la inveterada costumbre y a la innata afección. No hay duda de que esto es duro. Si lo intentases con tus solas fuerzas, sería como si quisieras detener el ímpetu de un torrente con uno de tus dedos, o como si quisieras que el río Jordán se echase de nuevo hacia atrás [Sal 114,3] (*CC*, 85.1,4).

Vienen a la mente las palabras de Hebreos:

> Por tanto, también nosotros, teniendo en torno nuestra gran nube de testigos, sacudamos todo lastre y el pecado que nos asedia, y corramos con constancia la carrera que se nos propone, fijos los ojos en Jesús, el que inicia y consuma la fe, el cual, por el gozo que se le proponía, soportó la cruz sin miedo a la ignominia y está sentado a la diestra del trono de Dios (Hb 12,1-2).

El camino hasta la cima del monte de Dios (o Monte Carmelo, como lo llama Juan de la Cruz) es difícil. Y Juan, Bernardo, Catalina, Thérèse, Teresa, Agustín y Francisco saben que es imposible alcanzar la cima —el matrimonio espiritual en esta vida, visión beatífica en la próxima— sin apoyarnos fuertemente en el Amado.

Como explica Bernardo, en concordancia con sus compañeros doctores de la Iglesia.

"¿Quién subirá al monte del Señor?" [Sal 24,3]. El que se esfuerce por llegar a su cumbre, es decir, a la perfección de la virtud, se da cuenta con toda seguridad de qué ardua es la subida y qué inútil el esfuerzo sin la ayuda del Verbo. Dichosa el alma que brinda a los ángeles que la contemplan ese gozo y también ese milagro hechos vida en ella, de manera que pueda oírles decir: "¿Quién es esa que sube del desierto, rebosante de hermosura y apoyada en su amado?" [Cant 8,5]. Por lo demás, en vano se esfuerza si no se apoya. Efectivamente, apoyándose se hace fuerte contra sí misma, y haciéndose ella misma más valiente, somete todo a su razón [...] y reduce a esclavitud todo afecto carnal [2 Co 10,5], sometiendo al dominio de la razón el sentido de su carne para servir a la virtud. ¿Cómo no le va a ser todo posible a la que se apoya en el que todo lo puede? ¡Cuánta confianza la de aquella expresión: "Todo lo puedo en aquel que me conforta"! [Flp 4,13][...] Así, pues el espíritu podrá enseñorearse de sí mismo para que no le domine injusticia alguna, no si presume de sí mismo, sino si es confortado por el Verbo [...] ninguna fuerza, ningún engaño, ningún halago podrá derribarlo (*CC*, 85.5).

¡La Buena Nueva es que al Amado le encanta que nos apoyemos en Él!

Capítulo 7

LA IMPORTANCIA DE LA ORACIÓN

Juan de la Cruz nos hace ver que las atracciones sensuales son tan fuertes y están tan arraigadas en nuestra naturaleza que los esfuerzos de renuncia por sí solos nunca tendrán éxito del todo. Una mayor atracción, un amor mayor ha de inflamarnos para permitirnos desprendernos de amores menores desordenados.

> Dice, pues, el alma que con ansias, en amores inflamada pasó y salió en esta noche oscura del sentido a la unión del Amado. Porque para vencer todos los apetitos y negar los gustos de todas las cosas, con cuyo amor y afición se suele inflamar la voluntad para gozar de ellos, era menester otra inflamación mayor de otro amor mejor, que es el de su Esposo, para que, teniendo su gusto y fuerza en éste, tuviese valor y constancia para fácilmente negar todos los otros. Y no solamente era menester para vencer la fuerza de los apetitos sensitivos tener amor de su Esposo, sino estar inflamada de amor y con ansias. Porque acaece, y así es, que la sensualidad con tantas ansias de apetito es movida y atraída a las cosas sensitivas, que, si la parte espiritual no está inflamada con otras ansias mayores de lo que es espiritual, no podrá vencer el yugo natural, ni entrar en esta noche del sentido, ni tendrá ánimo para se quedar a oscuras de todas las cosas, privándose del apetito

de todas ellas. [...] y cuán fáciles y aun dulces y sabrosas las hacen parecer estas ansias del Esposo todos los trabajos y peligros de esta noche [...] (*SMC*, 1, 14.2-3).

Bernardo de Claraval nos hace ver lo mismo. Habla de una profundidad de oración que puede llamarse apropiadamente "sueño" o "muerte" —no muerte a la vida, sino muerte a lo que nos impide llegar a la nueva vida y unión.

> ¡Ojalá cayese yo frecuentemente en esta muerte, para escapar de los lazos de la muerte, para no sentir los halagos de la vida lujuriosa, para no aturdirme ante la sensación de la libídine [lujuria], ni ante el ardor de la avaricia, ni ante los estímulos de la ira y de la impaciencia, ni ante las angustias de las inquietudes y las molestias de los negocios! [...] Es buena la muerte que no arrebata la vida, sino que la conduce a otra mejor; es buena esa muerte, porque en ella el cuerpo no cae, sino que el alma se eleva (*CC*, 52.4).

Bernardo, a esta oración más profunda de "sueño" o "muerte" la llama contemplación:

> Tal salida de uno mismo, bien sea en pequeña escala o en la más elevada, se llama, según mi parecer, contemplación. Pues no ser retenido por los deseos de las cosas mientras se vive, es propio de la virtud humana; y no ser envuelto por las imágenes de los cuerpos mientras se medita, es propio de la pureza angélica. Una y otra cosa son un regalo divino; una y otra cosa equivale a alejarse, a trascenderse a sí mismo, pero una lejos y la otra cerca (*CC*, 52.5).

Una de las principales maneras en que nos abrimos para que nos posea este amor mayor es a través de la oración. Necesitamos recordar, sin embargo, que la vida espiritual no consiste primordialmente en ciertas prácticas de piedad y técnicas de oración, sino en una relación. Es responder a Aquel que nos ha creado y redimido, y que nos ama con un amor más fuerte que la muerte, un amor que desea levantarnos de entre los muertos. Mucho de lo que es cierto en las

La importancia de la oración

relaciones humanas es cierto también en nuestra relación con Dios. Las relaciones humanas de amistad o matrimonio necesitan tiempo, atención y cuidado para que continúen y crezcan. Lo mismo ocurre en nuestra relación con Dios. Hemos sido llamados a la unión, pero necesitamos responder. Al volvernos hacia Dios en la conversión o en un despertar más profundo, además de abandonar el pecado deliberado —que deforma el alma, bloquea la relación y ofende a la Persona que ha sacrificado su vida por nosotros— necesitamos definitivamente edificar la relación prestando atención a Aquel que nos ama. La oración es la raíz de esa relación simplemente prestando atención a Dios. Todos los santos hablan de su importancia.

Teresita de Lisieux habla de la fuerza y simplicidad de la oración.

> ¡Qué grande es, pues, el poder de la oración! Se diría que es como una reina que en todo momento tiene acceso libre al rey y que puede alcanzar todo lo que pide [...] Para mí la oración es un impulso del corazón, una simple mirada lanzada hacia el cielo, un grito de gratitud y de amor, tanto en medio del sufrimiento como en medio de la alegría. En una palabra, es algo grande, algo sobrenatural que me dilata el alma y me une a Jesús (*HA*, 11, 293).

Teresa de Jesús nos dice que la entrada en las mansiones (o etapas) del camino espiritual empieza con la oración; y Francisco de Sales nos dice que mientras que la lucha contra el pecado es crucial, más aún es la oración.

> La oración, inundando el entendimiento de luz divina y templando la voluntad con el fuego del amor celestial, purifica al primero de sus ignorancias y libra a la segunda de los afectos depravados [...] Más que todo te aconsejo la oración mental y afectiva, principalmente sobre la vida y pasión de Nuestro Señor Jesucristo; considerando estos temas frecuentemente, tu alma se llenará de Él; aprenderás su manera de conducirse y todos tus actos se inspirarán en los suyos (*IVD*, 2, 1.1-2).

Bernardo concurre:

> Pero tanto una cosa como la otra [abandonando el pecado, volviéndose hacia Dios] las he dicho confiando en la gracia, no en la naturaleza. Y no le ha de faltar la ocasión de presumir de haberlo conseguido: se ha vuelto hacia el Verbo (CC, 82,7).

En los tiempos de Teresa, y también en los de Francisco, había mucha polémica sobre la oración vocal frente a la mental, de un modo que no tiene gran interés para nosotros hoy. La oración vocal —oración dicha en alto— se entendía generalmente como cuestión de recitar oraciones memorizadas como el "Padre nuestro" o el "Ave María". La oración mental se solía considerar como una oración que se decía con la atención en la mente, las palabras formadas interiormente y no habladas en alto. La oración mental podía entenderse también como oración "contemplativa" — oración que consiste en ser consciente de la presencia de Dios, comprendiendo las verdades o inflamando la voluntad con amor. Pero, por la preocupación de que la gente pudiera tener problemas espirituales y posiblemente engañarse si practicaba la oración mental, el consejo dado comúnmente en aquel tiempo era que la mayoría debía ceñirse a la oración vocal. Teresa, Francisco y muchos de los santos tuvieron que luchar contra este enfoque excesivamente prudente a fin de dar libertad a la gente para responder al modo en que el Espíritu Santo obra en nuestras vidas comunicando su presencia aparte de (o junto con) las palabras.

Teresa de Jesús señala que no se trata de si las oraciones son memorizadas o no, o dichas en alto o no, lo que determina su valor, sino el que prestemos atención a lo que estamos diciendo y a quién estamos hablando.

Bernardo se dirige a sus hermanos de forma similar, exhortándolos a prestar atención a lo que están diciendo cuando cantan los Salmos.

> Por eso os amonesto, queridísimos, a que siempre asistáis con pureza y diligencia a las divinas alabanzas; con

diligencia, sí, para que así como le servís con reverencia lo hagáis también con entusiasmo, no perezosos, ni somnolientos, ni bostezando, ni escatimando la voz, ni pronunciando la mitad de las palabras o saltándolas por entero, ni con voz entrecortada y débil, a semejanza de las mujeres, o gangosa o nasal, sino pronunciando las palabras del Espíritu Santo con timbre y afecto viriles. Y con pureza, para que cuando salmodiéis no penséis en cosa alguna que no sea lo que estáis cantando (*CC*, 47.8).

Métodos de oración

Muchos escritores espirituales, incluyendo algunos de los santos, ofrecen sugerencias respecto a los métodos en la oración. Francisco de Sales, muy influenciado por su propia experiencia de los Ejercicios Espirituales de San Ignacio de Loyola, sugiere algunas estructuras y formatos para la práctica de la meditación y la oración. Sugiere seis pasos como guía para avanzar a lo largo de un tiempo de oración.

1. Ponte en la presencia de Dios. Recuerda que Dios está cerca, no lejos. Está en lo mas profundo de tu corazón, de tu espíritu. "Comienza toda suerte de oración, mental o vocal, poniéndote en la presencia de Dios; sea ello para ti una regla invariable y, en poco tiempo, podrás comprobar cuán provechosa es esta práctica" (*IVD*, 2, 1.5).
2. Pídele al Señor que te ayude a prestarle atención, a abrirte a Su Palabra y a su presencia.
3. Escoge un pasaje de la Escritura, una escena del Evangelio, un misterio de la Fe o un pasaje de alguna lectura espiritual. Si el tema que has elegido se presta a ello, imagínate en el mismo lugar en que está ocurriendo la acción o el suceso. Usa tu imaginación para ponerte en medio de la escena cerca de Jesús, con sus discípulos.
4. Piensa en lo que has elegido para meditar, de tal forma que aumente tu amor por el Señor o por la virtud. El propósito no es principalmente estudiar o saber más, sino aumentar tu amor por Dios y por la vida de discipulado.

5. Si surgieran buenas afecciones —gratitud hacia la misericordia de Dios, asombro ante Su majestad, dolor por el pecado, deseo de ser más fiel, por ejemplo— cede a ellas.
6. Llega a algunas resoluciones prácticas respecto a cambios que te gustaría hacer como respuesta a esas afecciones. Por ejemplo, resuelve ser más fiel en la oración, o más dispuesto a perdonar, o más deseoso de compartir la fe con otros, o más determinado a resistir el pecado, de una manera lo más práctica y concreta que puedas decidir.

> Es indispensable, sobre todo [...], que al salir de la meditación recuerdes las resoluciones y meditaciones tomadas para ponerlas en práctica a lo largo del día. Tal debe ser el primer fruto de la meditación, sin el que ésta, frecuentemente, no sólo es inútil, sino perjudicial; las virtudes meditadas y no practicadas hinchan y envalentonan el espíritu, pues nos hacen creer que somos en realidad lo que sólo hemos resuelto ser (*IVD*, 2, 8).

Francisco recomienda que terminemos el tiempo de oración-meditación con expresiones de gratitud a Dios por la luz y las afecciones que nos ha dado en nuestro tiempo de oración; luego, un ofrecimiento de nosotros mismos al Señor en unión con el ofrecimiento de Jesús; y tercero, un tiempo de intercesión por nosotros y por otros.

Al mismo tiempo, no pretende Francisco que sigamos mecánicamente la estructura o método que él nos propone si el Espíritu Santo nos atrae a algo diferente.

> Te ocurrirá alguna vez que, inmediatamente después de la preparación, tu afecto se sentirá movido hacia Dios; entonces dale rienda suelta [...], sin empeñarte en seguir el método señalado; pues, aunque ordinariamente la consideración debe preceder a los afectos y resoluciones, si el Espíritu Santo te concede los afectos antes de la consideración, no debes ir en busca de ésta, ya que su fin es promover los afectos. En una palabra, cuando

experimentes el flujo de los afectos debes aceptarlo y hacerle lugar, aparezca antes o después de todas las consideraciones (*IVD*, 2, 8).

Aunque Francisco reconoce la utilidad de rezar el Rosario, varias letanías y oraciones escritas fijas, nos aconseja dar siempre la prioridad a la oración mental y a la dirección del Espíritu.

> pero ten presente que, si posees el don de la oración mental, debes conceder a ésta el primer lugar; de forma que, si después de ella, por tus múltiples ocupaciones o por cualquier otra razón no puedes hacer oración vocal, no te has de preocupar [...] Cuando al hacer la oración vocal, sientas que tu corazón se inclina más a la meditación, no le opongas resistencia; déjale sentir su impulsos y no te inquiete no haber terminado la oración vocal que te proponías rezar; la mental que haces ahora en su lugar es más agradable a Dios y más útil para tu alma (*IVD*, 2, 1.7-8).

Francisco hace una excepción en su consejo general con relación a la flexibilidad en la oración, como hace Catalina de Siena: los que están en Órdenes Sagradas, o en virtud de una regla de vida religiosa, están obligados a rezar el Oficio Divino y deben guardar este compromiso.

La sencillez de la oración

Teresa de Jesús cuenta en más de una ocasión cómo algunas monjas muy sencillas de su convento habían alcanzado el estado de unión más alto recitando devotamente el "Padre nuestro" con atención y apertura a la presencia del Espíritu. Nos dice que lo mismo puede ocurrirnos a nosotros.

> Os digo que es muy posible que estando rezando el *Peternoster* os ponga el Señor en contemplación perfecta (*CP*, 25.1).

Francisco aconseja de modo similar sobre cómo decir las oraciones memorizadas.

> Has de fijarte en su significado [...] es necesario recitar fijando el pensamiento en ellas y excitando tus afectos con su sentido y no de corrida para poder rezar más, pues un solo *Pater Noster*, dicho con el corazón, vale más que muchos rezados de prisa y distraídamente (*IVD*, 2, 1.6).

Teresa de Jesús tiene igualmente mucho consejo provechoso sobre la oración. Reconoce lo importantes que son la meditación y la oración para el crecimiento en la vida espiritual, pero también reconoce lo difícil que puede ser el concentrarse. En su propio caso, durante más de catorce años no podía meditar sin la ayuda de un libro.

> Porque [la meditación] es principio para alcanzar todas las virtudes y cosa que nos va la vida en comenzarla todos los cristianos [...] Yo estuve más de catorce años que nunca podía tener aun meditación, sino junto con lección. Habrá muchas personas de este arte, y otras que, aunque sea con la lección, no pueden tener meditación, sino rezar vocalmente, y aquí se detienen más. Hay pensamientos tan ligeros que no pueden estar en una cosa, sino siempre desasosegados, y en tanto extremo, que si quieren detenerle a pensar en Dios, se les va a mil disparates, y escrúpulos y dudas [...] Hay unas almas y entendimientos tan desbaratados como unos caballos desbocados, que no hay quien los haga parar; ya van aquí, ya van allí, siempre con desasosiego: es su misma naturaleza, o Dios que lo permite [...] (*CP*, 16.3, 17.3, 19.2).

Los comentarios de Teresa suenan al método tradicional de oración llamado *lectio divina* (lectura sagrada), un método de alternar oración y lectura que es común en la vida monástica, pero que también muchos laicos han encontrado útil. Es simplemente cuestión de tomar las Escrituras o algún libro espiritual, leer hasta que nuestra mente y nuestro corazón están elevados al Señor, y

La importancia de la oración

entonces reflexionar en oración sobre lo leído, hablando al Señor sobre ello, o simplemente estando en su presencia. Una vez que nuestra mente empieza a vagar de nuevo, volvemos a la lectura hasta que nos hemos recogido una vez más, y entonces dejamos el libro y nos volvemos hacia el Señor de alguna de las muchas maneras, desde la meditación hasta la contemplación. Bernardo nos advierte sobre el no subestimar el grado en que Dios está obrando en lo que puede parecernos simplemente nuestros propios "buenos pensamientos" como resultado de la meditación, oración o reflexión.

> Algunas palabras de las que nos dice el Verbo Esposo son nuestras meditaciones acerca de él y de su gloria, de su elegancia, poder y majestad. Y no sólo eso, sino que cuando rumiamos con avidez de espíritu sus testimonios y las palabras de su boca [Sal 119,13], y meditamos su ley día y noche [Sal 1,2], tengamos por cierto que el Esposo está presente y nos habla, para que, consolados con sus palabras, no nos fatiguemos en los trabajos [...] cuando en nuestro corazón meditamos cosas malas, es un pensamiento nuestro; si son cosas buenas, es una inspiración de Dios [2 Co 3,5] (*CC*, 32.4-5).

A la vez Bernardo indica que los malos pensamientos vienen de nosotros o del demonio.

Ni Teresa ni Francisco quieren complicar indebidamente su enfoque de la oración, y por eso ofrecen sus sugerencias como ayudas, no como rígidas reglas. Teresa en particular sigue recordándonos que en la oración estamos implicados principalmente en una *relación*, no en un ejercicio de técnica o siguiendo un método. Teniendo en cuenta que es una relación a lo que estamos intentando responder y lo que queremos alimentar, puede ser a menudo suficiente guía.

> Que no es otra cosa oración mental, a mi parecer, sino tratar de amistad, estando muchas veces tratando a solas con quien sabemos nos ama (*V*, 8.5).

> [...] tratad con Él como con padre, y como con hermano, y como con señor, y como con esposo: a veces de una manera, a veces de otra [...] Este modo de rezar, aunque sea vocalmente, con mucha más brevedad se recoge el entendimiento, y es oración que trae consigo muchos bienes. Llámase recogimiento, porque recoge el alma todas las potencias y se entra dentro de sí con su Dios, y viene con más brevedad a enseñarla su divino Maestro, y a darla oración de quietud, que de ninguna otra manera (*CP*, 28.3-4).

Teresa pone gran énfasis en recordarnos la naturaleza personal de lo que estamos haciendo en la oración y el valor de simplemente ser conscientes de a quién estamos hablando, es decir, orando con atención. Su agudo ingenio y su humor socarrón se manifiestan frecuentemente en los consejos que da.

> Sabed, hijas, que no está la falta, para ser o no ser oración mental en tener cerrada la boca; si hablando estoy enteramente entendiendo y viendo que hablo con Dios, con más advertencia que en las palabras que digo, junto esta oración mental y vocal. Salvo si no os dicen que estéis hablando con Dios rezando el *Peternoster*, y pensando en el mundo; aquí callo. Mas si habéis de estar, como es razón se esté hablando con tan gran Señor, que es bien estéis mirando con quién, y quién sois vos, siquiera para hablar con crianza [...]
>
> Si basta o no [sólo pronunciar las palabras] no nos contentemos con sólo eso [...]
>
> Y aun es obligación que procuremos rezar con advertencia; y aun plegue a Dios que con estos remedios vaya bien rezado el *Paternoster*, y no acabemos en otra cosa impertinente. Yo lo he probado algunas veces, y el mejor remedio que hallo, es procurar el pensamiento en quien enderezo las palabras [...] (*CP*, 22.1, 24.2, 24.6).
>
> Como yo no hablo sino en cómo ha de rezarse la vocal para ir bien rezada, no hay por qué decir tanto, pues lo que pretendo sólo es para que veamos y estemos con

La importancia de la oración

quien hablamos, sin tenerle vueltas las espaldas (que no me parece otra cosa estar hablando con Dios y pensando en mil vanidades), y viene todo el daño de no entender con verdad que está cerca, sino imaginarle lejos (*CP*, 50.1).[1]

Mucho de lo que dice Teresa nos suena a la fuerte exhortación que el Papa Juan Pablo II dirigió a toda la Iglesia cuando comenzamos el camino del tercer milenio: a contemplar el rostro de Cristo.

Todo el daño nos viene de no tener puestos los ojos en vos, que si no mirásemos otra cosa sino el camino, presto llegaríamos [...]
Representad al mismo Señor junto con vos [...] acostumbraos, acostumbraos [...] no os pido más de que le miréis (*CP*, 16.11, 26.1, 26.3).

Teresa, conociendo nuestra humanidad —y la suya— nos anima a una oración verdaderamente humana a un Dios que es totalmente humano y totalmente divino!

[El alma] puede presentarse delante de Cristo y acostumbrarse a enamorarse mucho de su sagrada Humanidad y traerle siempre consigo y hablar con Él, pedirle para sus necesidades y quejársele de sus trabajos, alegrarse con Él en sus contentos y no olvidarle por ellos, sin procurar oraciones compuestas, sino palabras conforme a sus deseos y necesidad. Es excelente manera de aprovechar y muy en breve, y quien trabajare a traer consigo esta preciosa compañía, y se aprovechare mucho de ella, y de veras cobrare amor a este Señor, a quien tanto debemos, yo le doy por aprovechado (*V*, 12.2).

A pesar de lo mucho que Teresa aclara que debemos hacer lo posible por prestar atención a Aquél a quien estamos hablando,

---

[1] *N. del T.* De la primera redacción de *Camino*, en las *Obras Completas* de Efrén de la Madre de Dios y Otger Steggink (eds.).

ella se da cuenta de que hay veces y circunstancias cuando es muy difícil hacer eso. Su consejo acerca de progresar en la vida espiritual está completamente informado por un buen conocimiento de la debilidad humana y es muy realista.

> Salvo si no es algunos tiempos que, o de malos humores, en especial si es persona que tiene melancolía, o flaqueza de cabeza, que aunque más lo procura no puede, o que permite Dios días de grandes tempestades en sus siervos para más bien suyo; y, aunque se afligen y procuran aquietarse, no pueden, ni están en lo que dicen, aunque más hagan, ni asienta en nada el entendimiento, sino que parece tiene frenesí, según anda desbaratado (*CP*, 24.4).

Teresa tiene un consejo para cómo afrontar situaciones como éstas:

> En la pena que da a quien lo tiene, verá que no es la culpa suya, y no se fatigue, que es peor, ni se canse en poner seso a quien por entonces no le tiene, que es su entendimiento, sino rece como pudiere; y aun no rece, sino como enferma, procure dar alivio a su alma: entienda en otra obra de virtud. Esto es ya para personas que traen cuidado de sí, y tienen entendido no ha de hablar a Dios y al mundo junto (*CP*, 24.5).

A Teresa le preocupa que su consejo se interprete erróneamente como tolerancia hacia la laxitud, y deja claro que es para personas que no se han provocado ellos mismos su estado de distracción por descuido en la oración o por juguetear con las tentaciones. En otros lugares Teresa dice claramente que entre las "otras obras de virtud", además de la oración, están los actos de caridad o de ayuda a otros. Suena como lo que me solía decir mi madre: "¡Espabílate! ¡Deja de estar como un alma en pena! ¡Deja de pensar en ti mismo! ¡Deja de quejarte¡ ¡Haz algo bueno por otro!"

Es enteramente apropiado, por muchas razones, que los carmelitas se refieran a Teresa de Jesús como "santa madre".

La importancia de la oración

Tiempo y lugar

¿Qué consejo tienen los santos respecto a cuánto tiempo debemos pasar en oración? La meta, como indica la Escritura, es ¡rezar siempre!

> Estad siempre alegres. Orad constantemente. En todo dad gracias, pues esto es lo que Dios, en Cristo Jesús, quiere de vosotros (1 Tes 5,16-17).

Estar en un estado así de unión con Dios que hasta en medio de actividades haya una corriente de gracias, alabanza, adoración e intercesión elevándose de nuestros corazones, es, desde luego, nuestra llamada. Pero los santos también indican que para que la oración llegue a ser un estado así de habitual en nuestra vida es necesario tener tiempos concretos de oración.

El catecismo de la Iglesia Católica, incorporando, como hace, la sabiduría de los santos y doctores en sus bellas secciones sobre la oración, se hace eco de este consejo de Teresa.

> Pero no se puede orar "en todo tiempo" si no se ora, con particular dedicación en algunos momentos (*CIC* 2697).

Indica Teresa en varios lugares que, a menos que uno pase suficiente tiempo en oración, el progreso se retrasará con toda seguridad. Sólo para aislarse de las ocupaciones de la vida se necesita dedicar a la oración suficiente tiempo. En los conventos de carmelitas reformados de Teresa las monjas participaban en la Liturgia de las Horas y en la Misa, y tenían una hora de meditación y oración por la mañana y otra hora antes de la cena.

Pero ¿y la inmensa mayoría de la Iglesia que no vive en monasterios de clausura? Francisco de Sales tiene un consejo muy específico para las personas ocupadas en el mundo del trabajo y de la familia, un consejo que pudiera sorprendernos.

> Emplea todos los días una hora antes del desayuno, y si puede ser por la mañana temprano, en meditar, pues

entonces tendrás tu espíritu más despejado después del descanso de la noche. No debes emplear más de una hora, a no ser que tu padre espiritual te aconseje lo contrario (*IVD*, 2, 1.3).

Francisco escribe para gente de negocios, trabajadores, soldados, funcionarios, amas de casa —personas con toda la gama de responsabilidades mundanas. ¿Qué podemos hacer con su consejo?

Creo que es un buen consejo, y, como cree él, que es posible para prácticamente todos nosotros. ¿Cómo? Si no estamos acostumbrados a orar una hora al día, deberíamos quizá empezar con un período de tiempo más corto. Como Teresa, deberíamos utilizar probablemente una fórmula que alterne la lectura espiritual en oración con momentos de oración, basándose en las sugerencias sobre cómo estructurar un tiempo de meditación y oración. Con la oración ocurre como con el ejercicio físico, que al principio puede ser duro y no somos capaces de mucho, pero con la práctica aumenta nuestra capacidad y se hace más fácil.

Francisco aconseja no orar más de una hora al día (además de la Misa) sin el consejo de un director espiritual como salvaguardia contra el posible descuido de las responsabilidades de nuestro estado de vida y el posible peligro de decepción espiritual, orgullo o desequilibrio en nuestra vida. Hay tal vez muchos que en algún momento de su vida espiritual serán llamados a tiempos de oración más largos o más frecuentes. En esos momentos sería una buena idea procurarse consejo espiritual.

Determinar cuánto tiempo debemos pasar cada día en nuestra oración personal es una decisión importante, pero también lo es el decidir cuándo y dónde. Francisco recomienda fijar el tiempo de oración personal lo más temprano posible cada día, antes de que las ocupaciones del día empiecen a llenar nuestra mente y antes de que las inevitables distracciones, interrupciones y exigencias empiecen a acelerarse. Para algunos esto puede querer decir inmediatamente después de levantarse. Para otros, después del desayuno. Cada uno de nosotros conoce mejor su propia situación. Además, al cambiar nuestra situación, podemos necesitar cambiar el tiempo que dedicamos a la oración personal. A algunos les parece factible rezar en un parque o una iglesia durante el descanso que se hace para comer. A otros les ha parecido más practicable rezar antes de cenar. Bernardo recomienda la ventaja de orar en el silencio de la noche, cuando los demás están durmiendo, cuando podemos abrir libremente nuestro corazón: "¡Qué íntima sube de noche la oración, teniendo sólo por testigo a Dios y al santo ángel que la recibe para presentarla en el altar del cielo!" (*CC*, 86.3).

Por ejemplo, ahora que nosotros no tenemos niños pequeños en casa y no tenemos que llevarlos al colegio por la mañana, mi esposa y yo procuramos asistir a la Misa de las 7:00 en una iglesia cercana todos los días de la semana y después pasamos algún tiempo en la iglesia para hacer oración. También buscamos la oportunidad de volver a la oración en algún momento durante el día. Esto está funcionando muy bien ahora mismo, pero los primeros años no hubiéramos podido hacerlo así.

He de añadir, por experiencia propia, que cuanto más aplazo en el día el tener el primer tiempo de oración, más posibilidad hay de que no ocurra o de que ocurra de una manera muy desigual.

Francisco recomienda rezar en la iglesia, por ser el mejor lugar para evitar interrupciones y tener la atmósfera más propicia para la oración. Por otra parte, puede que una iglesia no esté a mano de nuestra casa o trabajo; o, si lo está, tal vez no esté abierta durante las horas cuando podemos rezar, o puede haber en la iglesia diversas actividades que dificulten la oración. Si hay una iglesia en la zona que tenga una capilla de adoración, éste puede ser un lugar maravilloso para hacer oración.

La actitud orante[2] durante todo el día

Francisco habla muy claramente de la necesidad de tomarse cada día un tiempo para la oración personal, pero también nos comunica

---

2 *N. del T.* Así como el adjetivo *prayerful* lo traduciríamos como "orante" o "de oración" (ej. *prayerful person*, persona de oración), el intraducible sustantivo *prayerfulness*, que utiliza aquí Ralph, sólo permite una perífrasis española.

una visión de actitud orante (o de oración) durante todo el día y nos ofrece algunas sugerencias sobre cómo hacer esto posible. Lo que hace realmente es proponer un modelo para nuestro día que nos ayudará a "recordar" al Señor en distintos momentos. He aquí sus sugerencias.

- Tan pronto como despertemos, dirigirnos al Señor, darle gracias por otro día, dedicárselo a Él y pedirle ayuda para vivirlo de un modo agradable a Él.
- Tomarse bastante tiempo para la oración personal (incluyendo la lectura espiritual) lo más temprano posible por la mañana.
- Asistir a la Misa diaria lo más frecuentemente posible.
- Según permitan las circunstancias, rezar la Liturgia de las Horas.[3]
- Retirarse periódicamente durante el día a la celda de nuestra alma para recordar al Señor, darnos cuenta de su presencia y hablarle. Esto podemos hacerlo incluso en medio de nuestras actividades.

> Acuérdate [...] de hacer cada día varios actos de retiro en la soledad del corazón, mientras participas con el cuerpo en las conversaciones de los que te rodean (*IVD*, 2, 12).

Bernardo también tiene una tremenda intuición sobre cómo es posible la soledad en medio del mundo.

> "Ante tu rostro el Ungido del Señor es espíritu" [Lam 4,20] y busca la soledad del espíritu, no la del cuerpo, aunque a ratos es provechoso que te alejes también con el cuerpo, cuando te sea posible, sobre todo en el tiempo de

---

[3] Hacer la Liturgia de las Horas completa es difícil para muchos. Pero hay una estupenda forma abreviada de estas oraciones diarias de la Iglesia, llamada *Magnificat*, una publicación mensual que muchos encuentran muy útil, ya que, en formato de fácil uso, y además de artículos por notables autoridades y el Ordinario de la Misa, contiene para cada día: oraciones de la mañana, tarde y noche; lecturas de la Misa del día y una meditación, oraciones breves y meditaciones; breves biografías de santos del día; estudio mensual de un cuadro religioso. Contacto en la red para suscripción: www.magnificat.com.

La importancia de la oración

oración [...] Por lo demás, solamente se te exige la soledad del corazón y del espíritu. Estás solo, si no piensas en las cosas de los demás, si no deseas lo inmediato, si desprecias lo que muchos admiran, si desdeñas lo que todos desean, si evitas las disputas, si no te afectan los perjuicios, si no te acuerdas de las injurias. De lo contrario no estarás solo, aunque con el cuerpo estés solo. ¿No te das cuenta de que puedes estar solo entre muchos, y entre muchos solo? Entre una gran multitud de hombres puedes estar solo; únicamente procura no ser un juez temerario de sus conversaciones, o un observador demasiado curioso. Aunque te des cuenta de que se hace algo con falsedad, no juzgues de la misma manera al prójimo, más bien excúsalo. Excusa la intención si no puedes excusar la acción: piensa que lo ha hecho por ignorancia, como un acto espontáneo y poco consciente, por fragilidad (*CC*, 40.4-5).

- Poco antes de la cena, retírate para tener unos minutos de oración y examen de conciencia. Da gracias a Dios por las bendiciones del día, pídele perdón por cualquier falta o pecado, y renueva tu dedicación a vivir para Él.

Mirar la lista de todas las prácticas espirituales que recomienda Francisco puede ser abrumador. Francisco prevé esta objeción, y como respuesta señala que hombres muy ocupados, como el rey David y San Luis, rey de Francia, anteponiendo al Señor y la devoción a Él a todo lo demás, pudieron conseguir muchísimo. Francisco nos asegura que lo mismo será para nosotros.

> Practica, pues, diligentemente estos ejercicios tal y como te he indicado y Dios te dará fuerzas suficientes para realizar con provecho tus otras ocupaciones (*IVD*, 5, 17).

Poco a poco podemos hacer nuestra vida diaria cada vez más orante, igual que podemos, con el tiempo, incorporar las sugerencias que vayan mejor con nuestro horario y para las que estemos preparados espiritualmente. Hay una práctica espiritual en particular que Francisco recomienda muchísimo y que es factible para todos nosotros: hasta en uno de esos días cuando tal vez no podamos emprender nuestras prácticas espirituales habituales, podemos seguir arraigados en la oración dirigiendo constantemente breves oraciones al Señor. Éstas pueden ser actos de amor, de adoración, de fe, de esperanza, de petición, o simplemente el decir el nombre de Jesús, durante todo el día. Francisco da un gran valor a estas simples locuciones, tradicionalmente llamadas jaculatorias o aspiraciones.

> En el ejercicio del retiro espiritual y de las jaculatorias estriba la gran obra de la devoción; puede suplir la falta de todas las demás oraciones, pero la falta de ésta no puede ser reemplazada con otro medio alguno. Sin él no puede existir la vida contemplativa, ni tampoco, cual conviene, la vida activa; sin él, el descanso se convierte en ociosidad y el trabajo en estorbo; por eso te conjuro a que lo abraces con todo el corazón, sin dejarlo jamás a un lado (*IVD*, 2, 13).

La breve oración que Bernardo recomienda muchísimo es simplemente decir el nombre de Jesús, y escribe de manera muy emotiva sobre el poder del nombre de Jesús en nuestra oración.

> Mas el nombre de Jesús no es sólo luz; también es alimento. ¿No te sientes reconfortado tantas veces como lo recuerdas? ¿Hay algo que robustezca tanto el espíritu que piensa en él? ¿Qué otra cosa da tanto descanso a las mentes fatigadas, robustece las virtudes, desarrolla las buenas y honestas costumbres, y fomenta los amores castos? [...] Si escribes, me resultará insípido si no leo el nombre de Jesús [...] Jesús es miel en la boca, melodía en el oído, júbilo en el corazón (*CC*, 15.6).

La oración es esencial para el camino espiritual. Pero también lo es el aprender a responder a las tentaciones y pruebas, y a esto pasamos ahora.

Capítulo 8

TENTACIONES Y PRUEBAS

Dios, en su sabiduría, ha ordenado que las mismas tentaciones y tribulaciones que son el resultado de nuestra condición caída puedan llegar a ser medios muy importantes para llevar a cabo la transformación a imagen suya, que es nuestro destino y nuestra llamada. Una de las cosas más importantes que hay que reconocer en el camino espiritual es que el encontrarse con tentaciones y pruebas es una condición necesaria para progresar.

> Es necesario que pasemos por muchas tribulaciones para entrar en el reino de Dios (Hch 14,22).

Estas pruebas no son agradables. De hecho, a veces son francamente dolorosas.

No obstante, pueden llevar, si respondemos de modo adecuado, a la paz profunda de la santidad.

Aunque pueda parecer a veces que todo a nuestro alrededor está derrumbándose, incluyéndonos nosotros mismos, en restrospectiva podremos ver lo "ligera" que fue esta aflicción comparada al "peso eterno de la gloria" que estaba preparándose para nosotros y en nosotros (2 Co 4,16-18).

Desgraciadamente, el no saber cómo identificarnos con las tentaciones y pruebas y afrontarlas puede causar a menudo confusión y llevarnos a decisiones torpes, impidiéndonos progresar. Precisamente una de las grandes contribuciones de los santos es su asombroso entendimiento para comprender la naturaleza de las tentaciones y pruebas que encontraremos en el camino y su consejo sobre cómo afrontarlas con éxito.

Teresa de Jesús, por ejemplo, identifica ciertas tentaciones con que comúnmente se enfrentan los que están en las primeras etapas del camino, en los momentos después de la conversión o despertar. Estas mismas tentaciones pueden aparecer también más adelante en el camino, pero ayuda mucho aprender a afrontarlas desde el principio.

Teresa nos indica que algunas de las tentaciones están arraigadas primordialmente en nuestra naturaleza humana caída, con sus deseos desordenados doblegados y cegados por el pecado; otros están arraigados en la "sabiduría convencional" del mundo, que es a menudo opuesta a los caminos de Dios; y aún hay otras que son instigadas por demonios. Teresa identifica al demonio como una "lima silenciosa" que obra calladamente para llevarnos a decisiones imprudentes y causarnos daño. El progreso en la vida espiritual significa ser progresivamente liberado de estar sometidos a estas influencias y llegar a estar más y más sometidos al Espíritu de Dios (*M*, 1, 2.16). El comprender lo que nos está pasando nos ayuda muchísimo a hacernos libres. La verdad, realmente, nos hace libres.

Tentaciones comunes
en las primeras etapas del camino

Celo inmaduro

En su tratamiento sistemático de las etapas del camino espiritual, Teresa identifica algunas de las tentaciones comunes en las primeras etapas.

Teresa identifica el "celo indiscreto" como un peligro significativo (*M*, 1, 2.17). Bernardo usa exactamente la misma expresión, "ardor poco discreto", y a ello añade "obstinada intransigencia" (*CC*, 19.7). A veces el demonio puede obrar para hacer que alguien se sobrepase cuando se trata de sacrificio, o compromiso, o celo. Si alguien en las primeras etapas del crecimiento espiritual intenta cargarse con demasiada oración, o ayuno, o servicio, puede quemarse rápidamente y desanimarse, puesto que no puede mantener tantos compromisos en este momento de su desarrollo.

A veces, señala Bernardo, el demonio se aprovecha del orgullo y la vanidad que pueden coexistir con un auténtico fervor, para tentarnos a la imprudencia o al exceso. Como ejemplos nos da las personas tentadas a rezar más levantándose más temprano, para luego dormirse en su tiempo habitual de oración; o personas que persiguen una vocación "más estricta", para ver que han ido más allá de la gracia que Dios les estaba dando; o personas que ayunan más de lo que deberían y terminan siendo inútiles para el servicio para el cual Dios las había llamado (*CC*, 33,10).

También observa Bernardo la extraña obstinación o terquedad que a veces caracteriza a las personas "espirituales" que son "sabias a sus propios ojos". Señala la gravedad de una obstinación así, y de la implícita rebelión, citando un inquietante pasaje de la Escritura.

> Como pecado de hechicería es la rebeldía, crimen de idolatría la contumacia (1 Sam 15,23).

Bernardo observa que incluso los que están en etapas más avanzadas del camino espiritual —"proficientes" en la etapa iluminativa— puede hacerse vulnerables a las tentaciones arraigadas en el celo indiscreto, que son mas sutiles y más difíciles de detectar que las más directas tentaciones de pecado mortal.

> ¡Cuántos de espíritu fervoroso pasaron de los monasterios a la soledad de la vida eremítica [Ro 12,11] y ya sea por haberse vuelto tibios los vomitó [Ap 3,16], o tal vez, contra todas las leyes del desierto, los retuvo

no sólo remisos, sino disolutos [...]! El que en la vida común solamente había experimentado la gracia espiritual pensaba que, si estuviera solo, percibiría frutos mucho más copiosos para el espíritu. Le pareció bueno su pensamiento, pero el desenlace del asunto puso de manifiesto que ese pensamiento había sido más bien una raposilla demoledora (*CC*, 64.4).

El celo inmaduro puede también conducirnos a criticar a los demás —examinando la mota en el ojo del vecino y no viendo la viga en nuestro propio ojo— y socavando precisamente el amor al prójimo a que nos está llevando el camino espiritual. Teresa, Bernardo y muchos de los santos nos hacen notar la importancia de buscar un asesoramiento espiritual sabio y equilibrado cuando hagamos decisiones a lo largo del camino.

Prioridades equivocadas

Un peligro opuesto al "celo indiscreto", nos dice Teresa, es la distracción que viene de estar demasiado metido en los asuntos del mundo. Teresa deja claro que es necesaria una cierta reordenación de nuestras prioridades si queremos progresar. Es esencial darle al Señor el tiempo y la atención que nos pide.

> Tanta su misericordia y bondad, que aun estándonos en nuestros pasatiempos, y negocios y contentos y baraterías del mundo, y aun cayendo y levantando en pecados [...] (*M*, 2.2).

Aunque puede que un alma en esta etapa no esté en estado de pecado mortal habitual, todavía hay cierta oscuridad en un alma llena de cosas de este mundo.

> Así me parece debe ser un alma, que aunque no está en mal estado, está tan metida en cosas del mundo, y tan empapada en la hacienda, u honra, o negocios [...]

Tentaciones y pruebas

> Y conviene mucho para haber de entrar a las segundas moradas, que procure dar de mano a las cosas y negocios no necesarios, cada uno conforme a su estado [...] si no comienza a hacer esto, lo tengo por imposible; y aun estar sin mucho peligro en la que está, aunque haya entrado en el castillo, porque entre cosas tan ponzoñosas, una vez u otra es imposible dejarle de morder (*M*, 1, 2.14).

> Más, ¡oh Señor y Dios mío, que las costumbres en las cosas de vanidad, y al ver que todo el mundo trata de esto, lo estraga todo! Porque está tan muerta la fe, que queremos más lo que vemos, que lo que ella nos dice [...] Claro está que es menester muchas curas para sanar (*M*, 2.5).

Está claro que Teresa habla a personas que viven una vida corriente en el mundo. Ella nos hace ver con fuerza que en lo que sea compatible con nuestro estado en la vida, debemos eliminar las cosas no esenciales y dejar lugar para orientar nuestra vida cada vez más hacia Dios.

Teresa reconoce que para algunos puede haber cierto aturdimiento, o incluso tibieza, en las primeras etapas del camino, pero nos aconseja no desanimarnos.

> Ni os desconsoléis aunque no respondáis luego al Señor; que bien sabe su Majestad aguardar muchos días y años, y en especial cuando ve perseverancia y buenos deseos (*M*, 2.3).

Naturalmente, ¡cuanto antes podamos responder, mejor!

Cuando el alma se enfrenta a la necesidad de reorientar su vida más en torno a Dios, pueden surgir fuertes tentaciones que hacen que las cosas y los placeres de este mundo parezcan muy atractivos, casi "eternos", y que las cosas de Dios parezcan abstractas y distantes, hasta temibles. Bernardo nos recuerda que tales tentaciones y temores son normales, pero hay que luchar contra ellos.

> Y así, al comienzo de nuestra conversión, como es bien conocido por todos, lo primero que nos atormenta es el temor, que, en los que acaban de ingresar, lo produce el horror de una vida bastante dura, y la austeridad de una disciplina desacostumbrada [...] Porque, si luciese aquel día en cuya luz viésemos tanto los trabajos como los premios, el temor de cualquier sufrimiento sería nulo a causa del deseo de los premios, ya que se vería con toda claridad "que los trabajos de ahora no pesan lo que la gloria que un día se nos descubrirá" [Ro 8,18][...] Por eso los que han ingresado recientemente deben vigilar y orar contra esta primera tentación (*CC*, 33,11).

El consejo de Teresa es parecido: luchar con las capacidades mentales y con la gracia de la fe que Dios nos da.

> La memoria le representa en lo que paran todas estas cosas, trayéndole presente la muerte de los que muchos gozaron estas cosas que ha visto, como algunas ha visto súbitas; cuán presto son olvidados de todos, como ha visto a algunos, que conoció en gran prosperidad, pisar debajo de la tierra, y aun pasado por la sepultura él muchas veces, y mirar que están en aquel cuerpo hirviendo muchos gusanos, y otras hartas cosas que le puede poner delante. La voluntad se inclina a amar adonde tan innumerables cosas y muestras ha visto de amor, y querría pagar alguna; en especial se le pone delante cómo nunca se quita de con él este verdadero amador, acompañándole, dándole vida y ser. Luego el entendimiento acude con darle a entender, que no puede cobrar mejor amigo, aunque viva muchos años; que todo el mundo está lleno de falsedad, y estos contentos (que le pone el demonio) de trabajos y cuidados y contradicciones (*M*, 2.4).

El recordar la perspectiva eterna, repasando las verdades básicas y la cosmovisión bíblica, es la clave para todo el camino y un verdadero "secreto" en el progreso de los santos.

Tentaciones y pruebas

¿Es Dios justo?

Una tentación que puede afligir a las personas en cualquier etapa de su camino espiritual es mirar a los "malos" y preguntarse por qué parece que les va tan bien, mientras que los "justos" se preguntan por qué a ellos les van tan mal. Una vez más, la solución es fijarse en toda la realidad a la luz de la eternidad, que se nos ha revelado en la Palabra de Dios. Cómo de bien o cómo de mal parece que les van las cosas a otros en esta vida no puede realmente juzgarse con precisión excepto a la luz de cómo acaba : la luz de la eternidad.

> Por poco se extravían mis pies,
>   casi resbalan mis pasos,
> celoso estaba de los perversos,
>   al ver prosperar a los malvados.
> No hay congoja para ellos,
>   sano y rollizo está su cuerpo;
> no comparten las penas de los hombres,
>   no pasan tribulaciones como los otros [...]
> Dicen: "¿Va a saberlo Dios?
> ¿Lo va a saber el Altísimo?" [...]
>   ¿Así que en vano purifiqué mi corazón,
> lavé mis manos en señal de inocencia,
>   aguanté golpes todo el día,
> y correcciones cada mañana? [...]
> Me di entonces a pensar para entenderlo,
>   pero me resultaba harto difícil.
> Hasta que entré en el santuario de Dios
>   y acabé entendiendo su destino
>   (Sal 73,2-5. 11. 13-14. 15-17).

La misma perspectiva eterna es necesaria para "entender" por qué los justos pueden estar sufriendo o han muerto.

> Los insensatos pensaban que habían muerto;
>   su tránsito les parecía una desgracia
>   y su partida de entre nosotros, un desastre;
> Pero ellos están en paz.

> Aunque la gente pensaba que eran castigados,
> ellos tenían total esperanza en la inmortalidad.
> Tras pequeñas correcciones recibirán grandes beneficios,
> pues Dios los puso a prueba
> y los halló dignos de sí;
> los probó como oro en crisol
> y los aceptó como sacrificio de holocausto.
> En el día del juicio resplandecerán
> y se propagarán como el fuego en un rastrojo.
> Gobernarán naciones, dominarán pueblos,
> y el Señor reinará eternamente sobre ellos (Sab 3,2-8).

El resistir la tentación a volver a las cosas y placeres del mundo, o a las personas que nos tientan al pecado, puede ser realmente angustioso para el alma en estas primeras etapas. El alma, habiéndose amoldado a estas cosas, experimentará una privación y un vacío realmente dolorosos. Juan de la Cruz llama a esta purificación la noche oscura de los sentidos. Francisco de Sales describe algunos aspectos de esta inicial agonía purificadora:

> Bien podría suceder [...] que el cambio de vida produzca en tu interior cierta turbación, y que tu definitivo adiós a las naderías y bagatelas del mundo te cause cierto sentimiento de tristeza o desaliento. Si te sucediese así, ten un poco de paciencia, te lo ruego, pues ello no será nada; es simplemente efecto de desorientación producida por la novedad; pasado el primer momento, recibirás múltiples consuelos (*IVD*, 4, 2).

Sin embargo, el soportar estas tentaciones y pruebas es precisamente el remedio que el Señor utiliza para sanarnos. A medida que los sentidos son separados de un apego desordenado a las cosas y placeres del mundo, o de un apego a otros, el alma puede experimentar una verdadera agonía. Con el tiempo, si el alma persevera, seguirán la estabilidad y la paz, ya que se colmará de la presencia y dones del Espíritu, lo cual llenará ese vacío. Es en este sentido como Juan habla tan a menudo de perseverar en la oscuridad de la fe como el medio más valioso y cercano para la unión con Dios. Cuando somos obedientes a lo que conocemos por la fe, más que a los anhelos de nuestra carne, herida por el pecado, es el momento en que —en la oscuridad de la fe— estamos siendo más eficazmente preparados para la luz de los dones y presencia de Dios.

Teresa habla también de la importancia de alcanzar el justo equilibrio en el conocimiento de la misericordia de Dios. La adecuada perspectiva producirá una humildad verdadera, fundamento del crecimiento espiritual.

La misma Teresa tuvo que luchar para entender cómo era posible que Dios pudiera estar realmente obrando en su vida mientras ella a la vez tenía aún debilidades e imperfecciones. Nos cuenta cómo el demonio usaba su propia conciencia de sus "vanidades y debilidades" para desanimarla y tentarla a rendirse o a negar la acción de Dios en su vida. Algunas veces, aunque estaba recibiendo gracias y favores de Dios, sentía que las "vanidades y debilidades del pasado estaban despertando de nuevo". Tenía que luchar para abandonarse a la misericordia del Señor. Dios la ayudó en esta ocasión a través del consejo de su confesor, que le dio una perspectiva y le proporcionó la paz.

Muchos de los santos hablan de la importancia del conocimiento de sí mismo respecto a nuestra propia pecaminosidad, pero nunca aparte del conocimiento de la misericordia de Dios. Si no somos suficientemente conscientes de nuestros pecados y debilidades, nos pueden dominar la debilidad, la presunción y el orgullo; y si no somos suficientemente conscientes de la misericordia de Dios, corremos el peligro del desaliento, el miedo y la desesperación. También aquí ayuda mucho el estar en contacto con un amigo o director espiritual maduro.

> ¡Ah, Señor mío! aquí es menester vuestra ayuda, que sin ella no se puede hacer nada. Por vuestra misericordia, no consintáis que esta alma sea engañada para dejar lo comenzado [...] y que se aparte de malas compañías. Qué grandísima cosa es tratar con los que tratan de esto; allegarse, no sólo a los que viere en estos aposentos que él está, sino a los que entendiere que han entrado a los de

más cerca; porque le será gran ayuda, y tanto los puede conversar, que le metan consigo (*M*, 2.6).

Y Teresa no se hace esperar para lanzar un primordial aviso carmelitano: no busques los sentimientos de los consuelos en la oración. ¡Busca al Señor, busca el conformar tu voluntad a la suya!

Si el Señor quiere dar deleites y consuelos, da gracias, aconseja Teresa, pero que consigan el propósito para el que te fueron enviados: animarnos a perseverar en tomar diariamente nuestra cruz y seguirle.

El caminito de Thérèse de Lisieux: Abnegación diaria al servicio del amor

La tocaya de Teresa de Jesús, Thérèse de Lisieux, entendió esto muy bien. Sabía que ella no era capaz de "grandes hazañas" de testimonio público ni de servicio, ni llamada a ello. Pero resolvió no ser menos generosa aprovechando las cosas pequeñas de la vida diaria para negarse a sí misma y tomar su cruz por amor a Dios y a los demás. Sus pequeñas "mortificaciones" —muerte al amor de sí misma y a las preferencias egoístas— están también al alcance de cada uno de nosotros en nuestra vida diaria. Ella llamaba a esto su "caminito", pues es una senda hacia la santidad que está abierta a cualquiera.

La espera purifica

Cuando por fin Teresita recibió permiso para entrar en el Carmelo a los quince años, tuvo que esperar tres meses más. Esto fue duro para ella, pero sabía que el "esperar" la estaba ayudando "a crecer en el abandono y en las demás virtudes" (*HA*, 4, 179).

Efectivamente, Dios hacía "esperar" a Teresita con frecuencia como medio de ayudarla a vencer el querer hacer su propia voluntad. Quería la voluntad de Dios, pero a menudo a su modo y a su tiempo. Así que el Señor la ayudó a vencer este choque de voluntades: ella tenía que esperar para entrar en el Carmelo, y tenía que esperar para hacer su profesión. Nos cuenta cómo empezó a comprender que Dios usaba estos momentos como medios de purificación en su vida.

> Un día, durante la oración, comprendí que mi deseo tan intenso de hacer la profesión iba mezclado con un gran amor propio. Si me había entregado a Jesús para agradarle y consolarle, no debía obligarle a hacer mi voluntad en lugar de la suya (*HA*, 7, 193).

Cuando tuvo que esperar otros tres meses para entrar en el Carmelo, al principio contempló la idea de no tomarse las cosas tan en serio, pero se volvió atrás.

> Al principio me vino a la cabeza la idea de no molestarme en llevar una vida tan ordenada como solía. Pero pronto comprendí el valor de aquel tiempo que se me concedía, y decidí entregarme con más intensidad que nunca a una vida seria y mortificada (*HA*, 4, 179).

Teresita se apresura a explicar que no sentía "el menor atractivo" por las grandes mortificaciones de los santos y que "nunca" hacía ningún acto de penitencia a causa de su "flojedad". Se da cuenta de que ha sido mimada de distintas maneras, pero reconoce un modo especial de mortificación que el Señor le había mostrado.

> Mis mortificaciones consistían en doblegar mi voluntad siempre dispuesta a salirse con la suya; en callar cualquier palabra de réplica; en prestar pequeños servicios sin hacerlos valorar; en no apoyar la espalda cuando estaba sentada, etc., etc. Con la práctica de estas *naderías* me fui preparando para ser la prometida de Jesús (*HA*, 5, 170-180).

La abnegación diaria

La vida de Thérèse de Lisieux en el convento continuó en esta línea, aprovechando las oportunidades para negar su obstinación o amor propio en los pequeños desafíos de la vida diaria con otras. Nos da muchos ejemplos de cómo aplicaba esta abnegación en las circunstancias de su vida diaria en el convento.

Alguien, por error, había tomado su lámpara después de las oraciones de la noche, cuando a las hermanas ya no se les permitía hablar. "En vez de disgustarme por verme privada de ella, me alegré mucho, pensando que la pobreza consiste en verse una privada, no sólo de las cosas superfluas, sino también de las indispensables. Y de esta manera, en medio de las *tinieblas exteriores*, fui iluminada interiormente..." (*HA*, 7, 195).

Nos habla de un gozo parecido que experimentó: "cuando me quitaron el precioso *cantarillo* que tenía y me dieron en su lugar un cántaro tosco y todo *desportillado*..." (*HA*, 7, 194).

Pero lo que le resultaba más difícil era no dar excusas cuando le achacaban algo que no era culpa suya. Culpada injustamente por romper un vasito, decidió guardar silencio y aceptar la corrección sin excusarse, pero le costó mucho.

> Debido a mi poca virtud, estos actos de vencimiento me costaban mucho, y tenía que pensar que en el juicio final todo saldrá a la luz (*HA*, 7, 195).

Teresita, en sus esfuerzos por la perfección, quería parecer perfecta a sus propios ojos y a ojos de los demás. Este esfuerzo por humillarse, aunque duro, era necesario.

Una vez, en el convento, su esfuerzo de no apoyar la espalda en el respaldo de la silla, le fue prohibido, por su tendencia a encorvarse. Pero Teresita reconoce: Claro, que si me hubiesen dado permiso para hacer muchas penitencias, seguramente ese entusiasmo no me habría durado mucho... Las únicas que podía hacer sin permiso consistían en mortificar mi amor propio, lo cual me aprovechaba mucho más que las penitencias corporales (*HA*, 7, 195).

Hace destacar sus deberes en el refectorio como "una buena ocasión para poner mi amor propio en su lugar, es decir, debajo de los pies..." (*HA*, 7, 196). No sólo experimentó las molestias de trabajar con otras en una tarea común, sino que, como a una de sus hermanas le tocaba la misma tarea, tenía que reprimir su gran deseo de charlar libremente como solían hacer, según la regla de silencio. Habla de otras innumerables oportunidades para pequeñas mortificaciones: de tratar de complacer a una hermana anciana a quien fue asignada y que era prácticamente imposible complacer, de que la salpicaran con agua sucia de la colada y tratar de no reaccionar, de que le cambiaran de sitio sus útiles de pintura, de tener que soportar pacientemente los chasquidos de lengua que hacía una monja durante la oración comunitaria, lo que al final pudo ofrecerle al Señor —aclarando que esta oración de ofrecimiento "no era precisamente de quietud", de refrenarse, en sus deberes en la formación de las novicias, de hacer preguntas para satisfacer su curiosidad que no tenían nada que ver con sus tareas, e intentar "granjearme sus corazones" (*HA*, 11, 302-303). Todas estas mortificaciones, y más, pudo al final ofrecer al Señor.

En otra ocasión se les dio a dos hermanas la oportunidad de hacer un mandado, el que Thérèse habría disfrutado. Pero contestó lentamente para darles a las otras hermanas la primera oportunidad de hacerlo. Su lentitud fue interpretada como signo de renuncia egoísta a servir, y la reprendieron.

No perder ninguna oportunidad

A medida que continuaba su camino espiritual, Teresita crecía en confianza de que iba por buen camino.

> Sí, Amado mío, así es como se consumirá mi vida. No tengo otra forma de demostrarte mi amor que arrojando flores, es decir, no dejando escapar ningún pequeño sacrificio, ni una sola mirada, ni una sola palabra, aprovechando hasta las más pequeñas cosas y haciéndolas por amor (*HA*, 11, 239).

Ella reconoce que desde los días de su noviciado ha progresado en el amor.

> ¡Ay!, cuando vuelvo con el pensamiento al tiempo de mi noviciado, me doy cuenta de lo imperfecta que era... Me angustiaba por tan poca cosa, que ahora me río de ellos. ¡Qué bueno es el Señor, que hizo crecer a mi alma y le dio alas...! (*HA*, 10, 273).

Pero también se da cuenta de que probablemente está llena aún de imperfecciones, y de que en algún momento en el futuro el presente que ahora parece tan "maduro" se verá también lleno de imperfecciones:

> Seguramente que más adelante el tiempo en que ahora vivo me parecerá también lleno de imperfecciones, pero ahora no me sorprendo ya de nada ni me aflijo al ver que soy la *debilidad* misma; al contrario, me glorío de ellos [2 Co 12,5] y espero descubrir cada día en mí nuevas imperfecciones (*HA*, 10, 274).

Thérèse no se desanimaba por esta debilidad, pero la vio como otra oportunidad de poder valerse del rico tesoro de la misericordia y amor de Dios, un signo de que Él quería vivir más profundamente en ella.

Habla de algunas "grandes victorias" que funcionaron como momentos decisivos en sus esfuerzos de crecer en caridad. Así describe una de ellas:

> Hay en la comunidad una hermana que tiene el don de desagradarme en todo. Sus modales, sus palabras, su carácter me resultan *sumamente desagradables*. Sin embargo es una santa religiosa que debe de ser *sumamente agradable* a Dios. Entonces, por no ceder a la antipatía natural que experimentaba, me dije a mí misma que la caridad no debía consistir en simples sentimientos, sino en obras; y me dediqué a portarme con esa hermana como lo hubiera hecho con la persona que más quiero (*HA*, 10, 271).

Teresita rezaba por esta hermana, daba gracias a Dios por haberla creado y trataba de expresarle amigabilidad en sus modales y en pequeños servicios que le prestaba.

Al final esta norma de pensar y actuar con amor llegó a ser más fácil para ella. Escribiendo por entonces a su superiora, dice:

> Madre, al leer lo que acabo de escribir, usted podría pensar que la práctica de la caridad no me resulta difícil.

> Es cierto que, desde hace algunos meses, ya no tengo que luchar para practicar esta hermosa virtud. No quiero decir con esto que no cometa algunas faltas. No, soy demasiado imperfecta para eso. Pero cuando caigo, no me cuesta mucho levantarme (*HA*, 10, 270-271).

Esto no quería decir, nos dice Teresita, que no hubiera veces en que se enfrentara con una situación que parecía superar el nivel de su virtud. En situaciones así nos dice: "mi *último* recurso para no ser vencida en los combates es la deserción" (*HA*, 10, 272). Si era posible, intentaba evitar la situación incómoda, consciente de que en su debilidad podría la prueba de la caridad.

Amar con el amor de Él

Lo que le permitió a Teresita progresar fue no sólo comprender más claramente aquello a lo que el Señor nos está llamando respecto al amor, sino también comprender que el Señor pone su propio amor dentro de nosotros, capacitándonos para amar como Él ama.

> Meditando estas palabras de Jesús, comprendí lo imperfecto que era mi amor a mis hermanas y vi que no las amaba como las ama Dios [...] Sí, ahora comprendo que la caridad perfecta consiste en soportar los defectos de los demás, en no extrañarse de sus debilidades, en edificarse de los más pequeños actos de virtud que les veamos practicar [...] Pero cuando Jesús dio a su discípulos un mandamiento nuevo —*su mandamiento*, como lo llama más adelante— ya no habla de amor al prójimo como a uno mismo, sino de amarle como él, Jesús, *le amó* y como le amará hasta la consumación de los siglos.
>
> Yo sé, Señor, que tú no mandas nada imposible. Tú conoces mejor que yo mi debilidad, mi imperfección. Tú sabes bien que yo nunca podría amar a mis hermanas como tú las amas, si *tú mismo*, Jesús mío, no las *amaras* también en *mí* [...] Sí, lo sé: cuando soy caritativa, es únicamente Jesús quien actúa en mí. Cuanto más unida estoy a él, más amo a todas mis hermanas (*HA*, 10, 268-269).

El cumplimiento de todo deseo

Thérèse de Lisieux está viviendo lo que Teresa de Jesús hace resaltar continuamente: la centralidad de la cruz en el progreso espiritual y el amor como marca de santidad, sacando fuerzas de Dios.

> Es cosa donosa, que aun nos estamos con mil embarazos e imperfecciones, y las virtudes que aun no saben andar, sino que ha poco que comenzaron a nacer, y aun plegue a Dios estén comenzadas [...] Nunca os acaezca, hermanas; abrazaos con la cruz que vuestro Esposo llevó sobre sí, y entender que ésta ha de ser vuestra empresa (*M*, 2.7).

Juan de la Cruz hace notar de manera semejante el peligro de buscar placer en la oración antes que la unión con Dios, identificándolo como glotonería espiritual.

> Y cuando no han hallado el tal gusto [en la oración], que se desconsuelen mucho pensando que no han hecho nada [...] semejantes a los niños, que no se mueven ni obran por razón, sino por el gusto.
>
> Todo se les va a éstos en buscar gusto y consuelo de espíritu, y por esto nunca se hartan de leer libros, y ahora toman una meditación, ahora otra, andando a caza de este gusto con las cosas de Dios.[1]

Francisco de Sales tiene también cosas importantes que decirnos sobre esto:

> Debo decirte que la devoción no consiste ni en dulzura, ni en suavidad, ni en consuelo, ni en ternura sensible del corazón, que provocan lágrimas y suspiros, haciendo experimentar cierta sensación agradable y satisfactoria mientras se practican ejercicios espirituales [...] existen muchísimas almas que experimentan consuelos y ternuras y, con todo, son viciosas; no tienen amor de Dios, y mucho menos verdadera devoción (*IVD*, 4, 13.1).

---

1 *Noche oscura del alma*, libro 1, cap. 6.6. *N. del T.* A partir de aquí indicado como *NO*, seguido del número de libro y el del capítulo.

Tentaciones y pruebas

Francisco ilustra este punto suyo recordándonos los sentimientos de afección que Saúl expresaba hacia David (1 Sam 24), ¡cuando aún quería matarlo!

> Los desdichados no renunciarán ni a un solo céntimo mal adquirido, ni a una sola de sus perversas aficiones, ni se tomarán la mínima molestia por servir al Salvador, a cuyos pies tanto han llorado; de suerte que los buenos movimientos sentidos, como setas espirituales, no constituyen verdadera devoción; son artimañas del enemigo que, acostumbrando a las almas a estos mezquinos consuelos, les hace estar contentas y satisfechas de sí mismas, apartándolas de la búsqueda de la verdadera y sólida devoción, consistente en una voluntad constante y resuelta, pronta y activa para cumplir lo que sabe que agrada a Dios (*IVD*, 4, 13.1).

O, como lo expresa Teresita:

> No desprecio los pensamientos profundos que alimentan el alma y la unen a Dios. Pero hace mucho tiempo ya que he comprendido que el alma no debe apoyarse en ellos, ni hacer consistir la perfección en recibir muchas iluminaciones. Los pensamientos más hermosos no son nada sin obras (*HA*, 11, 283).

Teresa de Jesús, como Bernardo y Juan, es extremadamente clara al identificar la esencia de la santidad y de la vida espiritual: lo que el camino espiritual significa es unir nuestra voluntad a la de Dios, queriendo lo que Él quiere, amando lo que Él ama, viviendo la vida que en todos sus aspectos le honra a Él y le da gloria a Él. Aunque a veces la vida espiritual puede parecer que está velada en el misterio, y en cierto modo esotérica, Teresa nos asegura claramente que, en el fondo, el camino es de una profunda simplicidad; no se trata sino de unir nuestra voluntad a la voluntad de Dios.

El cumplimiento de todo deseo

> No penséis que hay aquí más algarabías, ni cosas no sabidas y entendidas; que en esto consiste todo nuestro bien (*M*, 2.8).

Si esto lo conservamos claramente en nuestra mente, señala Teresa, evitaremos muchos escollos.

> Toda la pretensión de quien comienza oración (y no se os olvide esto, que importa mucho) ha de ser trabajar y determinarse y disponerse, con cuantas diligencias pueda, a hacer su voluntad conformar con la de Dios; y [...] estad muy cierta que en esto consiste toda la mayor perfección que se puede alcanzar en el camino espiritual (*M*, 2.8).

A medida que Teresita crecía en la simplicidad de su relación con Dios, más difícil encontraba cada vez hablar de lo que ocurría dentro de su alma, aun a sus sabias y bondadosas superioras. Un día su anciana maestra de novicias (a quien ella consideraba una santa) le habló acerca de por qué esto era así.

> "Porque tu alma es extremadamente *sencilla*; y cuando seas perfecta, *más sencilla todavía*, pues cuanto uno más se acerca a Dios, más se simplifica". Aquella anciana Madre tenía razón (*HA*, 7, 186).

Teresita hablaba a menudo de la importancia de ser una niña en toda su simplicidad y dependencia del Padre como clave para progresar en el camino espiritual (*HA*, 9, 239-243).

Como en gran parte de la sabiduría de los doctores de la Iglesia, lo que aquí encontramos es una habilidad para articular y aplicar a diversas situaciones la muy clara enseñanza de la Escritura.

> Si me aman, guardarán mis mandamientos (Jn 14,15).

> Yo les aseguro: si no cambian y se hacen como los niños, no entrarán en el Reino de los Cielos (Mt 18,3).

Cómo enfrentarse con la tentación

Teresa de Jesús nos ha ayudado a identificar ciertos posibles engaños, desequilibrios y malentendidos que pueden desviarnos de la verdadera senda que lleva a la unión. Francisco de Sales, que nos ha ayudado a identificar la manera en que la afección por el pecado puede bloquear nuestro progreso, nos ayuda igualmente a identificar cómo funcionan exactamente las tentaciones a pecados concretos y cómo resistirlos con éxito.

Francisco identifica tres pasos en el proceso de la tentación. Primero, se le propone el pecado al alma. Entonces esa propuesta nos agrada o desagrada. Finalmente consentimos o rechazamos la tentación al pecado (*IVD*, 4, 3).

Si bien todos estamos familiarizados con el concepto básico de ser tentado y ceder o no a ello, Francisco señala que realmente se toma una decisión crucial inmediatamente después de presentarse la tentación misma, como el estadio en que inicialmente nos agrada o desagrada. Él dice que incluso aunque no tengamos la mas mínima intención de ceder a la tentación, la decisión de complacernos en pensar en ella un rato antes de rechazarla es a la vez peligrosa y perjudicial en sí misma. Aunque a veces nos encontramos derivando de la tentación un placer o deleite casi involuntario, tan pronto como somos conscientes de ello necesitamos rechazar inmediatamente tanto el placer como la tentación. Por ejemplo, aunque podemos sentir un placer casi automático cuando surge una tentación a la venganza o a la lujuria, es muy importante que inmediatamente rechacemos cualquier deleite voluntario en ella. Entretenerse en la tentación, complacerse en ella voluntariamente, aunque no tengamos intención de llevar a cabo el acto pecaminoso, puede ser en sí pecaminoso, y por supuesto que enturbia las aguas espirituales de nuestra alma.

Juguetear con la tentación es correr el riesgo de debilitar nuestra resolución y hace más probable el que consintamos en ese momento o en un futuro. Además, que daña la "pureza de corazón" necesaria tanto para "ver a Dios" como para experimentar un progreso continuo en el camino hacia la unión.

Catalina de Siena habla de luchar en la batalla espiritual con una espada de dos filos en la mano: con odio por el pecado como uno de los filos de la hoja, y con amor por la virtud como el otro. Es justo y necesario odiar el pecado. El pecado es feo. El pecado siempre nos hace daño a nosotros y a otros. El pecado es ofensivo para Dios. Crecer no sólo en nuestra comprensión intelectual de la fealdad del pecado, sino en nuestra reacción emocional hacia él, ayuda a resistir la tentación.

> Detestando el mal, adhiriéndose al bien (Rm 12,9).

> Amaste la justicia y aborreciste la iniquidad; por eso te ungió, ¡oh Dios!, tu Dios con óleo de alegría entre tus compañeros (Hb 1,9).[2]

Naturalmente, Francisco y Teresa de Jesús coinciden en hacer resaltar la importancia de evitar la ocasión que pueda conducirnos al pecado. Ambos señalan lo importante que es evitar a esas personas y esos lugares, situaciones, actividades y procesos mentales que nos conducirían a ser tentados a un pecado en particular. Si vemos que hay una relación entre emborracharse, por ejemplo, y entrar en un bar después del trabajo, el primer paso para evitar el pecado es evitar la ocasión para la tentación, entrar en el bar. Si vemos que mirar cierto programa de televisión, o cierta película, despierta lujuria en nosotros, necesitamos evitar esos programas y esas películas.

Ponernos voluntariamente en situaciones en que sabemos que experimentaremos tentaciones placenteras —aunque no tengamos intención de ceder a los actos propuestos— puede ser incluso pecaminoso en sí mismo.

---

2 También Sal 45,8; Sir 17,21.

> De la misma manera sucede a veces que la tentación nos hace reos del pecado porque somos causa de ella. Por ejemplo [...], si me consta que cierta conversación es causa para mí de tentación y caída, e incurro en ella voluntariamente, sin duda alguna seré culpable de todas las tentaciones que provengan de dicha conversación.
> Cuando el deleite que proviene de la tentación puede ser evitado, es pecaminoso siempre aceptarlo, según la intensidad del deleite y del consentimiento que de él se deriva, y teniendo en cuenta también la duración [...] Cuando la complacencia que sigue a la tentación pudo ser evitada y no lo fue, siempre hay alguna suerte de pecado según sea la detención puesta o la naturaleza de la delectación probada (*IVD*, 4, 6).

Incluso si nos vigilamos para evitar las cuasi-ocasiones de tentación y pecado, a veces las tentaciones nos saldrán al paso y pudiéramos sentir placer cuando así ocurre. Francisco habla de cómo algunas veces la parte más "inferior" del alma puede involuntariamente sentir placer, mientras su parte "superior" rechaza la tentación.

> Aunque ella envuelva a nuestra voluntad, no la domina; por tanto, el deleite involuntario no puede resultar culpable (*IVD*, 4, 3).

Muchos de los doctores de la Iglesia basan su división de la naturaleza del alma humana y su relación con el cuerpo ("antropología cristiana") en las amplias categorías bíblicas que el apóstol Pablo usa para describir a la persona humana. Ellos deducen de esto, con algunas variaciones, que hay una parte "superior" del alma que está más identificada con la propia identidad y que perdura después de la muerte, y una parte "inferior" que está más íntimamente ligada a la vida del cuerpo. Encontraremos este lenguaje en muchos de los escritos de los santos. Como dice Bernardo, interpretando a Pablo al unísono con Francisco de Sales:

> "Cuando digo 'yo'", nos dice [Pablo], "entiende algo más excelente que hay en mí: aquello por lo que subsisto por la gracia de Dios, es decir, el espíritu y la razón. Cuando digo 'mi alma', entiéndolo como algo más inferior, que vas acomodando a la carne que ha de ser vivificada, e incluso unido a la concupiscencia [...] Según el espíritu soy yo; según la carne no soy yo". ¿Qué ocurre entonces cuando el alma sigue sintiendo la concupiscencia carnal? "No soy yo el que realiza eso, es el pecado que habita en mí" [Ro 7,17]. Por eso he dicho que no era yo, ciertamente, sino algo mío que saborea la carnalidad, y esto no es otra cosa más que el alma (*CC*, 30.9).

Si bien tenemos poco o ningún control sobre los impulsos "involuntarios" de nuestra humanidad pecadora, sí que lo tenemos sobre el "juguetear" o no con ellos. Nos dice Francisco:

> A veces se siente uno sorprendido por cierto amago de deleite, que sigue inmediatamente a la tentación antes de poder ponerse en guardia; en eso por regla ordinaria no hay más que un simple pecado venial, que se va haciendo más grave a medida que, dándose uno cuenta de la presencia del mal, se persevera de cualquier modo en el deleite por algún tiempo; y aún resultará más grave si, después de reconocer la delectación como pecaminosa, se persevera en ella con absoluta negligencia, no haciendo nada por rechazarla. Y así, cuando libre y voluntariamente nos complacemos en semejantes deleites, el propósito deliberado constituye falta grave, si el objeto que nos trae es notablemente pernicioso (*IVD*, 4, 6).

Francisco hace notar que la tentación no es sino simplemente una realidad de la vida que tenemos que afrontar. Señala que a menudo los grandes santos fueron violentamente tentados, y a veces tuvieron que luchar con ciertas tentaciones durante toda su vida. Menciona al apóstol Pablo, a Ángela de Foligno, a Francisco de Asís, a San Benito y a Catalina de Siena, entre los grandes santos que tuvieron que luchar contra tentaciones violentas.

Tentaciones y pruebas

La misma Catalina nos ofrece un impactante relato de cómo en una ocasión la zarandearon las tentaciones más terribles al pecado sexual. Cuando terminaron se quejó a Dios de que al parecer Él estaba ausente durante el tiempo que duró la tentación. La respuesta del Señor fue que, aunque Catalina era consciente sólo de las feroces tentaciones en ese momento, Él estaba allí mismo, de hecho, en mitad de ellas, dándole fuerza para salir de ellas.

Francisco nos recuerda que el ser muy tentado mientras rehusamos ceder no nos hace desagradar a Dios en absoluto, sino más bien lo contrario. A Dios le encanta cuando resistimos las tentaciones, aunque podamos sentirnos "enfangados" después de soportarlas.

> Aunque la tentación nos durase toda la vida, no seríamos odiosos a su Divina Majestad, con tal de que no nos hayamos complacido en ella [...] Conviene esforzarse [...] en medio de las tentaciones, y no darse uno jamás por vencido, teniendo muy presente la notable diferencia que existe entre sentir y consentir (*IVD*, 4, 3).

Resistir la tentación: Un medio de crecimiento

En realidad, además de las prácticas básicas de una ferviente vida cristiana, resistir las tentaciones y soportar las pruebas es uno de los medios primordiales para el crecimiento espiritual. Dios usa las realidades inevitables de la vida, la carne, e incluso el demonio, como medio de propulsarnos hacia la unión con Él, si crecemos en nuestra determinación de resistirlas. Los mismos ataques destinados a derrotarnos se convierten, de hecho, en el medio para la victoria si nosotros aplicamos la sabiduría de los santos cuando tenemos que vérnoslas con ellos.

> Dígote esto para que sepas que sentirte víctima de graves tentaciones es favor extraordinario de Dios, con lo cual te anuncia que quiere engrandecerte de méritos y virtudes; pero que debes conservarte humilde y temerosa, sin presumir de que, superadas grandes tentaciones, serás

capaz de vencer otras pequeñas, mientras no te conserves fiel a su voluntad divina. Cualesquiera que sean, pues, las tentaciones que experimentes y la delectación que de ellas se siga, mientras la voluntad se oponga al consentimiento, rechazando, no sólo la tentación, sino también el deleite, no has de turbarte, porque Dios no se considera ofendido (*IVD*, 4 5).

Thérèse de Lisieux nos habla acerca de lo que útil que es cuando estamos acosados por una gran tentación traerla a la luz buscando ayuda y consejo de un director espiritual, confesor o amigo espiritual maduro. Nos cuenta cómo la noche de su profesión, que tantísimo había anhelado, "se levantó en mi alma la mayor tormenta que había conocido en mi vida". No habiendo tenido jamás dudas sobre su vocación, de pronto era asaltada por la sensación de que este no era el camino adecuado para ella y de que había engañado a sus superiores haciéndoles creer que sí lo era. Habla de sus tinieblas y de la angustia en su alma. Cuando hizo salir del coro a la maestra de novicias para confiarle su congoja, la maestra de novicias la tranquilizó acerca de su vocación, y la oscuridad desapareció. Como explica Teresita:

> Por lo demás, el acto de humildad que había hecho acababa de poner en fuga al demonio, que quizá pensaba que no iba a atreverme a confesar aquella tentación. En cuanto acabé de hablar desaparecieron todas las dudas. [a la mañana siguiente], me sentía *inundada* por un río de paz (*HA*, 8, 200, 201).

El Beato Raimundo de Capua, director espiritual y biógrafo de Catalina de Siena, nos cuenta las violentas tentaciones —a la impureza, a abandonar su vocación, al orgullo, a la desesperación— que asaltaron a Catalina avanzada ya su vida, hasta en el lecho de muerte, y lo importante que fue para resistirlas el que se abriera a su director espiritual y la Confesión frecuente.[3]

---

3 *Vida de Santa Catalina de Siena*, 1, cap. 11.105-109; 3, cap. 6.402,428.

Tentaciones y pruebas

Juan de la Cruz hace notar que el soportar la tentación es parte esencial de la purificación que Dios está llevando a cabo en nosotros. Habla de esto como la "noche de la purgación sensitiva". Para los que quieren continuar todo el camino hasta la unión plena esta noche oscura de los sentidos "suele ir acompañada con graves trabajos y tentaciones sensitivas, que duran mucho tiempo, aunque en unos más que en otros". Indica, como hace Catalina, que puede invadirnos el tipo más angustioso de tentaciones, como son las fuertes tentaciones a la inmoralidad sexual, escandalosas y perturbadoras tentaciones a la blasfemia, o a la angustia de la escrupulosidad. Nos recuerda, sin embargo, que con estas pruebas "es humillada el alma de veras para el ensalzamiento que ha de tener" (*NO*, 1, 14.1-4).

¿Cuánto durará la purificación?

Es lógico preguntarse cuánto tiempo pueden durar las varias fases o estadios del camino espiritual. Tanto Juan como Teresa indican frecuentemente que el camino es normalmente largo; la purificación es gradual y cada etapa puede requerir años. Aunque también nos recuerdan que Dios es soberano y que guía cada alma de la mejor manera para ella. Es muy útil la respuesta que da Juan a la pregunta de cuánto duran las tentaciones y la aridez en la oración en la "noche pasiva de los sentidos".

> Pero el tiempo que al alma tengan en este ayuno y penitencia del sentido, cuanto sea, no es cosa cierta el decirlo, porque no pasa en todos de una manera ni unas mismas tentaciones; porque esto va medido por la voluntad de Dios conforme a lo más o menos que cada uno tiene de imperfección que purgar; y también, conforme al grado de amor de unión a que Dios la quiere levantar, la humillará más o menos intensamente, o mas o menos tiempo. Los que tienen sujeto y más fuerza para sufrir con más intensión, los purga más presto. Porque a los muy flacos con mucha remisión y flacas tentaciones mucho tiempo les lleva por esta noche, dándoles ordinarias refecciones al sentido porque no vuelvan atrás, y tarde llegan a la pureza de perfección en esta vida [...] Pero las almas que han de

pasar a tan dichoso y alto estado como es la unión de amor, por muy apriesa que Dios las lleve, harto tiempo suelen durar en estas sequedades y tentaciones ordinariamente, como está visto por experiencia (*NO*, 1, 14.5).

Nuestro nivel de cooperación determina también cuánto tiempo pueden requerir distintos estadios del camino. Juan hace la seria pero humorística observación de que a menudo rezamos para que Dios nos haga santos y luego escapamos de la respuesta cuando llega en forma de pruebas y del sufrimiento ordinario.

> Aquí nos conviene notar la causa por que hay tan pocos que llegan a tan alto estado de perfección de unión de Dios; en lo cual no es de saber que no es porque Dios quiera que haya pocos de estos espíritus levantados, que antes querría que todos fuesen perfectos; sino que halla pocos casos que sufran tan alta y subida obra. Que, como los prueba en lo menos y los halla flacos —de suerte que luego huye de la labor, no queriendo sujetarse al menos desconsuelo y mortificación— de aquí es que, no hallándolos fuertes y fieles en aquello poco que les hacía merced de comenzarlos a desbastar y labrar, eche de ver lo serán mucho más en lo más, y mucho no va ya adelante en purificarlos y levantarlos del polvo de la tierra por la labor de la mortificación, para lo cual era menester mayor constancia y fortaleza que ellos muestran.
>
> Y así, hay muchos que desean pasar delante y con gran continuación piden a Dios los traiga y pase a este estado de perfección, y cuando Dios los quiere comenzar a llevar por los primeros trabajos y mortificaciones según es necesario, no quieren pasar por ellas y hurtan el cuerpo, huyendo *el camino angosto de la vida* (Mt 7,14), buscando el ancho de su consuelo, que es el de la perdición (Mt 7,13), y así no dan lugar a Dios para recibir lo que le piden cuando se lo comienza a dar [...] pero ni aun casi comenzar a entrar en él, sujetándose a lo que era menos, que era lo que comúnmente se suele padecer.[4]

---

4 *Llama de amor viva*, Canción 2.27. N. del T. A partir de aquí indicado como *LAV*, seguido del número de canción y el de su número.

Cómo superar las tentaciones: Más consejos útiles

Antes de seguir adelante quisiera resumir algunos consejos adicionales de los santos que ayudan a inspiran.

- Resiste tanto las pequeñas y mezquinas tentaciones como las grandes. Tentaciones a la ira, la sospecha, los celos, la envidia, conductas de coqueteo, frivolidad, vanidad, afectos inapropiados, (*IVD*, 4, 8). Deben resistirse.
- No "dialogues" con la tentación y ejecuta un acto virtuoso que sea lo contrario. "El alma devota, viéndose asaltada por la tentación, no debe perder el tiempo en discusiones ni altercados, sino volverse a Jesucristo, su esposo, haciéndole promesas reiteradas de fidelidad y de empeño decidido de perseverar siempre suya" (*IVD*, 4, 7).
- Saca la tentación a la luz con tu director espiritual o un amigo espiritual maduro. "El gran remedio contra las tentaciones, sean grandes o pequeñas, es desahogar el corazón, haciendo partícipe de las sugestiones, los sentimientos y afectos que experimentes a tu director" (*IVD*, 4, 7).
- ¡Simplemente, di no! "Si, a pesar de esto, la tentación continúa molestando e importunando, no queda otro remedio que insistir en la protesta de no consentir jamás; pues como la joven no puede ser desposada mientras diga que no, el alma, aunque sufra alguna turbación, no puede quedar vencida si persiste en luchar" (*IVD*, 4, 7).
- El mejor remedio cuando se es tentado después de haber rechazado la tentación, es correr a la Cruz de Cristo y pedir ayuda. "El enemigo [...] al sentirse turbado [...] se acogerá al remedio, tan temido por el enemigo que cuando ve que sus tentaciones no pueden nada contra él, cesa en sus ataques" (*IVD*, 4, 9).

Bernardo tiene unas palabras magníficas sobre el invocar el nombre —y presencia— de Jesús cuando nos enfrentamos no sólo con la tentación, sino con todo tipo de dificultades:

Pero también es medicina. ¿Está triste alguno de vosotros? Que venga Jesús a su corazón [...] ¿Alguno ha cometido delito? ¿Corre además desesperado hacia el lazo de la muerte? Si invoca el nombre de la vida, ¿no sentirá en seguida la ilusión de vivir? Ante este nombre de salvación, ¿a quién le ha persistido, como suele suceder, la dureza de corazón, la indolencia de la desidia, el rencor del alma, la malicia de la acedia? ¿A quién, una vez invocado Jesús, la fuente de las lágrimas, tal vez seca, no le ha vuelto a brotar más abundante y a correr con más dulzura? ¿A quién, angustiado y temblando a causa de los peligros, no le ha invadido en seguida la confianza y no ha vencido el miedo, al invocar ese nombre poderoso? ¿A quién, decidme, encontrándose angustiado y fluctuante en alguna duda, no le brilló súbitamente la certeza en cuanto invocó ese nombre poderoso? ¿A quién, desesperado en las adversidades y a punto de desfallecer, le faltó la fortaleza, si pronunció este nombre poderoso? Éstas son las enfermedades del alma; aquél es la medicina. Nada nos impide demostrarlo, pues dice: "Invócame en el día del peligro, yo te libraré y tú me darás gloria" (Sal 50,15) (*CC*, 15.6).

La fuerza positiva de las pruebas: sequedad en la oración

Además de aprender a combatir las tentaciones, también es importante para progresar en la vida espiritual saber qué hacer con otros tipos de pruebas. Hay muchas clases de pruebas que nos desafían en nuestro camino hacia Dios. Todas pueden utilizarse para meternos más rápidamente en el corazón de Dios si las tratamos con fe y sabiduría. Hay toda clase de *pruebas exteriores*: la crítica negativa, relaciones difíciles, contratiempos en cualquier aspecto de la vida, enfermedad, fracasos de varios tipos, apuros económicos, rechazo de otros, etc. Hay también varias clases de *pruebas interiores*: tentaciones a ciertos pecados, sequedad en la oración, sensaciones de desolación y abandono, angustia por el sufrimiento de otros, asaltos a la fe, a la esperanza y al amor, etc. Una de las pruebas que prácticamente todos encuentran en el camino espiritual es la de encontrar sequedad o aridez en la oración. No sentir la presencia de

Dios, no experimentar su amor, sentirse distante, vacío, marginado, son todos posibles aspectos de la experiencia de sequedad. Francisco describe esta prueba de privación:

> A veces te sentirás tan privada y destituida de sentimiento y devoción que te parecerá que tu alma es una tierra desierta, infructuosa, estéril, donde no se abre camino ni sendero alguno para encontrar a Dios, ni se encuentra el agua de la gracia que la pueda regar, a causa de la sequía que, a tu manera de ver, la convertirán en un desierto (*IVD*, 4, 14).

Teresa de Jesús, Francisco de Sales, Juan de la Cruz, Bernardo de Claraval y Catalina de Siena, todos hablan con frecuencia del importante papel que desempeña este encuentro con la sequedad en nuestro desarrollo espiritual. Como explica Juan:

> Pero de estas imperfecciones tampoco, como de las demás, no se puede el alma purificar cumplidamente hasta que Dios la ponga en la pasiva purgación de aquella noche oscura que luego diremos. Mas conviene al alma, en cuanto [pudiere] procurar de su parte hacer por perfeccionarse, porque merezca que Dios le ponga en aquella divina cura, donde sana el alma de todo lo que ella no alcanzaba a remediarse; porque, por más que el alma se ayude, no puede ella activamente purificarse de manera que esté dispuesta en la menor parte para la divina unión de perfección de amor, si Dios no toma la mano y la purga en aquel fuego oscuro para ella, cómo y de la manera que habemos dicho (*NO*, 1, 3.3).

¿Cuál es la causa de la sequedad que experimentamos?

Estos santos enseñan que puede haber una variedad de causas para esta experiencia de sequedad en nuestra oración y que es importante asegurarse de cuál es la raíz de la sequedad para saber cómo debemos responder. Ellos escogen tres razones principales por las que se experimenta la sequedad en la oración.

Tibieza e infidelidad

Podemos experimentar sequedad en nuestra oración porque nos hemos vuelto negligentes en nuestras prácticas espirituales. Francisco lo describe así:

> A veces somos nosotros la causa de nuestra propia sequedad [...] Dios nos rehúsa los consuelos cuando son motivo de algún vano contentamiento, señal de que somos propensos a las lombrices de la vanidad [...] Cuando descuidamos recibir las suavidades y delicias del amor divino a su tiempo, se nos retira en castigo de nuestra pereza [...] La doblez y afectación en las confesiones y en los coloquios espirituales que se tienen con el director, son causa de aridez y sequedad [...] Puesto que estás tan pagada de los placeres mundanos, no es raro que los bienes espirituales no sean de tu agrado [...] Los ricos de placeres mundanos no son capaces de gustar los bienes espirituales (*IVD*, 4, 14).

Puede que hayamos llegado a descuidarnos en ser fieles a nuestros compromisos espirituales, como asistir a la Misa dominical, nuestro tiempo diario de oración, la lectura espiritual, y otras cosas así. O podemos haber llegado a descuidarnos en valorar los dones que Dios nos ha dado, o al no rechazar las tentaciones, o en juguetear con ellas. O hemos podido empezar a dejar que las distracciones, las diversiones y los compromisos en actividades mundanas hayan amortiguado nuestra hambre de Dios.

Bernardo bosqueja una poderosa imagen de la caída en picada que las infidelidades así pueden provocar:

> Si este frío se apoderase del alma una vez, como es corriente, por dejadez o por tener el espíritu adormecido, y después, Dios no lo permita, nadie lo impidiese, penetrará hasta su interior, descenderá hasta las entrañas del corazón, y hasta lo profundo del espíritu, turbará las afecciones, ocupará las sendas de la prudencia, perturbará

Tentaciones y pruebas

la luz del juicio, confiscará la libertad del espíritu, y enseguida, como suele ocurrir corporalmente a los que tienen mucha fiebre, va introduciéndose furtivamente una especie de endurecimiento del alma, y el vigor se debilita, se autoconvence de la debilidad de las fuerzas, se aumenta el horror a la austeridad, el temor a la pobreza se hace insoportable, se encoge el ánimo, la gracia se aleja, la duración de la vida se exagera, la razón se adormece, el espíritu se apaga [1 Tes 5,19], el fervor novicio languidece, el tedio fastidioso se hace cada vez más pesado, se enfría el amor fraterno [Mt 24,12], la voluptuosidad halaga, la seguridad desaparece, la antigua costumbre vuelve a adueñarse. ¿Qué más No se presta atención a la ley, se rechaza el derecho, lo justo se proscribe, se abandona el temor del Señor [Job 6,14]. Por último se entrega con altivez al descaro: se atreve a dar ese salto temerario, vergonzoso, torpísimo, rebosante de ignominia y confusión, ese salto de lo más excelso al abismo, del firmamento al estercolero, del trono a la cloaca, del cielo al cieno, del claustro al mundo, del paraíso al infierno (*CC*, 63.6).

La sequedad que se experimenta como resultado de tal negligencia, tibieza e infidelidad —o cualquier estadio de la caída en picada a la que haya podido conducir— tiene una sola solución: arrepentimiento. Esta sequedad es autoinducida; la solución es volver a la fidelidad en nuestras prácticas espirituales. La dificultad es que una vez que dejamos de "estar en forma" en la vida espiritual, el esfuerzo que se requiere para restablecer un buen "tono" espiritual puede hacerse desagradable y repugnante. Como pasa con el ejercicio físico, cuando estamos acostumbrados a practicarlo con regularidad no es tan difícil, aunque también requiere esfuerzo. Pero cuando descuidamos nuestro ejercicio físico y después empezamos de nuevo, requiere un esfuerzo especial, nos quedamos sin aliento y nos duelen los músculos mucho más fácilmente que antes. Como dice Teresa de Jesús, con su característico lenguaje directo y su realismo, la única solución si hemos dejado de orar es ¡empezar otra vez! Y nos hace observar también que a veces esta sequedad es causada por haber rehusado responder a una invitación que el Señor nos está haciendo a rendirnos más profundamente (*M*, 3, 1.6).

Bernardo hace destacar el papel del orgullo en producir esa sequedad y aridez:

> En fin, ya lloro las penas, ya soy apaleado crudelísimamente. No sin razón desde hace unos días me ha invadido este abatimiento del alma y este embotamiento de la mente [...] Se encontró soberbia en mí [...] Esta es la causa de esta esterilidad de mi alma y de la falta de devoción que sufro [...] No soy capaz de compungirme hasta derramar lágrimas: tanta es la dureza de mi corazón [Mt 16,14]. El salmo no me sabe a nada, no me agrada leer, no me atrae orar, no soy capaz de hacer las meditaciones acostumbradas. ¿Dónde está aquella embriaguez del espíritu? [Ef 5,18] ¿Dónde está la serenidad de alma, y la paz y el gozo en el Espíritu Santo? [Ro 14,17]. Por eso soy perezoso para el trabajo manual, soñoliento para las vigilias, apresurado para la ira, obstinado para el odio, bastante indulgente con la lengua y la gula, pero indolente y torpe para la predicación (*CC*, 54.8).

De nuevo, el arrepentimiento, el humillarnos, es la respuesta apropiada.

> Pero quiero que vosotros no seáis indulgentes con vosotros mismos, sino que os reprochéis siempre que os deis cuenta de que se enfría, aunque sólo sea un poco, la gracia, o languidece la virtud, como yo me reprocho a mí mismo de todo eso. Hacer esto es propio del hombre que es un atento vigilante de sí mismo, y un escrutador de sus caminos e inclinaciones, y que en todas las cosas está muy atento al vicio de la arrogancia, para no caer en él. Yo he aprendido de la verdad que nada es tan eficaz para merecer, conservar y recuperar la gracia, como ser encontrado ante Dios no pensando altamente de uno mismo, sino temiéndole [Ro 11,20] (*CC*, 54.9).

Tentaciones y pruebas

Bernardo hace asimismo la interesante observación de que una experiencia de la presencia, o de una gracia o consuelo, se nos puede retirar "por adelantado", no porque el orgullo esté siendo un problema en este momento, ¡sino porque lo sería en el futuro si a esa experiencia de consuelo se le permitiera continuar! Bernardo interpreta la "espina en la carne" de Pablo (2 Co 12,7) como simplemente una protección preventiva contra el orgullo.

> Aunque, a veces, se retira la gracia no a causa de la soberbia ya consumada, sino por la que se llegaría a consumar, si no se la hubiese retirado (*CC*, 54.10).

Fatiga y enfermedad

Una segunda causa de la experiencia de sequedad en la oración puede ser fatiga física o emocional, o enfermedad. Francisco de Sales comenta estas situaciones.

> Algunas veces los disgustos, la sequedad y la aridez provienen de la indisposición del cuerpo, como cuando por el exceso de trabajo, por falta de descanso o por los ayunos, se siente uno fatigado y asediado de mil preocupaciones, desganas y fallecimientos, que aun siendo cosas referentes a la materia, no dejan de molestar al espíritu. Entonces paréceme muy necesario acordarse de hacer actos de virtud mediante una reacción de la voluntad superior, pues si bien nuestra alma dormita víctima del decaimiento y la desgana, las acciones de nuestro espíritu no dejan de ser muy agradables a Dios. Podremos decir con la Esposa en semejantes ocasiones: "Yo duermo, pero mi corazón vela" [Cant 5,2]. y, como te he indicado anteriormente, si se siente menos gusto en las obras que hacemos, el mérito será mayor al realizarlas. El remedio entonces consiste en reforzar el cuerpo mediante alguna honesta recreación (*IVD*, 4, 15).

El estado de nuestro cuerpo y mente impacta indudablemente la habilidad de nuestra alma para concentrase en Dios. No somos ángeles, o seres espirituales puros: estamos encarnados en un cuerpo, y la condición de nuestros cuerpos afecta nuestra habilidad para concentrarnos en la vida de oración. Teresa y Juan nos aconsejan perseverar en la oración lo mejor que podamos durante momentos de enfermedad, y no angustiarnos por la sequedad que tiene su raíz en la enfermedad de nuestro cuerpo. También dicen los dos que a medida que crecemos en la unión con Dios, en los estadios más altos del crecimiento la profundidad de purificación puede a veces quitar esta enfermedad. Francisco nos aconseja buscar ayuda para nuestra enfermedad y tratar de mejorar con el cuidado médico, pero después aceptar los resultados —sanación o no sanación— como la voluntad actual de Dios para nosotros, y ofrecer nuestra enfermedad al Señor, uniéndola con la ofrenda de Jesús en su sufrimiento:

> Cuando estuvieres enferma, ofrece todos tus dolores, penas y desfallecimientos al servicio de Nuestro Señor, y suplícale que los una a los tormentos que Él padeció por ti. Obedece al médico, toma las medicinas, los alimentos y demás remedios por amor a Dios [...] Bueno es que desees sanar para continuar sirviéndole; no rehúses seguir enferma para obedecerle, y disponte a morir si tal es su voluntad, para alabarle y gozar de Él (*IVD*, 3, 3).

Uno de los puntos de convergencia admirables que encontramos en los escritos de muchos santos es el gran valor que dan al mediar en los sufrimientos de Cristo como fuente inagotable de penetración, consuelo, motivación y fuerza.

Comenta Francisco:

> Contempla frecuentemente con los ojos del alma a Jesucristo crucificado, desnudo, escarnecido, abandonado y, en fin, ahíto [indigestión] de toda suerte de oprobios, tristeza y penalidades; considera que tus sufrimientos no pueden compararse con los suyos, ni en cantidad ni en calidad, y que jamás sufrieras por Él nada al precio que Él ha sufrido por ti (*IVD*, 3, 3).

Tentaciones y pruebas

A continuación Francisco nos aconseja reflexionar también acerca de los sufrimientos de aquellos que han sufrido mucho más que nosotros —y no sólo los mártires, sino también los que viven ahora que están soportando sufrimiento, discapacidades y severas aflicciones.

> Considera las penas que los mártires sufrieron y las que soportan tantas personas, mucho más grandes en proporción a las que tú sufres y di: "¡Ay!, mis trabajos son consuelos y mis espinas son rosas en comparación de aquellos que, sin socorro, sin asistencia, sin alivio, viven en muerte continua, abrumados por pesares infinitamente mayores" (*IVD*, 3, 3).

La noche oscura

Una tercera razón por la que podemos estar experimentando sequedad en la oración es porque Dios está quitándonos expresamente la experiencia de su presencia para darnos la oportunidad de madurar en la fe, en la esperanza y en el amor. La fe, en su esencia, es creer sin ver. Como dice Bernardo:

> "Dichosos los que no han visto y han creído" [Jn 20,29]. Por consiguiente, para no hacer desaparecer el mérito de la fe hay que quitarle la visión y dar paso a la virtud (*CC*, 76.2).

Cuando "vemos" continuamente la obra de Dios en nuestra vida, hay menos necesidad de fe. Cuando dejamos de percibir la bendición o presencia, hay una oportunidad de ejercer la fe a un nivel más profundo y más puro, que es muy agradable a Dios y nos une con Él de un modo profundo, aunque podamos no sentir su cercanía a nosotros. Juan de la Cruz nos dice que es esta purificación siempre creciente de la fe lo que nos une a Dios de una manera más directa e inmediata. El acto de profunda confianza y abandono y fidelidad que supone la fe agrada mucho a Dios y nos lleva más cerca de Él.

Lo mismo ocurre con la esperanza. La esperanza es el experimentar recibir algo que aún no poseemos. Cuanto más "poseemos" de Dios como experiencia, menos es desafiada nuestra esperanza a profundizar y crecer. A veces Dios nos quita lo que "poseemos" de Él percibiendo su presencia, su amor y su cuidado providencial, a fin de darnos ocasión de madurar y profundizar en esperanza, esperando más puramente sin poseer.

Y lo mismo ocurre también con el amor. Cuando estamos experimentando el amor de Dios de un modo perceptible, resulta relativamente fácil amarle a Él a cambio. Pero puede surgir muy legítimamente una pregunta: ¿estamos amando a Dios por Él mismo o por lo que estamos recibiendo de Él? Cuando no estamos recibiendo nada perceptible a modo de consuelo a cambio de nuestra oración, podemos determinar mejor la pureza de nuestras intenciones y tener una oportunidad de crecer en un amor a Él más verdadero y desprendido.

Lo mismo con el amor al prójimo. Cuando se nos ama a cambio, es fácil seguir amando. Pero a veces el Señor nos permite experimentar la ausencia de amor recíproco en nuestras relaciones para darnos la oportunidad de amar a otros en nuestra vida con más pureza y desprendimiento.

Pero ¿cómo sabemos si la sequedad que estamos experimentando es sequedad prescrita por Dios —una sequedad verdaderamente "purgativa"— o más bien el resultado de la tibieza o negligencia, o la consecuencia de la enfermedad? Algunas veces la causa es fácil de discernir. La evidente negligencia o infidelidad en nuestra relación con el Señor pudiera ciertamente ser causa de sequedad, y la solución, como sabemos, es el arrepentimiento. Si estamos viviendo una enfermedad física o emocional que es obvia, también eso pudiera ser la causa, y ya hemos visto los distintos consejos que dan Teresa y Francisco a los que están en estas situaciones. Pero a veces la causa de la sequedad no es tan obvia, y aquí Juan nos hace tres indicaciones para ayudarnos a discernir la naturaleza de la sequedad que estamos experimentando.

Tentaciones y pruebas

Consejos para discernir la causa de la sequedad

Algunas veces, como hemos observado, la sequedad y la falta de gusto por las cosas espirituales pueden ser el resultado de nuestra tibieza, negligencia o infidelidad, que no es lo que Juan de la Cruz llama "noche oscura". En casos así podemos encontrar consuelos en otras cosas aparte de Dios, en darle gusto a la carne en las cosas, comodidades, diversiones y placeres de este mundo, amortiguando mucho más nuestro gusto por las cosas espirituales. En una "noche oscura" que Dios permite no podemos encontrar consuelo en las cosas que son menos que Dios; aun en la sequedad de nuestra oración, nuestra ansia de Él aumenta.

> Como pone Dios al alma en esta oscura noche a fin de enjugarle y purgarle el apetito sensitivo, en ninguna cosa le deja engolosinar ni sacar sabor. Y en esto se conoce muy probablemente que esta sequedad y sinsabor no proviene de pecados ni de imperfecciones nuevamente cometidas (*NO*, 1, 9.2).

En otras palabras, la sequedad es una sequedad purgativa si no hemos encontrado otra cosa que nos dé consuelo en lugar de la oración. ¡No es que debamos intentarlo!

> Entre la sequedad y la tibieza hay mucha diferencia; porque lo que es tibieza tiene mucha flojedad y remisión en la voluntad y en el ánimo, sin solicitud de servir a Dios; la que sólo es sequedad purgativa tiene consigo ordinaria solicitud con cuidado y pena, como digo, de que no sirve a Dios. Y ésta, aunque algunas veces sea ayudada de la melancolía u otro humor, como muchas veces lo es, no por eso deja de hacer su efecto purgativo del apetito, pues de todo gusto está privado, y sólo su cuidado trae en Dios; porque, cuando es puro humor, sólo se va en disgusto y estrago del natural, sin estos deseos de servir a Dios que tiene la sequedad purgativa, con la cual aunque la parte sensitiva está muy caída y floja y flaca para obrar por el poco gusto que halla, el espíritu, empero, está pronto y fuerte (*NO*, 1, 9.3).

Aquí Juan nos ayuda mucho, y de manera muy realista, explicando que una sequedad genuinamente purificante puede coexistir con algunos elementos de problemas emocionales, como la depresión; no obstante, si la preocupación de agradar y servir al Señor persiste en medio de las dificultades, es un signo de la obra purificadora de Dios. Si no fuera más que una cuestión de enfermedad emocional o física, el deseo de servir a Dios pudiera no estar ahí tan claramente.

> La tercera señal que hay para que se conozca esta purgación del sentido es el no poder ya meditar ni discurrir en el sentido de la imaginación, [como solía], aunque más haga de su parte. Porque, como aquí comienza Dios a comunicarse [...] por el espíritu puro, en que no cae discurso sucesivamente, comunicándoselo con acto de sencilla contemplación (*NO*, 1, 9.1-9).

Aquí Juan se refiere a las primeras etapas de purificación, donde la oración que al principio ha podido ser predominantemente meditativa o reflexiva se está haciendo más contemplativa. Y no darán resultado los esfuerzos para continuar rezando meditativa o reflexivamente cuando el mismo Dios está empezando a comunicarse con nosotros directamente en algún grado de contemplación infusa, aunque apenas perceptiblemente. En medio de la sequedad se está invitando al alma a una nueva dimensión de oración, un "estar quieta" y simplemente saber que Él es Dios.

La noche oscura es un medio importante de crecimiento

Muchos de los santos nos dicen que estos momentos de "desolación" o sequedad dispuestos por Dios son muy importantes para el crecimiento si perseveramos hasta su final ejercitando más profundamente la fe, la esperanza y el amor. Es particularmente importante, nos dicen, no abandonar nuestras prácticas espirituales, sino mantenernos fieles. Dios en su sabiduría sabe cuánto tiempo y cómo de profundamente hemos de ser probados para acercarnos más a Él, y debemos confiar en Él pacientemente durante la prueba mientras perseveramos en nuestras prácticas.

Tentaciones y pruebas

En estos tiempos de sequedad Teresita respondía con su propia sencilla manera.

> A veces, cuando mi espíritu está tan seco que me es imposible sacar un solo pensamiento para unirme a Dios, rezo *muy despacio* un "Padrenuestro", y luego la salutación angélica [El Avemaría]. Entonces esas oraciones me encantan y alimentan mi alma mucho más que si las rezase precipitadamente un centenar de veces... (*HA*, 11, 294).

Teresita era siempre consciente de que los "grandes santos" de la Iglesia parecían personificar un nivel de virtud y grandeza de alma por encima de ella. En comparación con estas "águilas" se sentía como un "débil pajarito cubierto únicamente por un suave plumón", no lo bastante fuerte para volar al "Sol del Amor", y que sólo puede orientarse en la dirección del Señor y de vez en cuando agitar sus alas aún no desarrolladas. El Señor imparte a Teresita una inmensa confianza en el poder de su amor para tomar incluso almas débiles como la suya y llevarlas al corazón del Amor. En sus escritos y en sus oraciones Teresita nos imparte a nosotros la misma confianza.

> ¿Qué será de él? ¿Morirá de pena al verse tan impotente...? No, no, el pajarillo ni siquiera se desconsolará. Con audaz abandono, quiere seguir con la mirada fija en su Divino Sol. Nada podrá asustarlo, ni el viento ni la lluvia. Y si oscuras nubes llegaran a ocultarle el Astro del Amor, el pajarito no cambiará de lugar; sabe que mas allá de las nubes su Sol sigue brillando y que su resplandor no puede eclipsarse ni un instante (*HA*, 9, 241).

Si un alma desea verdaderamente la plenitud de la unión, entonces Dios desea impartirle la gran fortaleza y la profunda fe necesarias para "mantenerse firme" en medio de lo que parece ser oscuridad total.

> Es cierto que a veces el corazón del pajarito se ve embestido por la tormenta, y no le parece que pueda

existir otra cosa que las nubes que lo rodean. Esa es la hora de la *alegría perfecta* para ese *pobre y débil ser*. ¡Qué dicha para él seguir allí, a pesar de todo, mirando fijamente a la Luz Invisible que se oculta a su fe...! (*HA*, 9, 241-242).

Con las alas mojadas, en medio de la tormenta, aterido de frío y vencido por el sueño, el "pajarito" recibe la gracia de regocijarse en su sufrimiento, sin perder nunca la esperanza en la misericordia de Dios. Siempre empieza, una y otra vez, esa oración amorosa y esa fe que es "oficio de amor".

> Pero al despertar, no se desconsuela, su corazoncito sigue en paz. Y vuelve a comenzar su oficio de *amor* (*HA*, 9, 243).

Les corresponde a los santos y a los ángeles llevarlo al Foco devorador y protegerlo del ataque diabólico, con la esperanza del cielo:

> Durante todo el tiempo que Tú quieras, Amado mío, Tu pajarito seguirá sin fuerzas y sin alas, seguirá con los ojos fijos en Ti. Quiere ser *fascinado* por Tu mirada divina, quiere ser *presa* de Tu amor... Un día, así lo espero, Águila Adorada, vendrás a buscar a Tu pajarillo; y, remontándose con él hasta el Foco del Amor, le sumergirás por toda la eternidad en el ardiente Abismo de ese Amor al que se ofreció como víctima (*HA*, 9, 244).

Estamos, a un nivel muy profundo, tratando de la realización de temas bíblicos hondamente arraigados, en este caso un inspirado cántico de Moisés.

> En tierra desierta lo encuentra,
>   en la soledad rugiente de la estepa.
> Y lo envuelve, lo sustenta, lo cuida,
>   como a la niña de sus ojos.
> Como un águila incita a su nidada,
>   revolotea sobre sus polluelos,
> así él despliega sus alas y lo toma,
>   y lo lleva sobre su plumaje.

Tentaciones y pruebas

> Sólo el Señor lo guía a su destino,
>   con él ningún dios extranjero.
> Le hace cabalgar por las alturas de la tierra,
>   lo alimenta de los frutos del campo,
> le da a gustar miel de la peña,
>   y aceite de la dura roca [...]
> con la flor de los granos de trigo,
>   y por bebida la roja sangre de la uva (Deut 32,10-14).

Dios Padre comunica a Catalina de Siena la razón de estos tiempos de sequedad y desolación.

> Así que, para hacer levantar el alma de la imperfección, la privo del sentimiento de mi presencia, quitándole el consuelo que antes tenía [...] retiro de ella el sentimiento de mi presencia, pero no mi gracia (*D*, 63).

El Padre le asegura que es por amor por lo que ocurren estos alejamientos en el sentir la presencia.

> Una vez llegados a ella [la perfección], dejo el juego de amor de ir y venir. Lo llamo "juego de amor" porque por amor me aparto y por amor retorno; no yo propiamente, que soy vuestro Dios inmóvil, que no cambio, sino el sentimiento de mi caridad en el alma; éste es el que va y vuelve (*D*, 78).

Bernardo también da testimonio del Amor que guía la experiencia de la ausencia.

> Por lo demás, de los piadosos se aleja un poco de vez en cuando según un santo designio, pero no se aleja del todo (*CC*, 56.4).

Este alejamiento, en las primeras etapas, ayuda a centrar debidamente el alma en Dios, y no en sus consuelos, y le da la oportunidad para tomar decisiones de compromiso con Dios más profundas y verdaderas. Llamado también la "oscura noche de los sentidos", el alma es purificada de los apegos groseros a los deleites de los sentidos y a las cosas de este mundo, aumentando así el amor a Dios.

Bernardo da testimonio de su propia experiencia de esta purificación.

> Frecuentemente yo mismo, y no me avergüenzo de confesarlo, sobre todo al principio de mi conversión, duro y frío de corazón, buscando mi alma al que quería amar [Cant 3,1] —pues todavía no podía amar al que no había encontrado, o tal vez lo amaba menos de lo que deseaba amarlo y por este motivo buscaba para amar más a quien no buscaría lo más mínimo si no fuera porque yo lo amaba de alguna manera— digo que cuando buscaba a aquel en quien mi espíritu desanimado y cansado encontrase calor y sosiego, por ninguna parte aparecía el que pudiera socorrerme, el que me ayudase a salir de aquel duro invierno que me atería los sentidos interiores, y recobrase de nuevo aquella suavidad primaveral y aquella amenidad espiritual. En aquel estado languidecía más y más, sentía tedio, y mi alma lloraba de tristeza [Sal 119,28], melancolía y casi desesperada, diciéndose a sí misma: "¿Quién puede resistir tanto frío?" [Sal 147,17]. Mas, de pronto, tal vez por la conversación o por la simple presencia de algún hombre espiritual, y a veces también por el simple recuerdo de alguien que ya había muerto o estaba ausente, el espíritu se calentaba y las aguas se derretían [Sal 147,18] (*CC*, 14.6).

En etapas posteriores, Dios conduce al alma desde la noche oscura de los sentidos a través de la "noche oscura del espíritu". Atravesando los varios tipos de sequedad, se alcanzan en las facultades del alma (el intelecto, la memoria y la voluntad) las raíces mismas del egoísmo y del pecado en lo profundo del espíritu humano.

Tentaciones y pruebas

Los santos nos dicen que normalmente, incluso en medio de pruebas exteriores e interiores, se siente una paz profunda. El perseverar en medio de estas pruebas es una parte muy importante para unir nuestra voluntad con la de Dios —y Su voluntad es nuestra paz.

Teresita de Lisieux da testimonio de esta realidad en su propia vida, especialmente al acercarse su fin.

> Y desde hace siete años y medio esta paz íntima me ha acompañado siempre, y no me ha abandonado ni siquiera en medio de las mayores tribulaciones (*HA*, 7, 183).

Efectivamente, nuestra paz está en Su voluntad.

Parte II

ALCANZAR ESTABILIDAD, PERO SEGUIR ADELANTE

(La vía iluminativa)

Capítulo 9

UNA CIERTA ESTABILIDAD

A medida que cooperamos con la gracia y nos esforzamos por centrar nuestra vida en Dios —orando, resistiendo las tentaciones, soportando pruebas, usando la sabiduría en las elecciones que hacemos— una cierta paz y una cierta estabilidad llegan a ser características de nuestras vidas. Teresa de Jesús describe esto como la tercera etapa (mansión) de las siete etapas (mansiones) del camino espiritual:

> De éstas, por la bondad del Señor, creo hay muchas [almas] en el mundo: son muy deseosas de no ofender a su Majestad, aun de los pecados veniales se guardan, y de hacer penitencia amigas, sus horas de recogimiento, gastan bien el tiempo, ejercítanse en obras de caridad con los prójimos, muy concertadas en su hablar y vestir y gobierno de casa, las que la tienen. Cierto, estado para desear, y que, al parecer, no hay por qué se les niegue la entrada hasta la postrera morada, ni se la negará el Señor, si ellas quieren; que linda disposición es, para que las haga toda merced (*M*, 3, 1.5).

Hay bastantes cosas que observar en los comentarios de Teresa. En primer lugar, la descripción que hace de la estabilidad y paz relativas de esta tercera etapa, aunque indica que muchas alcanzan este estadio, puede parecer intimidante. ¡Después de todo, tratar de evitar los pecados veniales y tener que ajustarse a un modelo de vida disciplinado que incluye oración, ayuno, limosnas y moderación en el hablar y en el vestido, no es poco logro en el mundo de hoy! Sin embargo, como señalará después Teresa, este retrato del "buen católico", con todo lo admirable que es, puede a menudo coexistir con una mezcla de motivos y concesiones que carece de un abandono completo en el Señor. Y nos ayuda recordar que no todos los santos —Teresita de Lisieux uno de ellos— eran amigos de hacer penitencia.

Observemos también que Teresa de Jesús explícitamente abarca en sus comentarios a los que tienen familia. Aunque escribe primordialmente para sus compañeras religiosas carmelitas, es muy consciente de que hay muchos laicos que quieren darse completamente a Dios y están haciendo progresos en el camino espiritual. Teresa conocía personalmente a muchos laicos así, y era directora espiritual de bastantes de ellos. De hecho, en un momento de su propio camino espiritual fue un hombre casado quien más pudo ayudarla en progresar. Teresa explica que las leyes fundamentales del progreso espiritual son las mismas para los religiosos y para los laicos, puesto que, como dice el Vaticano II, "Una es la santidad que cultivan en cualquier clase de vida y de profesión los que son guiados por el Espíritu de Dios y, obedeciendo a la voz del Padre y adorando a Dios Padre en espíritu y en verdad, siguen a Cristo [...]" (*LG* 41).

Lo tercero que hay que observar, y tendremos ocasión de volver a este punto, es que Teresa no ve razón alguna para que las personas que alcanzan esta etapa en el camino espiritual —y, como indica, muchos la alcanzan— no puedan proseguir hasta el final, hasta la unión más plena posible con Dios en esta vida, el matrimonio espiritual de que habla Teresa en la séptima mansión (etapa).

Aunque ella ve que no hay razón por la que las personas que luchan pasando por las batallas, tentaciones y pruebas iniciales de las primeras etapas no puedan seguir hasta el matrimonio espiritual, sabe que, en realidad, muchos no llegan. Y lo mismo piensan los otros santos.

Una cierta estabilidad

Como dice Bernardo: "la tendencia popular no es a buscar primero el reino de Dios y su justicia (Mt 6,33), sino, como dice el apóstol, a preocuparse de los asuntos de la vida [...] (1 Co 7,38)" (*CC*, 66.2).

Y aunque todos los cristianos, en palabras de Juan Pablo II, están llamados a "contemplar el rostro de Dios", Bernardo nos recuerda de nuevo que relativamente pocos lo hacen:

> ¡Qué pocos son los que puedan decir: "Nosotros que llevamos la cara descubierta, reflejamos la gloria de Dios y nos vamos transformando en su imagen con resplandor creciente; tal es el influjo del Espírtu del Señor" [2 Co 3,18] (*CC*, 67.8).

Los santos se refieren a dos obstáculos principales que nos impiden progresar en el camino: falta de conocimiento y falta de deseo.

Falta de conocimiento

En primer lugar nos hablan de un doble conocimiento que es esencial para progresar en la vida espiritual: conocerse a sí mismo y conocer a Dios.

Bernardo habla de un modo particularmente sorprendente de las funestas consecuencias que fluyen de la carencia de conocimiento de sí mismo y de conocimiento de Dios, una carencia que tanto en esta vida como en la venidera puede hacer que el hombre se haga más bajo que las bestias:

> Los hombres que sean reconocidos reos de ignorancia, es decir, los reprobados, tendrán que comparecer en aquel tremendo juicio, y además ser entregados al fuego, cosa que no les ocurrirá a los animales [...] no los ha de tener como tales [compañeros] para sufrir los tormentos del infierno [...] El hombre es obligado a ir tras los rebaños, ahora por la depravación de su naturaleza, y después por la enormidad del castigo. Así, es maldecido el hombre que sea hallado con ignorancia de Dios. ¿Diré de Dios o más

bien de sí mismo? De las dos, sin duda alguna. Ambas ignorancias son condenables; cualquiera de ellas merece la condenación (*CC*, 35.7-9).

El conocimiento de sí mismo implica conocer la gran dignidad y belleza del alma humana en su exaltado destino, a la vez que un profundo conocimiento de las heridas y la oscuridad que el pecado inflige en nosotros.

Teresa compara el alma a un hermoso castillo de cristal que está brillantemente iluminado por el Señor que habita dentro de él. Entonces nos dice lo horrible que es ver cómo el pecado oscurece el alma y la hace fea:

> [El Pecado Mortal:] No hay tinieblas más tenebrosas ni cosa tan oscura y negra [...] Yo sé de una persona a quien quiso nuestro Señor mostrar cómo quedaba un alma cuando pecaba mortalmente. Dice aquella persona que le parece, si lo entendiesen, no sería posible ningún pecar, aunque se pusiese a mayores trabajos que se puedan pensar por huir de las ocasiones. Y así le dio mucha gana que todos lo entendieran [...] ¡Oh almas redimidas por la sangre de Jesucristo! ¡entendeos y habed lástima de vosotras! ¿Cómo es posible que entendiendo esto no procuráis quitar esta pez de este cristal? Mirad que si se os acaba la vida, jamás tornaréis a gozar de esta luz [...] no hay cosa, mientras vivamos, que merezca este nombre de mal, sino ésta, pues acarrea males eternos para sin fin (*M*, 1, 2.1-5).

Bernardo habla también del oscurecimiento del alma por el pecado, recurriendo a la imagen usada por Pablo en Romanos 1,21: "se entenebrecieron en sus razonamientos, viniendo a oscurecerse su insensato corazón":

> Añade a esto que la apetencia de las cosas terrenas, todas las cuales están destinadas a la muerte, hace más densas las tinieblas, hasta el extremo de que en el alma que vive así no se ve aparecer por parte alguna más que un pálido rostro y una especie de imagen de la muerte (*CC*, 82.3).

Una cierta estabilidad

Hay muchísimas descripciones bíblicas de la enfermedad del alma no transformada. Aquí el apóstol Santiago se dirige con fuerza a los Cristianos:

> ¿De dónde proceden las guerras y las contiendas entre ustedes? ¿No es de sus deseos de placeres que luchan en sus miembros? ¿Codician y no poseen? Matan. ¿Envidian y no pueden conseguir? Combaten y hacen la guerra. No tienen porque no piden. Piden y no reciben porque piden mal, con la intención de malgastarlo en sus deseos de placeres. ¡Adúlteros!, ¿no saben que la amistad con el mundo es enemistad con Dios? Cualquiera, pues, que desee ser amigo del mundo se constituye en enemigo de Dios. (Sant 4,1-4)

También Pablo emite esta urgente advertencia a los gálatas:

> Les digo esto: procedan según el Espíritu, y no den satisfacción a las apetencias de la carne [...] Ahora bien, las obras de la carne son conocidas: fornicación, impureza, libertinaje, idolatría, hechicería, odios, discordia, celos, iras, ambición, divisiones, disensiones, rivalidades, borracheras, comilonas y cosas semejantes, sobre las cuales les prevengo, como ya les previne, que quienes hacen tales cosas no heredarán el Reino de Dios. (Ga 5,16. 19-21)

Juan de la Cruz habla de la gran belleza del alma que, habiendo hecho caso de estas prescripciones bíblicas, tiene la inestimable dignidad de tener a Dios morando en ella:

> ¡Oh, pues, alma, hermosísima entre todas las criaturas, que tanto deseas saber el lugar donde está tu Amado para buscarle y unirte con él!, ya se te dice que tú misma eres el aposento donde él mora [...] y escondrijo donde está escondido, que es cosa de grande contentamiento y alegría para ti ver que todo tu bien y esperanza está tan cerca de ti, que está en ti, o por mejor decir, tú no puedes estar sin él (*CE*, 1.7).

Bernardo hace resaltar que la verdadera morada de Dios no está en el universo físico, en el "cielo" de las estrellas y galaxias, sino en el alma humana, donde "Cristo habita por la fe" (Ef 3,17), un alma que debe purificarse de su apego a los cuidados del mundo, la glotonería, los placeres sensuales, la ambición por mandar, el orgullo en las posesiones o el poder, la envidia y el rencor, y ensancharse y crecer en su capacidad para poder "abrirse lo bastante para Dios" (2 Co 6,13).

Bernardo apela al hecho de que hemos sido creados en la imagen gloriosa de Dios como fundamento para nuestra confianza al acercarnos a Él.

> ¿A qué no se atreverá con seguridad ante aquel de quien se ve adornada por la imagen, y de quien se conoce embellecida por la semejanza? ¿Qué va a temer de la majestad, repito, si por el origen está llena de confianza? [...] ¿Por qué, pues, va a permanecer ocioso su esfuerzo? (*CC*, 83.1-2).

Y, sin embargo, el conocimiento de sí mismo nunca puede tener un buen efecto a menos que se experimente en relación con el conocimiento de Dios. El percibir la fealdad y egoísmo del alma manchada por el pecado y los efectos del pecado puede producir escrupulosidad o desesperación si no se ven de cerca la misericordia y la bondad de Dios. Bernardo describe bien la desesperación que resulta de un conocimiento parcial de uno mismo, consciente sólo de áreas de pecado, aislado del conocimiento de Dios.

> Si ignora cuán bueno es Dios [Sal 73,1], cuán entrañable y misericordioso [Sal 86.5], cuán inclinado al perdón [Is 55,7], ¿no le acusará su pensamiento carnal y le dirá: "¿Qué haces? ¿Quieres perder esta vida y la futura? Tus pecados son enormes y muchísimos, no podrás satisfacer por tan grandes y tan graves pecados ni aunque te degüelles. Eres de constitución débil, tu vida es delicada, difícilmente vencerás la costumbre" (*CC*, 38.1).

Una cierta estabilidad

Ese doloroso proceso de cobrar conciencia del pecado propio nos tienta fácilmente a la desesperación, al desaliento y a la "depresión" profunda; pensando que la reforma es imposible, que podemos "rendirnos al mundo irrevocablemente". Bernardo llama a esta desesperación el mayor mal de todos e insiste en que la misericordia de Dios está constantemente disponible siempre que un pecador vuelva a Dios.

> Por mi parte digo que ignoran a Dios todos los que no quieren convertirse a él (*CC*, 38.2)

Y ¿por qué son tan importantes el conocimiento de sí mismo y el conocimiento de Dios? Porque producen humildad, que Juan de la Cruz y otros muchos santos nos dicen que es fundamental para progresar en la vida espiritual:

> Mientras estamos en esta tierra, no hay cosa que más nos importe que la humildad [...] y a mi parecer, jamás nos acabamos de conocer, si no procuramos conocer a Dios: mirando su grandeza, acudamos a nuestra bajeza; y mirando su pureza, veremos nuestra suciedad; considerando su humildad, veremos cuán lejos estamos de ser humildes (*M*, 1, 2.9).

Teresa es contundente en su creencia de que el conocimiento de uno mismo en relación con el conocimiento de Dios es esencial para el camino espiritual:

> Pues pensar que hemos de entrar en el cielo, y no entrar en nosotros, conociéndonos y considerando nuestra miseria y lo que debemos a Dios, y pidiéndole muchas veces misericordia, es desatino (*M*, 2, 1.11).

Bernardo nos explica la relación entre el conocimiento de sí mismo y el conocimiento de Dios en su sorprendente estilo habitual:

> Pues, ¿cómo no va a humillarse de verdad, si tiene este conocimiento verdadero de sí misma, al verse cargada

de pecados [2 Tim 3,6], agobiada con el peso de este cuerpo, atenazada por los afanes terrenos, corrompida por la hez de los deseos canales, ciega, encorvada, enferma, embrollada en muchos errores [...] proclive propenso] a los vicios e inválida para las virtudes? ¿Cómo va a andar con los ojos orgullosos, y a atreverse a levantar la cabeza? [Sir 23,5] ¿Cómo no va a volverse más bien sobre su miseria, mientras tenga clavada la espina? [Sal 32,4] [...] se volverá hacia el Señor y clamará con humildad: "Sana mi alma, porque he pecado contra ti" [Sal 41,5] [...] De este modo el conocimiento de uno mismo será un paso hacia el conocimiento de Dios [...] Convéncete ya de cuánto necesitas este doble conocimiento para tu salvación; tanto es así que, si careces de uno de ellos, no puedes salvarte. Pues si no te conoces a ti mismo, no tendrás ni temor de Dios ni humildad (*CC*, 36.5-7).

Catalina de Siena insiste particularmente en la integración del conocimiento de sí mismo y el conocimiento de Dios. Catalina informa de lo que ella siente que el Padre le está mostrando:

No es que yo quisiera que los pecados sean considerados detalladamente, sino de un modo general, para que la mente no se contamine con el recuerdo de pecados concretos y torpes. No debe considerar únicamente sus pecados, sino considerar y acordarse de la sangre y de la grandeza de mi misericordia para que no caiga en la confusión. En efecto, si el conocimiento de sí mismo y la consideración del pecado no van sazonados con el recuerdo de la Sangre y la esperanza de mi misericordia, caería en la confusión y en el desasosiego, y con ellos acudiría el demonio para llevarla, bajo dolor de contrición y dolor de la culpa (*D*, 66).

El Padre le hace saber a Catalina cómo se aprovechará el demonio del conocimiento de sí mismo y de la conciencia de nuestra pecaminosidad para llevarnos a la desesperación y al desaliento y hacernos abandonar el camino, a menos que inmediatamente nos volvamos al Señor y recordemos el poder de su sangre y la profundidad de su misericordia.

Una cierta estabilidad

El Padre le recuerda a Catalina cómo ella misma, fortalecida con su bondad, supo enfrentarse con situaciones como ésta. En una ocasión el demonio intentó tentar a Catalina a la desesperación haciéndole creer que toda su vida era una ilusión y que estaba haciendo su propia voluntad, no la voluntad de Dios. Ella replicó: "Yo confieso a mi Creador que mi vida estuvo siempre en tinieblas; pero yo me esconderé en las llagas de Cristo crucificado y me bañaré en su sangre. Así consumaré mis iniquidades y me gozaré con santo deseo en mi Creador" (*D*, 66). Al oír esto huyó el demonio, pero volvió en otro momento queriendo tentarla al orgullo.

Esta vez el demonio trató de comunicar a Catalina que había alcanzado un grado tan alto de unión con Dios, y era tan perfecta y agradable a Él, que ya no necesitaba esforzarse en estar atenta a sus pecados y practicar el renunciamiento. Pero Dios le dio a Catalina la luz para responder, y ella contestó al demonio eficazmente:

> "¡Infeliz de mí!" San Juan Bautista jamás pecó y fue santificado en el vientre de su madre, e hizo, sin embargo, penitencia ¡Y yo, que he cometido tantos pecados, jamás empecé a reconocerlos con llanto y verdadera contrición, considerando quién es Dios, a quién ofendo, y quién soy yo, que le ofendo! (*D*, 66).

El humillarse Catalina, abandonándose a la misericordia de Dios y confiando en la sangre de Cristo, provocó al demonio a jurar:

> ¡Maldita seas, ya que no puedo contra ti! Si te abato con la confusión, te elevas a lo alto de la misericordia; si te exalto, te abajas por la humildad hasta el infierno y en el infierno mismo me persigues (*D*, 66).

Por eso aconseja el Padre a las almas sazonar el conocimiento de sí mismo con el conocimiento del Padre, y reconocer al Padre con el conocimiento de sí mismo.

Bernardo expresa la misma verdad:

Así pues, mientras reflexiono sobre mí mismo, mis ojos se cubren de lágrimas [Job 17,2]. Ahora bien, si contemplo y levanto los ojos hacia el auxilio de la divina misericordia, en seguida la alegre visión de Dios suaviza la amarga visión de mí mismo (*CC*, 36.6).

El progreso es posible y necesario a la vez

Juan Pablo II nos urgió a todos a renovar el contacto con la tradición mística de la Iglesia, porque su tradición nos muestra que el progreso en la vida espiritual es posible:

> La gran tradición mística de la Iglesia [...] Muestra cómo la oración puede avanzar, como verdadero y profundo diálogo de amor, hasta hacer que la persona humana sea poseída totalmente por el divino Amado, sensible al impulso del Espíritu y abandonada filialmente en el corazón del Padre (*NMI* 33).

Sabemos que la tradición, basándose en la Escritura, afirma que el progreso no es sólo posible sino necesario. Nadie puede ver a Dios sin ser santo (cf. Hb 12,14). Falta de conocimiento acerca de cuánto progreso es posible, y cómo es de necesario, retrasa a muchos en el camino espiritual.

La vida de Dios que nace en nosotros a través de la fe y el Bautismo tiene que crecer y ser "perfeccionada" para que alcancemos nuestro destino celestial. La semilla que es plantada en nuestras almas tiene que crecer, desarrollarse y madurar. La frecuencia con que los santos hablan de "perfección" está profundamente arraigada en la doctrina de Jesús y los apóstoles, y necesitamos estar profundamente convencidos de esto para perseverar hasta el final del camino.

El temor de Dios, como hemos visto, es el principio de la sabiduría —o "la primera etapa", como dice una traducción— pero la perfección del amor es su fin. La Santidad empieza en el temor de Dios y termina en un amor sin temor.

> Queridos, si Dios nos ha amado de esta manera, también nosotros debemos amarnos unos a otros. A Dios nadie le

ha visto nunca. Si nos amamos unos a otros, Dios mora en nosotros y su amor ha llegado en nosotros a la perfección [...] En esto ha alcanzado el amor la plenitud en nosotros: en que tengamos confianza en el día del Juicio, pues según es él, así seremos nosotros en este mundo. No cabe temor en el amor; antes bien, el amor pleno expulsa el temor, porque el temor entraña castigo; quien teme no ha alcanzado la plenitud en el amor (1 Jn 4,11-12. 17-18).

[estoy] firmemente convencido de que quien inició en vosotros la buena obra, la irá consumando hasta el día de Cristo Jesús [...] Y lo que pido en mi oración es que vuestro amor crezca cada vez más en conocimiento y toda experiencia, con que podáis aquilatar lo mejor, y llegar limpios y sin tropiezo al Día de Cristo [...] para gloria y alabanza de Dios (Flp 1,6. 9-11).

Que Él, el Dios de la paz, os santifique plenamente, y que todo vuestro ser, el espíritu, el alma y el cuerpo, se conserve sin mancha hasta la venida de nuestro Señor Jesucristo. Fiel es el que os llama y es él quien lo hará (1 Tes 5,23).

En cuanto a vosotros, que el Señor os haga progresar y sobreabundar en el amor de unos con otros [...] para que se consoliden vuestros corazones con santidad irreprochable ante Dios, nuestro Padre, en la venida de nuestro Señor Jesucristo (1 Tes 3,12-13).

De nuevo, la llamada a la santidad, al progreso, al crecimiento, a la "perfección", está arraigada en la cosmovisión del mundo. Lo que empieza en esta vida termina ante el trono de juicio de Cristo en la venidera, en una eternidad de amor o dolor. Para usar el lenguaje bíblico: primero somos justificados por la fe y el Bautismo; luego santificados por obra del Espíritu Santo a lo largo de una vida de crecimiento; y, finalmente, glorificados en la visión beatífica del cielo. Es importante saber a lo que somos llamados, pero también lo es el desearlo con todo nuestro corazón.

Bernardo de Claraval:
La función del deseo en el camino espiritual

Antes de considerar la función del deseo y el anhelo en el camino espiritual, necesitamos conocer al último de los siete doctores de la Iglesia en quienes nos estamos basando en nuestro intento de proporcionar un mapa del camino hacia la unión completa con Dios. Le hemos conocido ya a través de sus escritos, pero hagámoslo "oficialmente".

Bernardo nació de una familia aristocrática cerca de Dijon, Francia, en 1090. Una vez que siendo muchacho determinó hacerse monje, convenció a muchos de sus parientes y amigos para que se unieran a él. A la edad de veintidós años, él y unos treinta de sus amigos y parientes entraron en el monasterio de Citeaux y se hicieron monjes cistercienses. (Los Cistercienses son una rama reformada de los Benedictinos, de los cuales los Trapenses son a su vez una rama). En el triple camino que tiene la Iglesia para reconocer la santidad a través de la canonización, el padre de Bernardo es "venerable" y su madre y cinco de sus hermanos son "beatos".

En 1115, a la edad de veinticinco, fundó en Clairvaux (Claraval) uno de los cuatro monasterios originales de Hijas de Cîteaux.

Estudiando por su cuenta, sin ninguna preparación teológica, excepto una buena educación clásica (él y Agustín son considerados como dos buenos maestros), a mediados de los 1120 Bernardo empezó a escribir algunas de las más influyentes obras de teología espiritual en la historia de la Iglesia. Su escritos, como muchos de los de Agustín, están repletos de referencias a la Escritura. Vivió, respiró y comunicó la Palabra de Dios. De hecho, buscar y leer sus frecuentes referencias a la Escritura sería un modo maravilloso de hacer más profundo el impacto de sus enseñanzas y de este libro. A los que lo hagan les maravillará ver la profundidad espiritual de la Escritura, una profundidad que tal vez no hayan visto nunca y que ahora se nos abre a través de los ojos y oídos espirituales de Bernardo y de los demás santos que nos están enseñando.

La obra de teología espiritual por la que Bernardo es más conocido es su comentario al Cantar de los Cantares. Consiguió dar ochenta y seis sermones sobre El Cantar de los Cantares en un período de dieciocho años. Aunque inacabada al morir (había tratado sólo alrededor de un tercio del Cantar), contiene una gran percepción acerca del camino espiritual. Además de escribir y de gobernar su propio monasterio y fundar otros, los papas —uno de los cuales había sido uno de sus monjes— le pidieron que, por el bien de la Iglesia, se ocupara de varios proyectos. Viajó mucho sirviendo al papado y escribió numerosas cartas de consejo y asesoramiento espiritual a gente corriente y a dirigentes de la Iglesia y del estado. Fue uno de los hombres más influyentes de su época.

Al morir en 1153, a la edad de sesenta y tres años, se habían establecido setenta comunidades hermanas de Claraval y noventa y cuatro comunidades filiales.

Volvamos ahora a considerar lo que nos frena en nuestro progreso más allá de la relativa estabilidad y respectabilidad de la "vida católica buena" de la tercera mansión de Teresa, y de ese segundo obstáculo del que hemos dicho que nos hablan los santos.

Falta de deseo

Si la falta de conocimiento de sí mismo y de Dios es un obstáculo frecuentemente mencionado por los santos, también lo es la falta de deseo de Dios. Teresa aconseja dejar que crezca nuestro deseo de unión con Dios:

> Tener gran confianza, porque conviene mucho no apocar los deseos, sino creer de Dios que, si nos esforzamos, poco a poco, aunque no sea luego, podemos llegar a lo que muchos santos con Su favor (*V*, 13.2).

Catalina de Siena hace resaltar frecuentemente la necesidad de que crezca el deseo o sed de Dios:

> Es, pues, necesario, para andar este camino, tener sed, porque solamente son convidadas los que la tienen cuando se dijo: "El que tenga sed, venga a mí y beba". El que no tiene sed no persevera en su camino. Porque se detiene por la fatiga o por culpa del placer (*D*, 54).

Y vienen a la mente las famosas palabras de Agustín:

> Eres tú mismo quien le estimula a que halle satisfacción alabándote, porque nos has hecho para ti, y nuestro corazón está inquieto hasta que descanse en ti (*C*, 1.1).

Toda la Biblia está llena de expresiones de deseo de Dios, y los Salmos en particular dan voz a nuestra profunda necesidad de Dios.

> Mi ser languidece anhelando
> los atrios de Yahvé;
> mi mente y mi cuerpo se alegran
> por el Dios vivo (Sal 84,3).

> Dios, tú mi Dios, yo te busco,
> mi ser tiene sed de ti,
> por ti languidece mi cuerpo,
> como erial agotado, sin agua [...]
> Pues tu amor es mejor que la vida [...]
> Mi ser se aprieta contra ti [...] (Sal 63,1-2. 4. 9).

El deseo es importante no sólo para nuestro camino espiritual, sino también para la verdadera reforma y renovación de la Iglesia.

> No prometo que por este medio le será restituida su belleza; no con espada, ni con guerras, sino con la paz, la humilde y continua oración, sudores y lágrimas, derramadas con angustioso deseo de mi siervo (*D*, 15).

La experiencia alternante de la presencia y ausencia de Dios tiene el propósito de aumentar nuestro deseo de Dios.

> Cuando no se está muy atento a estas alternancias del Espíritu portadoras de riqueza para nosotros, ocurre que ni lo deseas cuando está ausente ni lo glorificas cuando está presente. El que se ausenta sólo para que se le busque con mayor deseo, ¿cómo va a ser buscado si no se sabe que está ausente? Y también el que, favorablemente, viene con el único fin de consolar, ¿cómo va a ser acogido como

se merece su grandeza, si no se es consciente de que está presente? El alma que ignora la ausencia está expuesta al engaño; y la que no está atenta a su retorno no agradecerá la visita (*CC*, 17.1).

Bernardo declara que el Esposo, "llamado con tan grandes deseos, no puede demorarse" en su regreso (*CC*, 51.5). El anhelo sin palabras de Dios es en sí una oración poderosa:

> Por eso es llamado el Verbo, pero llamado con el deseo del alma [Is 26,8], pero del alma de aquella persona a la que, al menos una vez, ha regalado con su dulzura. ¿Es que el deseo no es un grito? Y muy fuerte. En fin, dice el texto sagrado: "El Señor escucha el deseo del pobre" [Sal 10,17]. Cuando el Verbo se aleja, se oye en todo momento un grito continuo del alma, su continuo deseo, como único y continuo "vuélvete", "hasta que vuelva" [1 Co 11,26] (*CC* 74.2).

Juan de la Cruz y Teresa de Jesús hablan frecuentemente de las "heridas de amor" que Dios inflige en el alma para aumentar su deseo de Él.

Cuanto más sabe el alma de Dios, más crece el deseo y el ansia de verle (*C*, 6.2).

A veces el experimentar el "retraso" o "ausencia" de Dios puede ser frustrante. Bernardo ofrece un comentario perspicaz:

> ¡Oh, este poco y aquel poco! ¡Qué poco tan largo! ¡Oh Señor piadoso!, ¿llamas poco al tiempo que estamos sin verte? Sea respetada la palabra de mi Señor: pero es largo, excesivamente largo. Sin embargo una y otra cosa son verdaderas: es poco para los merecimientos y largo para las ansias. En el Profeta te encuentras con las dos cosas: "Si tarda, espéralo, porque vendrá y no tardará" [Hab 2,3]. ¿Cómo no va a tardar, si se retrasa, si no es porque lo que es más que suficiente para adquirir méritos no es suficiente para el deseo? (*CC*, 74.4).

El cumplimiento de todo deseo

Bernardo da también testimonio de cómo ese deseo de Dios no acaba nunca y está presente al final del camino espiritual lo mismo que al principio.

> Dice el Salmo: "Buscad siempre su rostro" [Sal 105,4]. Yo creo que, ni siquiera cuando haya sido encontrado, dejará de ser buscado. Dios no es buscado con pasos de los pies, sino con deseos. Y el feliz encuentro no destruye el santo deseo, sino que lo aumenta. ¿Es que la plenitud del gozo extingue el deseo? Así es. Se colmará de alegría, pero no será el fin del deseo, ni el de la búsqueda. Tú reflexiona, si eres capaz, sobre un anhelo de buscar pero sin diligencia, y sobre un deseo pero sin ansiedad: a uno lo excluye la presencia, y al otro la abundancia (*CC*, 84.1).

Francisco de Sales utiliza varios ejemplos e imágenes muy gráficos para hablar de la profundidad del deseo humano y su único cumplimiento en la unión con Dios. Cuenta, por ejemplo, la historia de Alejandro el Grande, el cual, tras haber conquistado tanto del mundo entonces conocido, se sentó y lloró, sabiendo que nunca lo conquistaría todo. Y habla del ciervo pereciendo por falta de agua, empujado por una gran sed, buscando desesperadamente el agua que apagará su sed y salvará su vida, una imagen vivísima comunicada por los Salmos. Se refiere también al niño que está mamando desesperadamente y apretándose contra el pecho de la madre como para entrar en él o traerse todo el pecho para sí. Y concluye:

> Nuestros corazones sienten una sed que no pueden ser apagada por los deleites de la vida mortal, de los cuales los más apetecidos, si son moderados, no satisfacen, y si son excesivos, aturden. Se desean, con todo, excesivos, que, por serlo así, resultan insoportables y dañinos [...] ¡Oh admirable y, al mismo tiempo, amable inquietud del corazón humano! [...] ¡Qué unión la de nuestro corazón con Dios en el cielo, donde, después de los ardientes deseos del verdadero bien, jamás satisfechos en

este mundo, encontraremos la fuente abundante y viva de las aguas inmortales! [...] ¡qué suave y santo deseo tendrá de unirse y apretarse a los pechos fecundos de la toda bondad, abismándose en ella o haciendo que ella se transforme en nosotros (*TAD*, 3, 10).

¿Y si no tenemos un fuerte deseo de Dios? ¿Y si sólo deseamos sin muchas ganas progresar en el camino hacia la completa unión con Dios?

La Escritura y la doctrina de los santos dicen claramente que cuando nos falta algo esencial para el camino espiritual —como es el fuerte deseo de Dios— entonces tenemos que pedirlo, y se nos dará. No necesariamente todo a la vez, sino gradualmente, con el tiempo, mientras perseveramos en pedirlo.

Una y otra vez, Teresa declara enfáticamente que no podemos esperar progresar sin valentía, o una fuerte determinación, o un gran deseo; y luego reconoce que si carecemos de estas cualidades esenciales debemos pedírselas a Dios y Él nos las dará. Uno de los versículos de la Escritura fundamentalmente importantes en este ámbito es la verdad de cuantísimo necesitamos que el Padre mismo nos atraiga a la unión con Jesús.

> Nadie puede venir a mí si el Padre que me ha enviado no lo atrae; y yo le resucitaré el último día (Jn 6,44).

¿Y hay un versículo más frecuentemente comentado a este respecto que este verso del Cantar de los Cantares?:

> Llévame en pos de ti: ¡Corramos! (Cant 1,4).

Como comenta Bernardo:

> La que hace ese ruego no hay duda de que quiere ser atraída, pues no rogaría si fuese capaz de seguir al Amado, como es su deseo [...] Pero también un alma de

> muchísima perfección, mientras gime bajo la carga de este cuerpo mortal y está retenida prisionera en la cárcel de este mundo perverso, oprimida por tantas necesidades, atormentada por los pecados, es necesario que ascienda lenta y penosamente a la contemplación de las cosas sublimes, y en modo alguno tiene libertad para seguir al Esposo a dondequiera que vaya (*CC*, 21 1).

Y nos dice Bernardo que el Señor, como respuesta a nuestro ruego de ser "atraídos", nos dará un deseo de Él que será "un deseo vehemente [...] [por] haberle infundido un ansia de santa ganancia" (*CC*, 58.2).

En nuestros anhelos, torpes y pobremente expresados, detecta Bernardo, de acuerdo con la Escritura, la obra del Espíritu.

> "El mismo Espíritu intercede por los santos con gemidos inefables" [Ro 8,26] [...] teniendo una prueba clara y cotidiana bajo su iluminación, experimentamos que nuestros deseos y gemidos vienen de él y van a Dios, y que allí hallan misericordia a los ojos de Dios. ¿Cuándo despreciará Dios la voz de su Espíritu? Además él mismo sabe qué es lo que desea el Espíritu, porque intercede por los santos según Dios [Ro 8,27] (*CC*, 59.6).

Todos nosotros necesitamos rezar por un aumento de nuestro deseo de Dios, pidiéndole al Padre que nos atraiga hacia Él hiriéndonos con amor y purificando nuestro deseo a través de la aflicción. Pero también necesitamos ser reconfortados y alentados, sabiendo que ya solamente el que estemos interesados en Dios es signo de que Él está obrando en nuestra vida. Como explica Bernardo:

> El alma busca al Verbo, pero esa alma primero ha sido buscada por el Verbo [...] Esto que lo haga el alma que ya puede, pero que nunca olvide que ella ha sido buscada primero, lo mismo que ha sido amada primero; esa es la causa por la que ella busca y ama (*CC*, 84.3-4).

Dios nos atraerá:
La obra del Espíritu Santo en el camino espiritual

Es importante darse cuenta de cuán activo está Dios mientras nos esforzamos a lo largo del camino hacia la unión con Él. Es Él quien "nos atrae". Es Él quien nos da el deseo de ir tras Él. Es Él el que nos capacita para ver la gloria y tesoros de Jesús. Es Él el que nos "toca" y nos libera de hábitos de pecado. Es Él quien nos da la gracia de humillarnos, de amar más fielmente y más generosamente, y de vencer el miedo. Él hace esto de un modo particular por medio del Espíritu Santo.

> Dentro, en el corazón, es donde está la unción del Espíritu. Destápalo y úngete [...] hemos de invocar en primer lugar al Espíritu Santo para que, entre tantos nombres, se digne designarnos aquel con el que quiere ser reconocido [...] hay que orar, para que por su Espíritu nos lo revele el mismo Esposo, Jesucristo nuestro Señor [1 Co 2,10] (*CC*, 14.8).

Cuando abrazamos al Señor (el Ungido), nos dice Bernardo, compartimos su propia unción por el Espíritu:

> [la Iglesia/la Esposa] se une a Cristo Señor abrazándose fuertemente a él, que exhala y difunde por todas partes el bálsamo de la alegría; y al ser penetrada por este perfume [...], dice: "Tu nombre es como un bálsamo fragante" (*CC*, 14.4).

Bernardo sabe que todos, incluido él mismo, dependen del Espíritu Santo para cualquier verdadera revelación o experiencia de las cosas de Dios. Continúa su comentario al Cantar de los Cantares:

> Ya no quiero cansaros más hablando de este beso. En el sermón de mañana oiréis lo que, gracias a vuestra oración, se digne inspirarme la unción que todo lo enseña [1 Jn 2,27]. Porque este secreto no lo revela la carne y la sangre

[Mt 16,17], sino el que escudriña lo profundo de Dios [1 Co 2,10], el Espíritu Santo, que procede del Padre y del Hijo, y que juntamente con ellos vive y reina por los siglos de los siglos. Amén (*CC*, 7.8).

Los santos de quienes estamos aprendiendo en este libro, aunque nos advierten contra el centrarnos en la experiencia como fin en sí misma, ellos, sin embargo, dan frecuentemente testimonio de la importancia de la experiencia de Dios para el camino espiritual. Es a través del Espíritu Santo como el Padre y el Hijo se revelan al alma.

¿Qué alma de entre vosotros siente alguna vez, en lo secreto de su conciencia, el Espíritu del Hijo que clama: "Abba, Padre"? [Gal 4,6]. Esa alma, ésa, que se siente movida por el mismo Espíritu que el Hijo, puede presumir de ser amada por el tierno amor del Padre. Confía, cualquiera que sea esa alma; confía sin vacilar lo más mínimo [Sant 1,6]. En el Espíritu del Padre reconócete como hija del Padre y esposa o hermana del Hijo [...] pues si el matrimonio carnal hace que dos sean una carne [Gen 2,24], ¿por qué la unión espiritual no va a unir todavía más a dos en un solo espíritu? [1 Co 6,16]. Además el que se une al Señor se hace un solo espíritu con él (*CC*, 8.9).

Bernardo ve la entrega del Espíritu Santo a la Iglesia, y al cristiano personalmente, como el "beso" de que se habla en el Cantar de los Cantares:

Por eso ni siquiera la esposa, a pesar de su gran libertad, se atreve a decir: "Que me bese con su boca", reservando eso solamente al Padre. "Que me bese, dice, con el beso de su boca". Ved a la nueva esposa recibiendo un beso nuevo, pero no de la boca, sino del beso de la boca (*CC*, 8.2).

Si deseamos ver a la esposa recibiendo este beso, explica Bernardo, debemos mirar a Jesús en presencia de sus apóstoles cuando su aparición después de la resurrección, soplando su aliento sobre ellos y diciendo: "Recibid el Espíritu Santo" (Jn 20,22). El Espíritu Santo es el beso mutuo de Aquel que besa (el Padre) y Aquel que es besado (el Hijo):

> Y no le parece poca cosa o de poco valor ser besada con el beso, porque no es otra cosa que la infusión del Espíritu Santo. Porque, si entendemos bien que el Padre es el que besa y el Hijo es el besado, no es desacertado concluir que el beso es el Espíritu Santo, ya que este Espíritu es la paz imperturbable, el aglutinante indisoluble, el amor inseparable y la unidad indivisible del Padre y el Hijo (*CC*, 8.2).

Bernardo despliega un admirable conocimiento de la multitud de pasajes bíblicos que indican que el conocimiento de Dios es algo dado sobrenaturalmente por la acción del Espíritu Santo.

> Hay algo que le da pie para atreverse a tanto; es el Hijo que dice: "Nadie conoce el Hijo sino el padre, y nadie conoce al Padre sino el Hijo", y sigue diciendo: "Y aquel a quien el Hijo se lo quiere revelar" [Mt 11,27] [...] Por eso [la esposa] pide atrevidamente que le sea dado el beso, es decir, aquel Espíritu en el que se le revelarán el Hijo y el Padre (*CC*, 8.3).

Bernardo señala entonces que el "beso", el dar el Espíritu Santo, contiene dentro luz para la mente y fervor para la voluntad. Ambos, conocimiento y amor, son necesarios para la acción del Espíritu Santo (*CC*, 8.5).

Juan de la Cruz, y también otros santos, hablan igualmente de la doble dimensión de la contemplación: contemplación que imparte conocimiento a la mente y contemplación que inflama la voluntad con el amor. Cualquiera de las dos puede predominar en un momento dado o en una persona dada, pero las dos deben estar ahí juntas en un razonable equilibrio para que el progreso en la vida espiritual continúe adecuadamente. Como nos dice Bernardo:

> La ciencia que hincha [1 Co 8,1], por carecer de amor, no es fruto del beso. Ni siquiera el que tiene celo de Dios, pero no según la ciencia [Ro 10,2], puede presumir de haber sido besado, porque la gracia de ese beso lleva consigo dos regalos: la luz del conocimiento y el ungüento de la devoción [...] Por consiguiente, que no piense haber recibido el beso el que entiende la verdad, pero no la ama; o el que la ama, pero no la entiende. En este beso no hay lugar para el error ni para la tibieza (*CC*, 8.6).

Bernardo nos insta a invocar al Espíritu sin cesar, a estar atentos a su presencia y a su obra, y sensibles a sus inspiraciones y dones.

> Invoquemos al Espíritu de la verdad [Jn 14,17]. Hagámosle volver de aquella altura a la que nos había llevado, a fin de que nos preceda también en nuestro retorno a nosotros mismos, porque sin él nada podemos [Jn 15,5]. Y no temamos que no vaya a dignarse descender a nosotros; pensemos más bien que le molesta que nos empeñemos en prescindir de él para lo más mínimo (*CC*, 17.8).

Y cuando el Espíritu dice "ven", a veces en mociones apenas perceptibles, otras veces en visitaciones más manifiestas, Bernardo nos urge a estar alerta:

> Cuando no se está muy atento a estas alternancias del Espíritu portadoras de riqueza para nosotros, ocurre que ni lo deseas cuando está ausente ni lo glorificas cuando está presente [...] estemos vigilantes y solícitos a propósito de la obra de nuestra salvación; obra que el Espíritu Santo lleva acabo incesantemente en nuestro interior con la delicadeza y suavidad propias de su destreza divina. Si no queremos vernos privados de un doble don, que nunca se retire de nosotros, sin que seamos conscientes de ello, la divina unción que enseña acerca de todas las cosas [1 Jn 2,27]; y que, cuando vuelva, nunca nos encuentre desprevenidos, sino que tengamos siempre la cabeza levantada y dilatado el corazón para recibir una copiosa bendición (*CC* 17.1-2).

Una cierta estabilidad

¿Y no era esto, sorprendentemente, una parte central de la profética enseñanza de Juan Pablo II cuando introducía a la Iglesia en el tercer milenio?

En la Bula de Indicción que proclamaba oficialmente el Año Jubilar 2000, Juan Pablo II hizo la extraordinaria declaración de que desde el mismo principio de su pontificado había "mirado hacia esta fecha con la única intención de preparar los corazones de todos a hacerse dóciles a la acción del Espíritu".[1]

De nuevo, en preparación para el Gran Jubileo, el papa exhortó fervientemente a todos los Cristianos a abrirse sin reservas a los dones del Espíritu Santo.

> Hoy quisiera gritaros a todos vosotros reunidos aquí en la Plaza de San Pedro y a todos los Cristianos: ¡Abríos dócilmente a los dones del Espíritu! ¡Aceptad agradecidos y obedientemente los carismas que el Espíritu nunca cesa de de otorgarnos![2]

¿Podemos evitar el rezar ardientemente? ¡Ven, Espíritu Santo, ven! ¡Ven, Espíritu Santo, ven!

Ahora, con la ayuda del Espíritu Santo, profundizado el conocimiento de nosotros mismos, y acrecentado nuestro deseo de unión, necesitamos considerar algunas verdades importantes acerca de la tradición espiritual llamada "desprendimiento".

Así como la falta de conocimiento de uno mismo y de Dios, y la falta de deseo de Dios, pueden estorbarnos en el camino espiritual e impedirnos proseguir desde la tercera etapa o mansión, también puede estorbarnos la falta de desprendimiento. A fin de dejarle más espacio a Dios en nuestra vida necesitamos deshacernos de cosas que actualmente llenan nuestro corazón y reorganizar las cosas que no estén debidamente ordenadas en Él. La importancia de un apropiado desprendimiento hacia las cosas de este mundo —o como lo llaman a veces, el poner nuestros amores en su debido orden— es acentuado por todos los escritores espirituales que estamos estudiando.

---

1 *Incarnationis Mysterium*. Bula de convocatoria del Gran Jubileo del año 2000 (2).
2 "¡Este es el día que hizo el Señor!". *L'Osservatore Romano* (3.6.1998).

Capítulo 10

CRECER EN LIBERTAD

Todo lo que existe es un regalo de Dios. Sin embargo, a menudo nos fijamos en las cosas y criaturas creadas por Dios para una satisfacción y una realización que sólo el mismo Dios puede proporcionar. Cuando el alma se apega a las cosas y a las personas de este mundo, buscando esa satisfacción y esa realización que sólo Dios puede dar, produce una distorsión en sí misma y también en otros. Muchos escritores espirituales llaman "desprendimiento" al proceso de deshacerse de esta posesiva, egocéntrica, adherente y desordenada búsqueda de cosas y personas. La meta del proceso de desprendimiento no es dejar de amar las cosas y personas de este mundo, sino, por el contrario, amarlas aún más, pero verdaderamente en Dios, bajo el reinado de Cristo y en el poder del Espíritu Santo. Las cosas y las personas se hacen aún más bellas y deleitables cuando las vemos en esta luz. Hay casi siempre dimensiones dolorosas de este proceso de "soltar" a fin de amar más, pero es el dolor de la verdadera sanación y liberación. El desprendimiento cristiano es una parte importante del proceso por el cual entramos en una esfera de gran libertad y gozo.

Bernardo nos da una inspiradora imagen de lo que es la vida de tal desprendimiento:

> La Iglesia de Dios tiene, sin duda, sus espirituales, que en esto actúan no sólo fiel, sino también confiadamente, que hablan con Dios como con un amigo, dándoles su conciencia el testimonio de su gloria. Quiénes son éstos, es algo que pertenece a Dios; tú escucha cómo te conviene ser si quieres ser uno de ellos. Lo que os voy a decir no es algo de uno que lo haya experimentado, sino de uno que desea llegar a experimentarlo. Dame un alma que no ame cosa alguna fuera de Dios, y que lo que ha de ser amado lo ame por Dios, cuya vida sea Cristo, pero que ya lo sea desde hace tiempo, cuyos trabajos y ocios tiendan a tener siempre presente al Señor, cuyo esfuerzo, no digo mayor sino exclusivo, consista en caminar atentamente con el Señor su Dios, y que nunca deje de vivir de esta manera, dame un alma así, repito, y yo no niego que sea digna de los cuidados del Esposo, de la atención de la majestad, del favor del poderoso, de la solicitud del que gobierna (*CC*, 69.1).

El Padre da a Catalina de Siena una asombrosa percepción para comprender por qué es necesario el desprendimiento:

> Las cosas creadas, en efecto, son menores que el hombre; las cosas han sido hechas para él, y no él para las cosas. Por esto no le pueden saciar. Solamente yo puedo hacerlo [...] ¿Quieres que te diga cómo sufren? Tú sabes que el amor es siempre causa de sufrimiento cuando uno pierde aquello con lo cual se había identificado. Estos, por su amor y de distintas maneras, se han identificado con la tierra. Y en tierra se han convertido. Otros se unifican con su propia riqueza; otros con su posición; quién con sus hijos, quién llega a perderme a mí para servir a las criaturas, quién convierte su propio cuerpo en inmundo animal [...] Desearían que las cosas fueran estables y permanentes, y no lo son, sino que se les escapan como el viento, sea porque desaparecen con la muerte o se ven privados de lo que aman por disposición mía. Esta privación les ocasiona un sufrimiento indecible, y su dolor al perderlas es tan grande como el amor desordenado con que las poseyeron. Si las hubieran considerado como cosa prestada y no

como algo propio, las dejarían sin pena alguna. Pero sufre, porque no tienen lo que desean, puesto que, como te dije, el mundo no los puede saciar, y sufren de no verse saciados. (*D*, 48).

Bernardo señala también la deformidad del alma que viene de ser amiga del mundo de tal forma que se hace enemiga de Dios:

> Las almas de esta forma encorvadas no pueden amar al Esposo, porque no son amigas del Esposo sino del mundo. "El que quiera ser amigo del mundo, dice [la Escritura], se convierte en enemigo de Dios" [Sant 4,4]. Por lo tanto, buscar y saborear las cosa de la tierra es encorvamiento del alma y, por el contrario, meditar o desear las cosas de arriba es rectitud (*CC*, 24.7).

El Libro de la Sabiduría tiene un hermoso pasaje sobre cómo las cosas bellas de la creación tienen como fin conducirnos a la belleza del Creador; y qué trágico resulta cuando no lo hacen.

> Si, cautivados por su belleza los tomaron por dioses,
>   sepan cuánto les aventaja su Señor,
> pues los creó el autor de la belleza [...]
> Pues por la grandeza y hermosura de las criaturas
> se descubre, por analogía, a su Creador [...]
>   y se dejan seducir por su apariencia,
> pues es hermoso lo que ven.
> Pero, con todo, ni siquiera éstos son excusables;
> porque, si fueran capaces de saber tanto,
>   que pudieran escudriñar el universo,
> ¿cómo no encontraron antes a su Señor? (Sab 13,3. 5. 7b-9).

Catalina de Siena señala que incluso en esta vida los avaros, los envidiosos, los vengativos y los lascivos son torturados por sus deseos desordenados. Sufren por su propia pecaminosidad, no mereciendo nada por ello y rehusando prestar atención al mensaje de este sufrimiento: arrepiéntete y vuelve al Padre. Los Cristianos, tomando la Cruz de Cristo, pueden gustar algo del gozo del cielo en esta vida; de igual modo, aquellos que deciden seguir sus deseos pecaminosos, han tomado "la cruz del demonio, tomando de antemano las arras del infierno. Esta vida para ellos está llena de enfermedades de todas clases, y si no se corrigen, llegarán a la muerte eterna [...] sufren interior y exteriormente sin mérito alguno [...] Pasando llenos de odio por la puerta del demonio, reciben la eterna condenación [...] Has visto cómo se engañan y en medio de cuántos sufrimientos van al infierno, haciéndose mártires del demonio" (*D*, 48).

¿Cuáles son algunas de las áreas en las que el desprendimiento es importante?

El dinero y las posesiones

Juan de la Cruz nos ofrece al Rey David como ilustración de la libertad del corazón con relación al dinero y las posesiones necesaria para el progreso espiritual:

> Llámase [David] pobre, aunque está claro que era rico, porque no tenía en la riqueza su voluntad, y así, era tanto como ser pobre realmente; mas antes, si fuera realmente pobre, y de la voluntad no lo fuera, no era verdaderamente pobre, pues el ánima estaba rica y llena en el apetito.
>
> Y por eso llamamos esta desnudez *noche* para el alma, porque no tratamos aquí del carácter de las cosas, porque eso no desnuda el alma si tiene apetito de ellas, que es lo que deja al alma libre y vacía de ellas, aunque las tenga. Porque no ocupan el alma las cosas de este mundo ni la dañan, pues no entran en ellas, sino la voluntad y apetito de ellas que moran en ella (*M*, 1, 3).

Juan declara un principio muy importante: no es ni la presencia ni la ausencia de las cosas lo que indica verdadero desprendimiento, sino más bien la libertad interior del corazón que pone su confianza no en las cosas —poseyendo o guardando lo que ya tenemos, o anhelando lo que no tenemos— sino en el cuidado del Padre para con nosotros.

Bernardo habla también de esta pobreza de espíritu, posible incluso en medio de la riqueza. Hablando de discípulos ricos del Señor, comenta Bernardo:

> Poseen también los bienes de la tierra y, ciertamente, como los que no tienen nada [2 Co 6,10] y lo poseen todo. No mendigando como pordioseros, sino como dueños y señores, y tanto más señores cuanto menos ambiciosos. El hombre de fe posee todo un mundo de riquezas. Todo un mundo, sin duda alguna, porque tanto sus cosas prósperas como las adversas están igualmente a su servicio y le sirve igualmente y coopera en todo para su bien sirven para El avaro hambrea lo terreno como un mendigo; el fiel lo desprecia como un señor. Aquél poseyendo mendiga; éste despreciando posee (*CC*, 21.7-8).

Este principio básico de vivir en la fe y confiando en el cuidado de Dios, tan importante para todo el camino espiritual, es evidentemente una enseñanza central de Jesús.

Refiriéndose a la ansiedad que percibía en sus discípulos por tener bastante de las necesidades básicas de la vida, dijo:

> Que por todas esas cosas se afanan los gentiles del mundo;
> y ya sabe su Padre que tienen la necesidad de eso.
> Busquen más bien su Reino y esas cosas se les darán por añadidura (Lc 12,30-31).

La vida de un cristiano ha de ser diferente a la vida de un increyente. Como todos los seres humanos, los cristianos necesitan ciertas cosas de este mundo para vivir, pero Jesús nos llama a ocuparnos primordialmente de vivir en el reino. Si hacemos esto, Él promete que las cosas que necesitamos para la vida en esta tierra se nos darán también.

Esta pobreza o desprendimiento del espíritu respecto a las cosas materiales se ha expresado a menudo en la vida del pueblo cristiano dejando realmente los bienes materiales en el contexto de la vida religiosa, donde se hace voto de pobreza. En efecto, Jesús a continuación de los versículos que acabamos de considerar, invita a sus discípulos a una verdadera renuncia de los bienes materiales.

Francisco reconoce el valor grande de hacer voto solemne de pobreza, como se hace en la vida religiosa, pero también indica que se puede alcanzar la perfección en la pobreza sin hacer un voto así; y establece la importante distinción entre el "estado de perfección" desde el punto de vista técnico, o sea, la vida religiosa, y la realidad misma de la perfección, que está al alcance de cualquiera,

> siendo mucha la diferencia existente entre la perfección y el camino de perfección; todos los obispos y religiosos se encuentran en el estado de perfección y no todos son perfectos, como lo demuestra la experiencia. Esforcémonos [...] en practicar dichas tres virtudes cada uno según su vocación; pues si bien no ponen en estado de perfección, facilitan su adquisición (*IVD*, 3, 11).

Consejos prácticos sobre el desprendimiento

Está claro que los principios del desprendimiento y la pobreza de espíritu son absolutamente esenciales para progresar en la vida espiritual. Francisco de Sales da algún buen consejo a los que no viven como religiosos acerca de cómo enfocar esta área. Aunque puede existir una verdadera pobreza de espíritu en medio de las riquezas, la capacidad para engañarse a uno mismo es grande ahí. Francisco nos da algunos índices para que podamos discernir si realmente tenemos un espíritu de desprendimiento o pobreza, o simplemente nos creemos que lo tenemos.

En primer lugar, Francisco reconoce la verdadera ventaja de la riqueza, e incluso el derecho a aumentarla si se hace apropiadamente.

> se pueden poseer riquezas sin estar atosigado por las riquezas; tal sucederá si las tienes en tu casa, en tu bolsa, y no en tu corazón. Ser rico en realidad y pobre en efecto es la gran dicha del cristiano, que por este medio posee las comodidades de las riquezas en este mundo y el mérito de

la pobreza para el otro [...] no me parece mal que quieras aumentar tu hacienda si lo realizas sin faltar a la justicia, a la dulzura y a la caridad (*IVD*, 3, 14).

A la vez Francisco es muy consciente de que la avaricia y la codicia se revisten a menudo con diversas razonamientos. Da el ejemplo de una persona que alega que sus responsabilidades hacia sus hijos requieren que aumente y mantenga su fortuna, pero que nunca cree que tiene bastante y siempre ve la necesidad de más. Cuanto más poderosas son la avaricia y la codicia, más pueden ocultar, y más puede a la larga ocultarse a la conciencia de la misma persona, la realidad de la situación.

En la lista de los pecados que excluyen a las personas del reino de Dios no es muy obvia la avaricia.

> ¿No saben acaso que los injustos no heredarán el Reino de Dios? ¡No se engañen! Ni impuros, ni idólatras, ni adúlteros, ni afeminados, ni homosexuales, ni ladrones, ni avaros, ni borrachos, ni ultrajadores, ni explotadores heredarán el Reino de Dios (1 Co 6,9-10).

Efectivamente, Pablo indica que la codicia puede llegar a ser realmente idólatra, y advierte contra la "la codicia, que es una idolatría" (Col 3,5; Ef 5,3-6). Cuando damos tiempo, atención, esfuerzo y afección a amasar y guardar las cosas de este mundo que debemos dar a Dios mismo, nos hemos hecho idólatras. Y también, casi seguro, hemos producido en nosotros una vida egocéntrica, un apagamiento de espíritu y ceguera a las realidades espirituales que nos someten a la "ira de Dios" (Col 3,6). Porque la ira de Dios es la experiencia que resulta de darle la espalda a su amor.

¿Cómo podemos probar nuestros corazones para descubrir codicia o avaricia? Francisco nos dice:

> Si ambicionas intensa y ardientemente y con inquietud
> las riquezas que no tienes, puedes decir muy bien que

no deseas adquirirlas injustamente, y con todo ello no dejarías de ser una avarienta (*IVD*, 3, 14).

Otro índice que nos da Francisco es observar nuestra reacción cuando perdemos parte de nuestra fortuna o propiedad:

> Si por haber perdido tus bienes sientes aflicción inconsolable y amargura extraordinaria, créeme [...], tu apego a las riquezas es desmesurado, pues nada testimonia más la afición a la cosa perdida que el dolor experimentado con su pérdida (*IVD*, 3, 14).

La fortuna que poseemos no nos pertenece, sino que se nos ha sido dada por el Señor como administradores, para ser utilizada bajo su mandato. Parte de la vocación de los que tienen dinero es usarlo bien —incluso aumentándolo si se presenta una oportunidad justa— bajo la guía del Espíritu Santo. Un don o ministerio del Espíritu Santo es "dar con alegría" (Ro 12,8). Esto debe significar dar con regularidad parte de nuestro caudal para el servicio del Señor y el alivio de los pobres, pero también servirles personalmente.

Francisco comenta, paradójicamente, que los que dan generosamente son a menudo bendecidos con mayor prosperidad:

> Nada hace aumentar las riquezas tanto como la limosna; pero, mientras esperas que Dios te lo recompense, serás pobre de lo que diste (*IVD*, 3, 15).

Pero también hemos de llegar a ver los "reveses de la fortuna" como oportunidades para demostrar verdadero desprendimiento y así crecer en humildad y santidad.

> Cuando tengas reveses que te empobrezcan poco o mucho, como tempestades, incendios, inundaciones, sequías, hurtos, pleitos, entonces es llegada la ocasión de practicar la pobreza, aceptando con mansedumbre las pérdidas de bienes y acomodándote con paciencia y constancia al estado de pobreza (*IVD*, 3, 15).

Los que son materialmente pobres pueden también transformar la necesidad en una virtud, haciéndose verdaderamente pobres en espíritu, así como en cosas materiales. Puesto que nuestra pobreza material no ha venido porque lo hayamos querido, sino que al menos así lo ha permitido Dios, presenta una oportunidad para eliminar la propia voluntad de esa pobreza y aceptarla más puramente como la voluntad de Dios. La aceptación por Dios hace nuestro sufrimiento muy valioso. En segundo lugar, mientras que la pobreza voluntaria escogida en la vida religiosa es elogiada y estimada, también puede encerrar orgullo y motivos diversos; o sea, que la verdadera "pobreza" pudiera no ser tan pobre después de todo.

Me recuerda esto una historia que cuenta algunas veces el escritor espiritual estadounidense Padre Benedict Groeschel, CFR (Director de Desarrollo Espiritual en la Archidiócesis de Nueva York y fundador de una Orden reformada de Capuchinos) de su visita a una impresionante casa de una orden religiosa. Después de maravillarse del espléndido mobiliario y de los materiales usados en la construcción, el padre Groeschel observó: "Si esto es pobreza, habrá que ver cómo es el celibato".

Puesto que la pobreza involuntaria de los laicos no se alaba mucho, puede ser en efecto aún más pobre que la pobreza voluntaria de los religiosos, cuya vida siempre se elogia. No quejarse de ser pobre revela en realidad verdadera pobreza de espíritu y ausencia de ese "deseo codicioso" del que hablaba Juan de la Cruz en sus comentarios respecto al rey David. Hay un pasaje de la Escritura que arroja mucha luz sobre esta cuestión:

> No seáis amantes del dinero en vuestra conducta; contentaos con lo que tenéis, pues él ha dicho: "No te dejaré ni te abandonaré"; de modo que podemos decir confiados: El Señor es mi ayuda; no temeré. ¿Qué puede hacerme un hombre? (Heb 13,5-6).

No es el dinero en sí, sino el amor al dinero, lo que la Escritura describe como "raíz de todo mal":

> Los que quieren enriquecerse caen en la tentación, en el lazo y en muchas codicias insensatas y perniciosas que hunden a los hombres en la ruina y en la perdición. Porque la raíz de todos los males es el afán de dinero, y algunos, por dejarse llevar de él, se extraviaron en la fe y se atormentaron con muchos sufrimientos (1 Tim 6,9-10).

La verdadera satisfacción viene, como vino para Pablo, de saber cómo estar escasos y cómo estar sobrados (cf. Flp 4,12), confiando en el cuidado de Dios y en su regla providencial sobre las circunstancias de nuestra vida. La "satisfacción" de que hablan las Escrituras no depende de si tenemos mucho o poco dinero, sino de saber quién se preocupa de nosotros: ¡el mismo Dios!

He conocido a personas que son muy ricas, que tienen millones de dólares, y no están satisfechas. Piensan que no tienen bastante y tienen miedo de perder lo que tienen. Y he conocido literalmente a los más pobres de los pobres, que no tienen prácticamente nada, pero están llenos de alegría ¡y dan generosamente de su nada! Recuerdo una vez que estaba visitando un pueblecito cristiano de la India donde la gente parecía no tener literalmente nada. Cuando me vieron venir tuvieron una pequeña reunión rápida y entonces uno se fue corriendo y volvió con una botella de gaseosa y me la dio. Todos tenían una gran sonrisa en sus rostros y estaban absolutamente encantados de poder darme esto. Me sentí como el rey David, a quien tanto conmovió el sacrificio de los que le trajeron su agua de manantial favorita atravesando las líneas enemigas con riesgo de sus vidas (2 Sam 23,15-17), y que él rehusó beber y la vertió como sacrificio al Señor. Yo sabía que de verdad querían que me la bebiera, y así lo hice, mientras estaban todos a mi alrededor mirándome con gran deleite. ¡En aquel momento comprendí aún mejor lo que Jesús debió de sentir cuando la gente estaba alabando a los que daban grandes contribuciones al templo y Él alabó a la pobre viuda que había dado una pequeña moneda de su nada! Teresa de Jesús dice que un desprendimiento así es esencial:

Más créanme una cosa, que si hay punto de honra, o de hacienda (y esto también puede haberlo en los monasterios como fuera, aunque mas quitadas estén las ocasiones y mayor sería la culpa), que aunque tenga muchos años de oración, o por mejor decir, consideración (porque oración perfecta, en fin, quita estos resabios), que nunca medrarán ni llegarán a gozar el verdadero fruto de la oración (*CP*, 12.5).

El placer sensual

Dios nos creó para sentir y desear el placer. El placer en sí mismo no es ni mucho menos pecaminoso, sino que es una maravillosa capacidad que Dios nos ha dado para deleitarnos en lo que es realmente deleitable. Francisco de Sales señala consistentemente cómo Dios nos atrae a Él por el placer que nos da Él de estar en relación con Él, y cómo Él, de hecho, se complace en su relación con nosotros (*TAD*, 8.1). Pero todos los placeres creados no son sino una limitada participación en el placer eterno, sólo una sombra, de conocer a Dios y habitar para siempre en su reino. Cuando nos ponemos a perseguir el placer sensual de un modo o grado desordenado, se convierte en un obstáculo para el mayor de los placeres, la unión con Dios. Dios ha creado los placeres terrenales como signos, anticipos e invitaciones al placer de la eternidad, pero cuando se buscan aparte de Dios como fines en sí mismos o no de acuerdo con su propósito, se convierten en obstáculos. Somos a la vez sensuales y espirituales en nuestra naturaleza. Si perseguimos lo sensual de un modo desproporcionado o desordenado podemos terminar haciéndonos menos que humanos, verdaderas bestias, cuyo "dios es el estómago" y cuyo "fin es la destrucción" (Flp 3,19). Lo que nos ayuda a evitar esta idolatría y sus desastrosas consecuencias es recordar que nuestro verdadero hogar está en el cielo y que estamos esperando el retorno del "Señor Jesucristo, el cual transfigurará nuestro pobre cuerpo a imagen de su cuerpo glorioso" (Flp 3,20-21). Naturalmente, también lo opuesto puede ser verdad: una espiritualidad desequilibrada, ilusoria, que ignora lo auténticamente humano y puede convertirnos también en menos que humanos y más demoníacos que angélicos. En efecto, como en el caso de la codicia, la busca excesiva del placer sensual puede hacerse verdaderamente idolátrica (cf. Ef 5,5). Cuando dedicamos la mayor parte de nuestro tiempo, atención, pensamientos y afectos a algo que no es Dios, corremos el riesgo de la idolatría, de adorar (adorando, contemplando, alabando, buscando, dando gracias) algo que no es verdaderamente Dios.

El placer sexual

Hay muchos placeres que vienen de Dios, pero veamos como ejemplo uno que es tan fundamental para nuestra naturaleza y tan prominentemente resaltado en nuestra cultura, el del placer sexual.

Dios creó a los seres humanos con deseos e impulsos sexuales. A causa de la profunda herida en nuestra naturaleza causada por la Caída, existe en nuestros deseos e impulsos un desorden que debemos poner bajo el reinado de Cristo y el dominio del Espíritu Santo para que el deseo sexual encuentre su debida expresión.

Bernardo indica que el cuerpo en sí mismo no es el problema, sino el desorden que el pecado ha traído al cuerpo:

> Porque, "mientras sea el cuerpo nuestro domicilio, estamos desterrados del Señor" [2 Co 5,6]. No porque nuestro domicilio sea un cuerpo, sino porque es este cuerpo, que es un cuerpo de pecado y no existe sin pecado. Y para que te convenzas de que el obstáculo no son los cuerpos, sino los cuerpos de pecado, escucha la Escritura que dice: "Son los pecados los que crean separación entre nosotros y Dios" [Is 59,3] (*CC*, 56.3).

El camino para la verdadera transformación en este terreno empieza llegando a conocer el propósito de Dios para nuestra sexualidad tal como se nos revela en su palabra y como es entendido por la Iglesia. Jesús habló de este vínculo esencial entre actuar en la verdad, como se conoce, llegar a entenderla más profundamente a través de nuestra obediencia a ella, y experimentar verdadera libertad:

> Si se mantienen en mi palabra, serán verdaderamente mis discípulos y conocerán la verdad y la verdad les hará libres (Jn 8,31).

Sin entrar en un tratado sobre la enseñanza de la Iglesia acerca de la sexualidad, repasemos algunas de las verdades básicas y entonces consideremos la sabiduría de los santos en cuanto a cómo conducirnos en diversas situaciones para no llegar a ser "esclavos" o "idólatras" en esta área. El propósito de la sexualidad es que un hombre y una mujer contraigan el compromiso para toda la vida de amarse y cuidarse mutuamente y estar abiertos a producir nueva vida. En el marco del matrimonio la expresión de la sexualidad tiene como fin expresar y desarrollar comunión entre el marido y la mujer y, si Dios quiere, procrear hijos. Cualquier ejercicio de la sexualidad fuera del matrimonio, o contrario a estos propósitos, es una violación de la voluntad de Dios, y, además de ser pecaminoso en mayor o menor grado, nos hace correr el riesgo de hacernos esclavos del deseo sexual desordenado.

Consejos prácticos sobre la castidad
El consejo de los santos en este terreno es el de tener muy claro qué es la verdad, pedir la ayuda de Dios para vivir de acuerdo con ella y ejercer una sabiduría práctica al enfrentarse con la tentación sexual.

Francisco de Sales nos dice que la castidad es necesaria para cualquiera, soltero o casado, entendiendo por castidad el debido ejercicio o restricción de la capacidad sexual. Deja claro que ninguna participación en el placer sexual fuera del matrimonio está permitida, y que necesitamos guardar nuestra mente, nuestro corazón, nuestra memoria y nuestros sentidos a fin de conseguir y preservar la debida pureza en este sentido. La mejor defensa es la temprana:

> Sé pronto en apartarte de los senderos que conduzcan a la impureza [...] es más fácil huir que curarse luego [...] Es impudor mirar, oír, hablar, oler y tocar cosas deshonestas,

> cuando el corazón se recrea y siente placer en ello [...] Ciertamente la castidad se puede perder de muchas maneras, cuantas son las clases de impudor y lascivia [lujuria] existentes, cuyos actos pueden ser leves o graves; los unos debilitan la castidad y los otros la hacen morir (*IVD*, 3, 13).

Vienen a la menta las palabras de San Pablo:

> La fornicación, y toda impureza o codicia, ni se mencione entre ustedes, como conviene a los santos. Lo mismo que la grosería, las necedades o las vulgaridades, cosas que no están bien; sino más bien, acciones de gracias. Porque tengan entendido que ningún fornicario o impuro o codicioso —que es ser idólatra— participará en la herencia del Reino de Cristo y de Dios (Ef 5,3-5).

Francisco habla de los tres grados en el ejercicio de la virtud de la castidad. El primer grado de esta virtud se expresa no cediendo voluntariamente al placer sexual aparte del matrimonio, o a un placer sexual dentro del matrimonio que pueda violar las reglas de la comunión por amor y apertura a la nueva vida. El segundo grado es, en lo posible, no buscar los placeres, aun cuando sean permitidos, aparte de lo que sirve verdaderamente los propósitos de la relación. El tercer grado es no poner el corazón y la mente en el placer sexual necesario y apropiado para la relación matrimonial, es decir, no llegar a estar preocupado u obsesionado con una parte de la vida y del matrimonio que es importante, pero subordinada (*IVD*, 3, 12).

Francisco nos advierte en particular que evitemos el irnos por el camino de la curiosidad sexual, seamos casados o solteros, ya que puede conducir fácilmente a la obsesión y esclavitud sexuales. En una cultura pornográfica e inmodesta como en la que vivimos, este consejo es importantísimo. Citando a San Jerónimo, Francisco advierte a los solteros que no se dejen engañar por el demonio, que aumenta el deleite y placer del sexo imaginado para tentarles violentamente a abandonar la castidad. El demonio intenta presentar estos placeres "mucho más agradables y deliciosos de lo que son en realidad" (*IVD*, 3, 12). Su consejo es alejarse de tales pensamientos inmediatamente y no ser arrastrados por la curiosidad sexual.

Bernardo identifica la curiosidad como un medio que usa el diablo para conducir a muchos al pecado, no solamente a los pecados sexuales. Considera la curiosidad como el primer paso en un descenso de doce pasos desde la humildad al orgullo, desde la gracia hasta la condenación. Su consejo: deberíamos preocuparnos solamente de lo que necesitamos conocer en cada momento.

> El primer grado de soberbia es la curiosidad. Puedes detectarla a través de una serie de indicios. Si ves a un monje que gozaba ante ti de excelente reputación, pero que ahora, en cualquier lugar donde se encuentra, en pie, andando o sentado, no hace más que mirar a todas partes con la cabeza siempre alzada, aplicando los oídos a cualquier rumor, puedes colegir, por estos gestos del hombre exterior, que interiormente este hombre ha sufrido un cambio [...] la incipiente enfermedad del alma. Y el alma que, por su dejadez, se va entorpeciendo para cuidar de sí misma, se vuelve curiosa en los asuntos de los demás [...] porque lo mismo que la muerte entró en el mundo por el pecado, así penetra por estas ventanas en el alma [Jer 9,20].[1]

Bernardo nos recuerda que fue la curiosidad lo que originalmente condujo a la Caída, y habla de Eva:

> ¿Por qué diriges con tanta frecuencia tus ojos inquietos hacia ese árbol? ¿Por qué te agrada mirar lo que no se puede comer? [...] Cuando miras con ansiedad al árbol prohibido, la serpiente se introduce a hurtadillas en tu corazón y te habla con lisonjas; ahoga tu corazón con halagos y disipa con mentiras tu temor sugiriéndote este retintín: "Morir?, ¡en absoluto!" Te excita la gula para que hierbas en ansiedad; agudiza la curiosidad con la

---

1 "Tratado sobre los grados de humildad y soberbia", 10.28.

sugestión del deseo. Te ofrece lo prohibido y te arrebata lo que ya tienes. Te da una manzana y te roba el paraíso.[2]

Francisco reconoce que el concepto de castidad dentro del matrimonio es un concepto sorprendente para muchos. La castidad dentro del matrimonio no quiere decir obviamente abstenerse de las relaciones sexuales, sino más bien ejercer una debida restricción utilizando la facultad sexual al servicio del amor y de la vida todo lo posible. Francisco reconoce que esto es desafiante y que, en efecto, la total abstinencia dentro del matrimonio puede ser más fácil de conseguir que un ejercicio apropiado de la sexualidad.

Hace una comparación con la admonición bíblica: "Enójate y no peques" (Sal 4.5),[3] comentando que en realidad es más difícil ejercitar apropiadamente la ira que no airarse. Reconoce el legítimo "santo uso" apropiado en la sexualidad matrimonial, pero señala lo fácil que es que esto derive en "la disolución, y a que el uso se convierta en abuso" (*IVD*, 3, 12).

A veces las circunstancias dentro del matrimonio exigen una abstinencia total en la expresión sexual durante un período de tiempo, como lo exige una larga enfermedad o separaciones inevitables. Francisco habla, pues, de dos clases de castidad para una pareja de casados: "abstinencia absoluta" en esas separaciones y "abstinencia moderada" en circunstancias ordinarias (*IVD*, 3, 12). En el próximo capítulo tendremos ocasión de volver con más detalle a la realidad del amor matrimonial y la amistad en la vida espiritual.

El dinero y las posesiones son una fuerza poderosa en nuestra vida con que debemos enfrentarnos. Y también lo es, como acabamos de considerar, la sexualidad. Ahora llegamos al orgullo, que muchos escritores espirituales, basados en su análisis del pecado primordial relatado en el Génesis, identifican como la raíz del pecado.

---

2 "Tratado sobre los grados de humildad y soberbia", 10.30.
3 *N. del T.* Ralph Martin, para este versículo discutido por los biblistas, usa el sentido de "irritaos", como la Septuaginta tradujo al griego (y de ahí la Vulgata), y al que San Pablo parece aludir en Efesios 4,26: "Si os enojáis, no pequéis ni se ponga el sol sobre vuestra iracundia".

El orgullo

Fue un acto de orgullo lo que condujo a la Caída: ¡"seréis como dioses"! (Gn 3,5). Y fue un acto de humildad amorosa y obediente lo que trajo la posibilidad de la redención. La Escritura habla repetidamente con fuerza sobre el profundo mal del orgullo.[4]

> Tengan entre ustedes los mismos sentimientos que Cristo: El cual, siendo de condición divina, no codició el ser igual a Dios sino que se despojó de sí mismo tomando condición de esclavo. Asumiendo semejanza humana y apareciendo en su porte como hombre; y se rebajó a sí mismo, haciéndose obediente hasta la muerte y una muerte de cruz (Flp 2,5-8).

Estar despegado de una búsqueda egocéntrica y posesiva —que es el doblegamiento del orgullo— es esencial para progresar en la vida espiritual.

Bernardo identifica el orgullo como el principio de todo pecado:

> Así pues, lo mismo que "el principio de la sabiduría es el temor del Señor" [Sal 110,10; Sir 1,16], así también "el comienzo de todo pecado es la soberbia" [Sir 10,15] [...] Esto es, ciertamente, soberbia; esto es el principio de todo pecado, cuando te crees mayor a tus propios ojos que a los de Dios y de lo que eres en verdad (*CC*, 37.6).

La profunda herida en nuestro ser causada por el orgullo necesita sanarse antes de que la unión con Dios pueda restablecerse como estaba "en el principio". Y Dios ha ordenado de tal modo su plan para salvar a la raza humana que la salvación no puede ocurrir sin antes doblegar el orgullo. La fe es la clave, sencilla pero poderosa, que doblega el orgullo y abre la puerta a la salvación.[5]

---

4 Muchos de los santos que estamos citando hacen numerosas referencias a la base bíblica de sus enseñanzas. Meditar sobre las referencias bíblicas que citan es un valioso ejercicio.

5 Algunas de las siguientes reflexiones sobre el orgullo, la gracia y la fe aparecieron en forma similar en un capítulo de mi libro *The Catholic Church at the End of an Era: What is the Spirit Saying?* (*La fe católica al final de una era. ¿Qué está diciendo el Espíritu?*, parte 2, cap. 2, pp. 214-226. *NT*. Esta magnífica obra, de gran fuerza profética, fue precedida en 1982 por *Crisis of Truth: The Attack on Faith, Morality and Mission* (*La crisis de la verdad. El ataque a la fe, la moralidad y la misión*).

> Todos pecaron y están privados de la gloria de Dios —y son justificados por el don de su gracia, en virtud de la redención realizada en Cristo Jesús, a quien exhibió Dios como instrumento de propiciación por su propia sangre, mediante la fe, para mostrar su justicia, habiendo pasado por alto los pecados cometidos anteriormente, en el tiempo de la paciencia de Dios; en orden a mostrar su justicia en el tiempo presente, para ser justo y justificador del que cree en Jesús. ¿Dónde está, entonces, el derecho a gloriarse? Queda eliminado (Ro 3, 23-27).

Mucho dicen estos pocos versículos, y los temas tratados aquí están desarrollados a través de toda la Biblia. En resumen: como resultado de la Caída todos están separados de Dios; por el sacrificio de Cristo a todos se les ofrece el inmerecido don de la redención por Dios. Si realmente comprendemos nuestra situación y cuán inmerecedores somos de la salvación, hasta qué punto es un puro regalo de Dios, no tenemos nada de que jactarnos —excepto la Cruz de Cristo, y nuestra necesidad y debilidad, ¡dos cosas de las que nos dice la Escritura que sí podemos gloriarnos! Es nuestro profundo reconocimiento de esta verdad, vivida en nuestra vida diaria, lo que hace doblegarse al orgullo. Tenemos que recibir, no conseguir, para ser salvados. No hay nada que podamos hacer para ser dignos de la salvación, ni para ganarla o merecerla. Debidamente entendido, esto nos hace profundamente humildes. Tiene que hacernos.

> Porque no me envió Cristo a bautizar, sino a predicar el Evangelio. Y no con palabras sabias, para no desvirtuar la cruz de Cristo [...] De hecho, como el mundo mediante su propia sabiduría no conoció a Dios en su divina sabiduría, quiso Dios salvar a los creyentes mediante la locura de la predicación. Así, mientras los judíos piden signos y los griegos buscan sabiduría, nosotros predicamos a un Cristo crucificado: escándalo para los judíos, locuras para los gentiles; mas para los llamados, lo mismo judíos que griegos, un Cristo, fuerza de Dios y sabiduría de Dios. Porque la locura de Dios es más sabia que los hombres,

y la debilidad de Dios mas fuerte que los hombres [...] Ha escogido Dios más bien a los locos del mundo para confundir a los sabios. Y ha escogido Dios a los débiles del mundo para confundir a los fuertes. Lo plebeyo y despreciable del mundo ha escogido Dios; lo que no es, para reducir a la nada lo que es. Para que ningún mortal se gloríe en la presencia de Dios [...] El que se gloríe, que se gloríe en Dios (1 Co 1,17-31).

Bernardo dice muy claramente una y otra vez que nuestra esperanza de salvación reside no en nuestros propios méritos o esfuerzos, sino en la sangre de Cristo:

> Tu Pasión es el único refugio, el único remedio. Ella viene en nuestro auxilio cuando falta la sabiduría, la justicia no es suficiente, y los méritos de la propia santidad se desmoronan [...] Pero si tu sangre no intercede por mí, no seré salvo (*CC*, 72.8).

La sangre de Cristo gana para nosotros el don del Espíritu que nos hace una nueva creación, o, como dice Bernardo, verdaderamente humanos:

> Como ya he dicho, la naturaleza con sus propias fuerzas es incapaz de levantarse de esta maldad, ni de recuperar el aceite de la innata mansedumbre una vez que fue expulsada de ella. Ahora bien, lo que no puede la naturaleza lo puede la gracia. Y así, el hombre del que la unción del Espíritu se apiada y se digna bañarlo de nuevo con su benignidad, ése inmediatamente vuelve a ser hombre, y además recibe de la gracia algo mejor que lo de la naturaleza (*CC* 44.6).

Aun el más santo entre nosotros, declara Bernardo, necesita depender de la misericordia de Dios y no en nuestra propia rectitud:

> Porque, si llevase cuentas de los delitos, también de los de los elegidos, ¿quién podría resistir? [Sal 130,3]. Ni el cielo es para sus ojos [Job 15,15], y en sus mismos ángeles descubre faltas [Job 4,18] [...] También los santos

tienen necesidad de orar por sus pecados, para que sean salvados por misericordia, sin fiarse de su propia justicia. Porque "todos pecaron", también todos tienen necesidad de misericordia (*CC*, 73.4).

Estas profundas reflexiones fundamentales sobre la realidad de nuestra condición y las verdades básicas acerca de la salvación permanecen oscuras para muchos católicos de hoy día. Sin embargo, hay cada vez más voces contemporáneas que se están levantando para dar testimonio de estas importantes verdades, como eco de las de los santos. El padre Raniero Cantalamessa, predicador oficial de la Casa Pontificia desde 1980, es una de esas voces:

> San Pablo insiste con energía, sin embargo, en una cosa: todo esto sucede "gratuitamente" (*dorean*), por gracia, por don; son incontables las veces que vuelve a él, en términos diversos, sobre este punto. ¿Por qué —nos preguntamos— Dios es tan intransigente al respecto? Simplemente porque él quiere excluir, a partir de la nueva creación, la terrible carcoma que ha arruinado la primera creación: el orgullo del hombre [...] El hombre esconde en su corazón una atávica [arcaica] tendencia, que es la de "pagar a Dios su rescate". Pero, "nadie puede salvarse ni dar a Dios un rescate" (Sal 49.8). Querer pagar a Dios su rescate, mediante los propios méritos, es otra forma de la eterna tentación de independizarse y ser autónomos respecto a Dios. Aun más, no sólo autónomos, sino incluso acreedores de Dios, pues "a uno que hace su trabajo el salario no le vale como gratificación, sino como algo debido" (Ro 4,4).[6]

Es demasiado fácil en el camino espiritual empezar a pensar que la salvación del mundo y nuestra salvación dependen únicamente de nosotros, de las estructuras que erigimos, con nuestras costumbres, nuestros modelos de vida, nuestro liderazgo, nuestra historia, nuestra disciplina, nuestras devociones, nuestros edificios, nuestras

---

[6] *La vida en el señorío de Cristo*, 3, 64. *N. del T.* A partir de aquí se indica como *VSJ*, seguido del número de capítulo y el de la página.

tradiciones, nuestro intelecto, nuestra voluntad. Hay un peligro tremendo de que en nuestra respuesta a Cristo podamos dejar que estas cosas ensombrezcan el lugar supremo de la Cruz de Cristo en nuestras vidas, en la vida de la Iglesia y en la vida del mundo. Si dejamos que nuestra confianza se transfiera paulatinamente a las cosas, en lugar de fijarla sólo en la inmerecida gracia ganada para nosotros en el Calvario, terminamos poniendo nuestra confianza en las obras de nuestras propias manos o en los logros de nuestra propia carne. Es *esencial* que los que piensan que somos "algo" queden reducidos a "nada", para que no tengamos motivo ninguno para jactarnos ante Dios. Eso nos hace humildes, y así tiene que ser.

> A ti acuden los mortales
> con sus malas acciones;
> nos abruman nuestras culpas,
> pero tú las perdonas (Sal 65,3-4).

Una persona orgullosa siempre piensa que tiene razón. La humildad es poder decir, tanto a Dios como a los demás: "Estoy equivocado, tú tienes razón".

Una de las grandes batallas en las que el Señor llamó a luchar al apóstol Pablo fue la de mantener claro lo que era nuevo en la Nueva Alianza. Pablo tenía que hacer frente continuamente a la tendencia, dentro y fuera de la Iglesia, a volver poco a poco a depender de las cosas externas de la religión o de los propios esfuerzos, y no en la Persona salvadora y hechos de Jesús.

> Pues han sido salvados por la gracia mediante la fe; y esto no viene de ustedes, sino que es un don de Dios; tampoco viene de las obras, para que nadie se gloríe. En efecto, hechura suya somos: creados en Cristo Jesús, en orden a las buenas obras que de antemano dispuso Dios que practicáramos (Ef 2,8-10).

> Pues ¿quién es el que te prefiere? ¿Que tienes que no lo hayas recibido? Y si lo has recibido, ¿a qué gloriarte cual si no lo hubieras recibido? (1 Co 4,7).

Por eso depende de la fe, para que sea don, y la, promesa quede asegurada (Ro 4,16).

La tendencia a querer salvarnos a nosotros mismos, a no tener que depender totalmente de Dios, es muy fuerte en todos nosotros, especialmente en el mundo moderno de hoy. El gran teólogo francés Yves Congar también advierte sobre esto:

> Con el constante progreso de la ciencia, el hombre ha ido perdiendo la conciencia de que depende de otro. Pero la salvación consiste esencialmente en esta conciencia de dependencia. El hombre no puede salvarse a sí mismo por sus propios esfuerzos. Nos salva otro. Los católicos también están corriendo este riesgo.[7]

Por el mundo, por nosotros mismos y por Dios, necesitamos desesperadamente, como individuos y como Iglesia, no comportarnos como si lo que tenemos como bienes espirituales o materiales se debiera a nuestro propios méritos o como resultado de nuestra propia voluntad o fuerza. Más bien, es la pura gracia de Dios.

Naturalmente, nuestra fe no puede ser auténtica si no se expresa progresivamente en una vida de moral, oración y amor a los demás (por lo que sí ganamos méritos). Pero incluso aquí es la gracia de Dios lo que, por supuesto, nos permite vivir de modo que podamos agradarle a Él. Le debemos las gracias hasta por las buenas obras —los "méritos"— que Él ha preparado por adelantado para que nosotros los llevemos a cabo.

> En efecto, hechura suya somos: creados en Cristo Jesús en orden a las buenas obras que de antemano dispuso Dios que practicáramos (Ef 2,10).

> Pues es Dios quien, por su benevolencia, realiza en vosotros el querer y el obrar (Flp 2,13).

---

7 "The Pope Also Obeys" ("El Papa también obedece"), *30 DAYS*, 3 (1993), p. 29.

Bernardo quiere asegurarse muy bien de que sabemos que aun nuestros "méritos" son el resultado de la gracia, un don:

> Por lo demás la gracia no penetra en lugar alguno que esté ocupado por el mérito. Por consiguiente un rotundo testimonio de la gracia manifiesta en el alma de quien lo afirma la plenitud de la misma gracia. Porque si tiene algo propio, mientras eso exista, la gracia le cede el puesto. Lo que atribuyes a los méritos se lo quitas a la gracia. No quiero mérito alguno que excluya la gracia (*CC*, 67.10).

Bernardo se da cuenta de lo fácilmente que entre las personas que son "religiosas" puede ocultarse una enmascarada y orgullosa autosatisfacción. Su comentario a la parábola del fariseo y el publicano muestra esto claramente:

> Porque lo que en la boca sonaba a devoción no era suficiente para excusar la altanería del corazón a los ojos de aquél que de lejos conoce al soberbio [Sal 138,6]. De Dios, oh Fariseo, no se ríe nadie [Ga 6,7]. ¿Piensas tener algo que no hayas recibido? [1 Co 5,7] (*CC*, 13, 2.2).

Los verdaderamente sabios, amonesta Bernardo, reconocerá humildemente y admitirá francamente que sus méritos son dones de Dios y le dan a Él *toda* la gloria (*CC*, vol. I, 13.2):

> Podéis estar plenamente seguros de que cuanto mejor es uno tanto peor se vuelve, si se atribuye a sí mismo aquello por lo que es mejor. No cabe duda de que eso es pésimo. Y si alguien dice: "¡De ningún modo! Yo reconozco que por la gracia de Dios soy lo que soy" [1 Co 15,10], y sin embargo pretende apropiarse de la honrilla por la gracia recibida, ¿no es un ladrón y un bandido? [Jn 10,1] Escuche el que se porte de esta manera: "Por tu boca te condeno, siervo malo" [Lc 19,22]. ¿Hay algo más perverso que un siervo que usurpa la gloria de su señor? (*CC*, 84.2).

Bernardo quiere que sepamos que la gloria de Dios está sencillamente pasando por nosotros, que no se origina en nosotros (*CC*, 13.3).

Fe y obras

Bernardo, que difícilmente podría hacer resaltar más nuestra total dependencia de la gracia, también tiene claro que la debida obediencia (mérito) debe ser nuestra respuesta a esa gracia. Una prueba de la autenticidad de nuestra fe es cómo vivimos nuestras vidas. Es éste un enérgico mensaje de las Escrituras y también, por supuesto, de la doctrina de los santos.

> Para merecer es suficiente con saber que los méritos no son suficientes. Pero, así como para merecer es suficiente con no presumir de tener méritos, así también carecer de méritos es suficiente para ser condenado. Pero ninguno de los niños bautizados carecen de méritos, sino que tienen los méritos de Cristo. Se harán indignos de estos méritos, no si no pudieran añadir a ellos los suyos propios, sino si se despreocupan de hacerlo, lo cual es, ciertamente, el peligro de la edad adulta. Por consiguiente, procura tener méritos: reconoce que los que tengas te han sido dados; espera el fruto, que es la misericordia de Dios: así te habrás librado de todo peligro de pobreza, de ingratitud y de presunción (*CC*, 68.6).

La fe salvadora es una fe que resulta en obras. La fe salvadora no es simplemente un acto o disposición internos, sino la expresión de ese acto interno o disposición en hechos (cf. Gal 5,6, 6,15; 1 Co 7,19; 1 Jn 2,3; Jn 14,15). El juicio final no está basado sólo en nuestra fe interior, sino en actos que realizamos en nuestra vida por la gracia de Dios, actos que fluyen de la fe (cf. Ap 22,12; Mt 16,26-27; 25,31-46; Ro 2,11; 1 Co 3,10-15; 2 Co 5,10).

El apóstol Santiago lo expresa muy directamente:

> ¿De qué sirve, hermanos míos, que alguien diga: "Tengo fe", si no tiene obras? ¿Acaso podrá salvarle la fe? [...] ¿Tú

crees que hay un solo Dios? Haces bien. También los demonios creen y tiemblan [...] Ya veis cómo el hombre es justificado por las obras y no por la fe solamente (Sant 2,14, 19, 24).

Es la gracia que viene por la fe lo que nos capacita para hacer las obras. En ese sentido dependemos de la gracia de Dios, no sólo para fortalecernos en la fe, sino en las obras también.

> Por esto precisamente me afano, luchando con la fuerza de Cristo que actúa poderosamente en mí (Col 1,29).

Debidamente entendido, no existe conflicto alguno entre la gracia y la ley, o entre la fe y las obras, como lo expresa muy bien el Padre Cantalamessa:

> Entre ley interior del Espíritu y ley externa escrita no hay oposición o incompatibilidad, en la nueva economía, sino, por el contrario, plena colaboración: la primera ha sido concedida para custodiar la segunda: "La ley fue dada para que se buscara la gracia y la gracia fue dada para que se observara la ley" (S. Agustín, *De Spir. Litt*, 19.34).[8] La observancia de los mandamientos y, en la práctica, la obediencia es el banco de pruebas del amor, el signo para reconocer si se vive "según el Espíritu" o "según la carne" [...] La ley no es promovida, en ese sentido, de golpe, al rango que antes se le ha negado, o sea, dadora de vida; sigue siendo exactamente lo que acabamos de ver, o sea, un medio para conocer la voluntad de Dios y nada más. La diferencia, sin embargo, es que ahora, tras la venida del Espíritu, se le reconoce abiertamente esta función limitada y, de esa manera, resulta saludable, mientras que antes, cuando de ella se esperaba la vida, resultaba engañosa y no hacía más que favorecer el orgullo del hombre y el pecado. La misma "letra" no está a salvo, en otras palabras, más que en el Espíritu (*VSJ*, 8, 167-168).

---

8 N. del T. *De Spiritu et Litteras*, El espíritu y la letra.

Bernardo expresa esta misma verdad:

> No se le ocultó al Legislador que el peso de ese precepto sobrepasa las fuerzas de los hombres, pero por eso mismo juzgó útil advertirles de su incapacidad, para que supiesen claramente que según sus fuerzas debían tender hacia esa cumbre de justicia. Así es que, mandando lo imposible no hizo a los hombres prevaricadores, sino humildes, para que toda boca se calle, y todo el mundo sea súbdito ante Dios, porque, por las obras de la ley, ningún mortal se justificará en su presencia [Ro 3,19]. Recibiendo su mandato, y sintiendo nuestra impotencia, clamaremos al cielo, y Dios se compadecerá de nosotros [1 Mac 4,10]; y aquel día sabremos que nos salvó no por las obras buenas que hubiésemos hecho nosotros, sino por su misericordia [Tit 3,5] (*CC*, 50.2).

Dios dispuso el plan de salvación con un propósito fundamental: que nadie tendría motivo alguno para jactarse de un modo autoglorificador. El engaño de uno mismo y el fariseísmo son características nuestras como criaturas caídas; la raíz misma del pecado es el orgullo. La única forma de doblegar el orgullo y dejar que triunfe la gracia de Dios es admitir la tremenda verdad: todos estamos desesperadamente necesitados de Dios, de su perdón, de su amor, de su Santo Espíritu, y todos nosotros necesitamos abandonar nuestro orgullo, admitir nuestra necesidad y venir al pie de la cruz de Cristo para recibir misericordia y perdón. Y necesitamos quedarnos ahí.

Como ha señalado el padre Benedict Groeschel, Fraile Franciscano Director de Espiritual de Desarrollo para la Arquidiócesis de Nueva York, y fundador de la orden reformada de Capuchinos, el admitir nuestra necesidad e indefensión tal como se expresa en los doce pasos de Alcohólicos Anónimos, utilizados ahora por algunas otras asociaciones, toca en el corazón del Evangelio:

> Si nunca en tu vida has pensado suficientemente en la total indigencia e indefensión de la persona simbolizada por el hijo pródigo, deberías repasar los doce pasos de

Alcohólicos Anónimos [...] Muchos escritores espirituales suponen, con razón, que la absoluta indigencia que reflejan estos doce pasos es realmente el estado espiritual de todos los hombres [...] Jesús exige que sus seguidores se arrepientan de tal modo que admitan su impotencia sobre el pecado y su incapacidad para salvarse a sí mismos.[9]

¿No es éste también un mensaje importante que el Espíritu está dando a nuestra Iglesia hoy?

Tú dices: "Soy rico; me he enriquecido; nada me falta". Y no te das cuenta de que eres un desgraciado, digno de compasión, pobre, ciego y desnudo (Ap 3,17).

A fin de seguir teniendo muy clara mi necesidad fundamental de Dios, encuentro útil decir periódicamente bien claro, como hacen los socios de los grupos de los doce pasos: "Me llamo Ralph, y soy pecador". Esto me ayuda a recordar quién es Dios y quién soy yo, que tan importante es como base para todo crecimiento.

El Padre Cantalamessa señala otra razón por la que Dios ha escogido la fe como puerta para el reino:

Si se te dijera: la puerta es la inocencia, la puerta es la observancia exacta de los mandamientos, la puerta es esta o aquella virtud, podrías encontrar excusas y decir: ¡No es para mí! Yo no soy inocente, no tengo esa virtud. Pero se te dice: la puerta es la fe, ¡cree! Esta posibilidad no es demasiado elevada para ti, ni demasiado lejana (*VSJ*, 3, 64).

El Padre Cantalamessa, por su extensa experiencia en la vida religiosa y por su estudio de la historia de la Iglesia, nos hace observar lo importante que es poner este énfasis en la gracia:

La ofuscación de la novedad cristiana tiene lugar cuando, en la predicación, en la catequesis, en la dirección

---

9   Benedict Groeschel, CFR, *The Reform of Renewal* (*La reforma de la renovación*), 44.

espiritual y en todos los demás momentos formativos de la fe, se insiste unilateralmente en los deberes, virtudes y vicios, en las penas y, en general, en el "hacer" del hombre, considerando la gracia como un subsidio que se añade, en el curso del empeño humano, para suplir lo que el hombre no consigue realizar por sí solo, y no, al contrario, como algo que viene antes de todo ese esfuerzo y lo hace posible; cuando es la ley, y no la gracia, la que crea el "deber", y cuando el deber no se concibe, consecuentemente, como nuestro débito de gratitud hacia Dios, sino más bien como algo que crea, si bien lo observamos, un débito de gratitud de Dios hacia nosotros; cuando, en otras palabras, la moral se separa del Kerygma [predicación]. En un ámbito más restringido —el de la vida religiosa— se da una ofuscación análoga cuando, en la formación de jóvenes y novicios, en los ejercicios espirituales y en el resto de la vida, se emplea más tiempo hablando del propio carisma, de las propias tradiciones, reglas y constituciones, así como de la propia espiritualidad (a veces del todo inconsistentes), que hablando de Cristo Señor y de su santo Espíritu. El baricentro de la atención se traslada insensiblemente de Dios al hombre y de la gracia a la Ley (*VSJ*, 8.5, 173-174).[10]

Hay una profunda tendencia en todos nosotros a desviarnos paulatinamente hasta entender la gracia más como una idea tardía por parte de Dios que como el verdadero cimiento de nuestras

---

10 Juan Pablo II ha dirigido nuestra atención hacia la doctrina de San Ambrosio, el cual hace muy vivamente observaciones similares: "Contemplando las llagas de Cristo por las que hemos sido salvados, San Ambrosio dijo: 'No puedo gozarme en ninguna de mis obras, no tengo nada de que alardear; por tanto, me gloriaré en Cristo. No me gloriaré porque yo sea justo, sino que me gloriaré porque he sido redimido. No me gloriaré porque esté exento de pecados, pero me gloriaré porque mis pecados me han sido perdonados. No me gloriaré porque haya servido de ayuda ni porque alguien me haya ayudado, sino porque Cristo es mi abogado con el Padre y la sangre de Cristo fue derramada por mí. Mi pecado ha llegado a ser para mí el precio de la Redención, por la cual Cristo vino a mí. Por mí Cristo ha gustado la muerte. El pecado es más provechoso que la inocencia. La inocencia me había hecho arrogante, el pecado me hizo humilde' (*Giaccobe e la vita beata*, I, 6, 21: SAEMO III, Milán/Roma, 1982, pp. 251, 253)". (Audiencia general, *L'Observattore Romano*, enero 21, 2004, p. 11).

vidas. Las vívidas palabras del Padre Cantalamessa nos ayudan a protegernos del pernicioso desvío hacia la autosuficiencia y la falsa autonomía.

Crecer en virtud

El desprendimiento hacia el amor desordenado de las cosas de este mundo —del dinero, del placer sensual desordenado, del orgullo, de nosotros mismos— no es un fin en sí mismo. Ese vaciarse que trae el desprendimiento nos prepara para llenarnos de algo más grande. Ese algo más grande es no sólo un mayor deleite en Dios sino deleite mayor y más verdadero en todo lo que Él ha creado. La debida distribución de los amores menores nos sitúa en posición para recibir y encarnar un amor más grande a Dios y a nuestro prójimo. El dejar el vicio permite el crecimiento de la virtud. La virtud no es solamente el fruto de nuestra disciplina y esfuerzo, sino el fruto de nuestra relación con Cristo mismo. Bernardo nos dice:

> Sólo los que están imbuidos de su doctrina pueden ser llamados prudentes. Sólo son justos los que han recibido de su misericordia el perdón de los pecados. Sólo dominan sus pasiones los que se esfuerzan por imitar su vida. Sólo son fuertes los que en las adversidades siguen valientemente los ejemplos de su paciencia. Por consiguiente, en vano trabaja alguien por poseer virtudes, si piensa conseguirlas de algo o de alguien que nos sea el Señor de las virtudes (*CC*, 22.11).

Bernardo vuelve frecuentemente a este tema en su doctrina.

> El origen de las fuentes y de todos los ríos es el mar; el de todas las virtudes y ciencias es Cristo, el Señor [...] La continencia de la carne, la fortaleza del corazón, la rectitud de la voluntad manan de esta fuente. Y no sólo eso, sino que si alguien tiene agudeza de ingenio, elocuencia brillante, costumbres agradables, de allí provienen; lo mismo que el sabio y científico lenguaje. Todos los tesoros

del saber y del conocer están escondidos en él [Col 2,3]. ¿Qué más? ¿No son riachuelos de esta fuente los consejos piadosos, los juicios justos y los santos deseos? (*CC*, 13.1).

En última instancia, es el amor de Cristo derramado en nosotros a través del Espíritu Santo lo que nos capacita para experimentar la transformación y ser más como Él.

> Si gracias al amor fraterno tienes el aceite de la mansedumbre, y gracias al amor divino, el vino de la emulación, acércate seguro a sanar las heridas del que cayó en manos de ladrones, como un óptimo imitador del piadoso Samaritano (*CC*, 44.8).

Al experimentar el amor del Esposo, "el orgullo se derrite" más y más y crece la humildad. Sabiendo que la clave más profunda para su transformación, la fuerza necesaria para liberarla del vicio y abrirla a la virtud, es sencillamente el amor de Cristo, el alma clama:

> ¡Ojalá, Señor Jesús, aunque sólo sea una vez, digas a mi alma: "¡Qué hermosa eres!" [...] Me doy por satisfecho si lo oigo una sola vez (*CC*, 45.2).

Con gran elocuencia nos recuerda Bernardo el camino seguro hacia la gracia: volvernos hacia nuestra Madre María y pedirle su ayuda:

> Ya sé lo que he de hacer: como un siervo veneraré a la que ya es amiga, y como un hombrecillo deforme admiraré la belleza que en ella rebosa; me alegraré escuchando la voz del Esposo que admira tanta belleza [..] Santa María no perdió la santidad, y no careció de humildad, por eso el Rey quedó prendado de su belleza [Sal 45,12] (*CC*, 45.2).

La humildad

Aunque simplemente el conocer al Señor y su amor es la clave para el crecimiento y la transformación, nosotros, como siempre, tenemos una función que cumplir cooperando con su gracia activamente.

Una ayuda para vencer el orgullo es reflexionar sobre la realidad de nuestra situación en relación con Dios, lo que acabamos de hacer al tratar del orgullo, el pecado y el evangelio de la gracia y la fe. Otra ayuda es decidir conscientemente el humillarnos en lugar de enaltecernos cuando nos encontramos con las múltiples circunstancias de la vida en las cuales hemos de tomar decisiones. Con el tiempo podemos, con un esfuerzo paciente y la ayuda de Dios, cambiar los patrones de orgullosa respuesta en patrones de humilde respuesta, y cambiar el vicio en virtud.

Francisco nos aconseja amar nuestra debilidad, abyección y pobreza espiritual y humana. Nos aconseja no intentar ocultarla, taparla o pretender que no existe, y amarla. Esto, a primera vista, parece un consejo sorprendente, pero se basa en los hechos básicos de nuestra situación ante Dios. Las virtudes que nacen aquí son la humildad en relación con Dios y la mansedumbre en relación con nuestro prójimo y con nosotros mismos.

Bernardo nos aconseja aceptar la necesidad de las humillaciones como medio para crecer en la virtud de la humildad:

> Por eso, cuando te parezca que eres humillado, tenlo sin duda alguna por una buena señal [Sal 86,17]. Porque, igual que antes de la caída el corazón se ensoberbece, así también antes de la exaltación se humilla [Pro 16,18][...] (*CC*, 34.1).

En ocasiones la circunstancia que nos hace humildes viene de la mano de Dios, o a veces de nuestros semejantes, pero, en ambos casos, la humillación no se hace automáticamente humildad, sino que eso depende de nuestra respuesta.

> ¿Te das cuenta de que la humildad nos hace justos? He dicho humildad, y no la humillación. ¡Cuántos son humillados y no son humildes! Unos reciben la humillación con rencor, otros con paciencia, otros incluso con gozo. Los primeros son reos, los segundos inocentes, los últimos, justos [...] quien puede decir: "Ha sido

bueno para mí que me hayas humillado" [Sal 119,71] es el verdaderamente humilde. No puede decirlo el que aguanta la humillación contra su voluntad, y menos aún el que murmura. A ninguno de estos dos les garantizamos la gracia por el hecho de ser humildes [...] porque el Señor no la da a los humillados sino a los humildes. Ahora bien, es humilde el que convierte la humillación en humildad (CC, 34.3).

Irónicamente, nuestra humillación, cuando se acepta con toda humildad, nos abre a la gozosa dimensión de seguir al Señor con todo el corazón y progresar en el camino espiritual. Bernardo la ve como cumpliendo aquí un papel especial:

> [...] sabemos que Dios ama al que da con alegría [2 Co 9,7] [...] Sólo la alegre y perfecta humildad precede a la gracia y la merece [...] de ninguna manera es suficiente salvar su alma, como el que soporta con paciencia la humillación, si no recibe también la gracia como el que se humilla espontáneamente. Escucha por eso este principio universal: "Todo el que se humilla será enaltecido" [Lc 14,11]. Lo cual pone de manifiesto con verdad que no toda humildad ha de ser enaltecida, sino solamente aquella que nace de la voluntad, no de la tristeza ni de la necesidad (*CC* 34.3-4).

Bernardo cita a Pablo como ejemplo de un hombre que aceptó gozosamente su humillación y por tanto recibió una infusión de la gracia de Dios (véase 2 Co 12,9).

¿Y no oímos aquí la asombrosa música de la revelación de Dios?

> Consideren como un gran gozo, hermanos míos, cuando estén rodeados por toda clase de pruebas (Sant 1,2).

Veamos ahora algunas circunstancias particulares que encontramos comúnmente donde hay oportunidades para renunciar al orgullo y abrazar la humildad, creciendo en la verdadera libertad y el debido desprendimiento.

Nuestra reputación

Francisco reconoce que tener y preservar una buena reputación no es necesariamente una expresión de orgullo pecaminoso, porque es útil para las relaciones sociales y para evitar el escándalo. De hecho, hay a menudo una obligación de tener y preservar una buena reputación. Por otra parte, la obstinación, la vanidad, la falta de confianza en Dios, la ira y el odio pueden ocultarse en nuestros esfuerzos por "defender nuestra reputación". Francisco, por tanto, nos aconseja no ser "muy vehementes, exactos y melindrosos en buscar la conservación de la buena fama", aunque sólo sea por razones pragmáticas. Y los que "pretendiendo mantener cuidadosamente su buen nombre, lo que consiguen es perderlo por completo, pues con este desasosiego se vuelven extraños, quejumbrosos, insoportables, y provocan la malicia de los murmuradores". Francisco señala que, hablando en general, es bastante mejor ignorar las injusticias o calumnias que responder con "el resentimiento, la réplica y la venganza". El desprecio de las heridas "las hace desvanecer; en cambio, el enojo parece que las exaspera [...] los maldicientes sólo se ensañan con los que se lamentan de sus palabras ofensivas. El miedo excesivo a perder la reputación acusa una falta marcada del fundamento de la misma, que es la sinceridad de una buena vida" (*IVD*, 3, 7).

Francisco dice que deberíamos hacer esfuerzos razonables para refutar las mentiras que se estén diciendo de nosotros, pero si nuestros esfuerzos no son eficaces, debemos simplemente continuar nuestra vida confiando en que Dios se ocupa de nosotros y seguir haciéndonos humildes. Si Él permite que nos quiten nuestra reputación será "para ventaja nuestra o para que practiquemos mejor la santa humildad, de la cual una sola onza vale más que mil libras de nuestro honor" (*IVD*, 3, 7).

Está de acuerdo con San Gregorio el Grande en que si somos acusados de una falta de la que realmente somos culpables, debemos admitirlo y pedir perdón humildemente. Gregorio dice a los que son acusados falsamente: "excúsate tranquilamente rechazando la culpabilidad, pues debes este respeto a la verdad y a la edificación del prójimo; mas si después de tu legítima y verdadera autodefensa continúan acusándote, no te turbes ni insistas en que se te crea" (*IVD*, 3, 3).

> Elevemos siempre nuestra mirada a Jesús crucificado; entreguémonos a su servicio con sencillez y confianza, pero al mismo tiempo con sabiduría y discreción [...] pongamos toda nuestra reputación, como nuestra alma, en las manos de Dios; no podremos encontrar lugar más seguro (*IVD*, 3, 7).

El no defenderse suponía una lucha para Thérèse de Lisieux y un significativo paso adelante en su camino espiritual. En una ocasión nos dice que hacía falta alguien para supervisar a un trabajador y le dieron la oportunidad a otra hermana y a Thérèse. Teresita, a quien le hubiera encantado ir, decidió, por caridad, moverse despacio quitándose el delantal para dar a la otra hermana tiempo de responder. La superiora, al ver su lentitud, la interpretó como desgana para hacer aquella tarea y la criticó en público. Entonces, pensó Teresita, toda la comunidad interpretó su lentitud como manifestación de egoísmo. Ella sabía que no debía defenderse, y este incidente le ayudó también a ver mejor la "vanidad" de los elogios humanos y la culpa:

> Eso mismo me impide también tener vanidad cuando me juzgan favorablemente, pues razono así: Si mis pequeños actos de virtud los toman por imperfecciones, lo mismo pueden engañarse tomando por virtud lo que sólo es imperfección (*HA*, 10, 270).

Ella sabía que solamente Dios puede juzgar justamente el corazón humano, como explicó Pablo respecto a la imperfección de los juicios humanos (cf. 1 Co 4,3-4).

Nuestra salud

Normalmente nos gusta estar y parecer sanos y fuertes, ser guapos, de aspecto juvenil, y así sucesivamente. Sin embargo, la enfermedad, la vejez, los defectos corporales de varios tipos, genéticos y adquiridos, invaden toda la raza humana. Podemos responder a la angustia de estas aflicciones corporales con orgullo, enfado, rebelión, vanidad y decepción, o podemos responder con humildad, mansedumbre y una confianza más profunda en Dios. La elección es nuestra.

Francisco aconseja que cuando nos sobreviene el mal debemos tratar de remediarlo de manera razonable, pero "espera con resignación los resultados que a Dios puede agradar enviar". Si Dios nos libera del mal, debemos darle gracias humildemente; si Él quiere que continuemos soportándolo, debemos dar gracias humildemente y confiar en la bondad de su propósito y en el poder de su providencia. Por lo que respecta a la enfermedad, debemos seguir el consejo de médicos competentes y desear ponernos bien para poder servir a Dios, pero no rehusar el seguir enfermos si eso le sirve a Él mejor. Entretanto, mientras estamos enfermos y no se sabe el resultado, podemos, muy significativamente, ofrecer nuestro sufrimiento, en unión con el sufrimiento de Jesús, por la salvación del mundo.

Recordamos el consejo de Francisco de Sales a este respecto:

> Cuando estuvieres enferma, ofrece todos tus dolores, penas y desfallecimientos al servicio de Nuestro Señor, y suplícale que los una a los tormentos que Él padeció por ti. Obedece al médico, toma las medicinas, los alimentos y demás remedios por amor a Dios, recordándote de la hiel que Él tomó por amor tuyo. Bueno es que desees sanar para continuar sirviéndole; no rehúses seguir enferma para obedecerle, y disponte a morir si tal es su voluntad, para alabarle y gozar de Él (*IVD*, 3, 3).

Un apropiado desprendimiento con respecto a nuestra salud debe extenderse también al tipo concreto de enfermedad que Dios pueda permitir como experiencia.

> Una persona tiene un cáncer en el brazo, y otra en la cara; aquél sólo tiene el mal, mas éste ha de soportar también el desprecio, el desdén y la abyección. Ahora bien, no sólo debemos amar la enfermedad, que se consigue mediante

la virtud de la paciencia, sino que hace falta también querer la abyección, lo cual sólo se consigue mediante la virtud de la humildad (*IVD*, 3, 6).

Sin embargo, Francisco, como siempre, está admirablemente equilibrado y atento a los matices:

> Si tengo en el rostro algún mal abyecto, procuraré su curación; pero sin olvidar la abyección que trae consigo (*IVD*, 3, 6).

Teresa de Jesús es increíblemente perspicaz —y muy ocurrente— en sus comentarios sobre nuestras tendencias a exagerar pequeñas enfermedades y usarlas como excusas para zafarnos de la oración y del servicio. Nos hace ver que cuanto más mimemos nuestros cuerpos y más comodidad les demos, más mimo y comodidad nos creeremos que necesitamos. Hablando a sus monjas trata de hacerlas que dejen de quejarse de pequeñas indisposiciones que pueden soportarse "de pie". Cuenta, con cierto sarcasmo, la historia de cómo algunas monjas de su convento no asisten a la oración comunitaria cuando les duele la cabeza y, cuando se les va, se ausentan para que no les venga otra vez.

> ... Y no nos ha dolido la cabeza, cuando dejamos de ir al coro, que tampoco nos mata: un día porque nos dolió, y otro porque nos ha dolido, y otros tres porque no nos duela [...] porque si el demonio nos comienza a amedrantar con que nos faltará la salud, nunca haremos nada.[11] (*CP*, 10.6-8).

Teresa asegura a sus monjas que un estado realmente grave se mostrará suficientemente claro. Comenta cómo muchas mujeres casadas están soportando "graves enfermedades y trabajos", pero, para no molestar a sus maridos, no se atreven a quejarse. Señala también la incongruencia de las monjas que se quejan más y buscan más consuelo aún que las mujeres casadas que viven en el mundo,

---

11 *N. del T.* La segunda parte, como indica en una nota la edición usada, aparece en el autógrafo de El Escorial.

y les insta a "sufrir un poquito por amor de Dios, sin que lo sepan todos" (*CP*, 11.1-3). Y más aún las desafía urgiéndoles a cambiar de mentalidad: "Determinaos, hermanas, que venís a morir por Cristo y no a regalaros por Cristo" (CP, 10.5).

Cientos de años antes, Bernardo observaba que algunos de sus compañeros monjes se preocupaban más de lo que iban a comer que de cómo vivir. Y señala que es la sabiduría del mundo la que nos enseña a salvar nuestras vidas en este mundo; Cristo no enseña a perderlas para verdaderamente encontrarlas. Tenemos que tener muy claro a qué maestro y a qué sabiduría estamos siguiendo

> Ya se pone bastante al descubierto el que tiene este modo de expresarse: "Esto es perjudicial para los ojos y esto para la cabeza; aquello lo es para el pecho o para el estómago" [...] lo que aprendió de su maestro [...], la sabiduría de la carne [Ro 8,7], por la que nos hundimos en la disolución de la voluptuosidad o se apetece más de lo debido la salud del cuerpo (*CC*, 30.10-11).

Bernardo cita un elocuente pasaje de la Escritura: "La amé más [la sabiduría] que a la salud y a la belleza" (Sab 7,10). Palabras bien relevantes también para nuestra cultura actual, que se centra casi exclusivamente en la salud y en la belleza —bienes para esta vida solamente— ¡e ignora prácticamente la salud y la belleza del alma, que duran para siempre!

Bien claramente les demostró esto Jesús a sus discípulos una y otra vez en muchos contextos diferentes:

> Obren, no por el alimento perecedero, sino por el alimento que permanece para la vida eterna, el que les dará el Hijo del hombre, porque a éste es a quien el Padre, Dios, a marcado con su sello (Jn 6,27).

Algunas de las observaciones de Bernardo, lo mismo que las de Teresa, son de lo más humorísticas. Como al describir a un monje que se concentraba mucho en la comida:

> "Las legumbres, dice, producen gases, el queso carga el estómago, la leche es nociva para la cabeza, el pecho no soporta beber sólo agua, las coles producen melancolía, los puerros encienden la cólera, los peces de estanque o de agua pantanosa no le van bien a mi salud". ¿Qué es esto? ¿Es que apenas puedes encontrar qué comer en todos los ríos, campos, huertos y despensas?
>
> Le pido fervientemente que recuerde que es un monje, no un médico, y que va a ser juzgado no en la cualidad de su complexión sino en la de su profesión. (*CC*, 30.11-12).

Teresa de Jesús apenas tuvo un día en su vida adulta sin alguna molesta enfermedad. Con regularidad sufría de silbido en los oídos, mareo, náusea, y a veces tenía brotes de otras enfermedades, así que desde luego tenía que practicar lo que predicaba. Censurándose a sí misma irónicamente, observa que el Señor le permitía ser enfermiza para darle una razón para buscar su comodidad, ¡lo que hubiera hecho de todas formas!

Por medio del humor y el sarcasmo Teresa y Bernardo están demostrando algo muy importante: el preocuparnos excesivamente de nuestra comodidad y nuestra salud es un serio obstáculo para progresar en el camino espiritual. Teresa hace la observación de que si hubiera esperado a estar mejor, nunca habría rezado o servido a los demás:

> Si no nos determinamos a tragar de una vez la muerte y la falta de salud, nunca haremos nada. Procurad de no temerla y dejaros todas en Dios, venga lo que viniere. ¿Qué va en que muramos? De cuantas veces nos ha burlado el cuerpo, ¿no burlaríamos alguna de él? (*CP*, 11.4-5).

Incluso vio que a menudo su salud mejoraba sólo cuando dejaba de mimarse a sí misma o de permitirse ser "mirada y regalada" por los demás (*V*, 13.7).

Bernardo nos dice que el sobreponernos a estos temores excesivos y deseos desordenados conduce, además de preservarla, a una verdadera esfera de libertad, de verdadera belleza y de fuerza para el alma (*CC*, 82.4).

He de admitir que cuando leí estos comentarios de Teresa y comprendí cómo se esforzaba por seguir en la oración y en el servicio, aunque casi nunca se sentía bien, me abrió los ojos a un modo totalmente nuevo de ver las pequeñas indisposiciones que tengo a veces. Amén, hermana Teresa, ¡y qué si morimos!

Por otra parte, Teresa reconoce que hay veces en que la enfermedad es un factor lo bastante grande para necesitar hacer algunos ajustes en nuestro modo de vida durante algún tiempo: "las mudanzas en los tiempos y las vueltas de los humores muchas veces hacen que, sin culpa suya, no pueda hacer lo que quiere, sino que padezca de todas las maneras" (*V*, 11.15). En estas circunstancias no debemos forzar al alma a seguir haciendo lo habitual, o se pondrán las cosas peor y la "ahogarán". Si nuestro discernimiento nos muestra que no es una tentación del demonio, "múdese la hora de oración, y hartas veces será algunos días" (*V*, 11.5). También puede ayudar el hacer cosas exteriores como "obras de caridad y de lección, aunque a veces aún no estará pare esto". Otro método que sugiere es "pasatiempos santos de conversaciones, que lo sean, o irse al campo, como aconsejare el confesor". Ella confía en que con la experiencia aprenderemos a enfrentarnos con estas situaciones, y nos recuerda: "Suave es su yugo, y es gran negocio no traer el alma arrastrada, como dicen, sino llevarla con suavidad para su mayor aprovechamiento" (*V*, 11.16).

El desprendimiento y la humildad, indica Teresa, van siempre juntos "como hermanas inseparables". Como señalan muchos de los santos, las virtudes están inextricablemente entrelazadas, y obrar en una de ellas trae a menudo el crecimiento en otras. A medida que crecemos en desprendimiento y humildad, nos veremos a menudo con necesidad de crecer también en paciencia y obediencia.

La paciencia

El orgullo y la falta de desprendimiento y de humildad pueden manifestarse frecuentemente en impaciencia. La impaciencia está a menudo arraigada en el orgullo, puesto que es una expectación de que las cosas deben ir como yo quiero, de que la gente debe comportarse de una manera que yo considere responsable, que las desgracias y las circunstancias imprevistas no deben ocurrirme a mí, y así sucesivamente. Desprendernos de nuestras propias exigencias, opiniones, juicios y expectaciones egocéntricos es una dimensión importante del crecimiento en humildad.

Bernardo habla de la importancia de la paciencia:

> Entre todos doy la primacía a la inocencia, y si pudiese unir a ésta la continencia, me consideraré [rico] [...] Soy un rey si puedo añadir a éstas una tercera: la paciencia (*CC*, 70.9).

Francisco de Sales señala que es bastante común que seamos pacientes selectivamente, es decir, pacientes con cosas con las que pensamos que es razonable tener paciencia, o por las que sentimos compasión, pero impacientes con las demás. Por eso nos dice que nuestra paciencia ha de convertirse en una sumisión universal en humildad a la voluntad de Dios:

> No limites tu paciencia a tal o cual clase de injurias y aflicciones; has de extenderla a cuantas Dios quiera enviarte (*IVD*, 3, 3).

Nos dice también que a menudo la paciencia selectiva tiene su raíz en una camuflada ambición personal:

> Hay quien sólo desea tribulaciones honrosas, como por ejemplo: verse herido en guerra, caer prisionero, ser martirizado por la Religión, empobrecerse en algún pleito después de llevar razón; los tales no aman la tribulación, sino el honor que trae aparejado. El verdadero paciente, siervo de Dios, sufre igual las tribulaciones ignominiosas que las que reportan algún honor (*IVD*, 3, 3).

Es más fácil ser criticado por una persona sin reputación; es más difícil ser criticado por alguien bien considerado. Es más fácil enfrentarse con una dificultad ya esperada, más duro hacerlo con una dificultad inesperada. Es más fácil hacer frente a una interrupción cuando estamos trabajando en algo menos importante, pero peor si es algo más importante y difícil.

Francisco aconseja también no ser pacientes sólo con las aflicciones mismas, sino con sus irritantes aspectos secundarios. La verdadera humildad debe entrañar la renuncia de nuestras reacciones impacientes y de los juicios arraigados en el orgullo.

No hay quizá ningún santo que haya comprendido más a fondo la importancia de la paciencia que Catalina de Siena. Mientras que Teresa y Francisco hacen resaltar el vínculo entre la humildad y la paciencia, Catalina destaca el vínculo entre caridad y paciencia:

> ... Al disponerse el alma a amarme, se dispone a pasar por mí penas en cualquier forma y de cualquier manera que yo quiero enviárselas. Sólo en el sufrimiento se demuestra la paciencia, que, como te he dicho, está unida con la caridad (*D*, V).

Catalina, como recordaremos, transmite simplemente lo que oye al Padre decirle. Nos hace observar que la paciencia, y todas las virtudes, son probadas y crecen en nuestras mutuas interacciones. Los otros son el sendero hacia el crecimiento de la virtud:

> Te diré ahora que por medio del prójimo, y con ocasión de las injurias que de él recibe, puede comprobar si tiene o no tiene en sí mismo la virtud de la paciencia. En el soberbio adquiere conciencia de su humildad. En el infiel, de su fe. En el que no espera, de su verdadera esperanza. De su justicia en el injusto. De su piedad en el cruel. De su mansedumbre y de su bondad en el iracundo. Todas las virtudes se prueban y ejercitan por el prójimo, como por su medio los malos manifiestan toda su malicia (*D*, 8).

El cumplimiento de todo deseo

Cuando respondemos con amor paciente, emanamos una fuerza en las vidas de aquellos que están probando nuestra virtud. Catalina habla del poder de "la virtud de la caridad y perfecta paciencia del que soporta la ira del inicuo, sufriendo y tolerando sus defectos" (D, 8).

La humildad está arraigada en el conocimiento de sí mismo y en el conocimiento de Dios. El conocimiento de nuestra propia pecaminosidad, la brevedad y fragilidad de la vida humana, la gran misericordia y bondad de Dios y la duración de la eternidad, todas estas cosas hacen más profunda la humildad y nos capacitan para practicar la paciencia. La paciencia es imposible sin la humildad que conlleva un profundo conocimiento de la bondad y providencia de Dios y la confianza en ellas. Catalina explica que aunque nadie puede evitar el dolor físico en esta vida por la fragilidad de nuestros cuerpos, el dolor más profundo está arraigado en la oposición de nuestra voluntad a la voluntad de Dios. A medida que nuestra voluntad se va haciendo cada vez más conforme con la voluntad de Dios —una de las definiciones de santidad usada por muchos de los santos— disminuye la angustia física y psicológica de estar en oposición a Dios y el dolor físico puede soportarse más fácilmente, a la vez que crecen todas las virtudes.

> Así te dije que sufrían en su cuerpo, pero no en su espíritu, porque tienen muerta la voluntad sensitiva, que es la que causa el sufrimiento y aflige el espíritu de la criatura. Quitada esta voluntad, se quita también la pena y todo lo sufren con reverencia, considerando una gracia el ser atribulados por mí, ni deseando otra cosa más que la que yo quiero [...] De este modo pasan la prueba con alegría y conocimiento de sí mismos, sin ninguna aflicción (D, 45).

Catalina describe de modo sorprendente la libertad y gozo que pueden venirles a los que se hacen perfectos en el desprendimiento y en la humildad, queriendo lo que Dios quiera con total confianza:

Si las tribulaciones les vienen de parte de los hombres o por enfermedad, pobreza, reveses de fortuna o muerte de los hijos o de cualquier otra persona particularmente querida (todo lo cual son espinas que ha producido la tierra por el pecado), todo lo soportan con la luz de la razón y de la santa fe, con la mirada puesta en mí, que soy la suma bondad y no puedo querer más que el bien; y bien es lo que les doy por amor y no por odio [...] Conocen, en fin, que todo sufrimiento en esta vida es insignificante, dada la brevedad del tiempo. El tiempo es una punta de alfiler, no más. Pasado el tiempo, ha desaparecido el sufrimiento. Conque ya ves si es bien pequeño. Estos sufren con paciencia (*D*, 45).

Yo esperaba impaciente al Señor: hacia mí se inclinó
y escuchó mi clamor (Sal 40,1).

La obediencia

Muchos de los santos hablan del vínculo entre la obediencia, la paciencia, la humildad y el amor. Catalina hace esta declaración bien directa:

La señal de que posees esta virtud [obediencia] es la paciencia. Por el contrario, la impaciencia te demuestra que no la tienes (*D*, 44).

A pesar de que distinguimos las diversas virtudes, Catalina indica que realmente existen juntas y que están vinculadas unas a otras:

Pero el amor nunca va solo, sino acompañado siempre del cortejo de todas las demás virtudes verdaderas y operantes [...] Entre estas virtudes está la paciencia, meollo de la caridad y clara señal de que el alma está en gracia y me ama de verdad. La madre de la caridad le ha dado por hermana a la virtud de la obediencia.

Obediencia y paciencia van siempre unidas entre sí, pues no se pierde nunca la una sin perder la otra. O las tienes ambas o no tienes ninguna. La obediencia tiene una nodriza, la humildad. Es obediente el que es humilde, y humilde en la medida en que es obediente (*D*, 154).

Lo mismo que con la pobreza y la castidad, la obediencia en la vida de un laico es diferente a la de los que hacen voto de obediencia en una orden religiosa o como sacerdotes, aunque es esencial, no obstante, para progresar en el camino espiritual. Francisco de Sales deja bien claro que la esencia de la santidad es estar completamente encaminado hacia el amor, amor a Dios y al prójimo, por tanto enteramente conformado con la voluntad de Dios. También nos descubre que el desprendimiento, particularmente en el ámbito de la pobreza, la castidad y la obediencia, son medios esenciales para llegar a un amor y a una unión así.

Francisco distingue asimismo entre obediencia necesaria y obediencia voluntaria. La obediencia necesaria es la que debemos a aquellos que legítimamente ejercen autoridad sobre nosotros en el estado y en la Iglesia, así como en la familia. Francisco dice claramente que en el plan de Dios, por el bien de la familia, de la sociedad y de la Iglesia, la legítima autoridad debe respetarse y ser debidamente obedecida. No es una obediencia absoluta, sin embargo, pues nunca podemos obedecer, por ejemplo, una orden de hacer algo pecaminoso. Además de esta obediencia necesaria, Francisco nos aconseja también, como medio de crecer en perfecta obediencia, seguir el consejo de nuestras autoridades —aun en sus deseos e inclinaciones, incluso cuando no nos hayan dado una orden— "cuanto lo permitan la caridad y la prudencia" (*IVD*, 3, 11).

En nuestra cultura actual, donde necesariamente ha aumentado la sensibilidad hacia el abuso de la autoridad, es importante tomar nota de las condiciones en cuanto a los límites de la obediencia. No debemos nunca obedecer una petición para hacer algo que es pecado y debemos estar en guardia ante las posibles violaciones de la caridad y la prudencia.[12]

---

[12] El padre Cantalamessa tiene un excelente librito sobre la obediencia, que ilumina claramente su necesidad y sus límites: *Obedience: The Authority of the Word* (*La obediencia. La autoridad de la Palabra*); en español, *La obediencia*.

Crecer en libertad

La intención con que obedecemos es también importante:

> Obedece con mansedumbre, sin réplica, pronta y alegremente, sin pena alguna y, sobre todo, obedece por el amor de aquel que "por nosotros se hizo obediente hasta la muerte, y muerte de cruz" [Flp 2,8] (*IVD*, 3, 11).

Francisco tiene también algunos inesperados consejos sobre cómo prepararnos para una obediencia así hacia nuestros superiores, es decir, en nuestras relaciones con ellos, y nos aconseja: "Para aprender a obedecer fácilmente a tus superiores, sé condescendiente con la voluntad de tus semejantes, aceptando sus opiniones en lo que nos es malo; no busques nunca discusiones y no pretendas que sigan tu parecer". Y en cuanto a aquellos sobre quienes ejerzamos autoridad, nos aconseja: "condesciende con los deseos de tus inferiores siempre que sean razonables, sin querer imponerte de manera imperiosa sobre ellos mientras cumplan con sus deberes" (*IVD*, 3, 11).

Bernardo está de acuerdo con esto:

> Y no basta con estar sometido a Dios, sino que también hay que someterse a toda criatura por Dios [1 Pe 2,13]: ya sea al abad por ser el que preside, o a los que él ha puesto al cargo de la comunidad. Y aún digo más: hay que someterse a los iguales y a los inferiores. "Así es, dice el Señor, como nos corresponde cumplir toda justicia" [Mt 3,15]. Si quieres ser perfecto en la justicia, vete tú también hacia el menos; abájate al inferior y al más joven que tú con muestras de deferencia (*CC*, 42.9).

Con vista de águila para el propio engaño en la vida espiritual, Francisco nos recuerda que "es equivocación creer que, siendo uno religioso o religiosa, obedecería fácilmente; eso no sería posible si ahora, en el propio estado, no nos sometemos a los que puso Dios sobre nosotros" (*IVD*, 3, 11).

Como modo de crecer voluntariamente en esa virtud, también habla Francisco sobre la posibilidad de entablar una relación de obediencia que no se nos requiera. Sugiere esta posibilidad en relación con nuestro confesor o director espiritual. La posibilidad de pedir a nuestro confesor o director espiritual que nos ordene hacer cosas que nos ayuden a crecer en Cristo, no sólo como ayuda para hacerlas, sino como medio de aumentar su valor, lo cual nos dará nuevas oportunidades para ejercitar también la obediencia. Como ejemplo nos da el de Teresa de Jesús, la cual, además de la obediencia que necesariamente debía a las superioras de su orden religiosa, también había hecho voto de obediencia a uno de sus confesores.

Yo mismo sé que también en mi propia vida llegó un momento en que sentí que debía pasar más tiempo en oración cada día. Lo había estado sintiendo durante bastante tiempo —varios años— pero sólo hacía esfuerzos esporádicos por hacer algo en ese sentido. Un día se lo estaba contando a mi director espiritual y me sorprendió totalmente al ordenarme aumentar mi tiempo de oración en la medida en que me había sentido llamado a hacerlo y no lo hacía. No era su estilo habitual, pero el Espíritu debió de inspirarle para saber que esto era lo mejor que podía hacerse en esta situación. Fue justo lo que yo necesitaba. Aunque no había hecho un voto formal de obediencia con relación a este sacerdote, había dado por sentado que obedecería todo lo que pidiera. Pero cuando realmente me pidió obedecer su orden de rezar más —lo que yo verdaderamente creía que el Señor me estaba pidiendo— me fastidió y a la vez me agradó. Era lo que yo sabía que tenía que estar haciendo, y esto me dio la motivación e ímpetu adicionales que necesitaba para realmente aumentar mi tiempo de oración. Ahora le estoy agradecido.

Francisco resume las áreas a la que se hace extensiva nuestra obediencia a la voluntad de Dios (*TAD*, libros 8 y 9). En primer lugar está la obediencia a la voluntad de Dios expresada en los mandamientos, la docilidad a la moral básica, a la vida cristiana básica. En segundo lugar, la obediencia a la voluntad de Dios expresada en los "consejos evangélicos" que estamos considerando: pobreza, castidad y obediencia, como medios para tener la libertad necesaria para amar a Dios y al prójimo de un modo más completo. En tercer lugar menciona Francisco la obediencia a la voluntad de Dios expresada en las inspiraciones de Dios, que consideraremos en un futuro capítulo. En cuarto lugar menciona la obediencia a la voluntad de Dios expresada en las circunstancias, aflicciones y pruebas que Dios permite en nuestras vidas.

Crecer en libertad respecto a nuestros apegos desordenados produce un crecimiento en virtud que, en el fondo, no es sino crecimiento en amor. Así pues, toca ahora considerar explícitamente cómo todo el camino espiritual es esencialmente un crecimiento en amor.

Capítulo 11

CRECER EN AMOR

De lo que se trata en el camino espiritual es de crecer en el amor, cumpliendo el gran mandamiento de amar a Dios y a nuestro prójimo totalmente. El Nuevo Testamento, hablando a cristianos ya comprometidos, les alienta frecuentemente a un continuado crecimiento en esa santidad que es el amor:

> Queridos, si Dios nos ha amado de esta manera, también nosotros debemos amarnos unos a otros. A Dios nadie le ha visto nunca. Si nos amamos unos a otros, Dios habita en nosotros y su amor ha llegado en nosotros a la perfección (1 Jn 4,11-12).

El Señor pone su amor en nuestros corazones a medida que crecemos en nuestra relación con Él.

> Él ha puesto en mi corazón un amor maravilloso
> por los fieles que habitan en su tierra (Sal 16,3).[1]

---

1. *N. del T.* El autor cita una traducción hecha en Inglaterra por The Grail (1963), conocida como "the Grail Psalms". La *Biblia de Jerusalén*, que traduce este versículo: "Pero ellos dicen a los santos de la tierra: '¡Magníficos, todo mi gozo en ellos!'", nos dice: "Los versículos 2-3 son oscuros, y la traducción conjetural. El hebreo se traduciría literalmente: 'Mi Señor, tú (eres) mi dicha, nada por encima de ti. A los santos estos de la tierra, aquellos y estos que imponen (?), todo mi placer está en ellos'". Le edición estadounidense de la Liturgia de las Horas también usa los Salmos de The Grail.

Bernardo describe el dinámico crecimiento en amor que es el propósito del camino espiritual:

> La magnitud de cualquier alma hay que deducirla de la medida del amor que tiene, de tal manera que, por ejemplo, la que tiene mucho amor es grande, la que tiene poco, pequeña, y la que no tiene amor es nada, como dice Pablo: "Si no tengo amor, no soy nada" [1 Co 13,2]. Pero si empieza a tener algún amor, de manera que procure amar a los que la aman [Lc 6,32], y a saludar a sus hermanos y a los que la saludan a ella [Mt 5,48], ya no digo que esa alma sea nada porque, en razón del dar y recibir [Flp 4,15], conserva al menos el amor social. Ahora bien, según las palabras del Señor, ¿hace algo extraordinario? [Mt 5,47]. A un alma de la que yo supiese que tiene tan poco amor no la tendría ni por ancha, ni por grande, sino por estrecha y ruin (*CC*, 27.10).

Bernardo nos pone justo en el corazón del desafío de Jesús en el Sermón de la Montaña: extender las fronteras de nuestro amor y de nuestros corazones más allá de los afectos naturales de la familia y los amigos. Nos da una imagen de lo que parecerá este corazón expandido y nos alienta respecto a su posibilidad:

> Pero si crece y adelanta de modo que el límite de ese amor estrecho y servil se extiende con toda libertad de espíritu hasta los dilatados horizontes de la bondad gratuita, de tal manera que con su dilatado seno se esfuerza por extenderse a sí misma hasta llegar a todo prójimo, amando a cada uno como a sí misma, ¿se le podría decir con verdad alguna vez: "hace algo extraordinario"? (*CC*, 27.11).

Bernardo continúa llenando esa imagen al describir la asombrosa identificación del alma con Dios, característica del matrimonio espiritual:

> En verdad se ha dilatado mucho a sí misma. Tiene, digo, un seno de amor amplio que abraza a todos, incluso

aquellos con los que sabe que no la une vínculo alguno de la carne, no se siente seducida por la esperanza de que le harán algún beneficio, ni está obligada a corresponder a causa de algún favor recibido, ni se siente obligada, en fin, por alguna deuda, a no ser por aquella de la que se dice: "A nadie le quedéis debiendo nada, fuera del amor mutuo" [Ro 13,8]. Ahora bien, si extiendes tu fuerza por todas partes haciendo violencia por el reino del amor, hasta el punto de que, como un piadoso invasor, seas capaz de ocupar ese reino hasta sus más lejanas fronteras, sin cerrar las entrañas de tu piedad [1 Jn 3,17] ni siquiera a los enemigos, haciendo bien incluso a los que odian, orando por los que te persiguen y calumnian [Mt 5,44], procurando además ser pacífico con los que odian la paz [Sal 120,7], entonces ten la seguridad de que la anchura del cielo, la anchura de tu alma, y la altura no serán diferentes; ni tampoco será diferente su belleza (*CC*, 27.11).

Las tres etapas del crecimiento en el amor

Catalina de Siena describe de modo similar las etapas del camino espiritual en términos de una progresiva purificación y profundización del amor. Ella utiliza la imagen del cuerpo de Cristo colgando de la Cruz como imagen del camino espiritual.[2]

En la primera etapa, donde nuestros afectos empiezan a experimentar la conversión y se alejan del pecado, nos abrazamos a sus pies. Ésta es la etapa purgativa, donde la nota primordial es la purificación y donde nuestro amor puede ser aún bastante centrado en sí mismo y tal vez basado en el temor. Catalina habla del "temor de esclavo" presente en esta etapa, en contraste con el temor filial hacia el Señor, que es el don del Espíritu Santo y el "principio de la sabiduría" (*D*, 58). En este etapa, una motivación principal para nuestra conversión es el salvarnos nosotros mismos, evitar el dolor en esta vida de vivir en pecado y evitar la condenación eterna. He aquí

---

2   *D*, caps. 26, 54, 56, 86. Isaac de Estella, nacido en Inglaterra y abad del monasterio cisterciense de Stella (diócesis de Poitiers, Francia), que murió hacia 1169, habla de un crecimiento espiritual similar en "tres estadios".

un gran modo de empezar, y que siempre hemos de tener en cuenta a medida que progresamos.

Bernardo usa también la imagen de los pies de Cristo con relación al arrepentimiento y a la conversión. El arrepentimiento del pecado a los pies de Cristo es donde debe empezar el camino. Bernardo sugiere que la esposa en el Cantar de los Cantares sólo puede aspirar al beso del amado porque ella "lloró amargamente [Lc 22,62], suspiró profundamente desde su corazón, sollozó con un arrepentimiento que agitó todo su ser, hasta que el mal que había inflamado sus pasiones fue limpio" (cf. Cantar 1,2-5). El "beso en la boca" del que habla el Cantar de los Cantares no debe buscarse a la ligera o esperarse prematuramente.

> No se le ocurra cometer la temeridad de elevarse hacia la boca del Esposo purísimo, sino postrarse temerosa conmigo a los pies de Señor severísimo [...].
> Así pues, siguiendo el ejemplo de esta santa penitente, póstrate también tú, oh alma miserable, para que dejes de ser miserable; póstrate también tú en tierra, abrázale los pies, cúbrelos de besos, riégalos con lágrimas. Con esas lágrimas no le lavarás a él sino a ti misma (*CC*, 3.2).

La segunda etapa del camino espiritual —donde captamos algo más del amor de Cristo y empezamos a comprender verdades importantes sobre Dios y sobre nosotros mismos— está simbolizada por el costado herido de Cristo. Ésta es la etapa iluminativa, donde la nota dominante es el crecimiento en virtud y en conocimiento, aunque aún continúa la purificación. Nuestro amor en este estadio es el de un criado o mercenario: amamos al Señor y estamos dispuestos a servirle, pero esperando con mucho interés una recompensa ahora y en la eternidad; hay un continuo egocentrismo en nuestro amor.

La observación que hace Bernardo es similar a la de Catalina, pero utiliza una imagen ligeramente diferente, la de besar las manos de Cristo, como parte esencial del ascenso hacia la boca. La virtud sólida ha de establecerse camino de la plenitud de la unión, simbolizada por el beso de la boca.

> Así pues, has recibido el primer beso estando a sus pies. A pesar de eso, no te atrevas a levantarte en seguida para recibir el beso de la boca. Él tiene para ti otro lugar intermedio, en el que te dará otro beso; te lo dará por medio de su mano [...] Por esta causa os confieso que no estoy totalmente contento con la primera gracia, por la que estoy arrepentido de mis pecados, si no se me concede también la segunda, para que de verdad produzca el fruto que la conversión pide [Lc 3,8], y ya no vuelva, como el perro, a mi primer vómito [Pro 26,11] (*CC*, 3.3).

Bernardo traza el mismo camino que Catalina, que va desde el "temor de esclavo", que puede caracterizar la primera etapa, hasta un crecimiento en virtud y amor característico de la segunda etapa, que es, no obstante, imperfecta y "mercenaria".

> El temor es servil mientras no sea liberado por el amor [...] Gran cosa es el amor; pero tiene diversos grados [....] Para mí es sospechoso el amor al que la esperanza de alcanzar algo distinto de él le sirve de estímulo. Es débil el amor que, cuando desaparece esa esperanza, o se extingue o se debilita (*CC* 83.4-5).[3]

Muchas personas, señala Bernardo, están "con" el Señor, pero pocas tienen primeramente en su corazón los intereses del Señor.

> No todos los que hoy asisten a la esposa por aquí y por allá son amigos del Esposo [Jn 3,29], incluso los que, como dicen vulgarmente, parece que la llevan a derechas. De entre todos los amigos [Lam 1,2] son muy pocos los que no busquen sus intereses [1 Co 13,5] (*CC*, 77.1).

Francisco de Sales nos dice que normalmente una cura lenta es la mejor cura, y Bernardo está de acuerdo con esto. Tratar de lanzarse

---

3   También en 51.8, 40.3, 76.8.

hacia la unión completa sin reconstruir las profundidades del alma es exponerse al desastre. La "etapa iluminativa" del camino es necesaria.

> No quiero llegar a la perfección de repente; quiero adelantar poco a poco. A Dios le agrada tanto la modestia del penitente como le desagrada el descaro del pecador. Si sabes estar en tu puesto y no buscas cosas que superan tu capacidad [Si 3,22], muy pronto aplacarás a Dios. El salto desde los pies a la cabeza es largo y difícil, y no es la manera correcta de acercarse [...] ¿Acabas de salir del polvo y quieres ya tocar la boca sagrada? ¿Fuiste arrancado ayer del fango, y ya quieres presentarte hoy ante el rostro de la gloria? Pasa primero por la mano. Ella te protegerá y te levantará. ¿Qué cómo te levantará? Dándote lo necesario para que puedas tener ese atrevimiento [...] Gloríficale una y otra vez: tanto por los pecados que te ha perdonado como por las virtudes que te ha dado (*CC*, 3.4).

Así que Bernardo deja claro que el "beso de la boca" está reservado para los puros de corazón,

La tercera etapa está simbolizada por la boca de Cristo. Ésta es la etapa unitiva, donde se establece la unión profunda y duradera con Cristo. Nuestro amor ha crecido y ha sido purificado hasta ser el de un fiel hijo, o amigo, o esposo. Catalina tiende a preferir la descripción de este etapa, la más alta de la unión y amor, como "filial", con lo que quiere decir la de un hijo o hija, mientras que Bernardo se inclina hacia la imagen de la esposa o esposo para describir esta etapa (*CC*, 7.2-3), o a veces la del "íntimo y querido amigo" (*CC*, 76.8).

En cualquiera de los dos casos, esta descripción de la pureza de este amor, y su contraste con el amor "mercenario" de la segunda etapa, es similar. Amamos al Señor —y, como veremos, también a otros— con un amor purificado y desprendido que realmente se preocupa por el bienestar y los intereses del otro, sin tenernos en cuenta a nosotros mismos. El centro de atención ahora no está en lo que obtenemos de la relación, sino en lo que podemos dar, como muestra de amor filial profundo, amistad fiel y unión esponsal. Nuestra atención está en el Otro y en cómo agradarle a Él.[4]

Bernardo habla así de la etapa unitiva o tercera etapa:

> Habiendo recibido ya en estos dos besos una doble prueba del favor divino, quizá ya no te ruborizarás de atreverte a cosas mucho mejores, pues en la medida en que creces en la gracia, en esa misma medida se dilatará tu confianza. De esta forma amarás más ardientemente y pedirás con más esperanza de conseguirlo lo que sabes que falta. En verdad que al que llame se la abre [Lc 11,10]. Teniendo ya estos sentimientos, creo que no se te negará el supremo y más maravilloso beso, es decir, el del supremo honor y el de la sublime dulzura (*CC*, 3.5).

Bernardo sigue describiendo el amor presente en esta tercera etapa o camino unitivo:

> El amor puro no es mercenario. El amor puro no se fortalece con la esperanza de otras cosas, ni siente los daños de la desconfianza. Este es el amor de la esposa, porque es esposa, sea la esposa que sea. Sólo el amor es la riqueza y la esperanza de la esposa. La esposa tiene abundancia de ese amor, y el Esposo está contento con ese amor. Ni él busca otra cosa, ni ella tiene otra cosa. Esto es lo que a él le constituye en Esposo y a ella en esposa. Este es el amor propio de los esposos, y ningún otro amor se le iguala, ni siquiera el del hijo (*CC*, 83.5).

Puesto que su obra principal es un comentario al Cantar de los Cantares, Bernardo ofrece muchas descripciones de la naturaleza de esta unión.

---

4 Catalina no es estrictamente consistente en la terminología que utiliza. A veces atribuye al amor mercenario a la primera etapa, otras a la segunda. Por supuesto que el amor mercenario puede entenderse como aplicable a ambos estadios. Además, algunas veces atribuye el amor de la amistad a la segunda etapa, otras a la tercera. Y, una vez más, lo podemos entender como de las dos etapas. Porque éstas no son rígidas divisiones, sino más bien un continuo en el que uno u otro grado de pureza de amor puede predominar aunque los otros estén igualmente presentes en menor grado.

> Porque aunque la criatura ama menos porque es menor, sin embargo, si ama con todo su ser, nada falta donde está todo. Por eso, como he dicho, amar así es haberse desposado, porque no puede amar así, y ser ella poco amada, para que por el consenso de los dos quede zanjado un íntegro y perfecto matrimonio [...] ¡Dichosa aquella a la que se le concedió tener experiencia de un abrazo de tanta suavidad! Esto no es otra cosa que un amor santo y casto, un amor suave y dulce, un amor tan sosegado como sincero, un amor mutuo, íntimo y fuerte que une a los dos en un solo espíritu, no en una sola carne, que de los dos no hace dos, sino uno solo, según dice Pablo: "El que se une a Dios es un solo espíritu con él [1 Co 6,17] (*CC*, 83.6).

A veces Bernardo describe como "sabia" a la persona en esta etapa:

> Dame un hombre que ante todo ame a Dios con todo su ser, y que también ame al prójimo por el hecho de que los dos aman a Dios, y a su enemigo porque quizá algún día ha de amar a Dios; ame, muy humanamente, a sus padres carnales a causa de la naturaleza; a sus maestros espirituales, aún más profundamente, a causa de la gracia; y que con este ordenado amor de Dios se extienda de manera semejante a todo lo demás, despreciando la tierra, suspirando por el cielo, negociando en el mundo como si no disfrutara de él [1 Co 7,31], discerniendo con una especie de íntimo sabor del espíritu entre lo que se ha de usar y lo que se ha de gozar, y que se preocupe de las cosas transitorias sólo de paso, mientras que de lo necesario se cuida en cuanto que es necesario, y abraza lo eterno con un deseo eterno: dame un hombre así, repito, y yo me atrevo a decir que es sabio, capaz de gustar todas las cosas tal como son, al que compete decir con verdad y seguridad: "Ha ordenado en mí el amor" [Cant 2,4]. "Pero, ¿dónde está ese hombre, o cuándo ocurrirá todo esto? Lo digo con lágrimas en los ojos" [Flp 3,8] (*CC*, 50.8).

Ni Bernardo ni Catalina pretenden que estas divisiones se entiendan como si se excluyeran del todo mutuamente. Recordemos lo que dice Catalina: "He aquí los tres estados que pueden hallarse y que se hallan en diversas criaturas, y que pueden existir en una misma persona" (*D*, 46). Tampoco Teresa de Jesús pretendía que su división del camino espiritual en siete etapas fuera inamovible; ella reconoce que en una misma persona pueden estar presentes al mismo tiempo aspectos de varias mansiones o etapas diferentes. Cada uno de los santos ofrece estos "mapas de ruta" del viaje del alma hacia Dios como indicadores amplios, pero muy útiles, que nos ayudan a saber la dirección y los modos específicos en que el Espíritu nos está moviendo, para que podamos entenderlo mejor y cooperar en el proceso e transformación.

El amor al prójimo

Vamos a tener ocasión en un futuro capítulo de considerar con más detalle los medios adicionales que use Dios para purificar nuestro amor por Él, pero ahora necesitamos ver el vínculo esencial entre el amor a Dios y el amor al prójimo, que todos los santos hacen resaltar tan fuertemente. Basando su consejo en la Escritura al hacerlo, es fácil comprender el papel central que dan al amor al prójimo.

> Nosotros sabemos que hemos pasado de la muerte a la vida, porque amamos a los hermanos. Quien no ama permanece en la muerte (1 Jn 3,14-15).

> Si alguno dice: "Yo amo a Dios", y odia a su hermano, es un mentiroso; pues quien no ama a su hermano, a quien ve, no puede amar a Dios, a quien no ve. Y nosotros hemos recibido de él este mandamiento: quien ame a Dios, ame también a su hermano (1 Jn 4,20-21).

Resultado de la "misericordiosa unción del Espíritu Santo" es la restauración de una "condición verdaderamente humana", caracterizada por la bondad, la compasión y el amor fraterno, marcas de la verdadera santidad (*CC*, 44.6-8).

La purificación de nuestras vidas que viene a través del crecimiento en santidad nos hace más capaces de amar a otros sinceramente. Las Escrituras dicen esto claramente una y otra vez.

> Habéis purificado vuestras almas, obedeciendo a la verdad, para amaros los unos a los otros sinceramente como hermanos. Amaos intensamente unos a otros con corazón puro (1 Pe 1,22-23).

Teresa de Jesús, siempre como madre espiritual, nos recuerda:

> Entendamos, hijas mías, que la perfección verdadera es amor de Dios y del prójimo; y mientras con más perfección guardáremos estos dos mandamientos, seremos más perfectas [...] Importa tanto este amor de unas con otras, que nunca querría que se os olvidase (*M*, 1, 2.17-18).

Y añade:

> Pues no está la perfección en los gustos, sino en quien ama más, y el premio lo mismo, y en quien mejor obrare con justicia y verdad (*M*, 3, 2.10).

El Padre dice a Catalina que cuanto más crece el alma en amor a Dios, más crecerá también en amor por su prójimo. Algunos de las maneras específicas de amar a nuestro prójimo que enumera Catalina son: oración de intercesión, buen ejemplo, asesoramiento, consejo y ayuda espiritual y material (*D*, 6-7).

Bernardo enseña que el amor no es sólo un sentimiento, aunque los sentimientos de amor son buenos, pero que debe demostrarse con actos. Indica que cuando Jesús nos dice que amemos —sea amar a nuestros enemigos o amarle a Él— nos dice los actos concretos que constituyen amor:

> Porque al decir el Señor: "Amad a vuestros enemigos", inmediatamente hace mención de las obras: "Haced el bien a los que os odian" [Lc 6,27]. Y de nuevo dice la Escritura: "Si tu enemigo pasa hambre, dale de comer. Si tiene sed, dale de beber" [Ro 12,20]. Y esto se refiere a las obras, no al afecto [...] "Si me amáis, dice, guardad mis mandamientos" [Jn 14,15] [...] Sin necesidad habría advertido de las obras, si es que el amor está en el solo afecto (*CC*, 50.3-4).

Crecer en amor

El Padre también le comunica a Catalina que Él creó a propósito a la raza humana para que ninguno fuera autosuficiente. Fuimos hechos para necesitarnos el uno al otro, no meramente en las cosas materiales, sino también en lo espiritual:

> Bien podía dotar a los hombres de todo lo que les era necesario tanto para el alma como para el cuerpo, pero quise que uno tuviese necesidad del otro y fuesen ministros míos en la administración de las gracias y de los dones que de mí han recibido [...] los constituyo ministros míos y los pongo en situaciones distintas y en grados diversos a fin de que ejerciten la virtud de la caridad [...] yo nada quiero más que el amor [...] Quien se siente ligado por este amor, si, según su estado, puede hacer algo de utilidad, lo hace (C, 7).

Este pasaje podría haberse tomado muy bien de los documentos del Vaticano II, que tan inspiradamente dan una visión de la vida de la Iglesia, con la actividad de todos los bautizados, usando los dones y gracias que Dios ha dado a cada uno para edificar el Cuerpo de la Iglesia y revelar a Cristo al mundo (*LG* 12).

Bernardo, como sabemos, era muy consciente del vínculo entre el amor y la acción. A menudo habla de la necesidad de dejar periódicamente su preferida "contemplación" para atender a las necesidades de los demás:

> Date cuenta de cómo al que desea una cosa se le da otra; así, a la que suspira por el descanso de la contemplación se le impone el trabajo de la predicación; y a la que ansía la presencia del esposo se le carga con los afanes de dar a luz y de alimentar a los hijos del Esposo [...] Estas cosas nos enseñan claramente que muchas veces los dulces besos se han de interrumpir, para dar paso a los pechos que amamantan; y que nadie ha de vivir para sí, sino que todos han de vivir para aquel que murió por todos [2 Co 5,15] (*CC*, 41.5-6).

El amor gratuito

Puesto que todo nuestro amor a Dios es últimamente una respuesta a su amor por nosotros, nunca podemos amarle a Él de la misma manera que Él nos ama a nosotros, es decir, gratuitamente. Como dependemos fundamentalmente de Dios y de su deuda por nuestra creación y redención, nuestro amor siempre le corresponde como deber nuestro, como una respuesta a su amor. Pero nosotros podemos amar a nuestro *prójimo* de la misma manera que Él nos ama, gratuitamente, es decir, no por nada que el prójimo haya hecho por nosotros, o por nada que le debamos, sino simplemente porque el amor se nos ha dado de balde. Por tanto, nosotros complacemos muchísimo al Padre. Dios Padre le dice a Catalina:

> Por esto, yo os he ofrecido un medio: el de vuestro prójimo, para que deis a él lo que no me podéis dar a mí; es decir, quererle sin interés alguno, gratuitamente, y sin esperanza de ningún provecho. Yo lo considero hecho a mí mismo lo que hacéis con el prójimo (*D*, 64).

La virtud para Catalina, como para todos los santos, es algo que está intrínsecamente ligado a nuestras relaciones con nuestros prójimos. Y así como nuestro amor a Dios empieza en una mezcla de motivaciones y necesidades que han de purificarse, lo mismo nuestro amor al prójimo. La "sensualidad egoísta" que Catalina identifica como una manifestación primordial del pecado en nuestras vidas afecta nuestra relación con Dios, y esto a su vez afecta nuestra relación con nuestro prójimo. Y, naturalmente, por prójimo Catalina quiere decir todo el que se cruza en nuestras vidas. El amor al prójimo debe ser, por consiguiente, purificado, crecer y hacerse más profundo.

Cómo saber si nuestro amor es egoísta

Catalina indica que nuestra tendencia a usar a la gente para nuestros propios propósitos egoístas y ser posesivos en nuestras relaciones necesita sacarse a la luz. Dios permite que se establezcan relaciones egoístas para manifestarnos su imperfección y nos atrae a un amor más profundo y puro. Catalina reconoce ciertos índices en nuestra respuesta a los demás que pueden decirnos cuándo necesitan ser purificadas nuestras relaciones:

> ¿Sabéis en qué se conoce cuando no es perfecto este amor espiritual? En que se aflige cuando cree que la criatura a la que ama no corresponde a su amor con la misma fuerza que él cree poner en el suyo o cuando se ve privado de su trato, del consuelo que le proporcionaba o ve que ama a otros más que a él [...] La causa de todo esto está en que la raíz del amor propio espiritual no había sido arrancada. Por eso mismo, muchas veces yo permito que ponga en otro este amor, para que se conozca y conozca la imperfección con que lo posee (*D*, 64).

Cuando el Señor nos permite ver nuestro egoísmo en nuestras relaciones tenemos la oportunidad de proponernos renunciar a tal egoísmo pidiendo ayuda a Dios para hacerlo. El ver nuestro pecado llega a ser una oportunidad para renunciar a él y abrazar más plenamente la voluntad y el amor de Dios para nuestras vidas y nuestras relaciones.

Teresita de Lisieux nos cuenta cómo una vez era atraída hacia una relación que era "demasiado ardiente". Dios la protegió al hacer que su amor no fuera correspondido:

> Mi corazón sensible y cariñoso se hubiera entregado fácilmente si hubiera encontrado un corazón capaz de comprenderlo. Intenté trabar amistad con algunas niñas de mi edad, sobre todo con dos de ellas. Yo las quería, y también ellas me querían a mí en la medida en que *podían*. Pero, ¡¡¡ay, qué *raquítico* y *voluble* es el corazón de las criaturas...!!! Pronto comprobé que mi amor no era correspondido [...] Mi amor no era comprendido. Lo sentí mucho, y no quise *mendigar* un cariño que me negaban [...] ¡Cómo le agradezco a Jesús que no me haya hecho encontrar más que "amargura en las amistades de la tierra". Con un corazón como el mío, me habría dejado atrapar

y cortar las alas, y entonces ¿cómo hubiera podido "volar y hallar reposo"? ¿Cómo va a poder unirse íntimamente a Dios un corazón entregado al afecto de las criaturas? Pienso que es imposible. Aunque no he llegado a beber de la copa emponzoñada del amor demasiado ardiente de las criaturas, sé que no me equivoco. ¡He visto a tantas almas volar como pobres mariposas y quemarse las alas, seducidas por esta *luz engañosa*, y luego a la verdadera, a la dulce luz del *amor*, que les daba nuevas alas, más brillantes y más ligeras, para poder volar hacia Jesús, ese Fuego divino "que arde sin consumirse".[5] ¡Sí, lo sé! Jesús veía demasiado débil para exponerme a la tentación [...] Yo sólo he encontrado amarguras donde otras almas mas fuertes encuentran alegría y se desasen de ella por fidelidad. No tengo, pues, ningún mérito por no haberme entregado al amor de las criaturas, ya que sólo la misericordia de Dios me preservó de hacerlo... (*HA*, 4, 104-105).

Francisco de Sales entra en útiles detalles —algunas veces divertidos— al ayudarnos a identificar este amor posesivo y egoísta, y habla de la superficialidad de las relaciones basadas sobre todo en la atracción sensual:

Oyes decir a la mayor parte de las jóvenes, de las mujeres y aun de los jóvenes: "Fulano es muy virtuoso, tiene bellas cualidades, baila muy bien, entiende de todos los juegos, se viste con elegancia, canta con arte, es galante y simpático" [...] Como todo se relaciona con los sentidos, las amistades que de ello provienen se denominan sensuales, vanas y frívolas, y merecen más el nombre de locura. Tales son ordinariamente las amistades de los jóvenes, que se prendan de unos bigotes, de unos cabellos, de unos ojos, del traje, del porte y de la locuacidad [...] amistades pasajeras que se funden como la nieve se funde al sol (*IVD*, 3, 17).

Francisco señala que tales relaciones de flirteo —él las llama "amoríos"— aun cuando empiezan sin ninguna intención de

---

5 San Juan de la Cruz, *Llama de amor viva*, 2.2-3.

terminar en la inmoralidad sexual, a menudo conducen a ella. Afirma que aunque estas relaciones pueden prolongarse durante años, "contentándose simplemente con desahogar sus corazones mediante anhelos, suspiros, galanterías y otras vanidades y necedades parecidas, con fines diversos" (*IVD*, 3, 18), a menudo degeneran al final en franca inmoralidad. Incluso aunque la intención pueda ser mantener la relación a un nivel de "flirteo", Francisco señala que esto es, sin embargo, un camino peligroso:

> Este fuego del amor es más activo y penetrante de lo que te parece; pretenderás recibir una chispita y te sentirás horrorizado al comprobar que ha bastado un momento para que tu corazón esté enteramente abrasado, reducidas a cenizas tus resoluciones y convertida en humo tu reputación (*IVD*, 3, 18).

Uno piensa en el buen consejo que Pablo nos da sobre este particular:

> La fornicación, y toda impureza o codicia, ni se mencione entre vosotros, como conviene a los santos. Lo mismo que la grosería, las necedades o las chocarrerías, cosas que no están bien; sino mas bien acciones de gracias (Ef 5,3-4).

Bernardo tiene sus propios e incisivos comentarios sobre los peligros de compañerismos demasiado íntimos entre miembros del sexo opuesto que no están casados entre sí:

> Estar siempre con una mujer y no conocerla, ¿no es algo superior a resucitar a un muerto? ¿No eres capaz de lo menor y crees que te crea lo mayor? Todos los días estás codo a codo con una jovencita en la mesa, tienes tu lecho junto al suyo en la misma habitación, tus ojos están fijos en los suyos al hablar, tus manos junto a las suyas en el trabajo, ¿y quieres ser tenido por continente? ¡Ojalá que lo seas!; pero yo no puedo menos que sospechar (*CC*, 65.4).

El valor de las amistades en Dios

Aun cuando hay peligros en las relaciones, Francisco y Bernardo comparten enérgicamente la opinión de que las amistades en Dios son importantes para el camino espiritual. Uno de los primeros consejos que da Francisco a los que van a emprender el camino es encontrar un director espiritual como ayuda y guía.

> ¿Quieres de todas veras entrar por la devoción? Busca un hombre de bien que te guíe y te conduzca; he aquí la más importante de las recomendaciones (*IVD*, 1, 4).

Aunque Francisco recomienda enérgicamente el valor de tener la amistad de un director espiritual, sabe que no siempre es factible y reconoce lo difícil que es encontrar uno. Además del gran valor de tener un director espiritual, Francisco reconoce también el gran valor de la amistad espiritual en la vida cristiana.

A este respecto cita los hermosos versos del Libro del Sirácida:

> El amigo fiel es un apoyo seguro,
>   quien lo encuentra, ha encontrado un tesoro.
> El amigo fiel no tiene precio,
>   su valor es incalculable.
> El amigo fiel es un elixir de vida,
>   los que temen al Señor lo encontrarán.
> El que teme al Señor orienta bien su amistad,
>   porque, según sea él, así será su amigo (Sir 6,14-17).

Bernardo también pone mucho énfasis en la necesidad de procurarse la ayuda de guías espirituales en quienes poder confiar. Hablando tristemente de los que "empiezan en el espíritu pero terminan en la carne" (Gal 3,3), saliéndose desastrosamente del camino recto, dice:

> Escuchen esto los que no sienten temor de entrar sin guía y sin maestro por los caminos de la vida siendo para sí mismos en el arte espiritual discípulos al mismo

tiempo que maestros. Y no sólo esto, sino que, como guías ciegos de otros ciegos, toman muchos discípulos bajo sus cuidados. ¡Cuántos han experimentado que por esta causa se ha apartado del camino recto con gravísimo peligro! Sin duda ignorando las astucias de Satanás y sus maquinaciones, ocurrió que los que habían empezado por el espíritu acabaron en la carne, torpemente conducidos y caídos vergonzosamente (*CC*, 77.6).

Puesto que la amistad afecta tanto lo profundo de nuestro ser, Francisco nos aconseja tener cuidado en nuestras elecciones. Como "la amistad es amor mutuo", deber formarse solamente con los que pueden compartir amor por Cristo y por la vida virtuosa. Una amistad así, pues, "será excelente porque procede de Dios; excelente, porque a Dios tiende; excelente, porque su lazo de unión es Dios" (*IVD*, 3, 19).

Francisco enseña que esa amistad no se separa de la caridad universal que debemos tener para todos, ni quiere decir que debamos descuidar nuestras relaciones con los padres, familiares, vecinos, compañeros de trabajo o lazos ya existentes.

Francisco trata también de las advertencias que se daban comúnmente en los escritos espirituales de aquella época contra las "amistades particulares", dirigidas principalmente a los de vida religiosa. Francisco reconoce que en las comunidades religiosas consagradas puede no haber necesidad de tales amistades particulares, puesto que la unión entre todos los miembros es la manera en que debe expresarse la amistad. Las "amistades particulares" en estas situaciones pueden ser incompatibles con la forma de vida comunitaria a la que uno está comprometido y pueden dar lugar a "parcialidades" y a ser posesivo. Sin embargo, Francisco insiste en que éste no es claramente el caso de las personas que viven su vida en el mundo:

> Mas a las personas que en el mundo han abrazado la verdadera virtud, les es necesaria esta especie de alianza mutua por medio de una amistad santa y sagrada; pues por medio de ella se animan, se ayudan y estimulan a

obrar el bien. Y así como los que caminan por la llanura no tienen necesidad de darse la mano, pero los que andan por senderos escabrosos y pendientes se agarran unos a otros para avanzar más seguros, los religiosos no necesitan de alianzas particulares, pero los que están en el mundo sí, para ayudarse y socorrerse mutuamente en medio de tantos pasos difíciles como tienen que salvar (*IVD*, 3, 19).

Francisco nos hace observar cómo el mismo Jesús tenía amistad particularmente íntima con Juan, Marta, María y Lázaro. Al apóstol Pablo le unían lazos profundos con Timoteo y con algunos de sus otros compañeros. También se refiere a la íntima amistad que compartieron San Gregorio Nacianzeno y San Basilio, y cita estas palabras de Gregorio:

Parecía que ambos no éramos sino una sola alma en dos cuerpos. Y, aunque no es necesario creer lo que se dice de que todas las cosas están en todas las cosas, sí podemos decir que los dos formábamos una sola cosa, estando el uno en el otro; teníamos una sola pretensión, cultivar la virtud y acomodar los designios de nuestra vida a las esperanzas futuras, abandonando así esta vida mortal antes de salir de ella (*IVD*, 3, 19).[6]

Francisco se refiere a continuación a las muchas santas amistades que habían tenido los santos a través de la historia sin ser obstáculo para su crecimiento en unión con Dios, sino una ayuda. También indica que Santo Tomás de Aquino consideraba la verdadera amistad una virtud. Francisco concluye:

La perfección, pues, no consiste en no tener amistades, sino en que éstas sean santas y buenas (*IVD*, 3, 19).

---

6 Gregorio Nacianzeno, Oración 42.20. *N. del T.* San Gregorio y San Basilio, de la Iglesia Ortodoxa en el siglo IV, eran de la misma ciudad en Capadocia y compañeros de estudios. Gregorio es Padre y doctor de la Iglesia griega.

Bernardo de Claraval nos ha proporcionado uno de los testimonios más admirables del poder de la amistad cristiana en un discurso que pronunció en el funeral para su hermano Gerard. Gerard era hermano de sangre de Bernardo y también monje en el mismo monasterio. Se ocupaba de muchas responsabilidades administrativas del monasterio para dejar libre a Bernardo para su oración y predicación. Bernardo sintió profundamente la pérdida de Gerard.

> Para los dos era grata la presencia del otro, dulce la compañía, agradable la conversación. Yo perdí todas esas delicias mutuas, tú, en cambio, las cambiaste y, ciertamente, fue grande la ganancia de aquel cambio [...] se sobrecargaba de preocupaciones, para que yo estuviera desocupado [...] Con razón todo dependía de aquél que lo era todo para mí [...] Con razón mi espíritu descansó sobre él; gracias a él pudo ser el Señor mi delicia, pude predicar con más libertad, orar con más tranquilidad [...] Afirmo que gracias a ti, hermano mío, mi alma fue sobria y mi descanso tranquilo, mi predicación más eficaz, la oración más sustanciosa, más frecuente la lectura y el afecto más fervoroso [...] ¡Quien me hubiera dado haber muerto inmediatamente después de ti! [...] Salid, salid, lágrimas que desde hace tiempo estáis deseando salir, porque el que os impedía el paso se ha ido (*CC*, 26.4-8).

Bernardo era muy consciente de la enseñanza espiritual que advertía contra las "amistades particulares", así como de la que desconfiaba de la manifestación de emoción o pasión, y se refirió a esto especialmente:

> Mi alma estaba unida a la suya, y la unanimidad, no la consanguinidad, hizo de los dos una sola cosa [...] Os confieso mi afecto, no lo niego. ¿Dirá alguno que es carnal? Yo no niego que sea humano, como tampoco niego que yo sea un hombre [...] Os confieso que no soy insensible a las penas [...] lo siento, estoy herido, y gravemente [...] Es humano, repito, y necesario sentir el afecto hacia los seres queridos, bien sea con alegría cuando están cerca o bien con tristeza cuando están lejos [...]

> Esto es sobre todo, esto es lo que me afecta gravemente, porque amo apasionadamente. Y que nadie me venga con molestias, diciendo que no debería afectarme tanto, ya que el bondadoso Samuel por el rey réprobo, y el piadoso David por el hijo parricida dieron rienda suelta a su amor dolorido, sin que ello fuera injurioso para la fe o afrentase lo más mínimo la sentencia divina [...] junto al sepulcro de Lázaro Jesús ni riñó a los que lloraban, ni prohibió el llanto, sino que él mismo lloró con los que lloraban. "Y Jesús, dice el Evangelio, se echó a llorar" [Jn 11,35] [...] ni mi llanto es un signo de infidelidad, sino un testigo de mi condición humana [...] Tú nos diste a Gerardo, tú nos lo quitaste. Si nos duele que nos haya sido arrebatado, sin embargo no nos olvidamos de que nos había sido dado, y damos gracias porque merecimos tenerlo con nosotros [...] Las lágrimas ponen fin a mis palabras; tú, Señor, pondrás medida y fin a las lágrimas (*CC*, 26.9-14).

San Agustín, luchando con el ideal filosófico griego de no sentir o mostrar la emoción (*apatheia*), que había influido en la espiritualidad cristiana, tuvo que romper con esto para defender la apropiada función del afecto, la emoción y la pasión en la vida cristiana. Él encontró su respuesta en la profunda emoción presente en las vidas de Jesús y sus apóstoles:

> Si estos movimientos, si estos afectos, que proceden del amor al bien y de la caridad santa, deben llamarse vicios, permítaseme llamar virtudes a los auténticos vicios. Pero, dirigidas y enderezadas por la recta razón estas afecciones hacia su fin propio, ¿quién osará llamarlas enfermedades del alma o pasiones viciosas? Por este motivo, el Señor, que se dignó llevar una vida humana en forma de siervo, pero que carecía en absoluto de pecado, hizo uso de ellas cuando juzgó que debía hacerlo. Porque la verdad es que en Él, que tenía verdadero cuerpo y verdadero ánimo de hombre, no era falso ese afecto [...] Por consiguiente, si el nombre de *apatheia* debe reservarse para cuando no puede suscitarse en el ánimo afecto alguno, ¿quién no estimará

> que este estupor es peor que todos los vicios? Luego cabe decir sin absurdo que la perfecta beatitud que esperamos, carecerá de temor y de tristeza; pero ¿quién dirá que no habrá allí amor y gozo sino el que no reza con la verdad? Y si por *apatheia* se entiende ese estado en que el miedo no aterra y el dolor no angustia, debe ser esquivado en esta vida si queremos vivir rectamente, es decir, según Dios (*CD*, libro 14, cap. 9.3-4).

El Padre revela a Catalina una profunda comprensión del amor perdurable de la verdadera amistad cristiana, mostrándole cómo el amor que empieza en esta vida, en Cristo, no disminuye, sino que se hace más intenso en la vida del cielo. El amor, cuando es en Cristo, pues, puede ser verdaderamente eterno. En el Capítulo 4 hemos considerado ya estos textos en el contexto del cielo; veámoslos ahora en el contexto del amor. Hablándole de la vida de los bienaventurados en el cielo, le dice el Padre a Catalina:

> Permaneciendo unidos todos con el vínculo de la caridad, tienen una participación singular en la felicidad de aquellos a quienes amaron en el mundo, con singular amor; amor que les hacía crecer en la gracia, aumentando la virtud. El uno era ocasión para el otro de manifestar la gloria y alabanza de mi Nombre en sí mismos y en el prójimo De modo que luego, en la vida perdurable, no perdieron este amor, sino que, por el contrario, lo conservan y lo participan mutuamente con mayor intimidad y abundancia, añadiéndoseles esta felicidad al bien general gustado por todos los elegidos (*D*, 41).

No sólo crece el amor de los bienaventurados en el cielo, que empezó en la tierra, sino que también crece el amor por los que amaron en la tierra.

> Sus deseos claman incesantemente en mi presencia por la salvación del mundo entero. Porque su vida terminó en la caridad del prójimo. No se ven privados de ella, ya que

> con ella pasaron por la puerta de mi unigénito Hijo [...] Mira, pues, cómo permanecen unidos con aquel vínculo de amor en que terminó su vida, y que dura por toda la eternidad [...] El deseo de los bienaventurados está en ver el esplendor de mi honor en vosotros, caminantes, peregrinos, que continuamente andáis hacia el término de la muerte. En este deseo de mi honor desean vuestra salud y por esto ruegan incesantemente por vosotros; y este deseo es cumplido por lo que a mí concierne, siempre que vosotros, ignorantes, no hagáis resistencia a mi misericordia (*D*, 41).

Y no solamente existe un amor mutuo continuo entre los bienaventurados en el cielo y los cristianos en la tierra, sino que, como nos dice Bernardo, hay también amor entre los ángeles y los hombres, ¡puesto que los hombres están destinados a ocupar los puestos de los ángeles caídos!

> Al hacer uso del ministerio de los ángeles para la salvación del género humano, ¿no lo hace para que los ángeles sean amados por los hombres? Pues que los hombres sean amados por los ángeles puede deducirse principalmente de que los ángeles no ignoran que los antiguos daños de su ciudad han de ser reparados por los hombres. Ciertamente que no era conveniente que el reino del amor se rigiese por otras leyes que por los piadosos y mutuos amores de aquellos que habrían de reinar juntos, y por los mutuos afectos entre ellos y para con Dios (*CC*, 78.1).

Bernardo nos habla de cómo los ángeles y los bienaventurados del cielo siguen interesándose muchísimo por lo que nos sucede a los que estamos todavía en nuestra peregrinación terrena.

> ¿Y van a abandonarnos a nosotros en medio del fuego y de las olas, sin dignarse al menos alargar la mano hacia los hijos que peligran? No es posible [...] Tus guardianes son los ángeles santos, tus vigías los espíritus y las almas

> de los justos [Dan 3,86] [...] Y la razón que cada uno de ellos tiene para custodiarte es ésta: las almas de los justos porque sin ti no alcanzarán la consumación; y los ángeles porque sólo gracias a ti podrán recobrar de nuevo su plenitud [...] De ti esperan todos su consumación; unos en cuanto al número, otros en cuanto al deseo (*CC*, 77.4).

Bernardo, hablándonos del amor de los santos y los ángeles en el cielo por los de la tierra, dice que "dilatándose en el amor, llegan hasta nosotros, sin sentir envidia por comunicar con nosotros la gloria que poseen, sino que desean que la alcancemos [...] cuidándonos con solicitud, como espíritus en servicio activo (*CC*, 27.5).

El deseo más profundo del corazón humano es encontrar un amor y unas relaciones que duren para siempre. Las canciones populares a través de los siglos nos hablan del sueño de "para siempre" y "siempre", de un amor que es verdadero, profundo, fiel y duradero. El amor y las relaciones que lo son en Jesús son el único amor y las únicas relaciones que pueden satisfacer el sueño del corazón humano.

Francisco, como hemos visto, habla también del lazo de amistad en Cristo que "durará eternamente".

> ¡Cuán hermoso es amar en la tierra como se ama en el cielo, y aprender a amarse en este mundo como amaremos eternamente en el otro!
>
> No hablo aquí del amor simple de caridad, porque éste se debe a todos los hombres; me refiero a la amistad espiritual, mediante la cual, dos, tres o más almas se comunican su devoción, sus afectos espirituales, y forman un solo espíritu (*IVD*, 3, 19).

Thérèse de Lisieux es, como también hemos visto, un poderoso testigo de la belleza y el valor de la amistad cristiana profunda. Los lazos en Cristo, y en al amor y sufrimiento comunes, entre Celine y Teresita, eran "más fuertes que los de la sangre" (*HA*, 5, 27). Su común experiencia de la presencia le recordaba la especial unión contemplativa que Mónica y Agustín experimentaron por un momento en el puerto de Ostia poco antes de la muerte de Mónica (*HA*, 5, 128).

Según iba creciendo en la vida espiritual, la amistad de Teresita con sus dos hermanas de sangre, y con otras también, se hacía más profunda.

> El corazón, al entregarse a Dios, no pierde su cariño natural: al contrario, ese cariño crece al hacerse más puro y más divino (*HA*, 10, 263).

Hasta ahora hemos hablado del mérito y el valor perdurable de la amistad cristiana. ¿Cómo se relaciona lo que los santos dicen sobre esto con esa forma de amistad que es el matrimonio cristiano? Ésta es una cuestión importante para la espiritualidad cristiana.

El amor del matrimonio

Como en otros muchos ámbitos, Francisco de Sales sabe captar el mensaje positivo de la Escritura sobre el matrimonio, así como su mensaje sobre la santidad y misión del pueblo laico, pensamientos que no se pusieron en el centro de la conciencia de la Iglesia hasta el Vaticano II. Francisco, como la Escritura, habla del matrimonio como "gran sacramento" o "misterio" (Ef 5,23):

> El matrimonio [...] es honorable para todos [Hb 13,4], en todos y en todo, es decir, en todas sus partes. Para todos, porque las mismas vírgenes lo deben honrar con humildad; en todos, porque lo mismo es santo entre los pobres que entre los ricos; en todo, porque su origen, su fin, su utilidad, su forma y su materia son santos. Fue la semilla del cristianismo, que ha llenado la tierra de fieles para completar en el cielo el número de los elegidos; de forma que la conservación del bien del matrimonio es en extremo importante a la república humana, porque constituye la fuente y raíz de su existencia (*IVD*, 3, 38).

Bernardo —resistiendo las aberraciones de los maniqueos diabólicamente inspiradas (como hizo Agustín en su tiempo), que "prohíben el matrimonio y el uso de alimentos que Dios creó" (1 Tim 4,1-3)— nos dice que aquellos a quienes se fuerza para que vivan como ángeles (sin realmente tener el don del celibato) pueden acabar realmente como las bestias.

> Arranca a la Iglesia el honorable connubio y el inmaculado lecho nupciall [Hb 13,14]: ¿no la llenaréis de concubinarios, incestuosos, sodomitas, impúdicos, invertidos [1 Co, 6,10], y de todo género de personas inmundas? (*CC*, 66.3).

Bernardo, a esas opiniones, no bíblicas y excesivamente estrictas, sobre quién puede casarse (sólo vírgenes, y sin volver a casarse tras la muerte del cónyuge, etc.) responde con estas palabras:

> ¿Por qué acortáis tanto la mano de Dios? [Is 59,1] ¿Por qué restringís la amplia bendición de las bodas? (*CC*, 66.5).

No es que Bernardo y Francisco estuvieran ciegos al modo tan bajo en que se inician y se viven muchos matrimonios. En sus tiempos el matrimonio era deshonrado por los que se comprometían a él tan frecuentemente como era honrado, como ocurre en nuestros días. Sin embargo, tanto Bernardo como Francisco conocían su importancia intrínseca y el gran potencial como vehículo para la santidad.

Francisco reflexiona conmovedoramente acerca de lo diferente que sería si Jesús fuera invitado a la celebración de cada matrimonio:

> Pluguiera [le daria placer] a Dios que su muy amado Hijo fuese llamado a todas las nupcias como lo fue a las de Caná; no faltaría nunca el vino de los consuelos y de las bendiciones, que si sólo aparece durante un poco de tiempo, es porque en lugar de a Cristo se invoca a Adonis y se da a Venus el puesto de Nuestra Señora [...] el que quiera

ser feliz en su matrimonio debe tener presente la santidad y la dignidad de este Sacramento. En lugar de esto se suele acudir a mil desordenados pasatiempos, festines y conversaciones; no es, pues, de extrañar que los efectos sean desastrosos (*IVD* 3, 38).

Resulta penosamente familiar, ¿verdad?

Si el amor del matrimonio se queda principalmente a nivel biológico, nos dice Francisco, es apenas diferente el amor animal. Si se queda principalmente al nivel meramente humano de afecto y conveniencia mutua, es apenas diferente al amor de los paganos. Pero si participa del amor de Cristo, entonces es verdaderamente amor cristiano. El papa Benedicto XVI describe esto como la "maduración" o "sanación" del "eros", que restaura "su verdadera grandeza".[7] Como dice Francisco:

> Quiero [...] exhortaros con el gran Apóstol: "Esposos, amad a vuestras esposas como Cristo ama a su Iglesia [Ef 5,25]; esposas, amad a vuestros maridos como la Iglesia ama a Cristo. Dios presentó a Eva a nuestro primer padre Adán y se la dio por esposa; también Dios, amigos míos, con su mano invisible ha hecho el nudo del sagrado lazo de vuestro matrimonio. ¿Por qué no os tratáis con amor santo, sagrado y divino? (*IVD*, 3, 38).

¡Francisco debe haber dado buenas homilías en las bodas!

Por supuesto, deja bien claro que mucho de lo que se ha dicho de la amistad cristiana es aplicable también al matrimonio cristiano, lo mismo que el mutuo amor de la amistad cristiana es un componente esencial del matrimonio:

> La comunicación de los deleites carnales es propensión mutua y celo brutal [...] Y si no existiera otra comunicación en el matrimonio, no existiría en él amistad alguna; pero, como además de esto existe la comunicación de la vida,

---

7 *Deus Caritas Est* 1.5. Disponible en la red: vaticano encíclicas.

de la industria, de los bienes, de los afectos y de una indisoluble fidelidad, la amistad del matrimonio es una de las verdaderas y santas amistades (*IVD*, 3, 17).

Francisco identifica tres efectos del verdadero amor en el matrimonio y en la amistad: la indisoluble unión de los corazones, la inviolable fidelidad entre las dos partes, y el nacimiento y crianza de los hijos. Francisco nos muestra qué gran honor es para Dios permitirnos participar en producir nueva vida con un destino eterno. Urge a los maridos: "Conservad, pues, maridos, tierno, constante y cordial amor hacia vuestras esposas"; y a las esposas: "amad tierna y cordialmente, con afecto respetuoso y reverencial, a los esposos que Dios os ha dado" (*IVD*, 3, 38). A la vez que insta al respeto por el orden bíblico de la relación marido-esposa, Francisco aclara que ninguno de los dos ha de "dominar despóticamente" al otro, como pudieran hacer los paganos, sino que deben amarse con un amor adecuado a quienes juntos son compañeros en el camino, imitando el amor mutuo de Cristo y la Iglesia.

Francisco nos aclara que la santidad del amor matrimonial debe ser tierna y afectuosa:

> La unión estrecha de amor y fidelidad origina familiaridad y confianza; por eso los santos y las santas han usado mucho de caricias en el matrimonio; caricias amorosas, pero castas; tiernas, pero sinceras (*IVD*, 3, 38).

Y ¿qué pasa con la relación sexual en el matrimonio? ¿Tiene Francisco alguna idea sobre esto? La tiene, e intenta iluminar la complejidad de la dimensión sexual de la relación utilizando la analogía de la comida y el comer. Empieza por reconocer la bondad del comer para preservar la vida corporal y, paralelamente, la bondad de la relación sexual para producir nueva vida. Luego aclara, sin embargo, que el comer los alimentos para sobrevivir no es todo lo que eso representa. Reconoce que el compartir las comidas con otros representa una función importante en el crecimiento y el sostenimiento de las relaciones. Así que también la relación sexual, reconoce Francisco, es un manera de expresar y hacer crecer la relación del amor mutuo, la necesidad de estar juntos y el consuelo de la comunión de las personas. A este respecto, hace resaltar que esta dimensión es una parte tan básica del amor matrimonial que la Escritura habla de ello como "deuda" u "obligación" que los esposos se deben mutuamente:

> El comer, no sólo para conservar la vida, sino para atender a las mutuas relaciones y atenciones que nos debemos unos a otros, es cosa muy justa y honesta; de la misma manera, la recíproca y mutua satisfacción de los cónyuges en el santo matrimonio es llamada por San Pablo débito; y, en efecto, se trata de un deber tan grande que no permite que una de las partes se exima sin la libre y voluntaria aceptación de la otra, ni siquiera pretextando ejercicios de devoción [...] ¡Cuánto menos es lícito tratar de eximirse por caprichosos alegatos de virtud o por ciertos enfados o movimiento de cólera! (*IVD*, 3, 39).

La mutua vulnerabilidad de los esposos al darse el uno al otro en el matrimonio hace a Francisco instar a tener gran cuidado y sensibilidad en la dimensión sexual. A los esposos les urge a darse mutuamente con libertad en su expresión de amor y unión, y no como cumpliendo una obligación —así como los que comen "para atender a las mutuas relaciones y atenciones que nos debemos unos a otros [...] han de hacerlo libremente y no por fuerza, y no están obligados a excitar el apetito" (*IVD*, 3, 39).

Francisco reconoce que a veces la relación sexual, en cuanto a la intención de los esposos, no es principalmente para tener hijos, ni siquiera para profundizar en la relación y expresar afecto, sino a veces meramente para satisfacer una necesidad o deseo. Aunque no hay nada particularmente digno de elogio en este ejercicio de la sexualidad, Francisco reconoce que es una manera permisible de practicar la sexualidad. Y usa de nuevo la analogía del comer para ilustrar este punto:

> El comer, no por las dos razones expuestas, sino para satisfacer simplemente el apetito, es cosa tolerable, pero no digna de alabanza; porque el simple placer del apetito sensual no puede ser objeto suficiente para que una acción sea digna de alabanza; bastante es considerarla como tolerable (*IVD*, 3, 39).

Siempre se ha reconocido que una legítima dimensión de la relación matrimonial es la legítima satisfacción del deseo sexual, un "remedio para la concupiscencia".

Lo mismo que con el comer, puede haber exceso y desorden en el ejercicio de la dimensión sexual. Francisco explica que "comer, no por simple apetito, sino por pasión desordenada es cosa más o menos vituperable según la mayor o menor magnitud del desorden [...] El uso del matrimonio, tan santo, tan justo, tan recomendable y tan útil a la sociedad, es en ciertos casos perjudicial a los que lo practican" (*IVD*, 3, 39).

Francisco indica que el simple exceso puede ser pecado venial, pero las más serias perversiones de la función sexual pueden ser en efecto pecados mortales, particularmente cuando se viola y pervierte la dimensión procreativa de un modo contrario a cómo la Iglesia entiende la voluntad de Cristo en esta materia.

La dimensión sexual es una dimensión importante de la relación matrimonial, pero ha de estar subordinada al amor y al camino de unión con Dios, y a su servicio. Alargarse desordenadamente en los placeres sensuales de la vida de casados resulta problemático. Como dice Francisco, los casados no deben "ser presa de la sensualidad y del deleite que, según su vocación, pueden gozar" (*IVD*, 3, 39). Así como las personas que enfocan la comida de una manera excesiva y desordenada pueden terminar haciendo "un dios de su estómago" (Flp 3,19), también demasiado exceso en el terreno de la sexualidad puede tener análogos resultados.

> ¡Qué gran bendición del cielo es que el esposo y la esposa fieles se santifiquen mutuamente en el santo temor de Dios! (*IVD*, 3, 38).

En una de sus meditaciones comparte Francisco una "visión" de los casados viviendo una vida devota en la que, con palabras de Benedicto XVI, se manifiesta la "conexión inseparable" entre "ágape" y "eros".[8]

> El escuadrón de los casados, que pasan dulce existencia en medio del respeto mutuo, resultante de excelso grado de caridad. Observa cómo estas almas devotas relacionan el cuidado de su morada exterior con el de la interior, el amor del consorte con el del Esposo celestial [...] Mira cómo la vista del Salvador los consuela y cómo todos juntos tienen sus ojos fijos en Él [...] El rey crucificado te llama por tu propio nombre: "Ven, ¡oh amada mía!, para que yo te corone" (*IVD*, 1, 18).

---

8 *Deus Caritas Est* 1.7.

Capítulo 12

CRECER EN LA ORACIÓN

El crecer en la oración es simplemente otra dimensión de crecer en el amor. No obstante, resulta útil considerar nuestro progreso en el amor desde la perspectiva de la oración, que es nuestra directa, centrada y consciente comunión con Dios. Hemos considerado ya en el Capítulo 7 algunos de los aspectos básicos de la oración, tales como su importancia, el método básico y las dificultades que podemos encontrar. Ahora queremos considerar la perspectiva que nos dan los santos sobre el progreso en la oración, junto con los desafíos que vamos encontrando.

Hemos visto ya cómo Teresa de Jesús insiste en que la esencia de la oración, sea vocal o "mental", es prestar atención a Dios, hablar con Él y escucharle. También habla sobre algunas de las cosas que ocurren frecuentemente a medida que crecemos en la oración.

Teresa nos hace notar que al principio del camino cristiano parece como si nosotros mismos estuviéramos haciendo casi todo el trabajo (entre la primera y la tercera mansión), pero que, a medida que progresamos, nos vamos dando más cuenta de la iniciativa y la acción de Dios que está obrando en nosotros, conduciéndonos, guiándonos y transformándonos (de la cuarta mansión a la séptima). Habla de empezar a incluir momentos de "recogimiento" o un sosegar el alma en nuestra meditación y recitación de oraciones establecidas, donde nos encontramos más capaces de ser conscientes de Dios y simplemente de estar en su presencia. Este "recogimiento" puede entonces hacerse más profundo y entrar en la "oración de quietud" (Teresa habla de la oración de recogimiento y de la oración de quietud cuando está describiendo la cuarta mansión o etapa en el camino espiritual). Describe la oración de quietud como una absorción en el Señor en la que, a varios niveles de profundidad, la voluntad está fija en el Señor, a pesar de que el intelecto, la memoria y la imaginación puede que todavía estén vagando y distraídas.

Después explica que esta oración de quietud puede alcanzar niveles más profundos de absorción en el Señor y ser entonces descrita como "oración de unión" (quinta mansión). En esta oración no sólo está la voluntad fija en el Señor, sino que las otras facultades están absorbidas en Él también. Teresa aclara que la oración de unión no se experimenta normalmente durante largos períodos de tiempo mientras estamos aún en esta tierra. Menciona cómo la primera vez que experimentó esta profundidad de absorción en el Señor duró sólo lo que dura un "Avemaría". Lo más que llegó a experimentar esta "oración de unión" fue una media hora (V, 18.12).[1]

Consideremos ahora con más detalle las diversas etapas del crecimiento en la oración.

El desafío de la meditación y la oración

La meditación —reflexionar sobre la Escritura o sobre una lectura espiritual— es un componente de la oración importante y necesario. Más estrictamente definida, la meditación es pensar en Dios. La oración es realmente hablar a Dios, bien con palabras o en silenciosa contemplación. Para casi todo el mundo la meditación y la oración

---

1 Puesto que Teresa escribió durante un largo período de tiempo y trató de temas relacionados con la oración en muchas obras y durante muchos años, no hay en sus escritos una total consistencia en la terminología o clasificación; sin embargo, hay una enseñanza sustancialmente clara que puede entenderse y comunicarse. Al basarnos en las enseñanzas de Teresa sobre la oración tenderemos a preferir el último libro que escribió, *El castillo interior o las moradas*, que se supone que es la expresión más madura de su pensamiento.

son difíciles en varios momentos y en varios grados, como lo eran para la misma Teresa.

> En estos principios está todo el mayor trabajo; porque son ellos los que trabajan, dando al Señor el caudal; que en los otros grados de oración lo más es gozar, puesto que primeros y medianos y postreros, todos llevan sus cruces, aunque diferentes (V, 11.5).

¿No es alentador que los más grandes santos hayan tenido períodos en su camino hacia Dios, a veces largos, cuando estaban mirando el reloj durante su tiempo de oración?

> Y muy muchas veces, algunos años, tenía más cuenta con desear se acabase la hora, que tenía por mí de estar, y escuchar cuando daba el reloj, que no en otras cosas buenas (V, 8.7).

Teresita nos cuenta sus largos esfuerzos por no dormirse durante los tiempos de oración, y al hacerlo ofrece algunos consejos interesantes:

> Verdaderamente, estoy lejos de ser santa, y nada lo prueba mejor que lo que acabo de decir. En vez de alegrarme de mi sequedad, debería atribuirla a mi falta de fervor y de fidelidad. Debería entristecerme por dormirme (¡después de siete años!) en la oración y durante la acción de *gracias*. Pues bien, no me entristezco... Pienso que los *niños* agradan tanto a sus padres mientras duermen como cuando están despiertos; pienso que los médicos, para hacer las operaciones, duermen a los enfermos. En una palabra, pienso que "el Señor conoce nuestra masa, se acuerda de que no somos más que polvo" [Sal 103,14] (*HA*, 8, 200).

Efectivamente, los que somos padres sabemos que algunas veces queremos a nuestros hijo aún más ¡cuando finalmente se duermen! El mensaje de Teresita es de gran confianza en el amor de Dios por nosotros. Él conoce nuestra debilidad y nos ama de todas formas. Si nosotros hacemos lo poco que podemos, Él podrá continuar el proceso de transformación, aunque la oración sea somnolienta y seca.

Naturalmente, la somnolencia durante las horas de oración ha sido una realidad humana a través de los siglos. Bernardo lo comenta periódicamente en sus sermones:

> ¿O será mejor que hagamos una pausa por causa de los somnolientos? Pensaba que con un solo sermón acabaría lo que os prometí sobre la doble ignorancia, y lo habría hecho, si no fuera porque habría resultado muy largo para los que están cansados. Porque veo que algunos bostezan y otros se duermen. Y no hay que admirarse, porque las vigilias de la noche pasada fueron larguísimas y les sirven de excusa. Ahora bien, ¿qué diré de los que durmieron entonces y también duermen ahora? (*CC*, 36.7).

Y es alentador que incluso esta oración imperfecta y distraída, por cumplir, sea valiosa para el Señor y le sirva para obrar en nuestras vidas. Como dice Teresa de Jesús:

> Y después que me había hecho esta fuerza, me hallaba con más quietud y regalo que algunas veces que tenía deseo de rezar (*V*, 8.7).

Teresa es testigo del hecho de que, aunque no estemos atentos del todo en nuestra oración, poco a poco, aun la oración imperfecta nos cambiará. Sencillamente "haciéndonos presentes" durante el tiempo de oración prueba nuestro deseo de estar con el Señor. Aunque algunas veces parezca que estamos allí más físicamente que espiritualmente, nuestro deseo le permite al Señor atraernos más a Él.

Y si parece que nuestra oración no da fruto a nivel de nuestro intelecto consciente, puede muy bien dar fruto a nivel de fortalecer nuestra voluntad. Perseverando abrazamos la Cruz:

> Habrá muchos que hay que comenzaron, y nunca acaban de acabar: y creo es gran parte este no abrazar la cruz

desde el principio, que andarán afligidos, pareciéndoles no hacen dada. En dejando de obrar el entendimiento, no lo pueden sufrir; y por ventura entonces engorda la voluntad y toma fuerza, y no lo entienden ellos (*V*, 11.15).

Teresa equipara esta primera etapa de la oración, o meditación discursiva, al trabajo de sacar agua a mano de un profundo pozo con una soga y un cubo, para cultivar el jardín del alma (*V*, 11.10). Aquí la tentación consiste en pensar que unos resultados en apariencia insignificantes no valen la pena el laborioso esfuerzo necesario para perseverar en esta clase de oración. Pero Teresa nos asegura que aunque nuestra oración parezca estéril e improductiva, nuestra perseverancia "hace placer y servicio al Señor de la huerta" (*V*, 11.10):

> Su precio se tienen estos trabajos, que, como quien los pasó muchos años [...] sé que son grandísimos y me parece es menester más ánimo que para otros muchos trabajos del mundo. Mas he visto claro que no deja Dios sin gran premio, aun en esta vida, porque es así, cierto, que, [con] una hora de las que el Señor me ha dado de gusto de Sí después acá, me parece quedan pagadas todas las congojas que en sustentarme en la oración mucho tiempo pasé (*V*, 11.11).

Recogimiento

A medida que nos sumergimos en la doctrina cristiana y en la práctica de la vida cristiana participando en la vida litúrgica de la Iglesia y en la oración, en la lectura espiritual y en el contacto con otros cristianos, podemos pensar mejor y prestar atención al Señor. Con el tiempo empezaremos a experimentar una cierta calma o recogimiento de nuestra alma en el que podemos simplemente estar mejor en la presencia del Señor y saber que Él está ahí.

Los teólogos hacen una distinción entre recogimiento *adquirido* y recogimiento infuso o *contemplativo*. El recogimiento adquirido es una especie de aquietamiento de alma que viene con nuestro trabajo y esfuerzo de la meditación, la lectura espiritual, el hacer actos de fe, esperanza y amor, y otras cosas así. Podemos usar música, cerrar los ojos expresamente, o encender una vela, o un número de cosas que nos ayuden a concentrarnos. Hay un momento en que Teresa les dice a sus hermanas que si practican fielmente la meditación y la oración, en un año, o incluso medio año, se conseguirá este recogimiento adquirido (*C*, 39.8).

La oración infusa (contemplación)

El recogimiento infuso o contemplativo es un recogimiento que llega, o es realzado, por un "toque de Dios" en el alma. Es el llegar a ser consciente de la presencia y cercanía de Dios. Es algo a lo que pueden disponernos nuestros propios esfuerzos, pero nunca hacen que ocurra simplemente con nuestro esfuerzo o voluntad. Es otro ejemplo de la primacía de la gracia en la vida espiritual. Teresa describe la manera en que pueden experimentarse estos primeros toques de "contemplación infusa":

> un recogimiento que también me parece sobrenatural, porque no es estar en oscuro, ni cerrar los ojos, ni consiste en cosa exterior, puesto que, sin quererlo, se hace esto de cerrar los ojos y desear soledad (*M*, 4, 3.1).

Teresa describe el comienzo de esta contemplación o recogimiento infuso como un "oír" o "ser atraído" por Dios a abrirse a su presencia y prestar atención. Y aclara una vez más que no es cuestión de imaginar que estamos con Él, o de pensar en la verdad de que habita interiormente en nosotros —aunque estos elementos son buenos para la meditación, puesto que se fundan en esa importante verdad de que Dios está dentro de nosotros— sino de un oír casi imperceptiblemente en nuestro interior "un silbo tan suave" del pastor (*M*, 4, 3.2):

> que no fue por los oídos, que no se oye nada. Mas siéntese notablemente un encogimiento suave a lo interior, como verá quien pasa por ello [...] Paréceme que he leído, que

como un erizo o tortuga, cuando se retiran hacia sí [...] acá no está en nuestro querer, sino cuando Dios nos quiere hacer esta merced (*M*, 4, 3.3).

Bernardo también aclara que cuando la gente habla de "oír" al Señor, normalmente no es una voz audible lo que oye, sino una comunicación más sutil y espiritual:

> Siempre que oyes o lees que el Verbo y el alma hablan entre sí, y que se ven mutuamente, no te imagines que se intercambian palabras propias del cuerpo, ni que se sirven de imágenes corpóreas propias de los que hablan entre sí. El Verbo es espíritu [Jn 4,24] y el alma también, y tienen sus lenguas con las que se hablan mutuamente, y les hace conocer su mutua presencia. La lengua del Verbo es el favor de su dignación; la del alma, el fervor de la devoción [...] Así pues, que el Verbo diga: "¡Qué hermosa eres!", y que la llame "amiga" [Cant 1,14] es lo mismo que infundir en ella la capacidad para que no sólo pueda hablar sino también presumir de que es amada [...] Así pues, hablar el Esposo es infundir la gracia, y responder la esposa es admirarse con acción de gracias (*CC*, 45.7-8).

Teresa reitera que la concesión de este "toque" por parte de Dios tiene alguna relación con que abandonemos las cosas del mundo —desprendimiento— y un creciente deseo por hacerle sitio a Dios en nuestras vidas:

> Tengo para mí, que cuando su majestad la hace, es a personas que van ya dando de mano a las cosas del mundo. No digo que sea por obra los que tienen estado, que no pueden, sino por el deseo, pues llama particularmente para que estén atentos a las interiores; y así creo que, si queremos dar lugar a su Majestad, que no dará sólo esto a quien comienza a llamar para más (*M*, 4, 3.3).

Bernardo enseña también que la oración contemplativa es dada generalmente tras un período de tiempo en el que las virtudes están creciendo. Menciona en particular el guardar los mandamientos y practicar actos de amor y obediencia (*CC*, 46.5-9).

Teresa compara esta oración de recogimiento infuso (así como la oración de quietud, que estamos a punto de considerar) al método de conseguir agua para un huerto dándole vueltas a una noria y llevando el agua por acueductos. No cuesta tanto como sacar agua de un pozo con cubos y a mano, y se puede descansar más sin trabajar (*V*, 14.1-2).[2]

Los primeros indicios de la oración contemplativa —esta penetración en Dios o brote de amor dado por Dios— crecen y se hacen más profundos y más constantes y estables, hasta que alcanzan la profundidad y estabilidad del estado de matrimonio espiritual o unión transformadora de la séptima mansión.

La palabra "contemplación" no atrae a muchos hoy día. Pocos hay que estén dispuestos a declararse "contemplativos", al no estar seguros de lo que realmente significa. Este término trae a la mente imágenes de monjas o monjes de clausura, o santos canonizados a quienes Dios permitía experimentar cosas extraordinarias. Otros términos relacionados aparecen nebulosos y más bien elevados. Yo mismo prefiero no usarlos demasiado a menudo precisamente por estos problemas. Con todo, "contemplación" es un término clave usado en la tradición mística, y por eso debemos usarlo de vez en cuando y proporcionar alguna definición, como hacen los mismos santos en sus escritos.

El Catecismo de la Iglesia Católica describe la contemplación de varias maneras:[3]

- "recoger el corazón [...] para entrar en la presencia de Aquel que nos espera, hacer que caigan nuestras máscaras y volver nuestro corazón hacia el Señor que nos ama, para ponernos en sus manos como una ofrenda que hay que purificar y transformar" (2711);

---

2 En su última obra, *El castillo interior o las moradas*, Teresa usa una analogía del agua ligeramente diferente para describir la oración de quietud. Explica que ahora entiende la oración de quietud como un manantial que está brotando cerca, silencioso y desbordándose, más bien como el agua traída de lejos a través de arcaduces.

3 *N. del T.* Se copian aquí completas las definiciones a que alude el autor, más la de "oración mental" que da Santa Teresa.

- "es la oración del hijo de Dios, del pecador perdonado que consiente en acoger el amor con el que es amado y que quiere responder a él amando mas todavía. Pero sabe que su amor, a su vez, es el que el Espíritu derrama en su corazón, porque todo es gracia por parte de Dios" (2712);
- "es mirada de fe, fijada en Jesús. 'Yo le miro y él me mira', decía a su santo cura un campesino de Ars que oraba ante el Sagrario" (2715).

También cita el Catecismo la definición de "oración mental" que da Santa Teresa de Jesús como una buena descripción de la oración contemplativa:

> "¿Qué es esta oración? Santa Teresa responde: 'No es otra cosa oración mental, a mi parecer, sino tratar de amistad, estando muchas veces tratando a solas con quien sabemos nos ama' [V, 8.5]" (2709).

Hay una tendencia a equiparar la oración contemplativa con la oración silenciosa. Esto es un error. Podemos recitar contemplativamente oraciones memorizadas, las oraciones de la liturgia, las oraciones de la Biblia, o nuestras propias oraciones espontáneas. Podemos cantar contemplativamente. La oración contemplativa puede ser también jubilosa y expresiva, como veremos más tarde cuando consideremos los frutos del "matrimonio espiritual". El Espíritu —el dador de la contemplación— puede informar nuestra oración en silencio, en susurros, en palabras, en gemidos, en anhelo, o en diversas formas de júbilo, como gritar, cantar, bailar o saltar, por mencionar algunas formas. Los Salmos, como el Apocalipsis, nos dan un ejemplo de toda la gama de oración contemplativa: profundamente personal y a la vez profundamente comunitaria y litúrgica, desde el reflexionar en nuestra cama en silencio hasta la adoración solemne y cantada en el templo, desde estar "estar quietos" hasta "reflexionar o meditar", "mirar al Señor", "anhelar", "gritar con gozo". El mismo Jesús nos dice que "nos alegremos y saltemos de gozo" cuando vemos que se nos une a los sufrimientos de Cristo al sufrir persecución por ser sus discípulos (Lc 6,23).

Esencialmente, la oración contemplativa es una comunicación con Dios que no es simplemente nuestro propio esfuerzo mental o afectivo, sino que tiene por lo menos alguna dimensión de "dar" por parte de Dios, alguna infusión de luz o amor o presencia que trasciende nuestros propios esfuerzos.

Continuemos ahora viendo lo que Teresa nos enseña sobre el crecimiento en la oración.

La oración de quietud

Teresa habla de varias dimensiones de la oración de quietud, pero explica que en esencia es un cautivar el Señor nuestra voluntad, aunque nuestras otras facultades puedan vagar en mayor o menor grado.

> Ya he dicho que en este primer recogimiento y quietud no faltan las potencias del alma; mas está tan satisfecha con Dios, que mientras aquello dura, aunque las dos potencias se desbaraten, como la voluntad está unida con Dios, no se pierde la quietud y el sosiego, antes ella poco a poco torna a recoger el entendimiento y la memoria. Porque, aunque ella aun no está de todo punto engolfada, está tan bien ocupada sin saber cómo, que por muchas diligencias que ellas pongan, no la pueden quitar su contento y gozo (*V*, 15.1-2).

En otro momento describe así Teresa el comienzo de esta oración:

> Acaecíame en esta representación que hacía de ponerme a cabe Cristo, que he dicho, y aun algunas veces leyendo, venirme a deshora un sentimiento de la presencia de Dios, dentro de mí, que en ninguna manera podía dudar que estaba dentro de mí, o yo toda engolfada en El (*V*, 10.1).

También menciona que puede haber en esta oración una forma de intercesión contemplativa:

y ver que estamos tan cerca, y pedir a Su Majestad mercedes, y rogarle por la Iglesia, y por los que se nos han recomendado, y por las ánimas del purgatorio, no con ruido de palabras, sino con sentimiento de desear que nos oiga (*V*, 15.7).

Incluso recitando oraciones con otros o solos, como en los Oficios Divinos de las Horas, la oración contemplativa puede expresarse a sí misma, ¡aun cuando uno no entienda del todo la lengua en que esté rezando!

Y es así que me ha acaecido estando en esta quietud, con no entender casi cosa que rece en latín, en especial del Salterio, o sólo entender el verso en romance, sino pasar adelante en regalarme de ver lo que el romance quiere decir (*V*, 15.8).

Teresa observa que el Señor da pequeñas "prendas" o "sorbitos" de lo que se dará en abundancia en el reino:

mas hay ratos que, cansados de andar, los pone el Señor en un sosiego de las potencias y quietud del alma, que, como por señas, les da claro a entender a qué sabe lo que se da a los que el Señor lleva a su reino [...] los que la tienen, la llaman oración de quietud (*C*, 30.6-7).

En algunos momentos Teresa describe una forma más intensa de oración de quietud que ella llama "sueño de las potencias". En este "sueño de las potencias" las otras facultades, no sólo la voluntad, están bajo el dominio del Señor en tiempo de oración, pero no de una forma tan profunda y absorbente como están en la oración de unión.[4] Teresa usa ahora la ilustración de llevar agua al huerto, no con un cubo levantado a mano, ni siquiera con una noria y arcaduces, sino con ríos y arroyos que fluyen derechos al huerto.

---

4 *V*, 16.1.

Teresa menciona luego la situación de una monja anciana que experimentaba grandes distracciones durante la oración mental. Durante años la oración de esta monja consistía sólo en la simple, pero sincera, recitación del "Padre nuestro", y, sin embargo, era elevada a menudo a las alturas de la oración. Fue a Teresa, toda turbada porque no era capaz de practicar la oración mental o de contemplación, pero Teresa vio en seguida que Dios estaba verdaderamente llevando a esta monja a la contemplación profunda a través de estas innumerables repeticiones de la Oración de Jesús:

> ... Los que la tienen la llaman oración de quietud; mas, como digo trato de oración vocal, parece no viene lo uno con lo otro a quien no lo supiere, y yo sé que viene. Perdonadme que lo quiero decir, porque sé que muchas personas, rezando vocalmente, como ya queda dicho, las levanta Dios sin entender ellas cómo, a subida contemplación [sin esforzarse por nada ni entender cómo] (*C*, 30.7).

Bernardo nos dice que la simple repetición de palabras y afectos infusos por el Espíritu pueden ser signos de una profunda comunicación entre el Señor y el alma:

> hablar el Esposo es infundir la gracia, y responder la esposa es admirarse con acción de gracias. Y por eso ama más, porque al amar se da cuenta de que el amor del esposo es muy superior al suyo; y aún se admira más porque comprende que él ha amado primero. Por eso no se contenta con llamarlo una vez "hermoso", sino que añade de nuevo "hermoso", manifestando con esa repetición lo extraordinario de esa belleza (*CC*, 45.7-8).

Consuelos en la oración: invitaciones a profundizar

Puede ocurrir, observa Teresa, que muchos que experimentan esta oración de quietud no continúan creciendo y avanzando en el camino espiritual. La experiencia de esta oración debe interpretarse como una llamada del Señor para continuar en el camino, no como un punto de parada. Ella nos insta a reconocer que estar unido al Señor de esa manera es un gran don y privilegio, y su consejo es: ten cuidado, aprécialo, sé fiel, sé un amigo.

> Es, pues, esta oración, una centellica [pequeña llama] que comienza el Señor a encender en el alma del verdadero amor suyo [...] y si no la mata por su culpa, ésta es la que comienza a encender el gran fuego [...] Es esta señal una señal o prenda que da Dios a esta alma, de que la escoge ya para grandes cosas, si ella se apareja para recibirlas. Es gran don, mucho más de lo que yo podré decir [...] parece las quiere Dios escoger para provecho de otras muchas, en especial en estos tiempos que son menester amigos fuertes de Dios para sustentar los flacos; y los que estas mercedes conocieren en sí, ténganse por tales, si saben responder con las leyes que aun la buena amistad del mundo pide (*V*, 15.3-5).

Las visitas del Señor

Bernardo pregunta: "¿Pero quién es capaz de investigar y comprender tantos afectos y progresos del alma, con los que una gracia tan multiforme la enriquece acerca de la presencia del Esposo?" (*CC*, 32.1).

Bernardo, dependiendo de la luz del Espíritu Santo, se ofrece a compartir algunas de sus propias experiencias de estas "visitas" del Señor para —por medio de un entretejer alusiones bíblicas— ayudarnos a entender su importancia. Se trate del tipo que Teresa describe como "oración de quietud" o de la más profunda absorción de la "oración de unión", que vamos a considerar ahora, el comentario de Bernardo es útil:

> Ahora soportad algo mis desvaríos. Quiero decir, pues así lo prometí, qué es lo que me ocurre a mí en estas cosas. No es prudente hacerlo, pero sólo se abrirá mi alma para seros provechoso, y, si os es útil a vosotros, me consolaré de mi desvarío; si no os sirve de ayuda, reconoceré mi

> ignorancia. Confieso que también el Verbo, lo digo disparatando, ha venido hacia mí, y muchas veces. Y aunque con frecuencia ha entrado en mí, algunas veces no lo sentí en el momento de entrar. Sentí que se había hecho presente, y recuerdo el momento de ausentarse. Alguna vez pude incluso presentir su llegada, pero sentirla nunca; tampoco he sentido nunca su salida. De dónde haya venido a mi alma, o a dónde haya ido nuevamente al abandonarla, así como por dónde haya entrado o salido, confieso que incluso ahora lo ignoro (*CC*, 74.5-7).

Bernardo describe cómo estas "visitas" de la presencia del Señor despertó a su alma aletargada, le reveló y sanó sus faltas, le dio profunda percepción, le suscitó la alabanza, sometió sus anhelos humanos y le infundió asombro ante la misericordia y bondad de Dios:

> Pero cuando el Verbo se aleja, todo esto, como si a una olla que esta hirviendo le retiras el fuego, empieza a inmovilizarse, y por una especie de languidez a convertirse en pesado y frío; y por esta señal clara para mí de su partida, mi alma queda inevitablemente triste, hasta que vuelve de nuevo, y, como de costumbre, calienta mi corazón dentro de mí, lo cual es un indicio de regreso (*CC*, 74.5-7).

Bernardo concluye otra descripción de estas visitas con una expresión característica de su sensibilidad hacia el gozo de la unión con Dios:

> Porque es necesario que el fuego de un santo deseo se adelante al rostro de Dios en toda alma a la que él ha de venir, para que consuma la inmundicia de los vicios, y así prepare un lugar para el Señor. Entonces el alma se da cuenta de que el Señor está cerca, al sentirse abrasada por ese fuego [...] También su ángel [...] ¡cómo salta de gozo, cómo se alegra y exulta [...]! (*CC*, 31.4-5).

Teresita es otro testigo de esta acción directa de Dios en el alma, que algunas veces le trajo lágrimas de gozo a los ojos:

> El camino por el que iba era tan recto y luminoso, que no necesitaba más guía que a Jesús... Comparaba a los directores a espejos fieles que reflejan a Jesús en las almas, y decía que en mi caso Dios no se servía de intermediarios, sino que actuaba directamente él... (*HA*, 5, 130).

También comenta que los secretos que Jesús le estaba mostrando eran tan extraordinarios que los sabios teólogos estarían asombrados del conocimiento que Él había dado a una niña de catorce años. De hecho, uno de sus directores, viendo cómo Jesús estaba actuando directamente en su alma, le dijo: "Hija mía, que Nuestro Señor sea siempre tu Superior y tu maestra de novicias" (*HA*, 7, 185). Teresita declara explícitamente que un conocimiento así viene primordialmente no a través del estudio, sino de la pobreza de espíritu, y cita una de las hermosas estrofas del poema de Juan de la Cruz *La noche oscura* para explicar lo que estaba experimentando.

> En la noche dichosa,
> en secreto, que nadie me veía,
> ni yo miraba cosa,
> sin otra luz ni guía
> sino la que en el corazón ardía.
>
> Aquesta me guiaba
> más cierto que la luz del mediodía,
> adonde me esperaba
> quien yo bien me sabía,
> en parte donde nadie parecía (*HA*, 5, 130-131).[5]

Teresita habla de cuántas luces recibía leyendo a Juan de la Cruz, especialmente entre los diecisiete y dieciocho años (y tenía sus obras en su mesilla de noche cuando murió). Confiesa que a veces ningún

---

[5] *N. del T.* Ralph Martin cita estas estrofas 3 y 4 completas.

libro de lectura espiritual podía ayudarla a vencer períodos de aridez en la oración, y que entonces sólo la Sagrada Escritura, especialmente los Evangelios, y *La imitación de Cristo*, de Tomás de Kempis, le proporcionaban alguna ayuda. Pero se da cuenta de que, en medio de la aridez, Jesús estaba consiguiendo y enseñando cosas profundas:

> Comprendo y sé muy bien por experiencia que "el reino de Dios está dentro de nosotros" [Lc 17,21]. Jesús no tiene necesidad de libros ni de doctores para instruir a las almas. Él, el Doctor de los doctores, enseña sin ruido de palabras... Yo nunca le he oído hablar, pero siento que está dentro de mí, y que me guía momento a momento y me inspira lo que debo decir o hacer. Justo en el momento en que las necesito, descubro luces en las que hasta entonces no me había fijado. Y las más de las veces no es precisamente en la oración donde esas luces más abunda, sino más bien en medio de las ocupaciones del día...(*HA*, 8, 217-218).

Qué familiarizados estamos con este trabajo de Jesús en las almas. Desde el Antiguo Testamento hasta el Nuevo, el Señor mismo pastorea y enseña a su rebaño directamente.[6] Estos santos están viviendo la realidad de la Nueva Alianza —la presencia directa de Dios en el alma— una realidad que estamos llamados a experimentar.

La oración de unión

Al comentar Teresa de Jesús las etapas de la oración aclara que está hablando principalmente de una diferencia de grado en la intensidad con que somos absorbidos en el Señor en la oración. En la quinta mansión habla acerca de la oración de unión, en la cual no sólo la voluntad sino también la memoria, la imaginación y el intelecto son "capturados" por el Señor en una absorción aún más profunda. Esta absorción puede ser tan honda que la persona que la está experimentando no es consciente de nada a su alrededor. Las facultades no están ahora "durmiendo" ligeramente, sino suspendidas.

---

6 Cf. Jr 31,33-34; Ez 34,15; Mt 23,8; 1 Jn 2,20. 26-27.

> Aquí, con estar todas dormidas, y bien dormidas, a las cosas del mundo y a nosotras mismas (porque en hecho de verdad, se queda como sin sentido aquello poco que dura, que ni hay poder pensar, aunque quieran), aquí no es menester con artificio suspender el pensamiento. Hasta el amar, si lo hace, no entiende cómo, ni qué es lo que ama, ni qué querría; en fin, como quien de todo punto ha muerto al mundo para vivir más en Dios [...] quédase espantado, de manera que, si no se pierde del todo, no menea pie ni mano (*M*, 5, 1.3-4).

En otro lugar describe la oración de unión así:

> Verdad es que a los principios pasa en tan breve tiempo; al menos a mí así me acaecía, que en estas señales exteriores, ni en la falta de los sentidos, no se da tanto a entender cuando pasa con brevedad (*V*, 18.12).

Bernardo habla también del tiempo relativamente breve en que es posible experimentar una profunda contemplación mientras vivimos en la tierra, en el cuerpo.

> ¿Quién, mientras mora en este cuerpo, goza de la luz de la contemplación, no digo continuamente, sino por largo tiempo? (*CC*, 51.2).

En otro lugar dice:

> Pero hay un lugar en el que de verdad Dios aparece tranquilo y en paz. Un lugar que no es ni el auditorio del Maestro ni el tribunal del Juez, sino la morada del Esposo, y que, para mí, dado que de los otros no tengo experiencia, es sin duda la alcoba, si es que alguna vez he tenido la dicha de ser introducido en ella. Pero, ¡ay!, rara vez y poco tiempo (*CC*, 23.15).

Teresa dice que uno de los principales signos de que la oración de unión ha ocurrido realmente es la naturaleza inolvidable de la experiencia. Aun cuando queda suspendida la conciencia exterior, el alma recuerda con una aguda convicción que el Señor la ha visitado.

> Que ni ve, ni oye ni entiende en el tiempo que está así, que siempre es breve, y aún harto más breve le parece a ella de lo que debe de ser. Fija Dios a sí mismo en lo interior de aquel alma de manera, que cuando torna en sí, en ninguna manera puede dudar que estuvo en Dios, y Dios en ella. Con tanta firmeza le queda esta verdad, que aunque pase años sin tornarle Dios a hacer aquella merced, ni se le olvida, ni puede dudar que estuvo (*M*, 5, 1.9).

Teresa reconoce que hay varios grados de intensidad en la unión. En experiencias "más ligeras" de la oración de unión se puede oír a alguien hablar y decidir si responder o no; en experiencias "más profundas" de la unión puede que ni se pueda responder a estímulos exteriores (*M*, 5, 2.1). Aquí usa otra analogía del agua para describir esta oración más profunda de oración como agua que está cayendo en el alma como directamente desde arriba, como un chaparrón que todo lo empapa.

Teresa reconoce que en la oración de unión se puede salir y entrar durante largos períodos de oración, pasando intervalos de tiempo a niveles menos absorbentes de oración, tales como la meditación, el recogimiento y la quietud. Y observa cómo la voluntad puede mantenerse firme durante períodos más largos, pero en cambio el intelecto, la imaginación y la memoria parecen empezar a vagar mucho antes (*V*, 18.12).

El propósito del Señor al conceder estas diversas formas de contemplación infusa o estos grados diferentes de absorción es el de ayudarnos a estar unidos más plenamente a Él y a su voluntad. Es importante recordar que para Teresa y todos los otros santos en la oración no se trata de técnica o de tener ciertas experiencias, sino de crecer en una relación.

Teresa nos anima a hacer todo lo que podamos para disponernos a la acción de Dios a fin de que nuestras vidas puedan ser transformadas, como se transforma un feo gusano de seda en una hermosa mariposa.

> Pues, hijas mías, priesa a hacer esta labor y tejer este capuchillo, quitando nuestro amor propio y nuestra voluntad, al estar asidas a ninguna cosa de la tierra, poniendo obras de penitencia, oración, mortificación, obediencia, todo lo demás que sabéis [...] Muera, muera este gusano, como lo hace en acabando de hacer para lo que fue criado (*M*, 5, 2.3-6).

Al disponernos lo mejor que podemos para la unión, apartándonos del pecado y de todo apego desordenado, y a medida que centramos nuestras vidas en Dios, el Señor nos va dando por grados gracias como las que ha estado describiendo Teresa, lo cual ayuda a llevar a cabo la transformación.

> Pues veamos qué se hace este gusano [...] cuando [el alma] está en esta oración, bien muerto está al mundo, sale una mariposita blanca. ¡Oh grandeza de Dios, y cuál sale un alma de aquí, de haber estado un piquito metida en la grandeza de Dios y tan junta con Él; que a mi parecer nunca llega a media hora! (*M*, 5, 2.7).

La unión de voluntades

La experiencia de la unión en la oración, deja bien claro Teresa, tiene como fin hacer más posible la unión de nuestras voluntades con la voluntad de Dios en una obediencia y un amor más profundos. Teresa aclara también que Dios puede llevar a las personas a esta unión esencial de las voluntades sin hacerlas pasar necesariamente por la experiencia de la oración de unión, con su total suspensión de todas las facultades.

> Pues hay tanta ganancia de entrar en ella, bien será que no parezca quedan sin esperanza a los que el Señor no da cosas tan sobrenaturales; pues la verdadera unión se

> puede muy bien alcanzar, con el favor de nuestro Señor, si nosotros nos esforzamos a procurarla, con no tener voluntad sino atada con lo que fuere la voluntad de Dios [...] que poderoso es el Señor de enriquecer las almas por muchos caminos y llegarlas a estas moradas, y no por el atajo que queda dicho (*M*, 5, 3.3-4).

El "atajo" de que está hablando Teresa es la experiencia profunda de la oración de unión. Esta oración le ayuda a uno a morir a sí mismo, pero el Señor puede hacer que ocurra esto de otros modos. La muerte a sí mismo es esencial; la oración de unión no lo es.

> Más advertid mucho, hijas, que es necesario que muera el gusano, y más a vuestra costa; porque acullá [la oración de unión] ayuda mucho para morir el verse en vida tan nueva; acá [la unión de voluntades] es menester que, viviendo en ésta, le matemos nosotras (*M*, 5, 3.5).

Teresa reconoce que esto requiere verdadero esfuerzo, pero que se puede hacer y tiene su propia recompensa.

> Yo os confieso que será a mucho más trabajo, más su precio se tiene; así será mayor el galardón, si salís con victoria. Mas de ser posible no hay que dudar, como lo sea la unión verdaderamente con la voluntad de Dios. Esta es la unión que toda mi vida he deseado; ésta es la que pido siempre a Nuestro Señor, y las que está más clara y segura (*M*, 5, 3.5).

A la vez que Teresa es maestra en describir las diversas clases de experiencias que podemos vivir en nuestro camino hacia la completa unión con Dios, no se cansa de insistir en que la meta no es la experiencia sino la unión, manifestada en una mayor conformidad de nuestra voluntad con la voluntad de Dios, con amor por Dios y el prójimo. "El amor propio, una propia estimación, un juzgar a los prójimos, aunque sea en pocas cosas, una falta de caridad con ellos, no queriéndolos como a nosotros mismos" son como gusanitos que nos van royendo nuestra vida con Dios (*M*, 5, 3.6).

La voluntad de Dios para nosotros es nuestra perfección, nuestra total conformidad con el amor a Dios y al prójimo. Aunque no siempre podemos estar seguros de que estamos amando a Dios más perfectamente —aunque hay índices fiables— sí podemos estar seguros de que estamos amando a nuestro prójimo. Y el modo más seguro de amar a nuestro vecino, aconseja Teresa, es no soñar con hacer grandes hazañas por nuestro prójimo "un día", sino aprovechar las pequeñas oportunidades diarias que se nos presentan en la vida ordinaria. Esto es lo que agrada al Señor.

> Obras quiere el Señor; y que si ves una enferma a quien puedes dar algún alivio, no se te dé nada de perder esa devoción, y te compadezcas de ella; y si tiene algún dolor, te duela a ti; y si fuera menester, lo ayunes, porque ella lo coma: no tanto por ella, como porque sabes que tu Señor quiere aquello. Esta es la verdadera unión con su voluntad; y que si vieres loar [alabar] mucho a una persona, te alegres más mucho que si te loasen a ti [...] Mas esta alegría de que se entiendan las virtudes de las hermanas es gran cosa, y cuando viéremos alguna falta en alguna, sentirla como si fuera en nosotras. [...] y forzar vuestra voluntad para que se haga en todo la de las hermanas, aunque perdáis de vuestro derecho, y olvidar vuestro bien por el suyo, aunque más contradicción os haga el natural; y procurar tomar trabajo por quitarle al prójimo, cuando se ofreciere. No penséis que no ha de costar algo, y que os lo habéis de hallar hecho. Mirad lo que costó a nuestro Esposo el amor que nos tuvo, que por librarnos de la muerte, la murió tan penosa como muerte de cruz (*M*, 5, 3.11-12).

Bernardo enseña que "todo el que entre nosotros tiene un espíritu comunitario y social, y no solo vive sin disensiones entre los hermanos, sino que además con mucha cordialidad se ofrece a todos para que dispongan de él para cualquier servicio de amor", lleva el fruto de la auténtica experiencia espiritual (*CC*, 60.9).

El cumplimiento de todo deseo

A la vez que resalta la importancia del amor al prójimo y nos advierte contra hacernos la ilusión de que lo amamos, también Teresa es inmensamente alentadora:

> que si hubiere en ello quiebra [falta de amor al projimo], vamos perdidas [...] Cuando os viereis faltas en esto, aunque tengáis devoción y regalos, que os parezca habéis llegado ahí, y alguna suspensioncilla [pequeña suspensión] en la oración de quietud (que algunas luego les parecerá que está todo hecho), creedme que no habéis llegado a unión, y pedid a Nuestro Señor que os de con perfección este amor del prójimo. Y dejad hacer a su Majestad; que Él os dará más que sepáis desear, como vosotras os esforcéis y procuréis, en todo lo que pudiereis, esto (*M*, 5, 3.12).

Teresa hace algunas declaraciones muy enérgicas sobre lo que es necesario para progresar, pero casi inmediatamente después, sabiendo que podemos sentirnos abrumados y pensar que el progreso es imposible, nos da un gran aliento acerca de lo que la confianza en Dios puede conseguir. Para Teresa los obstáculos a lo largo del camino hacia Dios son oportunidades para admitir que estamos indefensos y pedimos ayuda a Dios. Cuando confesamos honestamente nuestra pobreza espiritual y pedimos ayuda a Dios, podemos recibir, lo mismo que se recibe asistencia social, asistencia divina.

Cuando Thérèse de Lisieux ponderaba los grandes pasos en la vida espiritual que se sentía llamada a emprender, pero incapaz de ello, se preguntaba si habría algún tipo de "atajo" o "ascensor" espiritual que pudiera subirla por estos pasos demasiado difíciles. Sentía que Dios Padre le mostraba que sí había un "ascensor" así: los brazos de Jesús.

Escuchemos lo que dice acerca de este descubrimiento:

> Usted, Madre, sabe bien que yo siempre he deseado ser santa. Pero, ¡ay!, cuando me comparo con los santos, siempre constato que entre ellos y yo existe la misma diferencia que entre una montaña cuya cumbre se pierde en el cielo y el oscuro grano que los caminantes pisan al

andar. Pero en vez de desanimarme, me he dicho a mí misma: Dios no puede inspirar deseos irrealizables; por lo tanto, a pesar de mi pequeñez, puedo aspirar a la santidad. Agrandarme es imposible; tendré que soportarme tal cual soy, con todas mis imperfecciones. Pero quiero buscar la forma de ir al cielo por un caminito muy recto y muy corto, por un caminito totalmente nuevo. Estamos en un siglo de inventos. Ahora no hay que tomarse ya el trabajo de subir los peldaños de una escalera: en las casas de los ricos, un ascensor lo suple ventajosamente. Yo quisiera también un ascensor para elevarme hasta Jesús, pues soy demasiado pequeña para subir la dura escalera de la perfección. Entonces busqué en los Libros Sagrados algún indicio del ascensor, objeto de mi deseo, y leí estas palabras salidas de la boca de la Sabiduría eterna: El que sea *pequeñito*, que venga a mí (Pro 9,4). Y entonces fui adivinando que había encontrado lo que buscaba. Y queriendo saber, Dios mío, lo que harías con el pequeñito que responda a tu llamada, continué mi búsqueda, y he aquí lo que encontré: "Como una madre acaricia a su hija, así os consolaré yo; os llevaré en mis brazos y sobre mis rodillas os meceré" (Is 66,12-13). Nunca palabras más tiernas ni más melodiosas alegraron mi alma. ¡El ascensor que ha de elevarme hasta el cielo son tus brazos, Jesús! Y para eso, no necesito crecer; al contrario, tengo que seguir siendo pequeña, tengo que empequeñecerme más y más (*HA*, 10, 252-253).

El Padre mostró a Teresita cuánto podía confiar en el amor y la misericordia de Cristo para compensar por lo que le faltaba en su propia fuerza y virtud. Ella sentía que llegar a ser santa estaba fuera de su alcance, y lo estaba. Solamente confiándose radicalmente al amor de Jesús, con debilidades y todo, había alguna esperanza de que Teresita, o cualquiera de nosotros, llegara a ser santo.

A Bernardo, como a todos los santos, le enseñaron la misma sabiduría:

> Desbordo de alegría al ver que aquella majestad no tiene en absoluto como algo impropio inclinarse hacia nuestra

pobreza con una alianza tan familiar y dulce; y que la Divinidad celestial asista a las bodas del alma desterrada y no rehúse mostrarle el afecto de un Esposo inflamado en ardentísimo amor [...] ¿Qué piensas tú que podrá recibir allí la que aquí ha sido regalada con tanta familiaridad, hasta llegar a sentirse abrazada por los brazos de Dios, descansar en el seno de Dios, y es custodiada por el cuidado y la vigilancia de Dios para que mientras duerme nadie la despierte, hasta que más tarde ella se levante? (*CC*, 52.2).

Está tan claro que un mensaje fundamental de los santos es la importancia de poner nuestra confianza en la infinita misericordia de Cristo, que es Él quien nos llama a la santidad y a la vez lo obra en nosotros. La oración es simplemente una manera de abrirnos a esta misericordia. Como dice Bernardo:

Yo, en cambio, con toda confianza, de las entrañas del Salvador me apodero de todo, lo que me falta, porque esas entrañas rebosan de misericordia (*CC*, 61.4).

Capítulo 13

LA AYUDA DEL CIELO

Después de muchos años de lucha y de considerable progreso en la vida de virtud, el alma clama por más. Habiendo experimentado la gracia de la conversión y del arrepentimiento a los pies de Cristo, el alma pedía una mayor intimidad; la mano del Señor moldeaba al alma en virtud y estabilidad y la atraía más cerca; pero ahora el alma desea más. Bernardo lo expresa de manera sorprendente:

> Pido, suplico e imploro: "Que me bese con el beso de su boca". Es cierto que por su gracia hace ya muchos años que procuro vivir sobriamente [Tit 2,12], soy asidua a la lectura, resisto los vicios, me postro con frecuencia para orar, me mantengo alerta contra las tentaciones, reflexiono sobre mi vida pasada con amargura de alma [Is 38,15]. En cuanto de mí depende me parece que vivo entre mis hermanos sin crear conflictos, me someto a la autoridad de mis superiores [Tit 3,1][...] No deseo lo ajeno, más bien entrego mis cosas y a mí misma. Como mi pan con el sudor de mi frente. En todas estas cosas persevero no porque causen dulzura, sino por ser fiel a mi obligación. Qué soy, dice el profeta [Os 10,11], sino una novilla domesticada que trilla con gusto? [...] Creo cumplir todo lo que me mandan, pero, en ese cumplimiento, mi alma está como tierra reseca [Sal 143,6]. Por eso le ruego que

me bese con el beso de su boca para que le agraden mis sacrificios [Sal 20,4] (*CC*, 9.1-2).

A medida que continúa la obra de transformación puede haber, en ciertos momentos, una aceleración del proceso. Los actos directos de Dios en el alma, las gracias de varios tipos, pueden aumentar, y puede darse también una intensificación de las pruebas y dificultades —otro tipo de gracias. En este capítulo consideraremos los diversos "toques" que Dios puede dar al alma como manera de prepararla para unión más profunda, y el modo apropiado de responder. (En el próximo capítulo consideraremos la intensificación de las pruebas). Teresa habla de estos toques de Dios en su sexta mansión, donde se presentan como preparaciones para el venidero "desposorio espiritual" y, más tarde, el "matrimonio espiritual". También Juan habla de estos toques de Dios con gran detalle, pero remite a sus lectores al tratamiento más exhaustivo y detallado de Teresa. Ambos dejan claro que no toda alma experimentará todos estos fenómenos —y algunas puede que experimenten muy pocos o incluso ninguno, ya que no son esenciales para el proceso de transformación— pero quieren ser exhaustivos sobre las posibles clases de experiencias para proporcionar una fuente para todo el mundo, sea cual fuera su situación o experiencia.

La soledad

Teresa nos ha dicho ya lo importante que es el deseo de Dios para progresar en el camino espiritual, y ahora nos dice cómo Dios mismo aumenta ese deseo en nosotros por medio de varias gracias. Empieza por hablar de cómo Dios actúa en el alma a través de diversas "herimientos". Uno de los resultados de estas "heridas" es que ahora la persona "procura más lugar para estar sola, y quitar todo lo que puede, conforme a su estado, que la puede estorbar de esta soledad" (*M*, 6, 1.1). Cuando el Señor nos llama a una unión más profunda con Él, buscamos maneras en que podamos responder pasando más tiempo en oración y eliminando cosas innecesarias que distraen de esta unión. Para los laicos esta "gran soledad" puede implicar el reducir o eliminar ciertas entretenimientos o actividades que no son necesarias o son excesivas, tales como el tiempo que se pasa expuestos pasivamente a los medios de comunicación como la televisión, oyendo la radio, leyendo el periódico, con juegos de computadora, leyendo novelas, escuchando música, jugando a las cartas, viendo los deportes, etc., etc. También puede implicar la decisión de aumentar el tiempo de oración, las lecturas espirituales, la participación en la liturgia, haciendo algunos "días de retiro", y cosas así.

Echemos otra mirada a los excelentes pensamientos de Bernardo sobre la soledad. Él señala que aunque la soledad física puede ser útil de vez en cuando, hay un recogimiento de nuestro espíritu —una soledad mental y espiritual— que puede practicarse en medio de la vida ordinaria.

> Aléjate, pues, pero con el alma, no con el cuerpo, con la intención, con la devoción, con el espíritu [...] aunque a ratos es provechoso que te alejes también con el cuerpo, cuando te sea posible, sobre todo en el tiempo de oración [...] Por lo demás solamente se te exige la soledad del corazón y del espíritu. Estás solo si no piensas en las cosas de los demás, si no deseas lo inmediato, si desprecias lo que muchos admiran, si desdeñas lo que todos desean, si evitas las disputas, si no te afectan los perjuicios, si no te acuerdas de las injurias [2 Sam 19,20]. De lo contrario no estarás solo, aunque con el cuerpo estés solo. ¿No te das cuenta de que puedes estar solo entre muchos, y entre muchos solo? Entre una gran multitud de hombres puedes estar solo; únicamente procura nos ser un juez temerario de sus conversaciones, o un observador demasiado curioso. Aunque te des cuenta de que se hace algo con falsedad, no juzgues de la misma manera al prójimo, más bien excúsalo. Excusa la intención si no puedes excusar la acción: piensa que lo ha hecho por ignorancia, como un acto espontáneo y poco consciente, por fragilidad (*CC*, 40.4-5).

Heridas de amor

Teresa describe algunos de los efectos de estas "visitas" del Señor que producen lo que ella llama "heridas de amor".

> Está tan esculpida en el alma aquella visita, que todo su deseo es tornarla a gozar [...] Ya el alma bien determinada queda a no tomar otro esposo; mas el Esposo no mira a los grandes deseos que tiene de que se haga ya el desposorio, que aun quiere que lo desee más, y que le cueste algo bien, que es el mayor de los bienes [...] que no deja de ser menester la muestra y señal, que ya se tiene de ella, para poderse llevar (*M*, 6, 1.1).

El "encuentro" y "muestra de desposorio" de que está hablando Teresa es la experiencia de la oración de unión. El propósito de estos momentos de profunda oración es servir de invitaciones, "muestras" de un más sustancial "desposorio" o "compromiso" que precede al matrimonio espiritual. Mientras que el deseo es reavivado y aumentado por estas experiencias de oración profunda, el Señor quiere que nuestro deseo y anhelo de Él crezca aún más. Con este fin Él da periódicamente la gracia de las "heridas de amor".

Teresa dice que es un gran desafío describir estas heridas de amor y duda de que vaya a conseguirlo, pero intenta explicar:

> Pues comencemos ahora a tratar de la manera que se ha con ella el Esposo, y cómo antes de que del todo lo sea, se lo hace bien desear, por unos medios tan delicados, que el alma misma no los entienda [...] tan delicados y sutiles, que proceden de lo muy interior del alma [...] que muchas veces estando la persona descuidada y sin tener la memoria de Dios, su Majestad la despierta, a manera de una cometa que pasa de presto, o un trueno, aunque no se oye ruido; mas entiende muy bien el alma, que fue llamada de Dios [...] Siente ser herida sabrosísimamente [...] conoce ser cosa preciosa, y jamás querría ser sana [...] Mucho más le satisface que el embebecimiento sabroso que carece de pena, de la oración de quietud [...] un silvo

tan penetrativo para entenderle el alma, que no le puede dejar de oír (*M*, 6, 2.1-3).

Bernardo describe la "herida de amor" que María, la madre de Jesús, experimentó al "traspasar" por todo su ser por la espada de la Palabra y el amor de Dios:

> Y ella recibió en todo su ser una grande y suave herida de amor. Yo me consideraré dichoso si al menos sintiese que he sido herido por la punta de esa espada, para que, recibida también una pequeña herida de amor, mi alma pudiera decir: "Estoy herida de amor" [Cant 2,5, Septuaginta]. ¿Quién me concederá a mí no sólo ser herido de esta manera, sino ser expugnado totalmente, hasta el exterminio de aquel color y calor que guerrea contra el alma? [1 Pe 2,11] (*CC* 2, 29.8).

A pesar de que a menudo habla de sequedad y de pruebas, Teresita de Lisieux se refiere también a las "centellas de amor que él sembraba a manos llenas en nuestras almas", suscitando de sus labios "emisiones de amor inspiradas por él" (*HA*, 5, 128).

Estas comunicaciones de Dios aumentan nuestro deseo de Él de tal manera que son como una dolorosa agonía y a la vez exquisitamente deliciosas.

> Hace en ella tan gran operación, que se está deshaciendo de deseo [...] parece le llega a las entrañas esta pena, y que, cuando de ellas saca la saeta el que la hiere, verdaderamente parece que se las lleva tras sí [...] este dolor sabroso, y no es dolor, no está en un ser; aunque a veces dura gran rato, otras de presto se acaba (*M*, 6, 2.4).

Las verdaderas "heridas de amor" producen un sólido fruto espiritual, incluyendo el "determinarse a padecer por Dios y desear tener muchos trabajos, y quedar muy más determinada a apartarse de los contentos y conversaciones de la tierra, y otras cosas semejantes" (*M*, 6, 2.6). Teresa observa que el demonio nunca da un dolor delicioso como éste, y nunca aumentaría el deseo de Dios y nuestro deseo de llevar nuestra vida a una mayor conformidad con su voluntad. Cuando el demonio intenta simular estas experiencias, vienen de regiones más externas de nuestra personalidad y son "inquietas y con guerra", no verdadero deleite espiritual con su fruto correspondiente (*M*, 6, 2.6).

Francisco de Sales, hablando de los diversos deleites y consuelos que otorga el Señor, nos da también algunos índices para ver si son del Señor o no:

> Un principio general [...] referente a los afectos y pasiones del alma nos dice que los debemos conocer por sus frutos [Mt 7,16] [...] Si las dulzuras, ternezas y consuelos nos hacen más humildes, pacientes, tratables, caritativos y compasivos con el prójimo, más decididos en mortificar la concupiscencia y las malas inclinaciones, más constantes en los ejercicios, mas dóciles a los que nos mandan, más sencillos en nuestro porte, sin duda alguna, todo eso proviene de Dios; pero si nos reservamos las dulzuras para nosotros y nos tornamos curiosos y ásperos, quisquillosos, impacientes, tercos, orgullosos, presuntuosos, duros con el prójimo y, pensando que somos santos, indudablemente estas consolaciones son falsas y engañosas (*IVD*, 4, 13.3).

Francisco aconseja asimismo sobre cómo responder a estos tipos de gracias, con una interpretación interesante de lo que significa en la práctica "besar" al Señor:

> Después de haberlos recibido humildemente, hagamos uso de ellas según la intención con que nos han sido concedidas. Pues, ¿por qué creemos que nos concede Dios estas gracias? Para que nos comportemos dulce y amorosamente con Él. La madre da las golosinas al hijo para recibir en cambio algunas caricias; besemos nosotros a nuestro Salvador, que tantas dulzuras nos proporciona. Besar al Salvador es obedecerle, guardar sus mandamientos, cumplir su voluntad, secundar sus deseos,

abrazarse tiernamente a la obediencia y fidelidad. Cuando hayamos recibido algún consuelo espiritual, es necesario ser más diligente en la práctica del bien y de la humildad (*IVD*, 4, 13.4).

Bernardo y Catalina concurren con Francisco cuando nos aconseja dejar de mirar los dones del Dador, asegurándonos periódicamente que no estamos buscando los consuelos y dones del Señor por ellos mismos, sino por Dios:

> Conviene, además, reconocer de vez en cuando tales dulzuras, ternezas y consuelos, disgregando el corazón de ellas, protestando que, a pesar de que las recibimos humildemente y las aceptamos como venidas de la mano de Dios, cuyo amor provocan, nos mantendríamos en ese amor aunque no recibiésemos tales consuelos, pues lo que buscamos no son estos dones, sino el santo amor de su Majestad, queremos no los consuelos, sino al Consolador; no la dulzura, sino al Salvador; no la ternura, sino a aquel que es la suavidad del cielo y de la tierra; entre estos afectos debemos desear permanecer firmes en el santo amor de Dios, aunque toda nuestra vida no experimentemos consuelo alguno, perseverando en la voluntad de decir sobre el Calvario lo mismo que sobre el Tabor: "¡Oh Señor, qué bien se está aquí! ¡Contigo, en tu cruz o en tu gloria!" (*IVD*, 4, 13.4).

Teresa da un consejo parecido sobre lo que debe ser nuestra respuesta a estas gracias:

> Tema mucho si ha de ser ingrato a tan gran merced, y procure esforzarse a servir y a mejorar en todo su vida, y verá en lo que para y cómo recibe más y más (*M*, 6, 2.5).

De nuevo, la prueba de la autenticidad de la experiencia espiritual es el fruto que produce en cómo vivimos realmente nuestras vidas, la prueba del amor y la virtud. Y otra vez podemos aplicar el "principio del reino": al que es fiel en responder a las pequeñas gracias, se le darán mayores.

Palabras de Dios

Otro medio que usa Dios para preparar a las personas para la unión es comunicar varias "palabras". Teresa y Juan identifican cuatro clases diferentes de "palabras" que pueden experimentarse.

Palabras exteriores

Algunas veces el Señor se comunica en realidad con una voz audible que realmente percibimos por el sentido del oído. Más comúnmente, sin embargo, sus comunicaciones son interiores, palabras dadas a nuestro entendimiento de varias maneras.

Locuciones sucesivas

Locuciones son palabras comunicadas al interior del alma y percibidas con el entendimiento. Locuciones sucesivas son comunicaciones que no son infundidas instantáneamente, sino "desarrolladas" durante un período de tiempo —puede ser más bien breve— con una notable actividad de nuestra mente y espíritu. Tal vez una idea o palabra o frase concreta parece ser "dada", y entonces, cuando la mente y el espíritu prestan atención, la comunicación se llena más con la evidente participación de nuestra mente, utilizando la memoria, la imaginación y el estudio, así como la inspiración presente. De todas las locuciones interiores éstas son las más débiles y con menos "fuerza" de todas y las más propensas a ser distorsionadas por nuestra propia participación.

Juan de la Cruz reconoce que el Señor da locuciones como éstas y que imparten alguna gracia real, pero se muestra más bien escéptico con relación al número bastante grande de pretendidas locuciones que él encontraba en la España del siglo XVI:

> Espántome yo mucho de lo que pasa en estos tiempos y es que cualquiera alma de por ahí con cuatro maravedís

> de consideración, si siente algunas locuciones de éstas en algún recogimiento, luego lo bautizan todo por de Dios, y suponen que es así, diciendo: "Díjome Dios", "respondióme Dios"; y no será así, sino que, como habemos dicho, ellos las más veces se lo dicen.
>
> Y allende de esto, la gana que tienen de aquello y la afición que de ello tienen en el espíritu, hace que ellos mismos se lo respondan y piensen que Dios se lo responde y se lo dice; de donde vienen a dar en grandes desatinos, si no tienen en esto mucho freno, y el que gobierna estas almas no las impone en la negación de estas maneras de discurso, porque en ellos más bachillería suelen sacar e impureza de alma que humildad y mortificación de espíritu, pensando que ya fue gran cosa y que habló Dios; y no habrá sido poco más que nada, o nada, o menos que nada. Porque lo que no engendra humildad y caridad y mortificación y santa simplicidad y silencio, etc., ¿qué puede ser? (*SMC*, 2, 29.4-5).

Juan enseña que el beneficio que se gana de las locuciones sucesivas "no ha de ser poniendo el entendimiento de propósito en ella [escribiéndola o haciendo que otros la escriban] [...], sino que simple y sencillamente, sin poner el entendimiento en aquello que sobrenaturalmente se está comunicando, aplique la voluntad con amor a Dios, pues [por] el amor se van aquellos bienes comunicando" (*SMC*, 2, 29.7-9).

La restauración exitosa del don de profecía del Nuevo Testamento en la Iglesia de hoy depende de una sabia guía pastoral que sea consciente de la variable cualidad entre los fenómenos diversos que pueden describirse como "palabras del Señor".

Locuciones formales

El tercer tipo de locuciones que describe Juan es uno en que toda la "forma" (las palabras) es dada a la vez. Más que ir formándose poco a poco por el uso de nuestra memoria, la imaginación, el estudio y la inspiración directa, se da toda a la vez y, por consiguiente, está menos expuesta a la distorsión por nuestro propio "trabajo". Su efecto tiene más fuerza sobre nuestro espíritu:

> Son palabras formales que algunas veces se hacen al espíritu por vía sobrenatural sin medio de algún sentido, ahora estando el espíritu recogido, ahora no. Y llámolas formales porque formalmente al espíritu se las dice tercera persona, sin poner él nada en ello [...] ordinariamente sólo son para enseñar o dar luz en alguna cosa [...] son diferentes de esotras sucesivas, que no mueven tanto al espíritu como éstas (*SMC*, 2, 30.1-4).

A pesar de que las locuciones formales están menos sujetas a la imaginación humana que las locuciones sucesivas, y aunque tienen un efecto más fuerte en el alma, el consejo de Juan sigue siendo el mismo: no te concentres en la locución, deja que la fuerza de la locución aumente tu deseo de amar a Dios y al prójimo y de darte más de lleno a Él. Juan lo expresa sin rodeos: "la principal doctrina es no hacer caso de ello en nada" (*SMC*, 2, 30.7).

Después de haber considerado algunas de las otras comunicaciones especiales que Dios hace al alma, veremos con más detalle las razones por las que el principal consejo de Juan, que parece sorprendente y hasta paradójico, es no hacer caso de estas comunicaciones. Pero también veremos que Juan reconoce algunas excepciones a este consejo general.

Locuciones sustanciales

Las locuciones sustanciales son locuciones formales que se imprimen en el alma con tal fuerza que realmente producen el efecto de que hablan. Por ejemplo, si el Señor hablara interiormente al alma palabras como "No temas", el alma sería liberada del miedo y experimentaría paz y confianza. O si el Señor comunicara interiormente: "Sé buena", inmediatamente el alma sería sustancialmente buena (*SMC*, 2, 31.1).

Bernardo da un ejemplo similar de este tipo de locución:

> Así pues, que el Verbo diga al alma: "¡Qué hermosa eres!", y que la llame "amiga" [Cant 1,14], es lo mismo que infundir en ella la capacidad para que no sólo pueda hablar sino también presumir de que es amada (*CC*, 45.8).

Estas comunicaciones son tan puras y tienen tanta fuerza que "ni tiene el alma que hacer, ni que querer, ni que no querer, ni que desechar, ni que temer" (*SMC*, 2, 31.2).

Estas locuciones sustanciales constituyen en sí una clase especial, y el consejo normal de Juan de ignorar básicamente las locuciones menores no puede aplicarse aquí.

> Y son de tanto momento y precio, que le son al alma vida y virtud y bien incomparable, porque la hace más bien una palabra de éstas que cuanto el alma ha hecho toda su vida [...] Ni tiene que hacer [...] porque nunca se las dice Dios para que ella las ponga por obra, sino para obrarlas en ella [...] Ni tiene que temer algún engaño, porque ni el entendimiento ni el demonio pueden entrometerse (*SMC*, 2, 31.1-2).

Visiones

Otra clase diferente de comunicaciones de Dios comprende varios tipos de visiones. Juan y Teresa proporcionan un exhaustivo análisis de las diversas visiones, de las cuales sólo se presenta aquí lo principal.

Bernardo, como Juan, cree que los ángeles cumplen un importante papel en muchas de estas comunicaciones y ofrece algunas ideas interesantes acerca de por qué son dadas en la forma en que lo son.

Lo que hacen los ángeles, indica Bernardo, es contribuir a "la construcción de una especie de imágenes espirituales e introducirlas en los mismos ojos del alma que contempla los purísimos juicios de la Sabiduría divina, para que, al menos confusamente y como en un espejo, pueda ver lo que aún no es capaz de contemplar cara a cara" (*CC*, 41.3).

Bernardo, guiado por la Escritura (cf. 1 Co 13,12. 19), reconoce que aunque nuestro conocimiento y nuestra profecía son imperfectos mientras estamos aún en el cuerpo, hay a veces momentos en los que se recibe una luz inusitadamente clara:

> Pero cuando, como en un rapto y con la velocidad del rayo, algo divino haya iluminado a un alma que está arrobada [2 Co 5,13], tal vez para mitigar la excesiva claridad o para aprovechamiento de su enseñanza, inmediatamente y no sé donde, se hacen presentes ciertas semejanzas imaginativas de las cosas inferiores, acomodadas convenientemente a los sentidos infundidos de un modo divino, mediante las que, de alguna manera, se da un poco de sombra a aquel rayo purísimo y brillante de la verdad, y se hace más tolerable para el alma, y para aquellos a los que esa alma se lo quiere comunicar. Yo creo que estas semejanzas se forman en nosotros por inspiración de los santos ángeles como, por el contrario, no hay duda de que las otras y tan diferentes y malas sugestiones son introducidas en nosotros por los ángeles malos (Sal 77,49).

Consideremos ahora los diferentes tipos de visiones que identifica Juan.

Visiones corpóreas

A veces podemos realmente ver, con nuestros ojos biológicos, figuras de Jesús, de María o de diferentes santos o ángeles. Este tipo de visiones son las que están más sometidas a la manipulación del demonio o a una reacción espiritualmente inmadura por nuestra parte. Cuando vienen de Dios, su fin es conducirnos a un amor y una unión más profundos y puros; pero a veces nos concentramos en su naturaleza corpórea de una manera que bloquea el efecto de su bien espiritual. Juan explica los malos efectos que pueden derivarse por estar demasiado impresionados por estas clases de visiones corpóreas, y aplica estos mismos comentarios a otras percepciones sensoriales, tales como olores, sonidos, luces y cosas semejantes.

> Y así, son muy fáciles y ocasionadas para criar error, y presunción, y vanidad en el alma; porque, como son tan palpables y materiales, mueven mucho al sentido, y parécele al juicio del alma que es más por ser más sensible, y vase tras ello, desamparando a la fe, pensando que aquella luz es la guía y medio de su pretensión, que es la unión de Dios; y pierde más el camino y medio que es la fe, cuanto más caso hace de las tales cosas (*SMC*, 2, 11.4).

Juan siempre nos hace volver a la naturaleza absolutamente esencial de la fe como medio primordial de crecer en la unión con Dios, y es un verdadero maestro al detallar cómo nuestra impresionable naturaleza caída, posesiva y miope, puede captar neciamente estas comunicaciones corpóreas y no ver el propósito que tienen: llevarnos a una confianza más plena en el Comunicador y a rendirnos a Él.

También Catalina habla de lo inapropiado que es el concentrarse en el don más que en Aquel que nos está otorgando el don y que es inestimablemente más valioso que el don mismo.

> Llegados al tercer estado del amor de amigo y de hijo, ya no es amor mercenario el que tienen, sino de amigos queridísimos. Así como un amigo, cuando recibe un obsequio de otro, no se fija solamente en el regalo, sino en el corazón y el afecto del que se lo hace, y aprecia el regalo sólo por amor del afecto de su amigo (*D*, 72).

Juan hace resaltar lo vulnerable que somos en las cosas espirituales a caer en el orgullo y en la vanidad:

> Y, además de eso, como ve el alma que le suceden tales cosas y extraordinarias, muchas veces se le injiere secretamente cierta opinión de sí de que ya es algo delante de Dios, lo cual es contra humildad.
>
> Y también el demonio sabe injerir en el alma satisfacción de sí oculta, y a veces harto manifiesta (*SMC*, 2, 11.5).

Juan nos aconseja —usando un lenguaje fuerte— "desechar tales representaciones" (*SMC*, 2, 11.5). Él sabe que está usando lo que puede parecer a algunos un lenguaje brusco y extremado, pero lo hace para asegurarse de que nos enteramos de lo que quiere decirnos; porque quiere estar seguro de que no nos está retrasando, desviándonos o dañando en nuestro camino espiritual el estar fascinados por la comunicación más que por el Comunicador. Una vez más, está interesado en señalarnos la manera más directa y recta de alcanzar la cima del "Monte Carmelo". Como dijo una vez Teresa de Jesús a sus hermanas: "Si podéis llegar al final del camino en ocho días, ¿por qué hacerlo en un año?" (¡A la vez reconoce que el camino le está llevando más tiempo de lo que esperaba!). Y escribe Juan:

> Por tanto, siempre se han de desechar tales representaciones y sentimientos, porque, dado caso que algunas sean de Dios, no por eso se hace a Dios agravio ni se deja de recibir el efecto y fruto que quiere Dios por ellas hacer al alma (*SMC*, 2, 11.5).

La razón por la que Juan da este consejo es que si la visión o sentimiento corpóreo en los sentidos es de origen divino, produce su efecto en el espíritu en el mismo momento de su percepción, independientemente de cualquier deliberación sobre quererlo o no quererlo.

> También las que son de parte del demonio, sin que el alma las quiera, causan en ella alboroto o sequedad, o vanidad o presunción [...] Mas las que son de Dios penetran el alma, y mueven la voluntad a amar, y dejan su efecto, al cual no puede el alma resistir, aunque quiera, más que la vidriera al rayo del sol cuando da en ella (*SMC*, 2, 11.5-6).

Visiones imaginativas

Las visiones imaginativas son aquellas que se le aparecen interiormente a la imaginación. El "ver" no es con los ojos biológicos, sino con los "ojos de la mente". Interiormente podemos "ver" imágenes de Jesús o de varios santos, o escenas del cielo o del infierno, ángeles o demonios, o incluso escenas de esta tierra con extraños o con personas que conocemos. La visión interior puede tener a veces un carácter "profético". Juan reconoce que el Señor obra de estos modos con el fin de aumentar nuestra "inteligencia, amor o suavidad" (*SMC*, 2, 16.10).

Su consejo, no obstante, sigue siendo el mismo. Sí, Dios obra a veces por medio de visiones imaginativas, pero no necesitamos perder el tiempo discerniéndolas, puesto que, si son de Dios, el efecto es producido en el alma automáticamente. Si son del demonio de nuestra imaginación, más razón para no prestarles atención. Nos advierte otra vez del peligro de llegar a preocuparnos por estas comunicaciones, o de apegarnos a ellas de tal modo que bloquee nuestro progreso en amor y unión auténticos. También nos urge a dejar que estas gracias obren aumentando el conocimiento y el amor y nuestro deseo de Dios y de continuar, guiados por la fe, fortificados por la esperanza y actuando con amor.

Juan, muy consciente de la consternación que puede provocar su doctrina en sus oyentes, explica que Dios obra por medio de estas imágenes corpóreas o imaginativas porque en algunos casos es la mejor manera de llevarnos a una unión más elevada, teniendo en cuenta nuestra naturaleza corporal.

> Y así va Dios perfeccionando al hombre al modo del hombre, por lo más bajo y exterior hasta lo más alto e interior [...] De donde primero le perfecciona el sentido corporal, moviéndole a que use de buenos objetos naturales perfectos exteriores, como oír sermones, misas, ver cosas santas, mortificar el gusto en la comida, macerar con penitencia y santo rigor el tacto. Y cuando ya están estos sentidos algo dispuestos, los suele perfeccionar más, haciéndoles algunas mercedes sobrenaturales y regalos para confirmarlos más en el bien, ofreciéndoles algunas comunicaciones sobrenaturales,

así como visiones de santos o cosas santas corporalmente, olores suavísimos y locuciones, y en el tacto grandísimo deleite; con que se confirma mucho el sentido en la virtud y se enajena del apetito de los malos objetos (*SMC*, 2, 17.4).

Juan se da cuenta de que a pesar de la gran percepción que le ha sido dada acerca del proceso de crecimiento espiritual, y a pesar de su amplia experiencia en dar dirección espiritual, a Dios no se le puede nunca meter "en una caja". Juan ve que así es generalmente como obra Dios, pero que, por supuesto, Dios es libre de obrar como Él quiera, a través de cualesquiera métodos y en cualquier orden.

De esta manera va Dios llevando al alma de grado en grado hasta lo más interior. No porque sea siempre necesario guardar este orden de primero y postrero tan puntual como eso; porque a veces hace Dios uno sin otro, y por lo más interior lo menos interior, y todo junto, que eso es como Dios ve que conviene al alma o como le quiere hacer las mercedes. Pero la vía ordinaria es conforme a lo dicho (*SMC*, 2, 17.5).

A la vez que hay una admirable unión de testimonio en las descripciones dadas por estos Doctores de la Iglesia, los elementos del camino espiritual no pueden presentarse nunca debidamente con el "control" característico de un sistema mecánico o matemático. Siempre queda la libertad, tanto para Dios como para el creyente, y ningún método puede esperar eliminar el riesgo inherente en esta libertad sin distorsionar el camino.

Juan se preocupa mucho de expresar sus argumentos con fuerza porque sabe lo propenso que somos a lo ilusorio en estas áreas. A veces puede incluso tender a intentar hacer su consejo tan invulnerable que va un poco demasiado lejos. Por ejemplo, hablando de su consejo básico —no apegarnos a ningún tipo de comunicaciones o experiencias sobrenaturales, "renunciar" a todo lo que es menos que Dios mismo, proceder sólo por la fe, la esperanza y el amor— hace esta declaración: "En la cual manera se halla toda seguridad contra las astucias del demonio y contra la eficacia del amor propio y sus rama" (*SMC*, 2, 6.7). Naturalmente, una seguridad total puede ser realmente más de lo que se puede, o se debería, intentar. Intentos de proporcionar un método "a toda prueba" lleva a crear un sistema que trunca el alcance de la acción de Dios y de la libertad del creyente.

Excepciones a la regla general

Juan de la Cruz reconoce, no de buena gana, que necesita dejar un margen para las "excepciones".

Por lo que respecta a las visiones y otras formas de comunicaciones sobrenaturales, reconoce que aunque haya una progresión objetiva de valor al pasar de lo corpóreo a lo imaginativo y de ahí a lo intelectual, eso no quiere decir que una forma "más baja" de comunicación no pueda, en un caso particular, producir un bien mayor.

> Aunque no se quita por eso que algunas corporales de estas exteriores hagan más efecto [que las visiones más imaginativas]; que, en fin, es como Dios quiere que sea la comunicación. Pero hablamos en cuanto es de parte de ellas, por cuanto son más espirituales (*SMC*, 2, 16.3).

Juan admite lo difícil que es cuando se quiere demostrar algo importante el hacerlo con suficiente matización y equilibrio.

> Entiendo he abreviado demasiado; sólo con decir que tenga cuidado de nunca las admitir, sin no fuese algo con algún muy raro parecer, y entonces, no con gana de ello (*SMC*, 2, 11.13).

También nos dice que, aunque estas comunicaciones deben ser "olvidadas" y "renunciadas", y que no hay que "prestarles atención", los que tal vez estén experimentando ciertos fenómenos espirituales deben revelarlos a su confesor o director espiritual, no sólo como protección, sino también como modo de liberar aún más la fuerza de su efecto.

> Porque es Dios tan amigo de que el gobierno y trato del hombre sea también por otro hombre semejante a él y que por razón natural sea el hombre regido y gobernado, que totalmente quiere que a las cosas que sobrenaturalmente nos comunica no las demos entero crédito ni hagan en nosotros confirmada fuerza y segura, hasta que pasen por este arcaduz [canal] humano de la boca del hombre[...].
> [...] no quiere Dios que ninguno a solas se crea para sí las cosas que tiene por de Dios, ni se confirme ni afirme en ellas sin la Iglesia o sus ministros, porque con esto sólo no estará él aclarándole y confirmándole la verdad en el corazón, y así quedará en ella flaco y frío (*SMC*, 2, 22.9,11).

Su consejo a los confesores y directores espirituales acerca de cómo responder a estas clases de experiencias espirituales añade también algún matiz importante a su consejo.

> Pero se ha de advertir acerca de lo dicho que no, porque habemos puesto tanto en que las tales cosas se desechen y que no pongan los confesores a las almas en el lenguaje de ellas, convendrá que las muestren desabrimiento los padres espirituales acerca de ellas, ni de tal manera las hagan desvíos y desprecio en ellas, que les den ocasión a que se encojan y no se atrevan a manifestarlas, que será ocasión de dar en muchos inconvenientes si les cerrasen la puerta para decirlas; porque, pues [como habemos dicho], es medio y modo por donde Dios lleva las tales almas, no hay para qué estar mal con él ni por qué espantarse ni escandalizarse de él, sino antes con mucha benignidad y sosiego [...] Encamínenlas en la fe, enseñándolas buenamente a desviar los ojos de todas aquellas cosas, y dándolas doctrina en cómo han de desnudar el apetito y espíritu de ellas para ir delante, y dándolas a entender cómo es más preciosa delante de Dios una obra o acto de voluntad hecho en caridad, que cuantas visiones [y revelaciones] y comunicaciones pueden tener del cielo, pues éstas ni son mérito ni demérito; y cómo muchas almas, no teniendo cosas de éstas, están sin comparación mucho más adelante que otras que tienen muchas (*SMC*, 2, 22.19).

Es útil recordar aquí las reflexión de Teresa de Jesús de que la razón por las que Dios puede estar dando a algunas almas estas comunicaciones sobrenaturales, como visiones o locuciones, es que son más débiles y están más necesitadas de esta ayuda que las que son más capaces, por la gracia de Dios, de viajar más directamente por la fe, la esperanza y el amor.

Visiones intelectuales

El tercer tipo de visión de que trata Juan de la Cruz es la visión intelectual —un "ver" más puramente espiritual en el que no intervienen los sentidos corporales o la obra de la imaginación como en las visiones corpóreas e imaginativas. Este "ver" puede incluir aquí seres corpóreos (Juan cita como de este tipo la visión que Juan el Evangelista tiene de la Jerusalén celestial), pero es de una cualidad diferente a las visiones anteriores. Es como "una puerta abierta" en el cielo, y la capacidad para ver clara y distintamente se da por un breve período de tiempo.

> Porque las [visiones] espirituales e intelectuales mucho más clara y sutilmente acaecen que las corporales [...] Cuando Dios quiere hacer esa merced al alma, comunícala aquella luz sobrenatural que decimos, en que fácilmente y clarísimamente ve las cosas que Dios quiere, ahora del cielo, ahora de la tierra [...].
>
> Y es a veces como si le abriese una clarísima puerta, y por ella viese [una luz] a manera de un relámpago, cuando, en una noche oscura, súbitamente esclarece las cosas y las hace ver clara y distintamente [...] de tal manera se quedan en ella [la memoria] impresas aquellas cosas que [...] nunca jamás se le quitan del todo del alma, aunque por tiempos se van haciendo algo remotas (*SMC*, 2, 24.1-5).

El "ver" aquí puede ser también un modo más puramente "intelectual" de captar o penetrar un misterio de fe o un aspecto del ser de Dios que no conseguimos con nuestro propio razonamiento u estudio, sino que se nos da espiritualmente. Puede ser también, por ejemplo, como lo describe Teresa de Jesús, una visión "intelectual" de la Trinidad que, más que simplemente otro profundo pensamiento, es, en cierto sentido, un "ver" no visual y no conceptual de la Trinidad, que en el caso de Teresa continuó durante largos períodos de tiempo. Para ella estas visiones estaban relacionadas con el matrimonio espiritual descrito en su séptima mansión.

Juan reconoce que estas visiones son formas superiores de conocimiento y menos propensas a la autodecepción o interferencia demoníaca, pero, no obstante, no sin peligro. De hecho, el entiende la visión de todos los reinos de este mundo que Satanás dio a Jesús como de esta clase de visiones. En total, su consejo sigue siendo sustancialmente el mismo: no te agarres a estas comunicaciones y mantente centrado en Dios mismo por la fe, la esperanza y el amor.

Aunque Juan no nos anima a pasar tiempo "discerniendo" ninguna, sin embargo describe los efectos de comunicaciones como éstas tanto auténticas como espurias.

Cuando las visiones o percepciones son auténticamente de Dios producen en el alma "quietud, iluminación y alegría a manera de gloria, suavidad, limpieza y amor, humildad e inclinación o elevación del espíritu en Dios; unas veces más, otras menos; unas más en lo uno; otras en lo otro, según el espíritu en que se reciben y [como] Dios quiere" (*IVD*, 2, 24.6).

El demonio puede producir estas visiones y, cuando lo hace, producen "sequedad de Espíritu acerca del trato con Dios e inclinación a estimarse y admitir y tener en algo las dichas visiones y en ninguna manera causan blandura de humildad y amor de Dios" (*IVD*, 2, 24.7).

En cuanto que estas visiones son visiones "intelectuales" de criaturas —santos, ángeles, escenas del cielo— no pueden servir como medios *próximos* para la unión con Dios. Pero cuando estas visiones más puramente espirituales comunican una dimensión del conocimiento del mismo Dios —por ejemplo, uno de sus atributos "experimentado sublimemente"— Juan denomina a esto una experiencia de "pura contemplación" y una verdadera participación en esta vida en la unión que es nuestra meta, el matrimonio espiritual.

Juan describe cómo son estas comunicaciones:

> Y estas altas noticias no las puede tener sino el alma que llega a unión de Dios, porque ellas mismas son la misma unión; porque consiste el tenerlas en cierto toque que se hace del alma en la Divinidad, y así el mismo Dios es el que allí es sentido y gustado. Y, aunque no manifiesta y claramente como en la gloria, pero es tan subido y alto toque de noticia y sabor que penetra la sustancia del alma, que el demonio no se puede entrometer ni hacer otro semejante [...] porque aquellas noticias saben a esencia divina y vida eterna [...] Porque hay algunas de estas noticias y toques de éstos que hace Dios en la sustancia del alma que de tal manera la enriquecen, que no sólo basta una de ellas para quitar el alma de una vez todas las imperfecciones que ella no había podido quitar en toda la vida, mas la deja llena de virtudes y bienes de Dios.
>
> Y le son al alma tan sabrosos y de tan íntimo deleite estos toques, que con uno de ellos se daría por bien pagada de todos los trabajos que en su vida hubiese padecido, aunque fuesen innumerables; queda tan animada y con tanto brío para padecer muchas cosas por Dios, que les es particular pasión ver que no padece mucho (*SMC*, 2, 26.5-7).

Dios puede conceder estas gracias en momentos totalmente inesperados. Juan hace hincapié en su naturaleza soberana y gratuita:

> A veces, cuando ella menos piensa y menos lo pretende, suele Dios dar al alma estos divinos toques, en que le causa ciertos recuerdos de Dios. Y éstos a veces se causan súbitamente en ella solo en acordarse de algunas cosas, y a veces harto mínimas. Y son tan sensibles, que algunas veces no sólo el alma, sino también al cuerpo hacen estremecer; pero otras veces acaecen en el espíritu muy sosegado sin estremecimiento alguno, con súbito sentimiento de deleite y refrigerio en el espíritu. Otras veces acaece en alguna palabra que dicen u oyen decir, ahora de la Sagrada Escritura, ahora de otra cosa. Mas no siempre son de una misma eficacia y sentimiento,

> porque muchas veces son harto remisos; pero, por mucho que sean, vale más uno de estos recuerdos y toques de Dios al alma que otras muchas noticias de las criaturas y obras de Dios (*SMC*, 2, 26.8-9).

Juan hace aquí una excepción importante a su regla general tan enérgicamente expuesta, que no debemos hacer caso de estas comunicaciones, sino olvidarlas y seguir adelante, pues automáticamente producen sus buenos efectos, y detenerse en ellas nos expone a retrasarnos o a desviarnos del único propósito de esta búsqueda de Dios mismo. Como estas clases de comunicaciones son una forma más pura de la comunicación contemplativa, son realmente una participación en la unión por la que estamos esforzándonos.

> Y en éstas no digo que se haga negativamente, como en las demás aprehensiones, porque ellas son parte de la unión, como habemos dicho, en que vamos encaminando al alma; por la cual la enseñamos a desnudarse y a desasirse de todas las otras. Y el medio para que Dios las haga, ha de ser humildad y padecer por amor de Dios con resignación de toda retribución; porque estas mercedes no se hacen al alma propietaria, por cuanto son hechas con muy particular amor de Dios que tiene con la tal alma, porque el alma también se le tiene a él muy desapropiado [...] [el "cumplimiento" en Jn 14,21] [...] En lo cual se incluyen las noticias y toques que vamos diciendo que manifiesta Dios al alma [que se llega a él y] de veras le ama (*SMC*, 2, 26.10).

En otras palabras, el que renunciemos a las visiones, comunicaciones y experiencias menores ha alcanzado ahora su anticipado propósito: traernos a esta participación contemplativa directa en la unión misma con Dios, que es nuestra meta en esta vida, y que es una anticipación de la visión beatífica misma. Pero no es necesario renunciar a esta clase de participación contemplativa en conocer y amar, puesto que es el objetivo por el cual hemos estado esforzándonos.

Juan dice a continuación que este conocer y amar no es aún el conocer y amar del cielo y de la visión beatífica, pero que es lo más lejos que puede avanzarse en esta vida, ¡tal vez con algunas excepciones!

Así como las locuciones "sustanciales" logran lo que comunican y son, por consiguiente, raras, también las visiones "sustanciales" imparten la esencia de las sustancias espirituales y son aún más raras en esta vida, si es que son posibles, pues requieren una luz más elevada, la luz de la gloria, que generalmente no es accesible en esta vida.

> Y así, estas de *sustancias incorpóreas*, como son ángeles y almas no son de esta vida ni se pueden ver en cuerpo mortal; porque si Dios las quisiese comunicar al alma esencialmente, como ellos son, luego saldría de las carnes y se desataría de la vida mortal (*SMC*, 2, 24.2).

Sin embargo, no es imposible que Moisés, Elías y Pablo hubieran tenido una experiencia transitoria de visiones sustanciales similares, "porque lo hace Dios en aquellos que son muy fuertes en el espíritu de la Iglesia y ley de Dios, como fueron los tres arriba nombrado" (*SMC* 2, 24.3).

Bernardo, sin analizar los varios tipos de comunicaciones tan sistemáticamente como Juan, es de parecer semejante en cuanto al orden ascendente de pureza y fuerza de las varias comunicaciones. Él también es consciente de que prácticamente todas las comunicaciones que recibimos del Señor no son revelaciones no mediadas de cómo es Él en sí mismo —la visión beatífica— sino que están más bien adaptadas a nuestras capacidades actuales para sobrevivir tales encuentros con el Señor:

> Mas esta visión no es propia de la presente vida; solamente pertenece a aquellos que pueden decir: "Sabemos que, cuando se manifieste, seremos semejantes a él, porque le veremos tal cual es" [1 Jn 3,2]. Ahora, sin embargo, se aparece a los que quiere y como quiere. Mientras se vive en este cuerpo mortal no puede o pudo verle tal cual es ni

el sabio, ni el santo, ni el profeta; podrá cuando viva en un cuerpo inmortal, el que sea hallado digno. Así pues, también en este mundo se le ve, pero como a él le parece bien aparecerse, no como es (*CC*, 31.2).

Sin embargo, Bernardo, como Juan, indica que las comunicaciones pueden hacerse cada vez más como una verdadera participación en la visión beatífica, incluso en esta vida.

> El alma así afectada y así amada ni mucho menos quedará contenta con esa manifestación del Esposo que se concede a muchos a través de las cosas creadas [Ro 1,20], o con aquella otra, propia de pocos, que se lleva a cabo en sueños. No queda contenta hasta que por un especial privilegio recibe, entre íntimos afectos y en lo más profundo de su corazón, al mismo Esposo bajado del cielo, y tenga a su disposición al que desea, no en figura sino infundido, no de manera visible sino rebosando amor, que, sin duda alguna, serán tanto más gozoso cuanto que se experimenta en el interior, no fuera [...] Sin embargo todavía no he dicho que se haya aparecido tal cual es, aunque al mostrarse de este modo no es algo totalmente distinto de lo que es. Y no se hará presente de esta manera de una forma continua ni siquiera a los espíritus devotísimos, ni se aparece de la misma manera a todos. (*CC*, 31.6).

Antes de seguir para considerar otro modo de obrar Dios para atraernos a esta unión —el de las pruebas— necesitamos ver dos maneras más en que Dios se comunica con nosotros, y el consejo de Juan sobre cómo responder a ello: la "profética" y la "natural".

La dimensión profética de las comunicaciones de Dios

Muchos de los santos reconocieron y experimentaron personalmente la realidad del obrar profético del Espíritu en la vida Cristiana. Como lo expresó Bernardo en una ocasión:

La ayuda del cielo

> Y haber creído es haber visto. Y si alguien dice que no sólo se llega a ver por medio del espíritu de profecía [Ap 19,10], sino también por medio de la fe, a mí no me parece una opinión equivocada (*CC*, 70.2).

Hay dos perspectivas desde las cuales evalúa Juan diversos mociones proféticas del Espíritu: la perspectiva de nosotros como recipientes de tales gracias, y la perspectiva de nosotros como ministros de esas gracias para fortalecer el cuerpo de Cristo. Aquí consideraremos solamente la primera de estas perspectivas.

Juan reconoce claramente que Dios comunica una profecía de muy diferentes maneras, incluyendo visiones proféticas, sueños, locuciones, signos, revelaciones y profecías específicas. De nuevo aconseja no darles demasiada importancia a estas comunicaciones y seguir avanzando en la fe. Si las comunicaciones proféticas vienen verdaderamente del Señor, producirán su fruto a su debido tiempo. En muchos casos su verdadero significado puede comprenderse debidamente sólo después de un período de tiempo considerable.

Cuando el apóstol Pablo describe la profecía (1 Co 12-14) reconoce su importancia como modo de edificar la Iglesia, pero también advierte acerca de nuestra limitada e imperfecta percepción de las cosas sobrenaturales, que él describe como el ver "en un espejo y oscuramente" (1 Co 13,12).

Juan nos da ejemplo tras ejemplo de cómo funcionaba la profecía en la historia del pueblo de Dios, mostrando brillantemente y con detalle cómo su interpretación y su aplicación eran a menudo problemáticas.[1] Nos muestra cómo, aunque era cierta la promesa de Dios a Abraham de que poseería la tierra de los cananitas, no se hizo realidad como probablemente esperaban Abraham y sus contemporáneos; ocurrió cientos de años después de la muerte de Abraham, por medio de sus descendientes. También menciona que aunque la promesa de Dios a Jacob de que volvería de Egipto era verdadera, no iba a ocurrir mientras vivía —¡sólo sus huesos volverían de Egipto!

---

[1] Juan trata este importante tema principalmente en *La subida al Monte Carmelo*, 2, 19-20.

Juan indica que a menudo la profecía es implícitamente condicional y que, sea como fuere, no debe considerarse como una afirmación absoluta de lo que ocurrirá. También demuestra a través de varios ejemplos que a menudo la profecía no es dada para ser comprendida inmediatamente, sino para que en un futuro, cuando tengan lugar ciertos acontecimientos, uno pueda recibir la luz sobre ellos. Juan explica que cuando Jesús profetizaba sobre el futuro a sus discípulos, Él citaba específicamente esto como propósito de la profecía (ver Jn 12,16; Jn 14,26):

> aunque Dios haya revelado o dicho a un alma afirmativamente cualquier cosa [...] se podrá mudar en más o en menos, o variar o quitar del todo [...]; y así, no cumplirse como se esperaba, y sin saber por qué muchas veces, sino sólo Dios. Porque aun muchas cosas suele Dios decir y enseñar y prometer, no para que entonces se entiendan ni se posean, sino para que después se entiendan cuando convenga tener la luz de ellas [...] como vemos que [Jesús] hizo con sus discípulos [...]. Y así, muchas cosas de Dios pueden pasar por el alma muy particulares que ni ella ni quien la gobierna las entienden hasta su tiempo (*SMC*, 2, 20.3).

Juan da un ejemplo más que ilustra este punto de una manera muy clara:

> Pongamos otro ejemplo: Está un alma con grandes deseos de ser mártir. Acaecerá que Dios le responde diciendo: "Tú serás mártir", y le dé interiormente gran consuelo y confianza de que lo ha de ser. Y, con todo, acaecerá que no muera mártir, y será la promesa verdadera. Pues ¿cómo no se cumplió así? Porque se cumplirá y podrá cumplir según lo principal y esencial de ella, que será dándole el amor y premio de mártir esencialmente; y así le da verdaderamente al alma lo que ella formalmente deseaba y lo que él la prometió. Porque el deseo formal del alma era, no aquella manera de muerte, sino hacer a Dios aquel servicio de

mártir y ejercitar el amor por él como mártir. Porque aquella manera de morir, por sí no vale nada sin este amor, el cual [amor] y ejercicio y premio de mártir le da por otros medios muy perfectamente de manera que, aunque no muera como mártir, queda el alma muy satisfecha en que le dio lo que ella deseaba (*SMC*, 2, 19.13).

Mientras que Juan reconoce el papel que da Dios a las comunicaciones proféticas, también se preocupa de señalar los peligros de decepción, y cómo la vanidad y la curiosidad por "buscar una palabra de Dios" pueden darle amplia entrada al demonio para que nos desvíe del camino de la humildad y obediencia. Nos recuerda cuánto desea Dios comunicarse con nosotros a través de este don de la razón que nos ha dado, y la gran e inexhaustible revelación que se nos ha dado en el Evangelio, concentrándose en su Hijo.

Si tengo ya habladas todas las cosas en *mi Palabra*, que es mi Hijo, y no tengo otra, ¿qué te puedo yo ahora responder o revelar que sea más que eso? Pon los ojos sólo en él, porque en él te lo tengo todo dicho y revelado, y hallarás en él aún más de lo que pides y deseas. Porque tú pides locuciones y revelaciones en parte, y si pones en él los ojos, lo hallarás en todo; porque él es toda mi locución y respuesta y es toda mi visión y toda mi revelación. Lo cual os he ya hablado, respondido, manifestado y revelado, dándoosle por Hermano, Compañero y Maestro, Precio y Premio [...] pon solo los ojos en él, y hallarás ocultísimos misterios, y sabiduría, y maravillas de Dios, que están encerradas en él (*SMC*, 2, 22.5-6).

No despreciemos lo natural

Aunque Juan reconoce la importante función de lo sobrenatural para preparar nuestra alma para la unión, también nos advierte que podemos hacernos "superespirituales" y devaluar erróneamente los muchos medios normales y ordinarios con que Dios busca el comunicarse con nosotros y conducirnos a la unión. Gran parte de la voluntad y sabiduría de Dios pueden venirnos a través de medios "ordinarios": el pensamiento, el sentido común, buscando consejo, y en nuestra interacción con los demás.

> porque, ordinariamente, todo lo que se puede hacer por industria consejo humano no lo hace él ni lo dice, aunque trate muy afablemente mucho tiempo con el alma [...]
>
> Acerca de las visiones y revelaciones y locuciones de Dios, no las suele revelar Dios, porque siempre quiere que se aprovechen de éste en cuanto se pudiere De donde no piense alguno que, porque sea cierto que Dios y los santos traten con él familiarmente muchas cosas, por el mismo caso le han de declarar las faltas que tiene acerca de cualquier cosa, pudiendo él saberlo por otra vía. Y así, no hay que asegurarse, porque, como leemos haber acaecido en los *Actos de los Apóstoles*, que con ser San Pedro príncipe de la Iglesia y que inmediatamente era enseñado de Dios, acerca de cierta ceremonia que usaba entre las gentes erraba, y callaba Dios, tanto que le reprendió San Pablo [...]
>
> De donde muchas faltas y pecados castigará Dios en muchos el día del juicio, con los cuales habrá tenido acá muy ordinario trato y dado mucha luz y virtud, porque, en lo demás que ellos sabían que debían hacer, se descuidaron, confiando en aquel trato y virtud que tenían con Dios (*SMC*, 2, 22.13-15).

¡Qué importante es que estemos abiertos a escuchar humildemente a aquellos con quienes nos relacionamos, que pueden ver cosas en nosotros para las que estamos ciegos! Teresa de Jesús, consciente de la posibilidad de que existan a la vez una gran profundidad espiritual y ceguera hacia ciertas faltas, buscó un ambiente donde fuera posible la corrección fraterna, y reunió a un pequeño grupo de gente comprometida —viudas, un hombre casado, sacerdotes— que ella creía que podían ayudarse mutuamente a progresar en el camino.

> Este concierto querría hiciésemos los cinco que al presente nos amamos en Cristo, que [...] procurásemos juntarnos alguna vez para desengañar unos a otros, y decir en lo que

podríamos enmendarnos y contentar más a Dios; que no hay quien tan bien se conozca a sí, como conocen los que nos miran, si es con amor y cuidado de aprovecharnos (*V*, 16.7).

Muchos de los movimientos contemporáneos de renovación en la Iglesia ponen gran énfasis en la importancia del apoyo mutuo para perseverar en el camino hacia Dios. Poco después de hacer los Cursillos de Cristiandad cuando estaba en mi último año en la Universidad de Notre Dame, empecé a reunirme con otros hombres en un pequeño grupo para ayudarnos a ver cómo nos iba en nuestro camino. He estado en un grupo así más de cuarenta y cinco años y ha sido una ayuda importante para mí y para millones de otros —como lo fue para Teresa.

Bernardo elogia los méritos de la corrección fraterna cuando se administra con amor.

> No se ha de despreciar la corrección del justo, ya que es la ruina del pecado, la salud del corazón y un camino de Dios hacia el alma (*CC*, 57.6).

Y los santos declaran incluso que podemos beneficiarnos mucho no sólo de "la reprimenda de un buen hombre", ¡sino de las malintencionadas y nada amables de "malos hombres"!

La noche activa del Espíritu: Nuestra respuesta en fe

A todos estos consejos sobre cómo responder a estas clases de gracias se refiere Juan como "la noche activa del espíritu". Lo que quiere decir con esto es que necesitamos cumplir nuestra función al avanzar hacia una unión más profunda con Dios si no nos agarramos a ningún tipo de comunicaciones que se nos pueda otorgar (con algunas notables excepciones descritas más abajo). Dios está preparando nuestra alma para la unión dándonos estas gracias, pero nuestro tarea es no tomarlas posesivamente, sino simplemente dejar que obren y avanzar hacia nuestra meta, que es la unión con Dios mismo.

Bernardo hace resaltar enérgicamente el papel central de la fe en el camino hacia la unión plena con Dios.

> Cree y has encontrado, porque creer es haber encontrado. Saben los fieles que Cristo habita por la fe en sus corazones [Ef 3,17]. ¿Hay algo que nos sea más propio? [...] ¿Qué cosa no encontrará la fe? La fe alcanza lo inaccesible, descubre lo desconocido, abarca lo inmenso, se apodera de las postrimerías, en fin, de algún modo abarca dentro de su vastísimo seno la misma eternidad [...] poseo con la fe lo que no alcanzo con el espíritu (*CC*, 76.6).

También se refiere frecuentemente a esos fuertes pasajes de la Escritura que hablan del papel fundamental que la fe juega en todo el camino Cristiano.

> sin la fe es imposible agradarle [a Dios] (Hb 11,6).

> todo lo que no procede de la fe es pecado (Ro 14,23).

> Él justo vivirá por la fe (Ro 1,17).

Bernardo resalta que aquí en la tierra nuestro principal medio de progresar es cuando "caminamos en fe y no en visión" (2 Co 5,7). La función de la fe es hacer más profundo nuestro deseo y limpiar nuestro corazón (cf Hch 15,9), preparándonos para la visión beatífica (*CC*, 41.2). Bernardo indica también que "no todo el que tiene fe vive de la fe", pero que vivir por la fe es un modo de vida que se cultiva por las decisiones diarias de creer y actuar a la luz de la fe (*CC*, 48.7).

Bernardo, naturalmente, se da cuenta, como se la da Juan, de que aunque caminemos en la fe, y la fe viene de oír la Palabra de Dios y creer en ella (Ro 10,17), "la fe se confirma viendo" (*CC*, 59.9). Bernardo habla del papel de los milagros y de las obras carismáticas del Espíritu en este contexto, pero también podemos aplicarlo a toda la esfera de los consuelos que hemos estado considerando. Pero mientras que "ver" y "experimentar" fortalecen la fe, la fe tiene que poder funcionar *sin* ver ni experimentar para hacerse más fuerte y más pura. Así, pues, hay una interacción entre la experiencia y la fe reconocida por todos los santos de los que estamos aprendiendo, dando la primacía a la fe durante nuestro camino en la tierra, pero cuyo final es la experiencia de la visión beatífica. Y en la visión beatífica la necesidad de la fe (y la esperanza) será suprimida por toda la eternidad, pues entonces estaremos "viendo", "conociendo" y "experimentando" en un infinito éxtasis de amor eterno. Mientras tanto, sin embargo, esta alternancia entre creer y ver es característica del caminar en la tierra. Así nos lo dice Bernardo:

> Crean lo que no experimentan, para que con el mérito de la fe consigan alguna vez el fruto de la experiencia (*CC*, 84.7).

Resumiendo, pues, y haciéndonos eco del grito de Juan de la Cruz: ¡ya está bien de mensajeros![2] Bernardo también clama elocuentemente por la unión con el mismo Jesús.

> Ya no quiero escuchar a Moisés; se ha convertido para mí en un tartamudo [Ex 4,10]. Los labios de Isaías están impuros [Is 6,5]. Jeremías no sabe hablar porque es un niño [Jr 1,6], y todos los profetas están mudos. Que sea el mismo del que ellos hablaban el que me hable a mí, y que sea también él en persona el que me bese con el beso de su boca. Que no me hable ya en los profetas o por medio de ellos, porque son oscuro aguacero y nubes espesas [Sal 18,12]. Sea él en persona el que me bese con un beso de su boca. Su graciosa presencia y los ríos de su admirable doctrina se convertirán dentro de mí en un surtidor de agua que salta hasta la vida eterna [Jn 4,14] [...] Ciertamente su palabra viva y eficaz es para mí un beso, no por la unión de los labios que muchas veces no es portadora de la paz de los espíritus, sino porque infunde

---

2 "¡Acaba de entregarte ya de vero;/no quieras enviarme/de hoy más mensajero/que no saben decirme lo que quiero!" (Juan de la Cruz, *Cántico espiritual*, 1.6).

en mí abundantes gozos, me revela secretos, y, de alguna manera, produce una unión maravillosa y plena entre la Luz suprema y el alma iluminada, pues el que se une al Señor se hace un espíritu con él [1 Co 6,17]. Por eso con toda razón no tengo visiones y sueños; no quiero figuras y enigmas; hasta las especies angélicas me disgustan, pues incluso a éstas las supera en mucho mi Jesús con su figura y su belleza. Así pues, que sea él el que me bese con el beso de su boca, y no otro, aunque sea un ángel o un hombre (*CC* 2.2).

Hemos estado considerando en este capítulo las "ayudas del cielo" —las diversas comunicaciones que el Señor da para expandir nuestras almas y aumentar nuestro deseo y capacidad para la unión. Pero hay otra manera en que Dios obra para preparar nuestras almas para la unión, y es por el sabio y eficaz uso de las pruebas, tentaciones y sufrimientos para hacer nuestras almas más capaces de una fe, una esperanza y un amor más profundos y más puros. A este modo de prepararnos Dios para la unión se refiere Juan como "la noche pasiva del espíritu". Y a esta importante realidad pasamos ahora.

Capítulo 14

UNA PURIFICACIÓN MÁS PROFUNDA

Hemos visto lo importante que es el desprenderse de un desordenado amor a las cosas y a las personas de este mundo si queremos progresar en la vida espiritual. Haciéndonos egoístamente con las criaturas y con la creación impide significativamente el progreso hacia la unión con Dios. Hemos pasado mucho tiempo presentando las maneras específicas en que necesitamos poner de nuestra parte para prepararnos para esa unión. También hemos reconocido que a pesar de todos nuestros esfuerzos —que son posibles sólo por la gracia de Dios— nos quedaremos cortos, a menos que el Señor mismo actúe profundamente dentro de nosotros para producir esta purificación y unión. Como ha dicho Juan de la Cruz, los deseos de nuestra naturaleza caída son tan fuertes que es preciso un amor aún más fuerte para vencerlos: el amor del Esposo.

Hemos visto cómo el Señor da la gracia en la oración para avivar este amor más grande. Pero la purificación que es necesaria cala aún más profundamente en las atracciones y apegos sensoriales que tenemos. Va a lo profundo del alma, al espíritu, donde las heridas del pecado han afectado la parte de nuestro ser más elevada y espiritual. Por tanto, es necesaria una profunda purificación de nuestro espíritu, así como una purificación más profunda de nuestros sentidos. Como dice el salmo:

> Sondéame, oh Dios, conoce mi corazón,
>   examíname, conoce mis desvelos.
> Que mi camino no acabe mal,
>   guíame por el camino recto (Sal 139,23-24).

Aun cuando Juan de la Cruz está hablando de la noche pasiva (purificación) de los sentidos a través de tentaciones, pruebas y arideces, muestra cómo la sensualidad egoísta y la espiritualidad pueden estar profundamente entrelazadas. Usando su viva penetración sobre los sutiles y ocultos apegos, nos enseña cómo los pecados "capitales" (orgullo, ambición o avaricia, lujuria, ira, glotonería, envidia, pereza) tienen no sólo un componente sensual, sino una existencia hondamente arraigada en las profundidades del espíritu humano, y cómo pueden hasta ocultarse en trampas espirituales. Y aunque ciertos niveles de estos hábitos de pecado tan arraigados se hayan suprimido en anteriores etapas del camino espiritual, pueden quedar aún sus raíces más profundas.

Es importante, pues, que consideremos de nuevo la profundidad de transformación que se necesita.

El orgullo

Cuando pensamos en el orgullo pensamos en una exaltación del ego a nuestros propios ojos o a ojos de los demás. Juan de la Cruz señala que incluso nuestro deseo de perfección puede encubrir un profundo orgullo. Hablando de quienes intentan progresar en el camino espiritual, dice:

> También algunos de estos tienen en poco sus faltas, y otras veces se entristecen demasiado de verse caer en ellas, pensando que ya habían de ser santos, y se enojan contra sí mismos con impaciencia, lo cual es otra imperfección. Tienen muchas veces grandes ansias con Dios porque les quite sus imperfecciones y faltas, más por verse sin la molestia de ellas en paz que por Dios; no mirando que, si se las quitase, por ventura se harían más soberbios y presuntuosos (*NO*, 1, 2.1-5).

Una purificación más profunda

Asimismo señala Juan que este orgullo oculto puede manifestarse también en tratar de impresionar a nuestro confesor (incluso yendo a uno diferente para confesar nuestros pecados graves), pugnando por superar a nuestros "rivales" espirituales, hablando de cosas espirituales para ser alabados, o condenando a otros en nuestro corazón porque no parecen tener nuestra misma devoción.

Bernardo indica cómo nuestra orgullosa obstinación puede estar hondamente entrelazada con todo tipo de prácticas espirituales, recordando las palabras de Jesús en ese sentido en el Sermón de la Montaña:

> Y así, si el día de mi ayuno se descubre que estoy haciendo mi propia voluntad [Is 58,3-5], el Esposo no elige ese ayuno, ni le gusta mi ayuno porque no le sabe al lirio de la obediencia, sino al vicio de la propia voluntad. Y no pienso así solamente en lo referente al ayuno, sino que también opino lo mismo con relación al silencio, a las vigilias, a la oración, a la lectura, al trabajo manual, en fin, a todas las observancias del monje, cuando en todo ello se encuentra su propia voluntad y no la obediencia a su maestro [...] Gran mal es la propia voluntad; ella es la causa de que tus buenas obras no sean buenas para ti (*CC*, 71.13).

Avaricia espiritual (codicia)

Cuando pensamos en la avaricia o en la codicia pensamos en desear tener cosas que no nos pertenecen o en tener, en un grado desordenado, más de lo que ya tenemos. Es triste decirlo, ¡pero es totalmente posible que, como seres humanos, también centremos nuestra codicia o avaricia en las cosas espirituales!

Juan señala agudamente que muchos no tienen nunca bastante cuando buscan una "carga" espiritual oyendo charlas, buscando consejo o leyendo libros, y se vuelven "desconsolados y quejosos" si no encuentran en estas cosas el consuelo que andan buscando. Porque pretender "poseer" o amasar cosas espirituales, indica Juan, es, irónicamente, justo lo opuesto a la pobreza de espíritu necesaria para entrar en el reino. La verdadera adoración en espíritu y verdad es a veces sustituida por una "religiosidad" que es verdaderamente ciega al sentido del camino espiritual, ese vaciarse en obediencia por amor a Dios y al prójimo.

> Porque, a más de esto, se cargan de imágenes y rosarios bien curiosos; ahora dejan unos, ya toman otros; ahora truecan, ahora destruecan; ya los quieren de esta manera, ya de esotra, aficionándose más a esta cruz que a aquélla, por ser más curiosa. Y veréis a otros arreados de [...] reliquias y nóminas[1] [...] En lo cual yo condeno la propiedad de corazón y el asimiento que tienen al modo, multitud y curiosidad de cosas, por cuanto es muy contra la pobreza de espíritu, que sólo mira en la sustancia de la devoción, aprovechándose sólo de aquello que basta para ella, y cansándose de esotra multiplicidad y de la curiosidad de ella; pues que la verdadera devoción ha de salir del corazón, sólo en la verdad y sustancia de lo que representan las cosas espirituales, y todo lo demás es asimiento y propiedad de imperfección, que, para pasar a alguna manera de perfección, es necesario que se acabe el tal apetito (*NO*, 3.1).

Bernardo observa también que ese "afán de poseer" causa realmente la pérdida de los dones de Dios. Hablando de haber perdido Satanás su sabiduría y su belleza y su lugar en el cielo, comenta Bernardo:

> Pero la perdió cuando la hizo suya; de tal manera que haber perdido la sabiduría "en su belleza" no es otra cosa que haberla perdido en su sabiduría. Lo que estamos cuestionando es la propiedad. Porque fue sabio para sí mismo [Pro 26,5], porque no dio gloria a Dios [Jn 9,24], porque no devolvió gracia por gracia, porque no anduvo en la sabiduría según su verdad [2 Jn 4], sino que la retorció acomodándola a su voluntad, por todo esto la perdió. Porque poseerla de esa manera es perderla [...] "Todo lo que poseo sin fundamentarlo en Dios lo he perdido" [Ro 4,2]. ¿Qué cosa esta más perdida que la que venga fuera de Dios? (*CC*, 74.10).

---

[1] *N. del T.* Nombres de santos.

Lujuria espiritual

Cuando pensamos en la lujuria, pensamos en el deseo de satisfacer apetitos sexuales de formas que violan el propósito de Dios. Juan señala la sorprendente, pero común, aparición de deseos lascivos incluso en medio de ejercicios espirituales. Debido al estrecho vínculo entre lo espiritual y lo sensorial, el gozo y el deleite en lo espiritual puede suscitar actividad sensorial.

> Porque muchas veces acaece en los [mismos] ejercicios espirituales, sin ser en mano de ellos, se levantan y caen en la sensualidad movimientos y actos torpes, y a veces aun cuando el espíritu está en mucha oración, o ejercitando los Sacramentos de la Penitencia o Eucaristía [...] Y así, acaece que el alma está en mucha oración con Dios según el espíritu, y, por otra parte, según el sentido siente rebeliones y movimientos y actos sensuales, no sin harta desgana suya; lo cual muchas veces acaece en la Comunión, que, como en este acto de amor recibe el alma alegría y regalo, porque se le hace este Señor, pues para eso se da, la sensualidad toma también el suyo [...] cuando esta parte sensitiva está reformada por la purgación de la noche oscura que diremos, ya no tiene ella estas flaquezas (*NO*, 1, 4.1,2).

A pesar de que lo que ocurre generalmente es que esta inquietante aparición de la tentación sexual en relación con actividades espirituales disminuye cuando lo espiritual domina lo sensorial, sabemos, por el testimonio de otros santos, que la fuerte tentación sexual puede reaparecer inesperadamente aun en estadios superiores de unión con Dios.[2]

A veces también, como indica Juan, el demonio se aprovecha de nuestro miedo y confusión al experimentar tentaciones lujuriosas en momentos santos para tentarnos a abandonar la oración:

---

[2] Juan Casiano, en sus relatos de conversaciones con monjes del desierto egipcio, dedica toda una "colación" (112) a la cuestión del nivel de dominio que podemos lograr en esta vida incluso sobre agitaciones sexuales "involuntarias", y el monje a quien entrevista sobre ellos opina que es posible un alto nivel (Juan Casiano, *The Conferences*.) *N. del T.* Juan Casiano, eremita en el desierto, sacerdote, asceta y Padre de la Iglesia, entre los siglos IV y V. *Colaciones* (Madrid: Rialp, Colección Neblí, 19 y 20, 1958, 1962).

> Es el demonio, que, por desquietar y turbar el alma al tiempo que está en oración o la procura tener, procura levantar en el natural estos movimientos torpes [...] aflojan en la oración, que es lo que él pretende [...] algunos dejan la oración del todo [...] llega a representarles muy al vivo cosas muy feas y torpes, y a veces muy conjuntamente acerca de cualesquier cosas espirituales y personas que aprovechan sus almas, para aterrarlas y acobardarlas (*NO*, 1, 4.3).

No sólo puede expresarse la lujuria en medio de actividades espirituales, sino que puede convertirse en un factor en cómo nos relacionamos con otros espiritualmente.

> Algunas veces también en estos espirituales, así en hablar como en obrar cosas espirituales, se levanta cierto brío y gallardía con memoria de las personas que tienen delante, y tratan con alguna manera de vano gusto; lo cual nace también de lujuria espiritual (*NO*, 1, 4.6).

Juan observa, como hace Catalina, que nuestra "atracción" por alguien puede ser guiada más por lujuria —aunque no sea explícitamente sexual, sino simplemente "posesiva"— que por el espíritu.

> Cobran algunos de éstos aficiones con algunas personas por vía espiritual, que muchas veces nacen de la lujuria, y no del espíritu; lo cual se conoce ser así cuando, con la memoria de aquella afición, no crece más la memoria y amor de Dios, sino remordimiento en la conciencia. Porque, cuando la afición es puramente espiritual, creciendo ella, crece la de Dios, y cuanto más se acuerda de ella, tanto más se acuerda de Dios y le da gana de Dios [...] si crece el amor de Dios en el alma, se va resfriando en el otro y olvidándole (*NO*, 1, 1.7).

También lo contrario es cierto. Si crece la afección lasciva, el amor de Dios se hace más frío y tiende a desaparecer, no sin remordimiento. Se necesita una medicina fuerte —y misericordiosa— para recuperar el orden en nuestros amores y capacitarnos verdaderamente para ser "guiados por el Espíritu". Ésta es precisamente la medicina que el Señor proporciona en las diversas medidas purificadoras y sanadoras que Él lleva a cabo por nosotros.

Ira

Cuando pensamos en la ira pensamos en enfadarnos cuando alguien nos corta el paso en el tráfico o hace algo que nos ofende mucho. La ira, además, puede expresarse en cosas espirituales; Juan dice que las imperfecciones que conllevan ira son corrientes. Por ejemplo, no es infrecuente que algunas personas que están progresando en el camino espiritual se enfaden por los pecados y fallos de otros, "haciéndose ellos dueños de la virtud", como dice Juan (*NO*, 1, 5.2; pero esto es algo contrario a la mansedumbre espiritual, y debe purificarse en las arideces y pruebas de la noche oscura pasiva de los sentidos.

También la ira impaciente hacia nosotros mismos es una imperfección que el Señor desea corregir llevándonos a una mayor mansedumbre.

> Hay otros que, cuando se ven imperfectos, con impaciencia no humilde se aíran contra sí mismos [...] querrían ser santos en un día. De éstos hay muchos que proponen mucho y hacen grandes proposiciones, y como no son humildes ni desconfían de sí, cuantos más propósitos hacen, tanto más caen y tanto más se enojan, no teniendo paciencia para esperar a que se lo dé Dios cuando él fuere servido (*NO*, 1, 5.3).

Resulta desafiante el mantener todo equilibradamente. Juan se apresura a hacernos observar que "algunos tienen tanta paciencia en esto del querer [aprovechar] ¡que no querría Dios ver en ellos tanta!" (*NO*, 1, 5.3).

Además de una ira no humilde e impaciente hacia otros y hacia nosotros mismos, puede haber una ira generalizada o "irascibilidad" que afecta nuestra general disposición. Esto se expresa comúnmente cuando el consuelo y el deleite en la oración pasan y el alma queda "insípida y desganada":

> con aquel sinsabor que traen consigo, traen mala gracia en las cosas que tratan, y se aíran muy fácilmente por cualquier cosilla, y aun a veces no hay quien los sufra (*NO*, 1, 5.1).

También de esto, nos dice Juan, se ocupará la purificación que obrará Dios en el alma, en gran parte por medio de la misma sequedad que inicialmente causa la insoportable irascibilidad y malhumor.

Glotonería espiritual

Cuando pensamos en la glotonería pensamos en comer o beber demasiado, un satisfacer desordenado de lo que en sí es un apetito legítimo. Juan muestra cómo esta espíritu glotón se expresa también en cosas espirituales. Esta "sensualidad egoísta" (como frecuentemente la llama Catalina de Siena) puede expresarse en la vida espiritual de maneras a veces sorprendentes. La glotonería espiritual puede expresarse deseando realizar las prácticas piadosas que preferimos antes que lo que es más beneficioso y está más en armonía con nuestro estado de vida o con la obediencia a un director espiritual. Se trate del ayuno, la oración, la lectura espiritual, las devociones o ciertos ministerios, puede que la motivación implícita sea un deseo de gratificación espiritual más que un deseo por ajustarnos a la voluntad de Dios. Como dice Juan: "andan arrimados al gusto y voluntad propia [...] Piensan éstos que el gustar ellos y estar satisfechos, es servir a Dios y satisfacerle" (*NO*, 1, 6.3).

Francisco de Sales hace una observación similar cuando enseña que debemos esforzarnos por desarrollar las virtudes más necesarias para cumplir los deberes de nuestro estado en la vida, más que las virtudes que a nosotros nos parecen más atractivas o más de nuestro gusto (*IVD*, 3, 1–2).

Una purificación más profunda

El aprender a ser conducido por el Espíritu de Dios más que por nuestros propios apetitos es un tema principal en el camino espiritual. Juan pinta una viva imagen de esta lucha a menudo oculta.

> Con ojo de ir comulgando, hacen como quiera las confesiones, teniendo más codicia en comer que en comer limpia y perfectamente [...] Estos, en comulgando, todo se les va en procurar algún sentimiento y gusto más que en reverenciar y alabar en sí con humildad a Dios [...] no entendiendo que el menor de los provechos que hace este Santísimo Sacramento es el que toca al sentido, porque mayor es el invisible de la gracia que da; que, porque pongan en él los ojos de la fe, quita Dios muchas veces esotros gustos y sabores sensibles [...] Y así, quieren sentir a Dios y gustarle como si fuese comprehensible y accesible, no sólo en éste, sino también en los demás ejercicios espirituales (*NO*, 1, 6.4-5).

Cuando empezamos a buscar o a perseguir cierto sentimiento o cierta sensación en nuestras actividades espirituales más que al mismo Dios, nos hemos desviado del camino recto de la fe y hemos empezado a buscarnos a nosotros mismos más que a Dios. Juan y muchos otros santos señalan que Dios puede entonces retirar los sentimientos y sensaciones que nos animaron inicialmente para darnos la oportunidad de buscarle y seguirle a Él con más madurez, profundidad y pureza, por ser Él quien es y no para nuestra propia gratificación. Dios hace esto, naturalmente, con gran sabiduría y amor.

> Todo se les va a éstos en buscar gusto y consuelo de espíritu [...] a los cuales les niega Dios muy justa, discreta y amorosamente, porque, si esto no fuese, crecerían por esta gula y golosina espiritual en males sin cuento. Por lo cual conviene mucho a éstos entrar en la noche oscura [...] para que se purguen de estas niñerías.
> Estos que así están inclinados a estos gustos, también tienen otra imperfección muy grande, y es que son muy flojos y remisos en ir por el camino áspero de la

cruz; porque el alma que se da al sabor, naturalmente la da en rostro todo sinsabor de negación propia. Tienen éstos [otras] muchas imperfecciones que de aquí les nacen, las cuales el Señor a tiempos les cura con tentaciones, sequedades y otros trabajos, que todo es parte de la noche oscura (*NO*, 1, 6.6-8).

Teresa de Jesús, como hemos visto ya, tiene idéntico consejo acerca de perseguir la cruz más que nuestro propio placer en el camino espiritual.

Es cosa donosa que, que aun nos estamos con mil embarazos e imperfecciones, y las virtudes que aún no saben andar, sino que ha poco que comenzaron a nacer, y aun plegue a Dios están comenzadas. ¿Y no habemos vergüenza de querer gusto en la oración, y quejarnos de sequedades? Nunca os acaezca [...] abrazaos con la cruz que vuestro Esposo llevó sobre sí, y entended que ésta ha de ser vuestra empresa (*M*, 2, 1.7).

Envidia espiritual

Cuando pensamos en la envidia podemos pensar en envidiarle a alguien su coche o su casa o su buena pinta o su posición en la vida. Juan muestra cómo la envidia puede expresarse también en las cosas espirituales. Él identifica la envidia espiritual como algo particularmente opuesto a las características del amor identificado en 1 Corintios 13:

porque acerca de la *envidia* muchos de éstos suelen tener movimientos de pesarles del bien espiritual de los otros, dándoles alguna pena sensible que les lleven ventaja en este camino, y no querrían verlos alabar; porque se entristecen de las virtudes ajenas, y a veces no lo pueden sufrir sin decir ellos lo contrario, deshaciendo aquellas alabanzas como pueden, y les crece [...] no hacerse con ellos otro tanto, porque querrían ellos ser preferido en todo. Todo lo cual es muy contrario a la caridad (1 Co 13,6) (*NO*, 1, 7.1).

Una purificación más profunda

Al llegar aquí Juan se da cuenta de que su análisis de las imperfecciones puede estar haciéndose un poco abrumador, así que declara que va a tratar deprisa los últimos pecados capitales y cómo se expresan en las cosas espirituales.

Pereza espiritual

Cuando pensamos en la pereza se piensa en términos de no hacer las cosas a tiempo o no llevar a cabo proyectos relacionados con el trabajo o la familia, lo cual es también un gran impedimento para progresar en el camino espiritual.

> También, acerca de la acidia espiritual, suelen tener tedio en las cosas que son más espirituales y huyen de ellas, como son aquellas que contradicen al gusto sensible; porque, como ellos están [tan] tan saboreados en las cosas espirituales, en no hallando sabor en ella les fastidian. Porque si una vez no hallaron en la oración la satisfacción que pedía su gusto [...] no querrían volver a ella, o a veces la dejan o van de mala gana. Y así, por esta acidia, posponen el camino de perfección, que es el de la negación de su voluntad [y gusto por Dios, al gusto y sabor de su voluntad], a la cual en esta manera andan ellos por satisfacer más que a la de Dios.
>
> Muchos de éstos querrían que quisiese Dios lo que ellos quieren y se entristecen de querer lo que quiere Dios, con repugnancia de acomodar su voluntad a la de Dios. De donde les nace que, muchas veces, en lo que ellos no hallan su voluntad y gusto, piensen que no es voluntad de Dios; y que, por el contrario, cuando ellos se satisfacen, crean que Dios se satisface, midiendo a Dios consigo, y no a sí mismos con Dios, siendo muy al contrario de lo que él mismo enseñó en el Evangelio (Mt 16,25), diciendo que el *que perdiese su voluntad por él, ése ganaría* [*y el que la quisiese ganar, ése la perdería*].
>
> Estos también tienen tedio cuando les mandan lo que no tiene gusto para ellos. Estos, porque se andan al regalo y sabor del espíritu, son muy flojos para la fortaleza y trabajo de perfección, hechos semejantes a los que se crían

> en regalo, que huyen con tristeza de toda cosa áspera, y oféndense de la cruz, en que están los deleites del espíritu [...] como ellos pretenden andar en las cosas espirituales a sus anchuras y gusto de su voluntad, háceles gran tristeza y repugnancia entrar por el *camino estrecho*, que dice Cristo , *de la vida* (Mt 7,14) (*NO*, 1, 7.2-4).

No todo el mundo tiene estos problemas en el mismo grado de dificultad, pero todos tenemos que enfrentarnos con algunas de estas imperfecciones.

> De estas imperfecciones algunos llegan a tener muchas muy intensamente, y a mucho mal en ellas; pero algunos tienen menos, algunos más, y algunos solos primeros movimientos o poco más; y apenas hay algunos de estos principiantes que al tiempo de estos fervores no caigan en algo de esto (*NO*, 1, 2.6).

Lo peor en todo este análisis es que el pecado nos ha fastidiado bien; las imperfecciones y un egoísmo muy profundo han impregnado nuestras vidas. Bernardo nos dice que a menudo no se reconoce la gran capacidad del alma para la eternidad porque el alma ha llegado a estar "curva" o tullida, "como si cojease" (*CC*, 80.3-4). Pero lo bueno es que Dios tiene su modo de llevar a cabo la sanación y la transformación, moldeándonos según nuestro destino de estar con Él para siempre en la gloria. Esta provisión, naturalmente, es primordialmente la verdad liberadora del Evangelio y la doctrina de Cristo y su Iglesia, los sacramentos, el poder y la presencia de su Persona, el poder del Espíritu Santo y el amor del Padre que nos ilumina y nos atrae. En el capítulo anterior examinamos toda una serie de formas en que el Señor nos comunica su amor por nosotros cambiándonos, por consiguiente, a través de nuestro contacto con Él. Es una fuerza y una presencia que a veces, sin embargo, por la naturaleza de las heridas, tiene que obrar a través de pruebas de varios tipos para producir los cambios necesarios.

Una purificación más profunda

Juan nos dice muy claramente que aunque nosotros tenemos que hacer todo lo que podamos para negarnos a nosotros mismos en todas estas diversas manifestaciones de egoísmo y pecado, nuestros esfuerzos estarán abogados al fracaso a menos que el Señor mismo actúe a través de la "oscuridad" de una fe que permanece verdadera y que continúa haciéndose más profunda en una árida contemplación en medio de tales pruebas.

Hay una purificación inicial en los primeros estadios del camino espiritual (las noches activas y pasivas de Juan de la Cruz), las mansiones primera, segunda y tercera de Teresa de Jesús, y la etapa "purgativa" de Catalina de Siena) que somete estos apetitos a un razonable control y acomoda estos diversos amores "en un orden razonable" (*NO*, 1, 4.8).

Juan insiste en que, a un nivel más hondo, las raíces de este profundo egoísmo, este "torcimiento", existen todavía; a medida que continúa el camino espiritual se necesita una purificación más profunda. En capítulos anteriores examinamos lo que podemos hacer con nuestros propios esfuerzos (las noches activas de los sentidos y el espíritu) para purificar nuestros sentidos, nuestra mente, nuestra memoria y nuestra voluntad de cualesquiera apegos, incluso a cosas espirituales, que son menos que Dios mismo. Como siempre, nuestros propios esfuerzos son necesarios, pero no suficientes. Nuestros propios esfuerzos nos disponen hacia Dios, pero son incapaces de alcanzar la unión con Él por sí mismos. Dios mismo debe obrar, y lo hace por la infusión de amor y luz que ya examinamos en el capítulo anterior, pero también por una infusión que ocurre durante una aparente sequedad y aridez, pero da gran fruto. Juan llama a estas purificaciones más profundas la purificación pasiva de la noche oscura del espíritu.

La noche oscura del espíritu: La acción de Dios

Aunque la purificación espiritual (noche de los sentidos) que describen Juan, Catalina, Francisco y Teresa parece completa, no lo es en un aspecto importante. Produce un ordenamiento razonable de nuestros apetitos, pero la noche de los sentidos no puede desenterrar las raíces más profundas de nuestros hábitos pecaminosos.

> La purgación válida para el sentido es cuando de propósito comienza la del espíritu; de donde *la noche* que habemos dicho del *sentido* más se puede y debe llamar cierta reformación y enfrentamiento del apetito que purgación; la causa es porque todas las imperfecciones y desórdenes de la parte sensitiva tienen su fuerza y raíz en el espíritu, donde se sujetan todos los hábitos buenos y malos, y así, hasta que éstos se purgan, las rebeliones y siniestros del sentido no se pueden bien purgar (*NO*, 2, 3.1).

Sin embargo, el alma puede continuar durante años en este estado relativamente estable y pacífico, disfrutando de cierto grado de oración contemplativa, cierto grado de estable virtud y compromiso de servicio, experimentando intervalos de purificación, pero nada continuado y duradero. A los que están en esta "vía iluminativa" —o etapa intermedia— los llama Juan "aprovechados" (o adelantados). El alma sabe, aunque tal vez de una forma intuitiva, que son necesarios los niveles más profundos de la purificación y que no todo lo que se necesita solucionar ha sido solucionado.

> Un alma que Dios ha de llevar adelante, no luego que sale de las sequedades y trabajos de la primera purgación y *noche del sentido*, la pone su Majestad en esta noche de espíritu, antes suele pasar harto tiempo y años en que, salida el alma del estado de principiantes, se ejercita en el de aprovechados, en el cual así como el que ha salido de una estrecha cárcel, anda en las cosas de Dios con mucha anchura y satisfacción del alma y con más abundante e interior deleite que hacía a los principios, antes que entrase en la dicha noche, no trayendo atada ya la imaginación y potencias al discurso y cuidado espiritual, como solía; porque con gran facilidad halla luego en su espíritu muy serena y amorosa contemplación y sabor espiritual sin trabajo del discurso.

Una purificación más profunda

> Aunque, como no está bien hecha la purgación del alma, porque falta la principal parte, que es la del espíritu [...] nunca le faltan a veces algunas necesidades, sequedades, tinieblas y aprietos, a veces mucho más intensos que los pasados, que son como presagios y mensajeros de la noche venidera del espíritu; aunque no son éstos durables, como será la noche que espera. Porque, habiendo pasado un rato, o ratos, o días de esta noche y tempestad, luego vuelve a su acostumbrada serenidad (*NO*, 2, 1.1).

La purificación inicial, como dice Juan, es como cortar las puntas de una hierba, pero dejando la raíz, o como quitar una mancha nueva, pero dejando las viejas que están más percudidas. Se necesita una purificación más honda —una que pueda erradicar las raíces del pecado y borrar también las manchas viejas más asentadas. A un nivel aún más profundo, cualquier embotamiento natural del espíritu o distracción que haya en nosotros ha de ser transformada en una vigilancia de espíritu.

> Las habituales son las afecciones y hábitos imperfectos que todavía, como raíces, ha quedado en el espíritu, donde la purgación del sentido no pudo llegar; en la purgación de las cuales la diferencia que hay a estotra, es la que de la raíz a la rama, o sacar una mancha fresca o una muy asentada y vieja [...] Tienen éstos también la *hebetudo mentis* [embotamiento de la mente] y la rudeza natural que todo hombre contrae por el pecado, y la distracción y exterioridad del espíritu; lo cual conviene que se ilustre, clarifique y recoja por la penalidad y aprieto de aquella noche [...] [para experimentar] el estado perfecto de unión por amor] (*NO*, 2, 2.1-2).

Juan indica también que aunque tratemos de no apegarnos a las bendiciones espirituales que podemos estar recibiendo, hay una gran tentación en la que muchos caen cuando los atrae el demonio, y "los suele llenar el demonio de presunción y soberbia, y, atraídos de la vanidad y arrogancia [...] Hácense así atrevidos a Dios, perdiendo el santo temor" (*NO*, 2, 2.3).

El cumplimiento de todo deseo

¿Cómo se produce esta purificación más profunda? Muy como la purificación inicial, pero de una forma más profunda y más intensa. La misma tendencia del mundo a caer, así como la carne y el demonio, se convierten en medios para atraernos hacia una unión más profunda con Dios. Y Dios mismo actúa en el alma directamente.

Como hemos hecho notar anteriormente, "Es necesario que pasemos por muchas tribulaciones para entrar en el Reino de Dios" (Hch 14,22b). Éste es un principio bíblico fundamental. El grano de trigo debe caer en la tierra y morir si ha de dar fruto (cf. Jn 12,24).

> Los trabajos, pues, que padecen los que han de venir a este estado son en tres maneras, conviene saber: trabajos y desconsuelos, temores y tentaciones de parte del siglo, y esto de muchas maneras; tentaciones y sequedades y aflicciones de parte del sentido; tribulaciones, tinieblas, aprietos, desamparos, tentaciones y otros trabajos de parte del espíritu (*LAV*, 2.25).

Resulta útil recordar, cuando oímos descripciones de las clases de pruebas y niveles de purificación por los que debemos pasar para poder estar plenamente unidos a Dios, que esta purificación no es optativa. Es necesaria. No es cuestión de "si", sino de "cuando". Si no tiene lugar la purificación en esta vida, tendrá que ocurrir en el purgatorio si queremos poder ver a Dios. También debemos recordar que cuanto antes tenga lugar esta purificación, mejor, para nosotros y para todos los demás en nuestra vida. La raíz de toda nuestra infelicidad es el resultado del pecado y sus efectos. Cuanto antes nos libremos de las distorsiones e invalidación causadas por el pecado, antes experimentaremos mayor gozo y libertad como hijos e hijas de Dios, y podremos cada vez más ser una bendición para los demás.

> Porque, así [como] para unirse con Dios en gloria los espíritus impuros pasan por las penas del fuego en la otra vida, así para la unión de perfección en ésta han de pasar por el fuego de estas dichas penas, el cual en unos obra

Una purificación más profunda

más y en otros menos fuertemente; en unos más largo tiempo, en otros menos, según el grado de unión a que Dios los quiere levantar y conforme a lo que ellos tienen que purgar (*LAV*, 2.25).

El fuego es una imagen importante de la acción purificadora del Espíritu de Dios, tanto en la Escritura como en los escritos de los místicos. Una de las descripciones más iluminadoras de Juan de cómo obra esta acción purificadora del Espíritu de Dios, y lo que consigue, está basada en su analogía de un madero ardiendo. Él considera esto una analogía particularmente útil que "ilustra muchas de las cosas que estamos diciendo y diremos".

> Para mayor claridad de lo dicho y de lo que se ha de decir, conviene aquí notar que esta *purgativa y amorosa noticia o luz divina* que aquí decimos, de la misma manera se ha en el alma, purgándola y disponiéndola para unirla consigo perfectamente, que se ha el fuego en el madero para transformarle en sí. Porque el fuego material, en aplicándose al madero, lo primero que hace es comenzarle a secar, echándole la humedad fuera y haciéndole llorar el agua que en sí tiene; luego le va poniendo negro, oscuro y feo, y aun de mal olor, y, yéndole secando poco a poco, le va sacando a la luz y echando fuera todos los accidentes feos y oscuros que tiene contrarios al fuego; y, finalmente, comenzándole a inflamar por de fuera y calentarle, viene a transformarle en sí y ponerle tan hermoso como el mismo fuego (*NO*, 2, 10.1).

Juan explica cómo esta analogía se relaciona con la purificación del alma.

> A este mismo modo, pues, habemos de filosofar acerca de este divino fuego de amor de contemplación, que, antes que una y transforme el alma en sí, primero la purga de todos sus accidentes contrarios; hácela salir afuera sus fealdades y pónela negra y oscura, y así parece peor que antes y más fea y abominable que solía. Porque, como esta

divina purga anda removiendo todos los malos y viciosos humores, que por estar ellos muy arraigados y asentados en el alma, no los echaba ella de ver, y así no entendía que tenía en sí tanto mal; y ahora, para echarlos fuera y aniquilarlos, se los ponen al ojo, y los ve tan claramente alumbrada por esta oscura luz de divina contemplación (aunque no es peor que antes, ni en sí ni para con Dios, como ve en sí lo que antes no veía, parécele claro que está tal que no sólo [no] está para que Dios la vea, mas que está para que la aborrezca, y que ya la tiene aborrecida (*NO*, 2, 10.2).

También Bernardo, empapado de la Escritura como está, usa a menudo la imagen del fuego para describir la acción purificadora y divinizadora de Dios. Hace una distinción entre el "fuego que va delante de Dios", que revela el pecado y deja al descubierto lo que debe ser purificado, y el "fuego que es Dios".

> Ahora bien, el fuego que es Dios consume, es cierto, pero no atormenta, arde con suavidad y destruye con alegría. Es un ascua desoladora [Sal 120,4], pero ejerce de tal modo la fuerza del fuego contra los vicios, que produce en el alma una especie de unción. Por consiguiente, reconoce que el Señor está presente en ese poder que te transforma y en ese amor que te abrasa (*CC*, 57.7).

Bernardo habla después sobre lo que produce en el alma este fuego purificador del Espíritu de Dios.

> Una vez consumida por este fuego toda mancha de pecado y la herrumbre de los vicios, y ya limpia y serena la conciencia, si se sigue una repentina e insólita dilatación del espíritu y una infusión de una luz que ilumina el entendimiento, bien para conocer las Escrituras o bien para penetrar los misterios —el primero de estos dones pienso que se nos concede para nuestro consuelo y el segundo para edificar al prójimo— entonces no dudes que es la mirada del que te observa, quien hace tu justicia como el amanecer y tu derecho como el mediodía (*CC*, 57.8).

Una purificación más profunda

Examinemos ahora la naturaleza de los sufrimientos purificadores de esta "noche oscura" y el gran fruto que produce.

Los sufrimientos purificadores

Ante todo, necesitamos decir que la realidad de la "noche oscura" de una purificación más profunda no es una invención de Juan de la Cruz. Es una observación, un descubrimiento, de cómo obra Dios en las almas, del que hablan muchos de los santos utilizando una serie de diferentes terminologías. Es una realidad de la que se habla directamente en la Escritura —como hemos visto y seguiremos viendo— que los santos han podido describir con cierto detalle por su propia experiencia y por el don de enseñanza que Dios ha dado a algunos de ellos, muy particularmente a los doctores de la Iglesia en quienes nos concentramos.

Muchos de los santos, especialmente Juan, tratan de relacionar su doctrina explícitamente a la Escritura.

Hablando de esta purificación más profunda que él llama "noche oscura", declara Juan: "tantas autoridades hay en la Escritura que a este propósito se podrían alegar, que nos faltaría tiempo y fuerzas escribiendo" (*NO*, 2, 7.2).[3] Juan ha analizado este proceso de purificación y ha desarrollado un lenguaje técnico y poético para describirlo mejor que nadie quizá, pero hay un amplio testimonio acerca de la realidad y necesidad de esta purificación que consideraremos a medida que continuamos.

Teresa categoriza los sufrimientos de esta más profunda purificación —la noche oscura del espíritu— en pruebas exteriores e interiores. Enseña ella que al ir acercándonos más a la unión con Dios, Él prepara al alma para una unión más profunda acelerando el proceso de preparación a través de dones y gracias, heridas de amor —que ya examinamos en capítulos anteriores— y también a través de toda suerte de pruebas.

---

3 Algunos de los muchos pasajes que cita Juan para iluminar lo que él quiere decir por "noche oscura" son: Job 16,12-16; Lam 3,1-20; Sal 139,12; Sal 143,3-4; Sal 55,15; Sal 18,5-6; Jon 2,1-3; Sal 88.8; Sal 69,1-3.

Pruebas exteriores

Teresa menciona específicamente varias pruebas exteriores que ella sufrió: la crítica dura y enjuiciadora de otros, la alabanza de otros, el mal consejo y falta de comprensión por parte de confesores indecisos o de poca experiencia, rechazo de los amigos, y el sufrimiento de la enfermedad física. El apóstol Pablo cita asimismo una larga lista de sufrimientos que a él le probaron y purificaron: aflicciones, penurias, angustias, palizas, encarcelamientos, sediciones, trabajos, vigilias, ayunos, deshonra, insultos (cf. 2 Co 6,4-10).

Las "noches oscuras" pueden experimentarse intermitentemente o durante períodos de tiempo más prolongados, y a varios niveles de intensidad. Teresita de Lisieux habla de la angustia de esperar tres días a que su tío diera su aprobación para su ingreso en el convento como de una "noche oscura" (*HA*, 5, 135-136). La profunda prueba del deterioro mental de su padre, que duró tres años, fue una "noche oscura" más profunda y de mayor duración. Pero, con todo lo dolorosa que fue, ella no la hubiera cambiado por nada del mundo. Conocía bien el valor del sufrimiento. En el misterioso abrazo de la Cruz del sufrimiento Teresita sabía que ella y sus hermanas estaban "volando" hacia Dios. La noche más profunda de todas no llegaría hasta el último año y medio de su vida, cuando, mientras sufría de tuberculosis, experimentaba agudas y continuas tentaciones de abandonar hasta la fe. Sabremos más de esto pronto.

Teresa de Jesús menciona que las enfermedades físicas, cuando los dolores son agudos, son las mayores de las pruebas exteriores porque el dolor del cuerpo afecta al alma "de manera que aprieta un alma que no sabe qué hacer de sí [...] aunque en grandísimo extremo no duran mucho" (*M*, 6, 1.6).

El propósito de lo que pueden parecer pruebas abrumadoramente imposibles es el de purificarnos y llevarnos a una confianza más profunda en Dios y al abandono en su voluntad, "sobrenaturalizando" nuestras esperanzas y nuestros sueños.

Una purificación más profunda

Pablo señala de sus propias aflicciones experimentadas en Asia:

> Pues no queremos que lo ignoréis, hermanos: la tribulación sufrida en Asia nos abrumó hasta el extremo, por encima de nuestras fuerzas, que perdimos la esperanza de conservar la vida. Pues hemos tenido sobre nosotros mismos la sentencia de muerte, para que no pongamos nuestra confianza en nosotros mismos, sino en Dios que resucita a los muertos (2 Co 1,8-9).

Teresa nos anima, como de costumbre, y nos recuerda que "Dios no da más de lo que puede soportarse y su Majestad da paciencia primero" (1 Co 10,13) (*M*, 6, 1.6). Ella misma da testimonio de que desde que empezó a experimentar los toques iniciales de la oración de unión cuando tenía sólo veintidós años, y sólo unos pocos de vida en el convento —y unos sesenta cuando escribió esto— no tuvo un solo día sin algún tipo de enfermedad física y otras pruebas de varias clases. Sostiene que es por lo miserable que es y por el hecho de que merecía el infierno y de que otras, que no habían ofendido tanto al Señor, podían ser llevadas por otro camino (*M*, 6, 1.7).

Mientras que las pruebas exteriores pueden ser severas, particularmente en el caso de enfermedades graves, tanto Teresa como Juan explican que las pruebas interiores de esta purificación más profunda son aún más difíciles.

Pruebas interiores

La más seria de las pruebas interiores encierra el sufrimiento que viene de sentir que uno ha sido tal vez abandonado por Dios o se ha desviado gravemente del camino gravemente. A veces la ausencia de sentimiento en la oración y en la relación general con Dios —aridez— combinado con la tentación del demonio, pueden producir una experiencia infernal y agónica de abandono y la condenación casi sin esperanza.

Teresa de Jesús explica que, como en el caso de Job, el Señor a veces da permiso al demonio para probar al alma incluso hasta el punto de

El cumplimiento de todo deseo

pensar que es rechazada y abandonada por Dios (*M*, 6, 1.9). Durante estos tiempos de profunda prueba interior, nos dice, la presencia de la gracia está tan oculta que no se ve ni una pequeña chispa.

> Le parece no ve de que tiene amor de Dios, ni que le tuvo jamás; porque si ha hecho algún bien, o su Majestad le ha hecho alguna merced, todo le parece cosa soñada, y que fuera antojo; los pecados ve cierto que los hizo (*M*, 6, 1.11).

Nada satisface durante este tiempo. La soledad es insoportable, pero también lo es estar con otros. Toda clase de oración, vocal y mental, parece vacía e inútil. Y aunque el alma intenta mantener una disposición positiva durante este tiempo, le resulta imposible hacerlo y "anda con un desabrimiento y mala condición en lo exterior, que se le echa mucho de ver". Y encima tiene que sufrir la humillación de que todo el mundo vea lo "baja de forma" que está (*M*, 6, 1.13).

En este estado nada parece poder aliviar la miseria del alma. Aun cuando un director espiritual quisiera explicarle lo que estaba experimentando y por qué, hablándole de la "noche oscura" y cómo se pasaría con el tiempo, no serviría de nada probablemente. La razón es que esta prueba "viene de arriba, y no valen aquí nada cosas de la tierra. Quiere este gran Dios que conozcamos rey, y nuestra miseria, e importa mucho para lo de delante" (*M*, 6, 1.12).

Teresa explica que, puesto que esto es una obra divina, nada de lo que hagamos puede librar de la prueba, pero una buena manera de soportarlo es "entender en obras de caridad y exteriores, y esperar en la misericordia de Dios, que nunca falta a los que en Él esperan". En efecto, nos aclara que "ningún remedio hay en esta tempestad, sino aguardar a la misericordia de Dios" (*M*, 6, 1.10,13).

La razón de la profundidad de esta prueba es que sirve para que podamos conocer a un nivel mucho más hondo nuestra incapacidad para la unión con Dios y nuestra absoluta necesidad de su gracia y misericordia si queremos poder amarle y seguirle. Y entonces, cuando se ha conseguido esta fase de preparación, "a deshora con una palabra sólo suya, o una ocasión", se acabará esta grandísima prueba. El alma surgirá, profundamente humillada y con gran gozo,

Una purificación más profunda

deleite, alabanza y gratitud, habiendo sido capacitada para entrar en la séptima mansión (*M*, 6, 1.10,15).

Juan de la Cruz aclara que lo que estamos pasando no es solamente una prueba, un sufrimiento o una tentación, sino una verdadera obra de Dios en lo profundo del alma. Y explica que en esta noche pasiva del espíritu Dios infunde pura luz y amor en el alma ("contemplación oscura"). Es únicamente por nuestras limitaciones y pecaminosidad por lo que lo que es en sí puramente delicioso, nosotros, en nuestra condición caída, lo experimentamos como doloroso y angustioso.

> Estos aprovechados, todavía el trato y operaciones que tienen con Dios son muy bajas y muy naturales [...] queriendo Dios desnudarlos de hecho de este viejo hombre y vestirlos del nuevo, que según Dios es criado en la novedad del sentido, que dice el Apóstol (Col 3,9-10 [Ef 4,22-24; Ro 12,2]), desnúdalas las potencias y afecciones y sentidos, así espirituales como sensibles, así exteriores como interiores, dejando a oscuras el entendimiento, y la voluntad a secas, y vacía la memoria, y las afecciones del alma en suma aflicción, [amargura y aprieto, privándola] del sentido y gusto que antes sentía de los bienes espirituales [...] Todo lo cual obra el Señor en ella por medio de una pura y oscura contemplación (*NO*, 2, 3.3).

Juan está deseoso, como siempre, de mostrar el fundamento bíblico de lo que está enseñando. Está intentando "desempaquetar" las densas capas de sentido encerradas en lo que la Escritura describe en términos más sucintos. Además de los pasajes del Nuevo Testamento que hablan de una completa transformación, que él cita a menudo, también discierne la misma "noche pasiva del espíritu" en las profundas pruebas y tribulaciones que sufrieron las grandes figuras del Antiguo Testamento. A este respecto cita a menudo las experiencias de Job, Jonás, David, José, Abraham y Jeremías por la luz que dan a lo que él está llamando, en su lenguaje poético, una "noche oscura".[4]

---

[4] Es sorprendente leer, a la luz de las interpretaciones de Juan, algunas de estas referencias: Job 7,20; 12,22; 1,12; 23,6; Jon 2,1-7; Sal 18,5-6; 55,15; 69,1-3; 88,4-8; 139,12; 142,3-4; Lam 3,1-20; Ez 24,10. 11.

Job, por supuesto, es casi un prototipo de la noche oscura de la purificación. Además de la experiencia de abandono por parte de Dios, Juan nos indica que Job sintió una falta de comprensión y un rechazo por parte de los que le rodeaban, pues "el mismo desamparo siente de todas las criaturas y desprecio acerca de ellas, particularmente de los amigos" (*NO*, 2, 6.3).

Como en la historia de Job, también el Salmo 88 proporciona una impresionante descripción de muchos de los elementos de la noche oscura.[5] Habla del aparente abandono por parte de Dios, del rechazo de los amigos, de la angustia de alma y cuerpo, de la oscuridad de entendimiento, de las tentaciones contra la fe y la confianza en Dios. Realmente podemos llamarlo apropiadamente "salmo para la noche oscura".

Y qué bien describen esta purificación las palabras del profeta Malaquías:

> Porque será como fuego de fundidor y lejía de lavandero. Se sentará para fundir y purgar. Purificará a los hijos de Leví y los acrisolará como el oro y la plata; y serán quienes presenten al Señor oblaciones legítimas (Mal 3,2b-3).

Estos temas de profunda aflicción y de la experiencia de la ausencia de Dios afloran a la superficie en la mayor parte de la Biblia, más notablemente en la recitación que hace Jesús del Salmo 22 en su propia agonía en la Cruz. Por muy profunda que puedan parecer la oscuridad y la agonía, la desesperación no triunfa nunca; la fe y la confianza en medio de la oscuridad siguen siendo la única luz, y al final conducen a la gloria de la Resurrección y a la visión beatífica. Jesús es nuestro líder, y lo único que tenemos que hacer es seguirle a través de la oscuridad.

> El cual, habiendo ofrecido en sus días de vida mortal ruegos y súplicas con poderoso clamor y lágrimas al que podía salvarlo de la muerte, fue escuchado por su actitud

---

5 También los Salmos 6 y 38 tienen descripciones particularmente vivas que hablan de la noche oscura.

Una purificación más profunda

reverente, y aun siendo Hijo, por los padecimientos aprendió la obediencia; y llegado a la perfección, se convirtió en causa de salvación eterna para todos los que le obedecen (Hb 5,7-9).

La noche oscura llama desde nosotros, en la parte más honda de nuestro ser, a una fe, esperanza y amor más profundos y puros. En la noche oscura Dios nos está dando la gracia de creer (cf. Sal 116,10), aunque estemos afligidos. Él nos está guiando amorosamente en nuestro camino aun cuando no se perciba su presencia en absoluto. Aunque estamos en la oscuridad no debemos fijarnos en la oscuridad, como tal vez sugieran algunas formas no cristianas de meditación, sino en Jesús, que sigue siendo "el que inicia y consuma la fe" (Hb 12,2). Si hacemos esto la oscuridad se convertirá con el tiempo en una inmensa luz.

> Haré andar a los ciegos
> por un camino que no conocían,
> por senderos que no conocían
> les encaminaré,
> Trocaré delante de ellos la tiniebla en luz,
> y lo tortuoso en llano.
> Estas cosas haré,
> y no las omitiré (Is 42,16).

Aunque "vamos llorando", volveremos "cantando" por el fruto que ha sido revelado, mientras perseveremos en la fe, la esperanza y el amor (Sal 126,6).

Juan explica también claramente que todo lo que viene de Dios es bueno: esta "contemplación oscura" que entra en el alma se experimenta como dolorosa sólo por nuestra condición sucia y sin transformar.

> Embistiéndose en el alma esta luz pura a fin de expeler
> La impureza del alma, siéntese el alma tan impura y
> miserable que le parece estar Dios contra ella y que ella

está hecha contraria a Dios [...] conoce claro que no es digna de Dios ni de criatura alguna. Y lo que más le pena es que [piensa que] nunca lo será, y que ya se le acabaron sus bienes. Esto le causa la profunda inmersión que tiene de la mente en el conocimiento y sentimiento de sus males y miserias; porque aquí se las muestra todas al ojo esta divina y oscura luz, y que vea claro cómo de suyo no podrá tener ya otra cosa [...].

La segunda manera en que pena el alma es [a] causa de su flaqueza natural, moral y espiritual; porque como esta divina contemplación embiste en el alma con alguna fuerza, al fin de la ir fortaleciendo y domando, de tal manera pena en su flaqueza, que poco menos desfallece, particularmente algunas veces cuando con alguna más fuerza embiste. Porque el sentido y espíritu, así como si estuviese debajo de una inmensa y oscura carga, está penando y agonizando tanto, que tomaría por alivio y partido el morir (*NO*, 2, 5.5,6).

Teresa menciona que este deseo de morir y acabar con todo, que es característico de esta fase de purificación, da paso en la mansión séptima a un pacífico amor hacia la voluntad de Dios —tanto así que aunque Él quisiera que pasáramos otros mil años en la tierra sometidos a sufrimientos extraordinarios, nos encantaría hacerlo por amor a Él y a su voluntad.

Mientras tanto, sin embargo, el alma pasa por una profunda purificación, y Juan describe vivamente los sentimientos que la acompañan.

No sólo padece el alma el vacío y suspensión de estos arrimos naturales y aprehensiones, que es un padecer muy congojoso, de manera que si a uno suspendiesen o detuviesen en el aire, que no respirase, más también está purgando el alma, aniquilando y vaciando o consumiendo [en ella], así como hace el fuego al orín y moho del metal, todas las afecciones y hábitos imperfectos que ha contraído toda la vida. Que, por estar ellos muy arraigados en la sustancia del alma, sobrepadece grave

Una purificación más profunda

> deshacimiento y tormento interior, además de la dicha pobreza y vacío natural y espiritual, para que se verifique aquí la autoridad del profeta Ezequiel [Ez 24,10-11] [...] pues dice el profeta que para que se purifique y deshaga el orín de las afecciones que están en medio del alma, es menester en cierta manera que ella misma se aniquile y deshaga, según está ennaturalizada en estas pasiones e imperfecciones (*NO*, 2, 6.5).

Y recordemos que también Bernardo habla del fuego purificador.

> El fuego que es Dios consume, es cierto, pero no atormenta, arde con suavidad y destruye con alegría. Es un ascua desoladora [Sal 120,4], pero ejerce de tal modo la fuerza del fuego contra los vicios, que produce en el alma una especie de unción.

Este fuego consume "toda mancha de pecado y la herrumbre de los vicios" (*CC*, 57.7-8).

Este lenguaje y el concepto de "aniquilación" son fuertes. ¿Es bíblico? Por supuesto, creo que el equivalente bíblico sería el de "crucifixión". Y estar "crucificado con Cristo" es estar "crucificado al mundo y el mundo a mí", y es una muerte que es radical, total e irrevocable.

> Pues lo que son de Cristo Jesús han crucificado la carne con sus pasiones y sus apetencias (Gal 5,24).

> sabiendo que nuestro hombre viejo fue crucificado con él, a fin de que fuera destruido el cuerpo de pecado y cesáramos de ser esclavos del pecado (Ro 6,6).

¿No es ésta la violencia de que habla Jesús, que se requiere para "tomar" el Reino? (Mt 11,12).

San Vicente de Paúl habla de la violencia del escultor que va descantillando del mármol lo que no debe estar allí para que pueda revelarse la hermosa figura que está esculpiendo.

El cumplimiento de todo deseo

La esencia misma de ser cristiano, expresada en la liturgia bautismal y en la liturgia de Pascua, habla de muerte y crucifixión:

> Fuimos, pues, con él sepultados por el bautismo en la muerte [...] sabiendo que nuestro hombre viejo fue crucificado con él, a fin de que fuera destruido el cuerpo de pecado y cesáramos de ser esclavos del pecado. Pues el que está muerto queda libre del pecado. Y si hemos muerto con Cristo, creemos que también viviremos con él (Ro 6,4. 6-8).

La imagen que Jesús usa de la semilla cayendo en la tierra y muriendo (Jn 12,24) es similar, muy parecida al gusano de seda de Teresa. Todo lo que es impuro debe desaparecer. Todo lo que esté deformado y torcido a causa del pecado debe ser enderezado. Todo lo que esté lisiado y enfermo en las profundidades de nuestra alma debe ser sanado, y todo cuanto esté fuera de su debido orden debe ponerse en orden. Todo apego que no as al Señor y en el Señor debe romperse. La enfermedad que sufrimos es grave y una amenaza para la vida; la medicina para curar esta "enfermedad de muerte" debe ser muy fuerte y eficaz.

Lo que debe "morir", ser "crucificado" o, en el lenguaje de Juan de la Cruz, "ser aniquilado", no es la personalidad humana, ni siquiera el cuerpo, sino las distorsiones que ha producido el pecado en lo profundo de la persona humana. Esto tiene que ocurrir para que cada uno de nosotros, en cuerpo y alma, viva realmente como debíamos vivir al ser creados, empezando en esta tierra y continuando en plenitud cuando vivamos como cuerpos gloriosos. ¡Oh, bendita muerte! ¡Oh, bendita crucifixión! ¡Oh, bendito aniquilamiento!

Catalina de Siena habla también de la intensidad de la purificación, sin usar la terminología de "noche oscura". Al hablar de la intensidad de las pruebas, tentaciones y sequedad en la oración que encuentra el alma que está tratando de progresar, el Padre da a Catalina la respuesta a una pregunta que seguro que nos hemos hecho todos nosotros: ¿Por qué tenemos que sufrir esta prueba? La respuesta está en armonía con lo que han explicado Teresa, Bernardo y Juan.

Una purificación más profunda

> ¿Por qué dejo a esta alma en tanta aflicción y rodeada de tantos enemigos? No ciertamente con intención de que sucumba y pierda la riqueza de la gracia. Lo hago para manifestarle mi providencia, para que se fíe de mí y no de sí misma; se levante de la negligencia y con gran cuidado se refugie en mí, que soy su defensor. Soy Padre benigno que procura su salud para que sea humilde y vea que por sí no es nada y reconozca que el ser y toda gracia, además del ser, los recibe de mí, que soy su vida. ¿Cómo conoce el alma esta vida y reconoce mi providencia en estas batallas? Sintiéndose liberada, ya que yo no la abandono un instante en esta lucha. Los auxilios de mi providencia van y vienen según veo yo que los necesita. A veces, le parecerá estar en el infierno. Y, sin hacer nada de su parte, de pronto se verá libre y como si gustara de la vida eterna. El alma permanece serena. Le parece que todo lo que ve le habla a gritos de Dios, inflamado todo él en el amoroso fuego por la consideración que el alma hace de mi providencia al verse salida de este gran piélago. Lo ve sin esfuerzo suyo, porque la luz le vino de improviso, sin poner nada de su parte, sino sólo por mi inestimable caridad, que quiso proveer a su necesidad en el tiempo oportuno, cuando le parecía que no podía más (*D*, 144).

Oímos el mismo mensaje: esta purificación es necesaria para que la humildad se haga más profunda y conozcamos nuestra total dependencia de Dios. No es un fin en sí, pero nos eleva a un nivel superior de unión con Dios. Dios no dejará que seamos probados más allá de nuestras fuerzas, aunque a veces parezca que sí. La revelación de nuestras debilidades, errores, pecados, o fallos en nuestras relaciones en el trabajo, pueden ser medios que usa Dios para atraernos más radicalmente a Él.

Juan de la Cruz observa que la purificación varía en intensidad y no dura para siempre. Dependiendo de cómo Dios considere mejor obrar en cada alma individual, puede venir a intervalos, alternando con los consuelos.

> En esto humilla Dios mucho al alma para ensalzarla mucho después y, si él no ordenase que estos sentimientos, cuando se avivan en el alma, se adormeciesen presto,

moriría muy en breves días; mas son interpolados los ratos en que se siente su íntima viveza. Lo cual algunas veces se siente tan a lo vivo, que parece al alma que ve abierto el infierno y la perdición. Porque de éstos son los que de veras descienden al infierno viviendo (Sal 54,16), pues aquí se purgan a la manera que allí (*NO*, 2, 6.6).

Aquí Juan está hablando del proceso purificador del "purgatorio", no la condenación eterna del infierno. Después hace la sorprendente declaración, de la que se hacen eco muchos santos, de que cuanta más purificación haya que sufrir aquí en la tierra, mejor:

porque esta purgación es la que allí se había de hacer. Y así el alma que por aquí pasa, o no entra en aquel lugar, o se detiene allí muy poco, porque aprovecha más una hora [aquí] que muchas allí (*NO*, 2, 6.6).

Cuanto antes ocurra la purificación y cuanto más avanzada pueda ser, mejor para nosotros y para todos los demás. Como hemos hecho notar anteriormente —¡y seguiremos haciéndolo!— cuanto más purificados seamos y más conformes estemos con la voluntad e imagen de Dios, más felices seremos y mejor podremos amar verdaderamente a Dios y a todos los demás en nuestra vida, y vivir nuestra vida de un modo que sea una bendición para los demás.

Como explica Juan, lo que una persona experimentará realmente en esta purificación variará sobremanera, dependiendo de cuánto necesite ser purificada y a qué grado de unión esté Dios llevándola. Teresa y Juan tratan de incluir en sus descripciones todo lo que ellos creen que la gente puede experimentar, a la vez que saben que lo que una persona experimentará realmente variará considerablemente, y que muy pocos experimentarán aquello de lo que hablan. (*LAV*, 1.24).

Francisco de Sales habla también de la purificación profunda y describe cómo San Francisco de Asís pasó por este tiempo de intensa purificación:

Una purificación más profunda

> Y a propósito de este glorioso Santo te diré que en cierta ocasión fue víctima de mortal melancolía de espíritu que no podía disimular su rostro. Si deseaba estar entre sus religiosos, no podía; y si se apartaba de ellos, tanto peor; la abstinencia y maceración de la carne consumían sus fuerzas, y la oración no le aliviaba. Así permaneció dos años, de forma que parecía dejado de la mano de Dios; pero después de haber sufrido humildemente tan duro trance, el Salvador le devolvió la tranquilidad en un instante (*IVD*, 4, 15).

La conclusión que saca Francisco de Sales para nosotros es que, si aun el más grande de los santos tuvo que pasar una purificación así, no debe sorprendernos que nosotros, servidores inferiores, también tengamos que pasar la purificación en algún grado.

Comentando la purificación de Job y de los apóstoles, Francisco relaciona esas purificaciones al misterioso y único sufrimiento de Jesús.

> Así, nuestro divino Salvador se vio incomparablemente afligido en su vida civil; condenado como criminal de lesa majestad divina y humana; golpeado, azotado, escarnecido y atormentado con ignominia extraordinaria; en su virtud natural, muriendo entre los más sensibles y crueles tormentos que pueden imaginarse; en su vida espiritual, sufriendo tristezas, temores, espantos, angustias, abandonos y opresiones interiores como no ha habido ni habrá nunca semejantes [...] así, en el mar de dolores que a Nuestro Señor abrumaron, todas las facultades de su alma fueron como engullidas y sepultadas en la tormenta de tantas penalidades, salvo el vértice del espíritu, que, exento de trabajo, estaba diáfano y resplandeciente de gloria y felicidad (*TAD*, 9, 5).

Así como Jesús en el "punto del espíritu" sostuvo la experiencia de la visión beatífica, aunque todo lo demás era oscuridad, Francisco señala que cuando estamos pasando por la más intensa de las purificaciones, también las "alturas del espíritu" de nuestras almas sostendrán alguna percepción, aunque sea oscura, del vínculo con Dios.

Juan hace la misma observación cuando habla de la experiencia de abandono de Jesús en la Cruz. Aunque todo su ser experimentaba la desolación de la crucifixión en todas sus dimensiones sensoriales y espirituales, la parte "más alta" de su alma permaneció en la paz de la visión beatífica.

Thérèse de Lisieux da testimonio de la misma verdad:

> En una palabra, todo fue tristeza y amargura... Sin embargo, en el fondo del cáliz había *paz*, siempre *paz* (*HA*, 77r°).[6]

Vaciados para ser llenados

Pruebas, tentaciones, sufrimientos y purificaciones no son fines en sí mismos. Son medios para un fin positivo. Nos están preparando para la unión. Están agrandando la capacidad de nuestra alma para que podamos "comprender con todos los santos la anchura y la longitud, la altura y la profundidad, y conocer el amor de Cristo, que excede a todo conocimiento, y os llenéis de toda la plenitud de Dios" (Ef 3,18-19).

En retrospectiva se puede ver la gran gracia de esta más profunda purificación. En palabras de Juan:

> Salí de mí misma, esto es, de mi bajo modo de entender, y de mi flaca suerte de amar, y de mi escasa y pobre manera de gustar a Dios [...] Lo cual fue grande dicha y buena ventura para mí, porque en acabándose de aniquilarse y sosegarse las potencias, pasiones, apetitos y aficiones de mi alma, con que bajamente sentía y gustaba de Dios, salí del trato y operación humana mía a operación y trato de Dios; es a saber, mi entendimiento salió de sí, volviéndose de humano y natural en divino; porque, uniéndose, por medio de esta purgación, con Dios, ya no entiende por su vigor y luz natural, sino por la divina Sabiduría con que se unió.

---

6 "Manuscrito A". *Obras Completas*, p.232.

Una purificación más profunda

> Y mi voluntad salió de sí, haciéndose divina, porque, unida con el divino amor, ya no ama bajamente con su fuerza natural, sino con fuerza y pureza de Espíritu Santo, [...] y, ni más ni menos, la memoria se ha trocado en aprehensiones eternas de gloria. Y, finalmente, todas las fuerzas y afectos del alma, por medio de esta noche y purgación del viejo hombre, todas se renuevan en temples y deleites divinos (*NO*, 2, 4.1-5).

Lo mismo veía Teresita cuando miraba hacia atrás en su vida: "mi alma ha madurado en el crisol de las pruebas exteriores e interiores" (*HA*, 1, 28; 3, 76). Como una flor tras la tormenta, podía finalmente levantar la cabeza y ver las promesas de la Escritura hechas realidad en ella. Sabiendo a un nivel profundo que el Señor era su pastor, perdió su miedo.

Reflexionando sobre la llamada al Carmelo para salvar almas y rezar por los sacerdotes, Teresita de Lisieux declara que uno debe usar sus propios medios; el medio por el que Jesús salvó al mundo fue un amor obediente que cargó con el sufrimiento por el bien de las almas. Y nos dice:

> Sí, el sufrimiento me tendió los brazos, y yo me arrojé en ellos con amor... [...] Durante cinco años éste fue mi camino. Pero, al exterior, nada revelaba mi sufrimiento, tanto más doloroso cuanto que sólo yo lo conocía. ¡Qué sorpresas nos llevaremos al fin del mundo cuando leamos la historia de las almas...! (*HA*, 7, 183-184).

Este sufrimiento continuó purificando a Teresita de la "terquedad", el "amor propio" mezclado con "conversaciones espirituales" y el "excesivo amor propio" que a veces hizo que la llamaran "pícara" o "consentida". Se maravillaba de los cambios que Dios podía hacer en ella cuando abrazaba el sufrimiento.

> Verdaderamente, en *todo* encontraba motivos para sufrir. Todo lo contrario que ahora, pues Dios me concede la

gracia de no abatirme por nada pasajero. Cuando me acuerdo del pasado, mi alma desborda de gratitud al ver los favores que he recibido del cielo. Se ha operado en mí tal cambio, que estoy desconocida... (*HA*, 4, 116).

Pero el cambio produjo en Teresita no sólo una estabilidad y madurez de virtud y carácter —santidad— sino también una identificación con Cristo que la capacitaba para participar en su sufrimiento redentor y en su amor por la salvación de las almas.

Ella podía, como dice San Pablo, "completo lo que falta a las tribulaciones de Cristo en mi carne, en favor de su cuerpo, que es la Iglesia" (Col 1,24).

Todo aspecto de la purificación es una expresión de la gran misericordia de Dios. Todo aspecto doloroso de la transformación está arraigado en el inmenso deseo que tiene Dios de hacernos capaces de compartir la plenitud de su gozo. Todo sufrimiento es temporal, haciéndonos capaces de un peso eterno de gloria.

> Esta dichosa noche, aunque oscurece al espíritu no [lo] hace sino para darle luz de todas las cosas; y, aunque lo humilla y pone miserable, no es sino para ensalzarle y levantarle; y, aunque le empobrece y vacía de toda posesión y afición natural, no es sino para que divinamente [se] pueda extender a gozar y gustar de todas las cosas de arriba y de abajo, siendo con libertad de espíritu general en todo (*NO*, 2, 9.1).

El proceso de deshacerse de apegos desordenados (este agarrarse a cosas y a personas de este mundo por miedo o avaricia) una vez completada la purificación, conduce paradójicamente a la habilidad de amar y disfrutar de las cosas y las personas de este mundo en mucha mayor medida y en una gran libertad de espíritu.

En resumen, Juan ora:

> Mas tú, ¡oh divina vida!, nunca matas sino para dar vida, así como nunca llagas sino para sanar. Cuando castigas

Una purificación más profunda

levemente tocas, y eso basta para consumir el mundo [...] Llagásteme para sanarme, ¡oh divina mano!, y mataste en mí lo que me tenía muerta sin la vida de Dios en que ahora me veo vivir [...] y este Unigénito Hijo tuyo, ¡oh mano misericordiosa del Padre!, es el toque delicado con que me tocaste en la fuerza de tu cauterio y me llagaste (*LAV*, 2.16).

Parte III

UNIÓN TRANSFORMATIVA
(La vía unitiva)

Capítulo 15

LA UNIÓN PROFUNDA

Así es como el Papa Juan Pablo II resume los principios del camino espiritual:

> Se trata de un camino sostenido enteramente por la gracia, el cual, sin embargo, requiere un intenso compromiso espiritual que encuentra también dolorosas purificaciones (la "noche oscura"), pero que llega, de tantas formas posibles, al indecible gozo vivido por los místicos como "unión esponsal". ¿Cómo no recordar aquí, entre tantos testimonios espléndidos, la doctrina de san Juan de la Cruz y de santa Teresa de Jesús? (*NMI* 33).

Los aspectos dolorosos del camino, como nos dicen Juan Pablo II y los santos, "valen la pena" por lo que hacen posible, lo que los santos llaman "matrimonio espiritual" o "unión esponsal". ¿Qué es esta unión para la que nos está preparando todo el camino espiritual? ¿Cuáles son sus signos? ¿Cuáles son sus frutos o efectos?

La tercera etapa del camino espiritual se llama la vía *unitiva*. Generalmente esta etapa llega sólo después de que el alma ha sido preparada por muchos años vividos en la lucha contra los apetitos egoístas, en el desarrollo de la virtud, en oración fiel y en buenas obras, en el paciente soportar pruebas y sufrimientos y en docilidad a las gracias que Dios da de muchas maneras diferentes. Teresa y Juan hablan de la realidad de un "desposorio" que introduce la vía unitiva y conduce a ese "matrimonio espiritual" aún más profundo. Bernardo también lo expresa en estos términos: "Y cuando llegue y alcance la perfección, contraerá el matrimonio espiritual" (*CC*, 61.1).

Aunque los santos no suelen trazar un mapa de su experiencia personal del camino y relacionarlo con sus doctrinas, a veces puede inferirse por sus escritos cuándo y cómo están progresando a través de las diferentes etapas del camino espiritual. Teresa de Jesús, para empezar, relata bastantes de sus experiencias como para que podamos trazar bastante bien las etapas del camino. Nos dice que durante sus primeros años en el convento, a sus primeros veintitantos, experimentaba de vez en cuando algunos aspectos de la oración de unión sobre la que nos habla en su quinta mansión. También nos habla de un período de laxitud que llegó a su fin cuando tenía treinta y nueve años, después de lo cual experimentó un nuevo redespertar espiritual o reconversión a una ferviente búsqueda de la santidad. A la edad de cuarenta y siete años experimentó el "desposorio" de que habla en la sexta mansión. Diez años más tarde, a sus cincuenta y siete, experimentó el matrimonio espiritual que describe en la séptima mansión. A los sesenta y siete murió agotada por su trabajo.

Sabemos por los testimonios de Catalina y Thérèse que su propio camino fue acelerado por la edad temprana a que morirían ambas. Podemos suponer también que la experiencia de Juan de la Cruz en la prisión supuso un paso significativo en el camino: durante el cautiverio compuso *El cántico espiritual*, una obra en la que resume la intensa purificación de la noche oscura del espíritu y cómo esta noche oscura lleva al matrimonio espiritual. En cualquier caso, aunque hay una gran variación en la cronología y circunstancias del camino espiritual de cada persona, podemos detectar en cada una las "leyes de la vida espiritual" fundamentales.

El desposorio: Paz, promesa e imperfecciones

El "desposorio" es como una "promesa espiritual" —usando la analogía del matrimonio— que promete una razonable seguridad de que el matrimonio largamente esperado tendrá realmente lugar. Hay una mutualidad de compromiso y expectación que, si el camino continúa como hasta ahora, se alcanzará el fin del matrimonio. El momento del desposorio puede experimentarse por algún tipo de comunicación espiritual, como puede ser una visión, una locución o algún otro contacto espiritual. O puede que ese momento no se reconozca en sí claramente por una comunicación tan obvia, sino más bien en retrospectiva, por sus frutos subsiguientes. O simplemente puede haber un callado reconocimiento de haberse alcanzado un nivel estable de santidad y una profundidad de transformación en que pueden contemplarse pensamientos de matrimonio. Como explica Bernardo:

> A partir de este grado, el alma que lo ha alcanzado empieza ya a pensar en las bodas. ¿Por qué no se va a atrever, viéndose tanto más núbil [listo para el matrimonio] cuanto más semejante a él? Y no le asusta la excelsitud, porque la asocia la semejanza, el amor la concilia y la declaración de ese amor la desposa (*CC*, 85.12).

Juan identifica el desposorio espiritual como un estado de relación en el que se expresa "el amor leal y común de desposados" (*CE*, 22.5). La seriedad y la estabilidad de una relación mutuamente leal y atenta trae al alma una tranquilidad básica y se caracteriza generalmente por abundantes comunicaciones de varias clases. Sin embargo, como mejor se experimenta esta tranquilidad es en lo que Juan llama la parte "superior" del alma. La parte sensorial del alma "nunca acaba de perder sus resabios, ni sujetar del todo sus fuerzas" hasta el matrimonio espiritual (*CE*, 14, 15.30).

Ésta es una distinción importante. Tardan mucho tiempo nuestras energías en llegar a someterse al Señor. Aun cuando se elimina el pecado libremente escogido, todavía quedan en mayor o menor grado varios apegos, preferencias y "apetitos" que perseguimos. Juan habla de esto en su poema como de seguir al "rebaño" de esos apegos. Indica claramente que no somos liberados de esos apegos hasta que tiene lugar el matrimonio espiritual. Son iluminadoras sus descripciones de lo que queda por purificar, incluso después de haber alcanzado un estadio bastante avanzado del camino espiritual, el del desposorio espiritual de la vía unitiva.

> Es de saber que, hasta que el alma llegue a este estado de perfección de que vamos hablando, aunque más espiritual sea, siempre le queda algún ganadillo de apetitos y gustillos y otras imperfecciones suyas, ahora naturales, ahora espirituales, tras de que se anda procurando apacentarlos en seguirlos y cumplirlos. Porque, acerca del entendimiento, suelen quedarles algunas imperfecciones de apetitos de saber cosas. Acerca de la voluntad, se dejan llevar de algunos gustillos y apetitos propios, ahora en lo temporal, como poseer algunas cosillas y asirse más a unas que a otras, y algunas presunciones, estimaciones y puntillos en que miran y otras cosillas que todavía huelen y saben a mundo; ahora acerca de lo natural, como en comida, bebida, gusto de esto más que de aquello y escoger y querer lo mejor; ora también acerca de lo espiritual, como querer gustos de Dios y otras impertinencias, que nunca se acabarían de decir, que suelen tener los espirituales aunque no perfectos (*CE*, 26.18-19).

Teresita de Lisieux habla de vencer su preferencia por las cosas bonitas, su deseo de pasar el tiempo con personas por las que sentía especial atracción, su orgullo, y el ponerse a la defensiva por lo que la gente pensara de ella, ejemplos éstos de lo que Juan está hablando aquí (*HA*, 7, 10).

> Y acerca de la memoria, muchas variedades y cuidados y advertencias impertinentes, que los llevan el alma tras de sí. Tiene también, cerca de las cuatro pasiones del alma, muchas esperanzas, gozos, dolores y temores inútiles tras de que se va el alma [...] unos tienen más y otros menos,

tras de que se anden todavía siguiéndolo, hasta que, entrándose a beber en esta interior bodega, lo pierden todo [...] en la cual más fácilmente se consumen estos ganados de imperfecciones del alma que el orín y moho de los metales en el fuego. Y así, se siente ya libre el alma de todas niñerías de gustillos e impertinencias tras de que se andaba, de manera que puede bien decir: el ganado perdí que antes seguía (*CE*, 26.18-19).

Poco después, en su comentario de su propio poema, Juan explica con más detalle la composición de este "rebaño" que el alma sigue.

> Muchos oficios suele tener el alma no provechosos antes que llegue a hacer esta donación y entrega de sí y de su caudal al Amado, con los cuales procuraba servir a su propio apetito y al ajeno [...] Los cuales hábitos pueden ser, como propiedad y oficio que tiene de hablar cosas inútiles, y pensarlas y obrarlas también, no usando de esto conforme a la perfección del alma. Suele tener otros apetitos con que sirve al apetito ajeno, así como ostentaciones, cumplimientos, adulaciones, respetos, procurar parecer bien y dar gusto con sus cosas a las gentes, y otras cosas muchas inútiles con que procura agradar a la gente empleando en ellas el cuidado y el apetito y la obra, y finalmente el caudal del alma (*CE*, 28.7).

Puede que Teresita de Lisieux nos esté haciendo saber indirectamente el punto de entrega a la voluntad de Dios que había alcanzado —el matrimonio espiritual— cuando cita justo las mismas canciones de *El cántico espiritual* (26, 28) en que Juan habla de "perder el rebaño". Ella nos sigue contando que después de haber pedido a Jesús, como signo de que su padre había ido derecho al cielo, que inspirase a las monjas de su convento admitir a su hermana Celine —una petición que fue concedida— no volvió a tener ningún deseo, excepto "amar a Jesús con locura".

> Ahora no tengo ya ningún deseo, a no ser el amar a Jesús con locura... Mis deseos infantiles han desaparecido [...]

Tampoco deseo ya ni el sufrimiento ni la muerte, aunque sigo amándolos a los dos. Pero es el amor lo único que me atrae... Durante mucho tiempo los deseé; poseí el sufrimiento y creí estar tocando las riberas del cielo, creí que la florecilla iba a ser cortada en la primavera de su vida... Ahora sólo me guía el abandono, ¡no tengo ya otra brújula!...Ya no puedo pedir nada con pasión, excepto que se cumpla perfectamente en mi alma la voluntad de Dios sin que las criaturas puedan ser un obstáculo para ello. Puedo repetir aquellas palabras del Cántico Espiritual de nuestro Padre san Juan de la Cruz:

"En la interior bodega de mi amado bebí, y cuando salía por toda aquesta vega, ya cosa no sabía; y el ganado perdí que antes seguía. Mi alma se ha empleado, y todo mi caudal, en su servicio; ya no guardo ganado, ni ya tengo otro oficio, que ya sólo en amar es mi ejercicio" (*HA*, 8, 216).

Bernardo nos anima al observar que incluso si en el curso de nuestra vida no nos ocupamos de estas imperfecciones o apegos menores, la purificación que rodea el proceso de la muerte puede suprimir el resto de las imperfecciones.

Dios me libre de decir que un alma así tenga algo deforme, pero tampoco afirmo que haya llegado a la perfección de la belleza, porque todavía anda inquieta y nerviosa con muchas cosas, y no puede verse libre de algún polvillo de las cosas terrenas. Polvillo que en seguida y con facilidad le quitará, también a la hora de su muerte santa, una intención pura y una búsqueda de Dios que brota de una conciencia buena (*CC*, 40.3).

El matrimonio espiritual: Unión profunda de amor personal

Juan va más allá explicando la diferencia entre el desposorio espiritual y el matrimonio espiritual.

Lo que se comunica es lo que más se puede en razón de *desposorio*, porque en el *matrimonio espiritual* hay grandes ventajas. Porque en el *desposorio*, aunque en las visitas goza de tanto bien el alma Esposa, como se ha dicho, todavía padece ausencias y perturbaciones y molestias de parte de la porción inferior y del demonio, todo, lo cual cesa en el estado del *matrimonio* (*CE*, 15.30).

Bernardo describe así el estado del matrimonio espiritual:

> Por consiguiente, si ves un alma que, abandonadas todas las cosas, se une al Verbo con todos sus deseos, vive para el Verbo, se rige por el Verbo, concibe del Verbo lo que dará a luz para el Verbo, que puede decir "para mí la vida es Cristo y una ganancia el morir" [Flp 1,21], ten la certeza de que ya es esposa y que ya ha sido fecundada por el Verbo (*CC* 85.12).

¿Y no es María el modelo de una completa unión como ésta? Por eso el Papa Benedicto XVI la describe:

> El *Magnificat* —un retrato de su alma, por decirlo así— está completamente tejido por los hilos tomados de la Sagrada Escritura, de la Palabra de Dios. Así se pone de relieve que la Palabra de Dios es verdaderamente su propia casa, de la cual sale y entra con toda naturalidad. Habla y piensa con la Palabra de Dios; la Palabra de Dios se convierte en palabra suya, y su palabra nace de la Palabra de Dios. Así se pone de manifiesto, además, que sus pensamientos están en sintonía con el pensamiento de Dios, que su querer es un querer con Dios. Al estar íntimamente penetrada por la Palabra de Dios, puede convertirse en madre de la Palabra encarnada (*DCE*, 41).

Juan nos recuerda que aunque el cimiento de este matrimonio fue establecido en la Cruz, se desarrolla en nuestras personalidades tras un largo camino a lo largo de toda la vida. En cierto sentido, el matrimonio se lleva a efecto "de una vez", como dice Juan, en la Cruz, y se nos comunica en el Bautismo; en otro sentido, se desarrolla sólo gradualmente, poco a poco, a un paso que el alma herida puede soportar (*CE*, 23.6).

Una vez más, nos recuerda Juan que lo que se desarrolla en nuestras vidas es una unión de amor eminentemente personal:

> De tal manera se dibuja la figura del Amado y tan conjunta y vivamente se retrata, cuando hay unión de amor, que es verdad decir que el Amado vive en el amante, y el amante en el Amado. Y tal manera de semejanza hace el amor en la transformación de los amados, que se puede decir que cada uno es el otro y que entrambos son uno. La razón es porque en la unión y transformación de amor el uno da posesión de sí al otro, y cada uno se deja y trueca por el otro; y así, cada uno vive en el otro, y el uno es el otro y entrambos son uno por transformación de amor. Esto es lo que quiso dar a entender San Pablo cuando dijo: *Vivo yo, ya no yo, pero vive en mí Cristo* (Gal 2,20) (*CE*, 12.8).

Bernardo describe de modo similar la íntima unión del matrimonio espiritual:

> Y si ama perfectamente, es que se ha desposado [...] te acercas confiadamente al Verbo, te adhieres con firmeza al Verbo, preguntas y consultas confiadamente al Verbo sobre cualquier cosa y, cuanto eres capaz por tu inteligencia, otro tanto eres audaz por el deseo. En verdad éste es un contrato de un matrimonio espiritual y santo. He dicho poco al decir que es un contrato: es un abrazo. No hay duda de que hay un abrazo, donde un mismo querer y no querer hace de dos un solo espíritu [...] Esta unión es superior a aquel vínculo con que la naturaleza unió con tanta fuerza a padres e hijos [...] Te será fácil darte cuenta de que este afecto que existe entre los esposos no sólo es más fuerte que los demás afectos, sino que incluso es más fuerte que él mismo [...] aunque la criatura ama menos porque es menor, sin embargo, si ama con todo su ser [Mt 22,37], nada falta donde está todo. Por eso, como he dicho, amar así es haberse desposado, porque no puede amar así, y ser ella poco amada, para que por el consenso de los dos quede zanjado un íntegro y perfecto matrimonio (*CC*, 83.3,6).

La unión profunda

Algunas veces habla de esta unión como algo parecido a ser invitado a las habitaciones privadas del rey, tras un largo día de trabajo, para refrescarse o recibir información: "dejando a un lado las molestias de las preocupaciones, se encamina de noche a una pequeña posada, entrando en la alcoba con unos pocos a quienes honra con esta intimidad y familiaridad [...] encontrándose con tanta más calma, cuanto con mayor placidez contempla a los pocos que ama" (*CC*, 23.16).

En otra ocasión Bernardo usa las fuertes imágenes de "comer" al Señor y "ser comido" por Él para comunicar la idea de habitar uno en otro, lo cual, a la vez que está impregnado de imaginería eucarística, se amplía a un permanente estado de relación mutuamente perdurable.

> Yo mismo soy su alimento [...] soy comido cuando soy corregido; soy digerido cuando soy transformado; soy asimilado cuando soy conformado a él. No os asombréis de esto: no sólo nos come sino que también es comido por nosotros, para que nos unamos más fuertemente a él. Tened la certeza de que de otra manera no nos uniremos perfectamente a él. Porque si como pero no soy comido, parecerá que el está en mí, pero de ninguna manera estoy yo en él [Jn 6,57][...] Así pues, que me coma, para que me tenga en sí; y también que sea comido por mí, para que esté en mí, y de esta manera sea firme la unión e íntegra la compenetración, siendo así que yo estaré en él, y él también en mí [...] comiendo de alguna manera a Dios y siendo comido por él (*CC*, 71.5-6).

Juan nos recuerda que incluso en el matrimonio espiritual nuestro camino no ha terminado aún: la visión beatífica, la "transformación en la gloria", nos espera aún cuando se penetre el velo de la muerte y seamos transformados plenamente en un encuentro cara a cara con el Señor.

Bernardo también mantiene presente ante nosotros el "aún no", incluso en la más elevada unión en esta vida:

> ¿Qué piensas tú que podrá recibir allí la que aquí ha sido regalada con tanta familiaridad [...] (*CC*, 52.2).

Y concurre Juan:

> Lo cual en esta vida, aunque puede ser, como lo era en San Pablo, no, empero, perfecta y acabadamente, aunque llegue el alma a tal transformación de amor que sea en matrimonio espiritual, que es el más alto estado a que se puede llegar en esta vida; porque todo se puede llamar *dibujo de amor* en comparación de aquella perfecta figura de transformación de gloria (*CE*, 12.8).

Bernardo aclara también que la unión que nos espera en la visión beatífica va más allá de todo lo posible en esta vida.

> Porque si aquella inmensa riqueza de la visión y aquel afecto se extienden a toda la eternidad, ¿cómo no va a ser plena la felicidad? Jamás faltará cosa alguna a los que siempre la ven, ni les sobrará a los que siempre la aman.
> Mas esta visión no es propia de la presente vida; solamente pertenece a aquellos que pueden decir: "Sabemos que, cuando se manifieste, seremos semejantes a él, porque le veremos tal cual es" [1 Jn 3,2]. Ahora, sin embargo, se aparece a los que quiere y como quiere. Mientras se vive en este cuerpo mortal no puede o pudo verlo tal cual es ni el sabio, ni el santo, ni el profeta; podrá, cuando viva en un cuerpo inmortal, el que se halla digno (*CC*, 31.1-2).

Juan habla de nuestra naturaleza caída como de un "anciano", con sus pasiones desordenadas "marchitas" o "dormidas" —una terminología que también utilizan otros santos.[1] Juan parece dar la impresión de que una vez que estamos en el matrimonio espiritual no hay prácticamente posibilidad alguna de volverse atrás para perdernos la salvación. Ésta es una de las pocas áreas donde hay una divergencia de opiniones entre Juan de la Cruz y Teresa de Jesús y la

---

1 *Noche oscura*, 1, 13.3-5; *Cántico espiritual*, 21.7.

La unión profunda

mayoría de los otros doctores que estamos estudiando. La opinión preponderante es que aun en el más elevado estado de unión posible en esta vida, abandonarlo sigue siendo una posibilidad, así como sigue siendo necesaria una cuidadosa vigilancia. Es esta opinión preponderante la que deberíamos seguir. Bernardo expresa también este punto de vista:

> Porque, ¿quién ha cortado tan perfectamente todo lo que le resulta superfluo, para llegar a pensar que no tiene cosa alguna que merezca ser podada? Creedme: también retoña lo que ha sido podado, retorna lo que se había puesto en fuga, revive lo que había sido extinguido, y despierta lo que se había dormido. Por consiguiente, es muy poca cosa haber podado una vez; hay que podar muchas veces; aún más, si es posible, hay que podar siempre, porque, si no lo ocultas, siempre encontrarás en ti algo que sea conveniente podar (*CC*, 58.10).

Teresa de Jesús, considerando cómo es posible que hasta en el matrimonio espiritual nadie pueda dejarlo, nos dice que esas tragedias ocurren por medio de infidelidades pequeñas, casi imperceptibles, que poco a poco conducen a mayores infidelidades.

Aun cuando todavía sea posible separarse de Dios hasta el fin del todo, la naturaleza del matrimonio espiritual es verdaderamente extraordinaria.

> Comunícase Dios en esta interior unión al alma con tantas veras de amor, que no hay afición de madre que con tanta ternura acaricie a su hijo, ni amor de hermano ni amistad de amigo que se le compare; porque aún llega a tanto la ternura y verdad de amor con que el inmenso Padre regala y engrandece a esta humilde y amorosa alma, ¡oh cosa maravillosa y digna de todo pavor y admiración!, que se sujeta a ella verdaderamente para la engrandecer, como si él fuese su siervo y ella fuese su señor. Y está tan solícito en la regalar, como si él fuese su esclavo y ella fuese su Dios ¡Tan profunda es la humildad y dulzura de Dios! (*CE*, 27.1).

Catalina de Siena describe la íntima unión de la vía unitiva como la de un amigo íntimo o la de una relación filial profunda, incluso la de "otro yo":

> Si alguien me preguntase: ¿Quién es esta alma?, respondería: Es otro yo transformado en mi por amor. ¿Qué lengua podría referir la excelencia de este último estado unitivo y los múltiples y variados frutos que el alma recibe por la plenitud de sus tres potencias? [...] Entre ella y mí ya no está interpuesta su voluntad, pues somos una misma cosa (*D*, 96).

Bernardo habla de un mutuo "agarrarse" los dos.

> "Lo agarré y ya no lo soltaré" [Cant 3,4]. Tal vez él no desea menos ser agarrado, al hacer esta confesión: "Mis delicias son estar con los hijos de los hombres" [Pro 8,31] [...] ¿Qué cosa será más fuerte que esta unión que se ha consolidado con un solo amor de los dos? [...] lo agarra con la firmeza de la fe y con el afecto de la devoción. Pero no lo agarraría durante mucho tiempo si ella no estuviese agarrada a él. Está agarrada por el poder y la misericordia de Dios (*CC*, 79.5).

La mutualidad de la amistad o de la unión esponsal es característica del matrimonio espiritual. Juan lo describe así:

> En este alto estado del *matrimonio espiritual*, con gran facilidad y frecuencia descubre el Esposo al alma sus maravillosos secretos como su fiel consorte, porque el verdadero y entero amor no sabe tener nada encubierto al que ama (*CE*, 23.1).

Entre estas comunicaciones hay profundas revelaciones sobre la Encarnación y Redención y muchos otros misterios también.

Consideremos ahora lo que son los frutos de esta bendita unión.

Capítulo 16

LOS FRUTOS DE LA UNIÓN

No es que los sorprendentes frutos presentes en el matrimonio espiritual aparezcan de repente o por primera vez. Estos frutos han estado creciendo todo el tiempo, pero en el matrimonio espiritual se hacen más profundos, florecen y se estabilizan de un modo que es realmente sorprendente. No sólo es Juan de la Cruz un maestro cuando se trata de identificar lo que nos frena o retrasa en el camino hacia Dios, sino también describiendo los frutos maravillosos que aparecen a medida que progresamos en el camino.

Los frutos en el trabajo

Uno de los frutos que Juan identifica como fluyendo del matrimonio espiritual es una sorprendente pureza y fuerza en las obras que emprendemos.

> Se entrega el alma a Dios toda [...] causando Dios en ella [en] la dicha unión la pureza y perfección que para esto es menester. Que por cuanto él la transforma en sí, hácela toda suya y evacua en ella todo lo que tenía ajeno de Dios. De aquí es que, no solamente según la voluntad, sino también según la obra, queda ella de hecho sin dejar cosa, toda dada a Dios, así como Dios se ha dado libremente a ella; de manera que quedan pagadas aquellas dos voluntades, entregadas y satisfechas entre sí, de manera que en nada haya de faltar ya la una a la otra, con fe y firmeza de desposorio (*CE*, 27.6).

Esto origina el que uno se libere de la preocupación de sí mismo y del temor de lo que otros pensarán, lo cual permite actuar con osadía y determinación en obediencia a la voluntad e intereses de Dios (*CE*, 29.8).

Bernardo habla también de la osada acción característica de la unión.

> ¡Oh! ¡A cuánto se atreve el corazón puro, la conciencia buena y la fe sincera! (*CC*, 68.2).

Teresa de Jesús habla de la misma transición hacia un deseo apostólico y de acciones fructíferas en relación con el matrimonio espiritual. Y Catalina de Siena ejemplificó la unión de la dimensión contemplativa y la activa en la vida cristiana: después de un intenso proceso de tres años de purificación y transformación, salió de su cuarto para emprender una vida de servicio muy activa. Bernardo lo expresa así:

> Estos se atreven a grandes cosas, porque son grandes; y ven cumplidas sus aspiraciones según lo que se les había prometido, y que no es ni más ni menos que esto: "Todo lo que pisen vuestros pies será vuestro" [Dt 11,24]. Una fe grande merece cosas grandes; y en la medida en que extiendas el pie de la confianza hacia los bienes del Señor, en esa misma medida los posees (*CC*, 32.8).

Una inmensa fortaleza

Característico del alma en el matrimonio espiritual es una gran fortaleza arraigada en Dios. Es una fortaleza y una fuerza que capacitan al alma para actuar siempre al servicio del amor. Juan nos recuerda otra vez que la santidad no es sino crecer en amor.

> Porque como en esto ha llegado a la perfección, cuya forma y ser, como dice San Pablo (Col 3,14) es el amor, pues cuanto un alma más ama, tanto es más perfecta en aquello que ama, de aquí es que esta alma, que ya está perfecta, todo es amor, si así se puede decir, y todas sus

acciones son amor, y todas sus potencias y caudal de su alma emplea en amar [...] en todas las cosas y por todas ellas la mueve en amor de Dios [...] de todas las cosas que pasan por el alma, con grande facilidad saca ella la dulzura de amor que hay. Que amar a Dios en ellas, ahora sea sabroso, ahora desabrido, estando ella informada y amparada con el amor, como lo está, ni lo siente, ni los gusta, ni lo sabe; porque, como habemos dicho, el alma no sabe sino amor [...] Dios no se sirve de otra cosa sino de amor (*CE*, 27.8; 28.1).

Oración constante

Este amor se expresa en oración constante, no sólo en adoración y acción de gracias a Dios, sino en intercesión por la salvación de otros. Así lo explica Catalina:

> Ella exhala por todo el mundo el fruto de continuas y humildes oraciones; la fragancia del santo deseo clama por la salvación de las almas, voz sin voz humana, en presencia de mi divina Majestad (*D*, 96).

Sensibilidad hacia los demás

Las almas que están en este nivel de unión con Dios desarrollan una gran sensibilidad hacia los demás y una aguda habilidad para socorrerles en sus necesidades. Bernardo lo describe así:

> El alma se hace todo para todos, refleja en sí misma las emociones de todos, y así muestra ser una madre para aquellos que fallan no menos que para los que tienen éxito (*CC*, 10.2).

El amor, como se nos recuerda, es, al principio, a la mitad y al final del camino, la sustancia de la verdadera santidad y el fruto de la auténtica unión con Dios.

> Es necesario que el alma crezca y se dilate para que sea capaz de Dios. Su anchura es su amor [...] Tiene, digo,

> un seno de amor amplio que abraza a todos, incluso a aquellos con los que sabe que no la une vínculo alguno de la carne, ni se siente seducida por la esperanza de que le harán algún beneficio, ni está obligada a corresponder a causa de algún favor recibido, ni se siente obligada, en fin, por alguna deuda, a no ser por aquella de la que se dice: "A nadie le quedéis debiendo nada, fuera del amor mutuo" [Ro 13,8] (*CC*, 27.10-11).

Como detalle personal, Bernardo dice a sus monjes que aunque no deben interrumpir innecesariamente a alguien ocupado en la contemplación, ¡que le interrumpan, por supuesto, cuando sea necesario¡ Les dice que aunque él mismo aprecia el que la gente sea sensible a sus ocupaciones, y con sus constantes visitas y su necesidad de oración, no quiere que lleguen al extremo de no interrumpirle cuando haya una verdadera necesidad. Él prefiere errar en el lado del amor: "Haré lo que ellos desean hasta donde pueda, y en ellos serviré a mi Dios mientras viva, con un amor sin fingimiento" (*CC* 52.7).

En armonía con el consejo de los otros santos, Bernardo aconseja incluso que las oraciones, la lectura espiritual, y aun la Misa, deben saltarse a veces.

> ¿Quién duda que el hombre que ora habla con Dios? Pero, ¡cuántas veces, por exigencias de la caridad, somos arrancados y separados de la oración por causa de los que necesitan nuestra ayuda o nuestras palabras! ¡Cuántas veces la dulce paz tiene que ceder piadosamente al tumulto de los negocios! ¿Cuántas veces, con buena conciencia, se deja la lectura para sudar en el trabajo manual! ¡Cuántas veces nos dispensamos justísimamente de las mismas misas solemnes que se debían celebrar por causa de cosas eternas que es necesario atender! Se invierte el orden, pero la necesidad no tiene ley. El amor activo va creando su propio orden (*CC*, 50.5).

Contemplación y acción

Y Bernardo, de nuevo al unísono con muchos de los santos, habla del vínculo entre la contemplación y la acción. Se refiere a ambas como los dos frutos del matrimonio espiritual.

> Pero ten en cuenta que en el matrimonio espiritual hay dos maneras de dar a luz, y por eso hay también diversas descendencias, pero no contrarias, ya que las madres santas unas veces, predicando, dan a luz almas, y otras, meditando, inteligencias espirituales [...] los hijos son un tesoro, pero los besos deleitan mucho más. Es gran cosa salvar a muchos; pero salir de sí misma y estar con el Verbo es mucho más gozoso (*CC*, 85.13).

Algunas veces el fuego de la contemplación arde tan intensamente que no hay deseo alguno de dejar nunca el tiempo de oración, sino que surge un gran deseo de llevar a hacer que otros conozcan el amor de Cristo.

> Puesto que la contemplación verdadera tiene la característica de que el alma que se abrasa ardientemente con el fuego divino a veces la llena de tanto celo de ganar para Dios a otros que lo amen de manera semejante a como lo ama ella, que interrumpe gustosamente el ocio de la contemplación por el trabajo de la predicación (*CC*, 57.9).

Pero Bernardo, como hemos visto, es realista al observar que aunque el vínculo entre la contemplación y la acción es importante, a menudo puede ser desconcertante tratar de conseguir el apropiado equilibrio y darse cuenta de lo que es realmente agradable a Dios en un momento dado. Por supuesto, encontrar el equilibrio puede llevar toda una vida.

> Pero muchas veces el alma fluctúa en medio de esos cambios, temiendo y estando muy agitada, no vaya a

ocurrir que al verse atraída por sus afecciones hacia una u otra parte, se apegue más de lo debido a una de las dos y así, en cualquiera de ellas que sea, se aparte, aunque sólo sea un poco, de la voluntad divina [...] (*CC*, 57.9).

Un instinto estable para el bien

Este proceso de transformación o "endiosamiento" llega a tal punto que el alma "aun hasta los primeros movimientos no tiene contra lo que es la voluntad de Dios", sino que se inclina hacia Dios aun en los primeros movimientos (inclinaciones o reacciones hacia cosas, personas, situaciones) del alma.

> Porque, así como un alma imperfecta tiene muy ordinariamente a lo menos primeros movimientos inclinados a mal según el entendimiento y según la voluntad y memoria, y apetitos e imperfecciones, también así el alma de este estado según el entendimiento y voluntad y memoria y apetitos en los primeros movimientos, de ordinario se mueve a inclina a Dios por la grande ayuda y firmeza que tiene ya en Dios y perfecta conversión al bien (*CE*, 28.4).

Juan cita el Salmo 62,2 como testigo bíblico de lo que está diciendo: "Sólo en Dios encuentro descanso, de él viene mi salvación; sólo él es mi roca, mi salvación, mi baluarte; no vacilaré" (*CE*, 28.5).

Finalmente, todas las energías y toda la capacidad del alma, interiores y exteriores, espirituales y corporales, están conformadas con la voluntad de Dios y habitualmente actúan en armonía con Él. Sus reacciones "instintivas" a las cosas están ahora en armonía con la voluntad de Dios, en armonía con la verdad y el amor. Finalmente sus instintos han llegado a ser, en un sentido real, los "instintos" de Dios mismo.

> Porque el cuerpo ya le trata según Dios, los sentidos interiores y exteriores enderezando a él las operaciones de ellos, y las cuatro pasiones del alma todas las tiene ceñidas también a Dios; porque no se goza sino de Dios, ni tiene

esperanza en otra cosa que en Dios, ni teme sino sólo a Dios, ni se duele sino según Dios, y también todos sus apetitos y cuidados van sólo a Dios (*CE*, 28.4).

Esta unión es tan habitual que puede que el alma no sea consciente en ciertas situaciones de cómo está actuando según la voluntad de Dios. Puede que ya no encuentre necesario "orar" explícitamente antes de comenzar una actividad, por ser tan habitual la unión con Dios y tan instintiva su respuesta a situaciones en el interior de su relación con Él.

> Y todo este caudal de tal manera está ya empleado y enderezado a Dios, que, aun sin advertencia del alma, todas las partes que habemos dicho de este caudal, en los primeros movimientos se inclinan a obrar en Dios [...] aunque, como digo, no advierta el alma que obra por Dios. De donde esta alma muy frecuentemente obra por Dios, y entiende en él y en sus cosas sin pensar ni acordarse que lo hace por él; porque el uso y hábito que en la tal manera de proceder tiene ya, le hace carecer de la advertencia y cuidado y aun de los actos fervorosos que a los principios del obrar solía tener (*CE*, 28.5).

El fruto apostólico

Juan declara que "es más precioso delante de Dios y del alma un poquito de este puro amor y más provecho hace a la Iglesia, aunque parece que no hace nada, que todas esas otras obras juntas" (*CE*, 29.2).

Entonces da una exhortación muy práctica a los que piensan que el trabajo apostólico puede ser fructífero sin dar la primacía a la gracia, a la oración y al camino hacia la unión.

> Adviertan, pues, aquí los que son muy activos, que piensan ceñir al mundo con sus predicaciones y obras exteriores, que mucho más provecho harían a la Iglesia y mucho más agradarían a Dios, dejando aparte el buen ejemplo que de sí darían, si gastasen siquiera la mitad de este tiempo

en estarse con Dios en oración, aunque no hubiesen llegado a tan alta oración como ésta. Cierto, entonces harían más y con menos trabajo con una obra que con mil, mereciéndolo su oración, y habiendo cobrado fuerzas espirituales en ella; porque, de otra manera, todo es martillar y hacer poco más que nada, y a veces nada, y aun a veces daño. [...] que aunque más parezca que hace algo por de fuera, en sustancia no será nada, cuando está cierto que las buenas obras no se pueden hacer sino en virtud de Dios (*CE*, 29.3).

Bernardo hace una observación similar, y sostiene que uno que no está viviendo bajo el señorío de Cristo, en verdadera comunión con Él, no debería ejercer autoridad en la Iglesia.

De ninguna manera debe presidir a otros el que todavía no haya merecido ser introducido en ella. Es necesario, por consiguiente, que este vino inflame de calor a quien preside a otros [...] Sin esto muy indignamente ambicionas presidir a los que no te esfuerzas por servir, y de cuya salvación no tienes interés, exigiendo con mucha ambición que te estén sometidos. A esta bodega también la llamé "de la Gracia" [...] por la plenitud que, de manera singular, se recibe en ella (*CC*, 23.7).

Las reflexiones de Juan y Bernardo son muy similares a la llamada de Juan Pablo II a toda la Iglesia:

No dudo en decir que la perspectiva en la que debe situarse el camino pastoral es la de la *santidad* [...] haciendo hincapié en la santidad es más que nunca una urgencia pastoral [...]

[...] nuestras comunidades cristianas tienen que llegar a ser *auténticas "escuelas de oración"*, donde el encuentro con Cristo no se exprese solamente en petición de ayuda, sino también en acción de gracias, alabanza, adoración, contemplación, escucha y viveza de afecto hasta el "arrebato del corazón". Una oración intensa, pues, que, sin embargo, no aparta del compromiso en la historia:

Los frutos de la unión

abriendo el corazón al amor de Dios, lo abre también al amor de los hermanos, y nos hace capaces de construir la historia según el designio de Dios (*NMI* 30,33).

Un amor purificado y lleno de gozo

En el matrimonio espiritual, tal como lo ha expresado Catalina, nuestro amor por Dios no está ya arraigado en el temor al castigo o motivado por la esperanza de la recompensa, sino que brota primordialmente de un amor puro y desprendido al Otro —Dios— por ser Él quien es.

> Llegados al tercer estado del amor amigo y de hijo, ya no es amor mercenario el que tienen, sino de amigos queridísimos (*D*, 72).

Juan viene a decir lo mismo, mostrando una vez más cómo esta doctrina impregna el Nuevo Testamento.

> El que anda de veras enamorado, luego se deja perder a todo lo demás por ganarse más en aquello que ama [...] sin ningún interés [...]
> Tal es el que anda enamorado de Dios, que no pretende ganancia ni premio, sino sólo perderlo todo y a sí mismo en su voluntad por Dios; y ésa tiene el sentimiento de una ganancia.

Juan, como Catalina, pone otra vez el énfasis en la gran diversidad de modos en que cada personalidad humana reflejará la perfección del amor. Aunque todos los santos comparten un profundo amor a Dios y al prójimo, expresan este amor en una sorprendente variedad de maneras.

> Las almas devotas [...] corren por muchas partes y de muchas maneras [...] cada una por la parte y suerte que Dios le da de espíritu y estado, con muchas diferencias de ejercicio y obras (*CE*, 25.4).

O, como lo dice Catalina:

> Todo les es motivo de gozo. No se erigen en jueces ni de mis servidores ni de criatura alguna racional. Al contrario, se gozan de cuanto ven y dicen: "Gracias a ti, Padre Eterno, porque en tu casa hay muchas mansiones". Esta diversidad les proporciona más gozo que si vieran a todos los hombres ir por un mismo camino, ya que así ven manifestarse más la grandeza de mi bondad (*D*, 100).

Catalina vivía esta verdad en cómo guiaba a sus discípulos. No canalizaba a todos en un solo modo de vivir para Dios, sino que les animaba a seguir toda una variedad de vocaciones, incluyendo la vida matrimonial, el sacerdocio, la vida religiosa o la vida consagrada en el mundo, según a lo que cada uno estuviera llamado.

Desde dentro del corazón del Padre: Redescubrir la creación

El camino de la renuncia a los deseos desordenados, el camino del vaciarse, de la muerte a las inclinaciones pecaminosas, conduce a un ámbito de libertad y gozo donde por primera vez se hace posible disfrutar verdaderamente de las maravillas de las criaturas y de la creación. La gente y las cosas, el mismo universo material, se redescubren en toda su gloria ahora que nuestra persona está habitualmente "abandonada filialmente en el corazón del Padre" (*NMI* 33). En el *Cántico espiritual* Juan aplica sus dones poéticos a la tarea de expresar el asombro y maravilla de la gloria de Dios, reflejada en su creación. Encontramos frases admirables en el poema mismo, tales como "música callada" y "soledad sonora":

> echa de ver el alma una admirable conveniencia y disposición de la sabiduría en las diferencias de todas sus criaturas [...]
> de suerte que le parece una armonía de música subidísima, que sobrepuja todos los saraos y melodías del mundo [...]

Los frutos de la unión

> Porque, estando ellas solas y vacías de todas las formas y aprehensiones naturales, pueden recibir bien el sonido espiritual sonorísimamente en el espíritu de la excelencia de Dios en sí y en sus criaturas [...]
>
> A este mismo modo echa de ver el alma en aquella sabiduría sosegada en todas las criaturas, no sólo superiores, sino también inferiores, según lo que ellas tienen en sí cada una recibido de Dios, dar cada una su voz de testimonio de lo que es Dios (*CE*, 15.25-27).

Este redescubrimiento de la creación en Dios —viéndolo como realmente es, como expresión de Su gloria— es, naturalmente, lo que los Salmos nos dicen continuamente. Los cielos y la tierra declaran verdaderamente la gloria de Dios para los que tienen oídos para oír y ojos para ver.

Bernardo nos recuerda la base en verdad para que la tierra sea ahora la tierra natal de los hombres y del Hijo de Hombre.

> El que es del cielo habla por segunda vez de la tierra; y lo hace con tanta bondad y cercanía que parece uno más de la tierra [...] Es el Esposo quien [...] añadió "nuestra tierra" [Cant 2,12] [...] Considera, pues, cuánta dulzura encierra que el Dios del cielo dijera: "En nuestra tierra" [...] Esta expresión no suena a primacía, sino a consorcio y familiaridad. Dice esto como Esposo, no como señor [...] Es poco ser igual que los hombres: es hombre. Por eso hace suya nuestra tierra, pero no como posesión, sino como patria. ¿Que por qué la hace suya? Porque así de ella se busca una esposa y la sustancia de su cuerpo; así él mismo se hace Esposo, y así los dos son una sola carne [Ef 5,31] [...] "El cielo pertenece al Señor, pero la tierra se la ha dado a los hombres". Así es que, como hijo del hombre, hereda la tierra, como Creador, la administra, como Esposo, participa de ella (*CC*, 59.1-2).

Como hemos visto ya, Thérèse de Lisieux da a menudo testimonio de cuánto la creación le hablaba a ella de Dios y de su grandeza.

Nunca olvidaré la impresión que me causó el mar. No me cansaba de mirarlo. Su majestad, el rugido de las olas, todo le hablaba a mi alma de la grandeza y del poder de Dios (*HA*, 2, 66).

Y su viaje en tren atravesando los Alpes suizos camino de Roma quedaron como referencia que continuamente la hacía volver a darse cuenta de lo grandioso del poder de Dios:

> Primero fue Suiza, con sus montañas cuyas cimas se pierden entre las nubes, y sus impetuosas cascadas despeñándose de mil diferentes maneras, y sus profundos valles plagados de helechos gigantes y de brezos rosados. ¡Cuánto bien, Madre querida, hicieron a mi alma aquellas maravillas de la naturaleza derramadas con tanta *profusión*! ¡Cómo la hicieron elevarse hacia quien quiso sembrar de tanta obra maestra esta tierra nuestra de destierro que no ha de durar más que un día...! No tenía ojos bastantes para mirar. De pie, pegada a la ventanilla, casi se me cortaba la respiración. Hubiera querido estar a los dos lados del va...
> Unas veces nos hallábamos en la cima de una montaña. A nuestros pies, precipicios cuya profundidad no podía sondear nuestra mirada parecían dispuestos a engullirnos... Otras veces era un pueblecito encantador, con sus esbeltas casitas de montaña y su campanario sobre el que se cernían blandamente algunas nubes resplandecientes de blancura [...]
> La contemplación de toda esta hermosura hacía nacer en mi alma pensamientos muy profundos, Me parecía comprender ya en la tierra la grandeza de Dios y las maravillas del cielo...[...] y pensaba: Más tarde, en la hora de la prueba, cuando, prisionera en el Carmelo, no pueda contemplar más que una esquinita del cielo estrellado, me acordaré de lo que estoy viendo hoy (*HA*, 2, 154-155).

Por muy extraordinario que fuera su firme deseo de ir al cielo, Teresita era igualmente extraordinaria por su sensibilidad a todo cuanto es humano, todo lo que es creado como testimonio de la realidad de Dios. Fuera en su reacción ante la naturaleza, o su amor por sus pájaros caseros, o el perro de la familia, fuera su gran sensibilidad y apreciación hacia el profundo cariño en sus relaciones familiares, todas estas cosas, que ella experimentaba cada vez más en Dios, llamaban a Teresita continuamente a avanzar hacia Dios. Su fuerte deseo de tener y serlo todo —tocar, sentir, experimentar— seguía conduciéndola inexorablemente a la Fuente de todo lo que es. Bien forzando las barreras que le impedían entrar en la verdadera Casa de Loreto, bien colándose entre los guardias para entrar en el Coliseo y recoger piedras, Teresita ansiaba el contacto con lo original. Dios había puesto en ella un abrumador deseo de tocar la fuente de la profundidad más íntima que es Dios mismo.

> Siempre tenía que encontrar la forma de *tocarlo todo* [...] La verdad es que era demasiado atrevida... Por suerte, Dios, que conoce el fondo de nuestros corazones, sabe que mi intención era pura y que por nada del mundo hubiera querido desagradarle. Me portaba con Él como un *niño* que piensa que todo le está permitido y mira como suyos los tesoros de su Padre (*HA*, 6, 174).

Pero Teresita sabía que tenía que esforzarse para realmente poseer la creación como ella deseaba poseerla, para sondear las profundidades de su belleza y majestad desde dentro mismo del corazón del Creador.

> Y a la vista de todas aquellas cosas, que yo miraba por primera y por última vez en mi vida, ¡mi alma se llenaba de poesía...! Pero las veía desvanecerse sin la menor pena. Mi corazón aspiraba a otras maravillas. Había contemplado ya bastante las *bellezas* de la tierra, y sólo las del *cielo* eran ya el objeto de sus deseos. Y para ofrecérselas a las almas, ¡quería convertirme en *prisionera*!... (*HA*, 6, 176).

Para Teresita, el entrar en el recinto del monasterio carmelitano de Lisieux, convertida en "prisionera", fue el camino más directo para penetrar en el verdadero corazón de la Belleza, en las vastas extensiones del corazón y en la mente del Creador. Fue su modo de renuncia, rendición total y firme búsqueda de Dios. Y entró, lo sabía muy bien, no sólo por ella misma, sino por otros también. Quería que su vida abriera un camino hacia este corazón de Amor por los demás. Y quería "volver" a la tierra después de su muerte para llevar a cabo esta misión.

En el estado de unión que caracteriza al matrimonio espiritual ya no conocemos a Dios primariamente a través de la creación, sino que conocemos la creación a través de Dios. Nuestra posición privilegiada ha cambiado. Ya no miramos a Dios a través de la creación, sino que miramos la creación desde dentro del corazón del Padre. Como dice Teresita:

> Desde que me puse en los brazos de Jesús, soy como el vigía que observa al enemigo desde la torre más alta de una fortaleza. Nada escapa a mis ojos. Muchas veces yo misma me sorprendo de ver tan claro (*HA*, 11, 289).

Este elevado sentido del ver, esta perspectiva desde dentro de "los brazos de Jesús", es una notable característica del matrimonio espiritual, sea para revelar la obra del mal en el alma humana o en el mundo en general, o la obra de Dios al ordenar todas las cosas para el bien.

Bernardo, comentando el Cantar de los Cantares, lo expresa con parecido entendimiento.

> Con uno de sus brazos sostiene la cabeza de la que está acostada, preparando el otro para abrazarla y acariciarla sobre el pecho. ¡Dichosa el alma que se reclina sobre el pecho de Cristo [Jn 13,15] y descansa entre los brazos del Verbo! (*CC*, 51.5).

El alma purificada puede no sólo percibir la creación como realmente es, sino que lo hace pudiendo participar en el mismísimo conocer y amar y "respirar" de Dios.

> Muchas maneras de recuerdos hace Dios al alma, tantos, que si hubiésemos de ponernos a los contar nunca acabaríamos [...] también todas las virtudes y sustancias

y perfecciones y gracias de todas las cosas criadas relucen y hacen el mismo movimiento todo a una y en uno [...] no sólo parecen moverse, sino que también todos descubren las bellezas de su ser, virtud y hermosura y gracias, y la raíz de su duración y vida; porque echa allí de ver el alma cómo todas las criaturas de arriba y de abajo tienen su vida y duración y fuerza en él [...] todas estas cosas, que las conoce mejor en su ser que ellas mismas. Y éste es el deleite grande de este recuerdo: conocer por Dios las criaturas, y no por las criaturas a Dios [...].

Pero Dios siempre se está así, como el alma lo echa de ver, moviendo, rigiendo y dando ser y virtud y gracias y dones a todas las criaturas, teniéndolas todas en sí virtual y presencial y sustancialmente, viendo el alma lo que Dios es en sí y lo que en sus criaturas en una sola vista (*LAV*, 4.4-7).

Un abrazo habitual

Juan habla de la unión del matrimonio espiritual como de un "abrazo habitual". Ahora que se han calmado las pasiones y se han producido una paz más profunda y un mayor gozo, la luz de Dios puede fluir hasta dentro del alma sin impedimentos.

> Porque [el alma] halla en este estado mucha más abundancia y henchimiento de Dios, y más segura y estable paz, y más perfecta suavidad sin comparación que en el desposorio espiritual; bien así como ya colocada en los brazos de tal Esposo, con el cual ordinariamente siente el alma tener un estrecho abrazo espiritual, que verdaderamente es abrazo, por medio del cual abrazo vive el alma vida en Dios [...] no podría el alma sufrir tan estrecho abrazo si no estuviese ya muy fuerte [...] Lo cual sólo es en el matrimonio espiritual, que es el beso del alma a Dios, donde no la desprecia ni se le atreve ninguno; porque en este estado, ni demonio, ni carne, ni mundo, ni apetitos molestan (*CE*, 22.6-7).

Las "tormentas de la vida" continúan viniendo y pasando; las pruebas y el sufrimiento siguen siendo parte de la vida; pero la profundidad de la unión es tal que estas tormentas son ahora tormentas sobre la superficie del océano —debajo en lo profundo hay una calma total. El Padre le habla de esto a Catalina:

> Estos terceros [...] son perfectos en cualquier estado que estén [...] se consideran dignos de los sufrimientos, se juzgan indignos de la recompensa que por el sufrimiento les puede venir. Estos en su luz han conocido y gustado mi eterna voluntad, que no quiere otra cosa que vuestro bien. Y todo lo que os doy o permito es para que seáis santificados en mí (*D*, 100).

Juan describe la "gloriosa iluminación" que a veces el Señor otorga al alma.

> Pero si quisiésemos hablar de iluminación de gloria que en este ordinario abrazo, que tiene dado al alma, algunas veces hace en ella, que es cierta conversión espiritual a ella, en que la hace ver y gozar de por junto este abismo de deleites y riquezas que ha puesto en ella, nada se podría decir que declarase algo de ello [...] Esta suavidad tiene el alma tan en sí, que ninguna cosa penosa la llega (*CE*, 21.14-15).

Bernardo habla de la gran confianza que viene de esa unión.

> ¡Cuánta gracia de familiaridad entre el alma y el Verbo piensas que nace de esta morada, y cuánta confianza con relación a la intimidad? (*CC*, 69.7).

La profunda confianza en la providencia de Dios, de la que el Padre habla a Catalina, es el fundamento de la paz y el gozo constantes en la unión del matrimonio espiritual. En esencia, como Teresa y todos los santos nos recuerdan, esta unión es la de nuestra voluntad con la voluntad de Dios.

> Sea cual fuere el modo con que emplean su vida y su tiempo en mi honor, gozan y hallan paz y tranquilidad de espíritu. ¿Por qué? Porque no eligen servirme a su modo,

sino según el mío. Por eso no les pesa más el tiempo de la tribulación que el del consuelo, o el de la prosperidad más que el de la adversidad. Para ellos es lo mismo lo uno que lo otro, porque en todo hallan mi voluntad y no piensan sino en conformarse con ella en cualquier parte donde la hallan.

Ven que nada se hace sin mí, sino que todo está hecho con misterio y providencia divina, fuera del pecado, que no es. Por esto aborrecen el pecado y todo lo demás lo tienen en reverencia; están firmes y constantes en su deseo de caminar por el camino de la verdad y no aflojan por nada su paso, sino que sirven fielmente a su prójimo, sin fijarse en su ignorancia o ingratitud; ni porque alguna vez el vicioso los injurie o reprenda en su bien (*D*, 77).

Catalina habla también de la "gloriosa" iluminación de las facultades del alma que es característica de este estadio de la unión. Esta luz le ayudó a expresar su amor, como le dijo el Padre, "amando lo que Yo amo y odiando lo que Yo odio" (*D*, 100, 96).

Este estadio de la unión tiene su impacto incluso sobre el demonio. Juan explica que llega un momento en nuestra transformación en Cristo en que nuestra unión con Él se hace tan profunda que los demonios ahora tienen miedo de nosotros, ¡en lugar de tenerlo nosotros de ellos!

> Y así, en este caso está el alma tan amparada y fuerte en cada una de las virtudes y en todas ellas juntas [...] que no sólo no se atreven los demonios a acometer a la tal alma, mas ni aun osan parecer delante por el gran temor que le tienen viéndola tan engrandecida, animada y osada con las virtudes perfectas en el lecho del Amado; porque estando ella unida en transformación de unión, tanto la temen como al mismo y ni la osan aun mirar. Teme mucho el demonio al alma que tiene perfección (*CE*, 24.4).

El Padre comunicó una revelación parecida a Catalina:

> Y el demonio tiene miedo al báculo [bastón] de su caridad y les arroja de lejos sus saetas, sin atreverse a acercarse a

ellos. El mundo no los hiere más que en la corteza de sus cuerpos. El cree que les ofende, y es él el ofendido, porque la saeta que no puede penetrar se vuelve contra el que la arroja. Así, el mundo, con las saetas de sus injurias y persecuciones y murmuraciones, arrojándoselas a estos siervos míos muy perfectos, no encuentran lugar alguno por donde penetrar, porque el huerto de su alma está cerrado. Por eso vuelve la saeta, emponzoñada con el veneno de la culpa, contra el que la ha arrojado (*D*, 78).

Teresa de Jesús comenta también esta realidad.

> Y osaré afirmar, que si verdaderamente es unión de Dios, que no puede entrar el demonio, ni hacer ningún daño; porque está su Majestad tan junto y unido con la esencia del alma, que no osará llegar, ni aun debe de entender este secreto (*M*, 5, 1.5).

Y Bernardo está de acuerdo:

> Pienso que también ahora gritarían los demonios si ocurriese que se encontrasen con un alma así: "Huyamos de Israel, porque el Señor lucha a su favor" [Ex 14,25] (*CC*, 39.5).

Aun cuando la unión del matrimonio espiritual es habitual, no siempre está "realizada" hasta el extremo de absorber y ocupar las facultades, como describe Teresa de Jesús cuando habla de la oración de unión.

Quizá sea así como mejor se entiende el significado que da Bernardo cuando comenta:

> Y no se hará presente de esta forma de una manera continua ni siquiera a los espíritus devotísimos (*CC*, 31.7).

Lo mismo es cierto en términos de "activación" de las virtudes que el Señor ha dado, pero que no siempre están operativas.

Los frutos de la unión

> Y dije que suelen abrirse las flores de virtudes que están en el alma porque, aunque el alma está llena de virtudes en perfección, no siempre las está en acto gozando el alma, aunque, como he dicho, de la paz y la tranquilidad que le causan se goza ordinariamente, porque podemos decir que están en el alma en esta vida como flores en cogollo cerradas en el huerto, las cuales algunas veces es cosa admirable ver abrirse todas, causándolo el Espíritu Santo, y dar de sí admirable olor y fragancia en mucha variedad (*CE*, 24.6).

Aunque ni este estado de absorción ni la realización de las virtudes pueden ser constantes, la experiencia de la casi continua presencia de Dios caracteriza el matrimonio espiritual.

Presencia constante

Normalmente (luego consideraremos algunas excepciones especiales), una vez que se ha conseguido el matrimonio espiritual, hay una experiencia constante, y virtualmente ininterrumpida, de la presencia del Señor. Teresa nos dice que de cuando en cuando el Señor puede retirar su presencia durante unas horas o unos días como máximo, para recordarnos que esta unión es un don y no algo que hemos conseguido nosotros; el que continúe depende de la continua gracia de Dios y de nuestra continua humildad.

El Padre dice a Catalina, como recordamos, que el "juego de los enamorados" que Él lleva a cabo con el alma como medio de crecimiento, quitándole periódicamente la experiencia de su presencia, cesa ahora en la etapa de la unión.

> A éstos les concedo no separarme de ellos por el sentimiento de mi presencia, a la par que te dije de los otros que iba y me apartaba de ellos no en cuanto a la gracia, sino en cuanto al sentimiento de mi presencia. No obro así con estos muy perfectos, que han llegado a la gran perfección, muertos del todo a toda voluntad propia, sino que continuamente estoy presente en su alma por la

gracia y por el sentimiento de esta presencia mía; es decir, que siempre que quieren unir su espíritu a mí por afecto de amor pueden hacerlo, porque su deseo ha llegado a tan grande unión por afecto de amor, que por nada pueden separarse de él, sino que todo lugar y todo tiempo es lugar y tiempo de oración [...] Yo les soy lecho y mesa [...] Ve también cómo me tienen en su mente constantemente por el sentimiento de mi presencia espiritual. Y cuanto más han despreciado el deleite y deseado la pena tanto más se han apartado de la pena y conseguido el deleite. [...] como el tizón hecho ascua en el horno, que nadie puede agarrar para apagarlo, porque se ha convertido en fuego. Así, estas almas arrojadas en el horno de mi caridad, sin que nada de ella reste fuera de mí, es decir, ningún deseo suyo, sino todos ellos abrasados en mí. Nadie hay capaz de tomarlas y arrancarlas de mí y de mi gracia, porque están hechas una cosa conmigo, y yo con ellas. Y jamás de ellas me aparto por este sentimiento de mi presencia. Mas su espíritu me siente siempre consigo, mientras que en los otros, menos perfectos, te dije que iba y venía, alejándome de ellos en cuanto al sentimiento, aunque no en cuanto a la gracia, y que esto hacía para llevarlos a la perfección. Una vez llegados a ella, deja el juego del amor de ir y venir. Lo llamo juego de amor porque por amor me aparto y por amor retorno; no yo propiamente, que soy vuestro Dios inmóvil, que no cambio, sino el sentimiento de mi caridad en el alma; éste es el que va y vuelve (*D*, 78).

Juan da testimonio también de este fruto de la unión.

> De aquí es que el alma goza ya en este estado de una ordinaria suavidad y tranquilidad, que nunca se le pierde ni le falta (*CE*, 24.5).

Esta fuerte conciencia de la presencia del Señor puede florecer como verdadera "jubilación".

Los frutos de la unión

Gran júbilo

Esta unión produce un estado de gozo que brota en júbilo y canto, interior y exteriormente.

> En este estado de vida tan perfecta siempre el alma anda interior y exteriormente como de fiesta y trae con gran frecuencia en el paladar de su espíritu un júbilo de Dios grande, como un cantar nuevo, siempre nuevo, envuelto e alegría y amor, en conocimiento de su feliz estado (*LAV*, 2.36).

El inspirado júbilo de los Salmos se hace realidad de manera habitual.

> ¡Aclamen con júbilo, justos, a Yahvé, que la
>   alabanza es propia de hombres rectos!
> ¡Den gracias a Yahvé con la cítara,
>   toquen con el arpa de diez cuerdas;
> cántenle un cántico,
>   acompañen la música con aclamaciones! (Sal 33,1-3).

Este cántico de gozo, explica Juan, es la participación en el cántico jubiloso del Señor mismo, brotando desde la unión interior de los corazones.

> La cual voz del Esposo, que se la habla en lo interior del alma, siente la esposa fin de males y principio de bienes [...] ella también como dulce filomena da su voz con nuevo canto de jubilación a Dios, juntamente con Dios, que la mueve a ello. Que por eso él da su voz a ella, para que ella en uno le de junto con él a Dios (*CE*, 39.9).

Nos hace pensar en lo que el profeta Sofonías nos dice del canto de gozo del Señor, en el que participamos:

> ¡Grita alborozada, Sión,
>   lanza clamores, Israel,
> celébralo alegre de todo corazón, ciudad de Jerusalén!
> Yahvé tu Dios está en medio de ti,

¡un poderoso salvador!
    Exulta de gozo por ti,
te renueva con su amor;
    danza por ti con gritos de júbilo,
como en los días de fiesta (Sof 3,14. 17-18).

También Bernardo da testimonio de la presencia de la gozosa alabanza como característica de esta unión con el Señor. Nos enseña que "la sagrada unción" del Espíritu Santo se caracteriza por la "alegría y acción de gracias" y declara que "nada en esta tierra representa tan perfectamente aquel estado de la patria celestial" [...] "Dichosos los que moran en tu casa, Señor, alabándote siempre" [Sal 83,5] (*CC*, 11.1).

Bernardo explica también que aquel a quien la Escritura llama "dichoso" o "feliz" es el que, "a causa de la misma alegría de su alma, ha revestido su rostro y sus obras de una cierta blancura de piedad" (*CC*, 71.3-4); y asocia este "espíritu gozoso" con ciertas declaraciones bíblicas: "Dios ama al que da con alegría" (2 Co 9,7), "La alegría del Señor es vuestra fortaleza" (Neh 8,10).

De cuando en cuando, nos dice Bernardo, puede haber estadillos especiales de jubilosa alabanza:

> que mientras vivamos avancemos con las pasiones sin tacha del alma purificada, y salgamos fuera de nosotros mismos a causa de transportes de amor desconocidos y de espirituales alegrías, sumergiéndonos en amenidades jubilosas, en la luz de Dios, en la dulzura, en el Espíritu Santo, demostrándonos a nosotros mismos que pertenecemos a aquellos que intuía el Profeta al decir: "Caminarán, Señor, a la luz de tu rostro; tu nombre es su gozo cada día, tu justicia es su orgullo" (*CC*, 13,7).

Bernardo aconseja, además, que cuando la unción de gozo cae sobre nosotros, debemos ceder a ella.

> Pero si, alguna vez, dilatado el corazón por la caridad, al considerar la dignación y compasión de Dios, me agrada ensanchar el corazón en un canto de alabanza y de acción de gracias, creo que le abro al Esposo [...], que, si no

Los frutos de la unión

me equivoco, mira con tanta más alegría cuanto más le glorifica un sacrificio de alabanza [Sal 50,23] (*CC*, 56.7).

Y también:

> Cuando los hombres sienten la infusión de la salud espiritual, rehúsan ocultar su buena fortuna. La experiencia interior encuentra expresión exterior. Golpeado con remordimiento declaro su alabanza, y la alabanza es signo de vida [...] Pero, mira, estoy consciente, estoy vivo (*CC*, 15.8).

Teresa habla también de esta oración extática de júbilo.

> Da Nuestro Señor al alma algunas veces unos júbilos y oración extraña, que no sabe entender qué es (*M*, 6, 6.10).

Ella explica que a veces este gozo interior de unión con Dios es tan grande, y tan fuerte el impulso de expresarlo eternamente, que lleva a expresarlo dramáticamente; y da ejemplos de cómo a veces la gente pensaba que los santos estaban locos, como cuando San Francisco de Asís fue corriendo por el campo diciendo a voces que era el pregonero del gran Rey:

> Es harto, estando con este gran ímpetu de alegría, que calle y pueda disimular, y no poco penosos [...] ¡Oh, qué buena locura, hermanas! ¡si nos la diese Dios a todas! (*M*, 6, 6.11).

Teresa nos deja vislumbrar cómo este júbilo puede a veces "brotar" en la vida y relaciones de la comunidad cristiana. Habla de cómo ocurre esto a veces en su convento.

> Muchas veces querría, hermanas, hicieseis esto, que una que comienza, despierta a las demás [...].
>
> Plegue a su Majestad que muchas veces nos dé esta oración, pues es tan segura y gananciosa; que adquirirla no podremos, porque es cosa muy sobrenatural. Y acaece durar un día, y anda el alma como uno que ha bebido

mucho, pero no tanto que esté enajenado de los sentidos [...] que este gozo la tiene tan olvidada de sí y de todas las cosas, que no advierte ni acierta a hablar, sino en lo que procede de su gozo, que son alabanzas de Dios.

Ayudemos a esta alma, hijas mías, todas ¿Para qué queremos tener más seso?

¿qué nos puede dar mayor contento? ¡Y ayúdennos todas las criaturas, por todos los siglos de los siglos! Amén, amén, amén (*M*, 6, 6.12-13).

Uno piensa en cómo Jesús apoya la alabanza jubilosa:

> Cerca ya de la bajada del monte de los Olivos, toda la multitud de los discípulos, llenos de alegría, se pusieron a alabar a Dios a grandes voces, por todos los milagros que habían visto. Decían: "¡Bendito el rey que viene en nombre del Señor! Paz en el cielo y gloria en las alturas". Algunos de los fariseos, que estaban entre la gente, le dijeron: "Maestro, reprende a tus discípulos". Respondió: "Les digo que si éstos callan gritarán las piedras" (Lc 19,37-40).

Juan Pablo II nos llamó a hacer esta vida de júbilo parte de la auténtica renovación a la que hoy está llevando el Espíritu a la Iglesia, y ha señalado la necesidad de dejar que se manifieste el gozo exteriormente e interiormente como invitación a que otros se unan en el gozo de la salvación.

> *El término "jubileo" expresa alegría*; no sólo alegría interior, sino un júbilo que se manifiesta exteriormente, ya que la venida de Dios es también un suceso exterior, visible, audible y tangible, como recuerda san Juan (cf. 1 Jn 1,1). Es justo, pues, que toda expresión de júbilo por esta venida tenga su manifestación exterior. Esto indica que *la Iglesia se alegra por la salvación*, invita a todos a la alegría, y se esfuerza por crear las condiciones para que las energías salvíficas puedan ser comunicadas a cada uno.[1]

---

1 *Tertio Millennio Adveniente*, 16. Carta apostólica en preparación para el Año Jubilar 2000. Disponible en la red.

Embriaguez en el Espíritu Santo

Esta tradición de alabanza jubilosa emana del encuentro con Dios y es un signo de la presencia del Espíritu. La encontramos ya en la entusiasta respuesta de David bailando ante el arca y alabando a Dios, incorporada y llevada a los Salmos y arraigada profundamente en la visión de la Iglesia en el Nuevo Testamento.

Cuando el Espíritu irrumpió sobre los discípulos en el cenáculo en Pentecostés, empezaron a hablar "según el Espíritu les concedía expresarse" de tal manera que la multitud pensó que debían de estar embriagados. Esta interpretación de la multitud allí reunida —que estaban borrachos— tuvo que ser explícitamente desmentida por Pedro:

> Éstos no están borrachos, como ustedes suponen, pues son las nueve de la mañana, sino que es lo que dijo el profeta (Hch 2,15-16).

La continua presencia del Espíritu en la vida de la Iglesia hace posible un júbilo continuo y ferviente, al que San Pablo alienta explícitamente:

> No se embriaguen con vino, que es causa de libertinaje; llénense mas bien del Espíritu. Reciten entre ustedes salmos, himnos y cánticos inspirados; canten y salmodien en su corazón al Señor, dando gracias siempre y por todo a Dios Padre en nombre de nuestro Señor Jesucristo (Ef 5,18-20).

La tradición mística de la Iglesia, que, como hemos visto ya, estamos explorando, da testimonio con regularidad de esta "embriaguez" o jubilación, como signo del encuentro con Dios en su Espíritu.

Bernardo, escribiendo en el siglo XII, comenta esta unión con Dios. En una ocasión interpreta la "bodega" de que se habla en el Cantar de los Cantares como el cenáculo donde la Iglesia primitiva experimentó la efusión pentecostal del Espíritu.

"Me introdujo el Rey en la bodega [cava de vinos] y ha ordenado en mí el amor" [...] no hay por qué admirarse si está embriagada la que fue introducida en la bodega [..] tampoco niega que esté ebria, pero no de vino sino de amor, a no ser que el vino sea amor [...] Pedro, como amigo del Esposo y en nombre de la Iglesia, poniéndose en medio de todos dijo: "Estos no están borrachos como suponéis". De momento date cuenta de que no negó que estuvieran borrachos, sino que lo estuvieran como ellos suponían. Porque en realidad estaban borrachos, pero de Espíritu Santo [...] embriagados de la abundancia de aquella casa y saciados del torrente de semejante delicia (*CC*, 49.1-2).

Bernardo indica que se sigue dando una "embriaguez" así:

Si alguien en la oración recibe el don de salir de sí mismo y de introducirse en los divinos misterios de donde regresa en seguida ardiendo totalmente en amor divino y abrasándose en el celo de la justicia, y fervorosísimo en todos los oficios y ocupaciones espirituales, hasta el extremo de poder decir: "El corazón me ardía por dentro, y meditándolo me requemaba" [Sal 39,4]; éste, sin la menor duda, cuando por la abundancia de amor haya empezado a eructar la buena y saludable embriaguez del vino de la alegría, pondrá de manifiesto claramente que fue introducido en la bodega [...] un piadoso afecto, un corazón abrasado de amor, la infusión de la santa devoción y un espíritu vehemente henchido de celo sólo se pueden recibir en la bodega (*CC*, 49.4).

Bernardo habla aquí con una confianza tan gozosa que uno no puede menos de sospechar que está experimentando la misma embriaguez espiritual sobre la que está escribiendo.

¿No estará ebria? Sin duda alguna que lo está. A lo mejor, en el momento en que brotaron de sus labios esas palabras, había salido de la bodega [Cant 1,3; 2,4] [...]

Los frutos de la unión

> También David, refiriéndose a algunos, le decía a Dios: "Se embriagarán con lo sabroso de tu casa, les das a beber del torrente de tus delicias" [Sal 36,9] ¡Oh¡ ¡Qué grande es la fuerza del amor! ¡Qué grande es, en el espíritu, el atrevimiento de la libertad! ¿Hay algo más evidente como que el amor perfecto echa fuera el temor? (*CC*, 7.3).

Juan de la Cruz, que escribe en el siglo XVI, nos dice que llenarse de esta manera del Espíritu Santo puede ser tan desbordante que verdaderamente produce un estado que parece una forma de embriaguez.

> Este adobado vino es otra merced muy mayor que Dios algunas veces hace a las almas aprovechadas, en que las embriaga el Espíritu Santo con un vino de amor suave, sabroso y esforzoso [...] que con grande eficacia y fuerza le hace enviar a Dios aquellas emisiones o enviamientos de alabar, amar y reverenciar, etc., que aquí decimos, y esto con admirables deseos de hacer y padecer por él.
>
> Y es de saber que esta merced de la suave embriaguez no pasa tan presto como la centella, porque es más de asiento [...] mas dura algo su efecto y algunas veces harto [...] algunas veces un día o dos días; otras, hartos días, aunque no siempre en un grado de intensión, porque afloja y crece sin estar en mano del alma [...] *Mi corazón se calentó dentro de mí y en mi meditación se encenderá fuego* (Sal 39,4) (*CE*, 25.7-8).

La descripción que hace Teresa de la alabanza y júbilo espontáneos que estallaban en su convento, y sus efectos, que duraban días, parece ser exactamente aquello de lo que están hablando Juan y Bernardo.

Juan y Bernardo, como hace el apóstol Pablo, atribuyen esta embriaguez a la obra del Espíritu Santo en la vida del cristiano y de la comunidad cristiana, y nos recuerda el testimonio de embriaguez en el Espíritu contenido en la Biblia.

> *Embriagarse han de la grosura de tu casa, y con el torrente de tu deleite darles has de beber; porque cerca de ti está la fuente de la vida* [Sal 36,8-9] ¡Qué hartura será, pues, ésta del alma en su ser, pues la bebida que le dan no es menos que un torrente de deleite! El cual torrente es el Espíritu Santo (*CE*, 26.1).

El acrecentamiento del conocimiento natural

Juan nos asegura con fuerza que el conocimiento sobrenatural que Dios nos da sobre Él mismo y su plan es, con mucho, superior en importancia a cualquier conocimiento natural que podamos obtener por la observación o el estudio.

> Cuando está en este puesto, es el quedar ella informada de la ciencia sobrenatural, delante de la cual todo el saber natural y político del mundo antes es no saber que nada [...] porque las mismas ciencias naturales y las mismas obras que Dios hace, delante de lo que es saber a Dios, es como no saber, porque donde no se sabe [a] Dios, no se sabe nada (*CE*, 26.13).

Aunque el conocimiento "natural" es infinitamente menos importante que el conocimiento sobrenatural, no obstante, tiene su lugar en el plan de Dios. La infusión de conocimiento sobrenatural no destruye el conocimiento natural, sino que realmente lo acrecienta y lo perfecciona.

Teresita da testimonio del acrecentamiento de su habilidad para dominar el conocimiento natural (especialmente la historia y las ciencias) después de sanar Dios su alma herida y liberarla para seguirle a Él con más madurez; ella llama a esto la gracia de su "conversión completa".

> En poco tiempo Dios supo sacarme del estrecho círculo en el que yo daba vueltas y vueltas sin acertar a salir [...] Mi espíritu, liberado ya de los escrúpulos y de su excesiva sensibilidad, comenzó a desarrollarse [...] Yo siempre

había amado lo grande, lo bello, pero en esta época me
entraron unos deseos enormes de saber [...] en pocos
meses adquirí más conocimiento que durante todos mis
años de estudio (*HA*, 5, 125).

Con el conocimiento que viene con el matrimonio espiritual no olvidamos nuestro conocimiento de un idioma extranjero o de las matemáticas —de hecho, podemos realmente hablar francés, o saber de matemáticas, más que antes. Pero en el cielo, como especula Juan, ese conocimiento natural, aunque no esté olvidado, puede que tenga aún menos uso e importancia.

Y no se ha de entender que, aunque el alma queda
en este no saber, pierde allí los hábitos de las ciencias
adquisitos que tenía, que antes se le perfeccionan con el
más perfecto hábito, que es el de la ciencia sobrenatural
que se le ha infundido; aunque ya estos hábitos no reinan
en el alma de manera que tenga necesidad de saber por
ellos, aunque no impide que algunas veces sea [...] como,
juntándose una luz pequeña con otra grande, la grande
es la que priva y luce, y la pequeña no se pierde, antes
se perfecciona, aunque no es la que principalmente luce.
Así entiendo que será en el cielo, que no se corromperán
los hábitos que los justos llevaren de ciencia adquisita, y
que no les harán a los justos mucho al caso, sabiendo ellos
más que eso en la sabiduría divina (*CE*, 26.16).

Es hacia al cielo adonde Bernardo, Juan, Teresa, Catalina, Thérèse, Francisco y Agustín dirigen finalmente nuestros pensamientos. Nuestro camino, desde el bautismo a la visión beatífica, ha alcanzado casi su destino. Estamos casi al final del viaje. Hemos alcanzado casi el cumplimiento de todo deseo.

Capítulo 17

SIEMPRE HAY MÁS

Los santos nos dicen claramente que aunque el matrimonio espiritual, o sea, la "tercera etapa" o vía unitiva, es el modo más alto posible de unión en esta vida, no es, sin embargo, una unión estática. El crecimiento se caracteriza precisamente por un conformarse con Cristo aún mayor y por una participación aún mayor en su amor crucificado y redentor por la raza humana. Por consiguiente, y paradójicamente, aunque este estadio de unión se caracteriza por una paz y un gozo prácticamente inconmovibles, el crecimiento interior se da por una participación más profunda en el sufrimiento y en la Resurrección de Jesús.

El Padre habla así de esto a Catalina:

> Porque nunca el alma es tan perfecta en esta vida que no pueda crecer a mayor perfección en el amor. Sólo mi queridísimo Hijo, vuestra Cabeza, no podía crecer en perfección. Su alma era bienaventurada por la unión con mi naturaleza divina. Pero vosotros, sus miembros, peregrinos en este mundo, siempre podéis crecer e ir a mayor perfección. No a otro estado, como he dicho, pues habéis llegado al último; pero podéis crecer en este último, mediante mi gracia, hasta la perfección que deseáis (*D*, 89).

El Padre le dice a Catalina que el alma humana de Jesús participó verdaderamente en la plenitud de la visión beatífica mientras Él estaba en la tierra, pero el resto de nosotros siempre tenemos oportunidad en esta vida de crecer en una unión más profunda. Este crecimiento en unión más profunda ocurre de la misma manera que el crecimiento en las primeras etapas: a través del sufrimiento y de la bendición.

> Nadie hay en este mundo tan perfecto que no pueda elevarse a una perfección mayor [...] [Jn 15,1-5]. Y para que vuestro fruto crezca y sea perfecto, yo os podo con muchas tribulaciones, infamias, injurias, escarnios, ultrajes y vituperios; con hambre y sed, con malos tratos de hechos y de obras, según place a mi bondad permitirlo para cada uno según sus juicios. La tribulación es una señal que demuestra la caridad perfecta del alma o la imperfección en que se encuentra todavía.
> En la injuria y trabajos que permito a mis siervos se prueba la paciencia y crece el fuego de la caridad en el alma por medio de la compasión que tiene para con el que le injuria, ya que se duele más de la ofensa hecha a mí y el daño que se hace a sí mismo el que le injuria que de la misma injuria que le hacen. Esto hacen los que han llegado a gran perfección, y así crecen en ella y con esa intención lo permito, no por otra cosa. Dejo en ellos un aguijón de hambre de la salud de las almas con el que día y noche llaman a la puerta de mi misericordia, olvidándose de sí mismos [...] Y cuanto más abandonan el cuidado de sí mismos, más me hallan a mí [...] Si ella lo pudiese ver, no habría nadie que con gran celo y alegría no desease padecer (*D*, 145).

Mientras que en las primeras etapas el sufrimiento ocasionado por pruebas y dificultades era quizá primariamente purgativo —purificando el desorden de nuestras almas— en este estado, el más alto, nuestros sufrimientos, aunque no sin su propósito purgativo, tienen también ahora un propósito fuertemente redentor. Los sufrimientos en este estadio son ahora más directamente una participación en el amor sufriente de Jesús por la salvación de la raza humana.

El Padre también muestra a Catalina que a veces los sufrimientos de esta etapa se caracterizan por una "condición" adjunta que manifiesta la debilidad de la vasija que lleva el gran tesoro de Jesús. El Padre da como ejemplo la "espina en la carne" de Pablo, descrita en la Escritura. Abunda la especulación sobre cuál pudiera haber sido esta problemática condición. Algunos especulan que era una molesta condición física o una enfermedad, o algún tipo de defecto natural humillante o una tentación continua embarazosa. Pero aunque no se haya revelado la exacta naturaleza de esa condición, para Pablo y para otros es evidente su importante función espiritual: entre los principales frutos de llevar una condición permanente de debilidad con paciencia y fe están la humildad y la compasión.

> Otras veces, mi providencia deja a mis grandes servidores sometidos a un aguijón, como hice con el dulce apóstol Pablo, vaso de elección. Él había recibido la doctrina de la Verdad en el abismo de mí, Padre eterno, y, no obstante, dejé en él el aguijón y la rebelión de su carne. ¿No estaba, acaso, en mis manos el impedir esta rebelión en Pablo y en todos aquellos a quienes yo se lo dejé? Ciertamente. ¿Por qué entonces obra así mi providencia? Para hacerles merecer, para conservarlos en el conocimiento de sí mismos, que los conduce a la verdadera humildad. Para que tengan piedad y no sean crueles para con su prójimo y le compadezcan en sus trabajos. Mucha mayor compasión tiene a los que sufren ellos cuando sufren ellos que si nada les pasa. Crecen en el amor y corren hacia mí, ungidos de humildad y encendidos en el horno de mi caridad. Por estos medios y otros muchos llegan a la unión perfecta, como te dije; a tanta unión y conocimiento de mi bondad, que, viviendo en su cuerpo mortal, gustan el bien de los inmortales [...] Y porque me ama mucho, mucho sufre. De ahí que quien crece en amor crece también en dolor (*D*, 145).

Catalina resume lo que le dice el Padre acerca de esto, recapitulando algunos de los temas con que nos hemos familiarizado:

Mira, pues, los múltiples y diversos caminos de mi providencia para con éstos, que, siendo perfectos, mientras viven pueden siempre crecer en perfección y adquirir méritos. Por esto los purifico de todo amor propio desordenado, lo mismo espiritual que temporal; los podo con muchas tribulaciones, para que den mayor y más perfecto fruto. El dolor intenso que experimentan al ver que se me ofende y que se priva de la gracia a las almas, ahoga en sí todo otro sentimiento inferior a éste. Y todos los trabajos que puedan venirles en esta vida los tienen como nada. Por esto el mismo caso hacen de la tribulación que del consuelo, porque lo que buscan no son sus gustos. No me aman con amor mercenario, por gusto propio, sino que buscan la gloria y la alabanza de mi Nombre (*D*, 145).

Llamadas personales: La historia del alma de Teresita de Lisieux

Si bien el Padre ha revelado a los santos una asombrosa cantidad de detalles acerca del avance general en el camino espiritual, Él, y también ellos, nos dicen claramente que, a pesar de todo, hay una dimensión única e irreductible en el camino de cada persona. Nosotros vemos una llamada personal así en la vocación de Thérèse de Lisieux.[1]

Aunque estaba bien empapada de la cosmovisión bíblica y de la profunda tradición de sus compañeros carmelitas Teresa y Juan, Thérèse no trata de escribir un tratado sistemático sobre la vida espiritual, como hicieron ellos. Ella simplemente contó su historia, pero comunicando muchísima verdad espiritual mientras la contaba; en su estilo inimitable dio testimonio de lo que significaba para una persona encarnar las doctrinas de Teresa de Jesús y Juan de la Cruz. La historia de su alma, además de ser suya de manera única, nos da luz a todos nosotros.

Como hemos visto en otros capítulos, la vocación de Teresita fue especial desde el principio. Dios obró en ella rápidamente, pues su

---

[1] El Padre Frederick Miller ha escrito un revelador estudio de la "prueba de fe" en particular que había experimentado Thérèse en el último año y medio de su vida, *The trial of Faith of St. Thérèse of Lisieux* (*La prueba de fe de Santa Teresa de Lisieux*).

plan para ella preveía una muerte temprana. Este plan incluía una purificación y una sanación considerables de un alma que estaba profundamente herida y replegada en sí misma por la muerte temprana de su madre y la traumática partida para el convento de su "segunda madre", Pauline. Aunque Teresita no indicó exactamente cuándo experimentó ella el desposorio espiritual o el matrimonio espiritual (aunque, como hemos visto, tenemos alguna indicación), está claro que con toda seguridad había alcanzado un grado muy alto de unión en los pocos años antes de su muerte.

Pero el último año y medio de su vida dio un cambio inesperado. Poco después de aparecer los primeros signos de tuberculosis le entró una profundísima oscuridad espiritual, lo cual conllevaba inquietantes tentaciones contra la fe. Todo el anhelo de su vida se había centrado en el cielo, ¡y ahora su fe en la realidad del cielo se veía asaltada de la manera más incesante!

A fin de comprender este inesperado giro de los acontecimientos debemos fijarnos atentamente en lo que dice que empezó a rezar durante los meses después de su Primera Comunión. En aquellos tiempos en que recibir la Comunión en cada Misa no se consideraba apropiado para la mayoría de las personas, Teresita había recibido permiso para comulgar en todas las principales fiestas. Debemos considerar cuidadosamente lo que nos cuenta que ocurrió el día después de una de estas comuniones, cuando se le ofreció una vocación especial y ella aceptó.

> Al día siguiente después de comulgar [...] sentí nacer en mi corazón un *gran deseo de sufrir*, y, al mismo tiempo, la íntima convicción de que Jesús me tenía reservado un gran número de cruces. Y me sentí inundada de tan *grandes* consuelos, que los considero como una de las *mayores* gracias de mi vida. El sufrimiento se convirtió en mi sueño dorado. Tenía un hechizo que me fascinaba, aun sin acabar de conocerlo. Hasta entonces, había sufrido sin *amar* el sufrimiento; a partir de ese día sentí por él verdadero amor. Sentía también el deseo de no

amar más que a Dios y de no hallar alegría fuera de él. Con frecuencia, durante las comuniones, le repetía estas palabras de la Imitación: "¡Oh, Jesús, *dulzura* infinita, cámbiame en *amargura* todos los consuelos de la tierra...!".² Esta oración brotaba de mis labios sin esfuerzo y sin dificultad alguna. Me parecía repetirla, no por propia voluntad, sino como una niña que repite las palabras que le inspira un amigo... (*HA*, 4, 101).

La idea misma de "sufrimiento amoroso", que aparece alguna vez en los escritos de los santos, puede resultar sorprendente. Pero también esto tiene una firme base bíblica. Cuando podemos comprender las dimensiones de lo que hemos llamado la "cosmovisión bíblica", las cosas pueden parecer muy diferentes de lo que parecen al hombre "natural". ¡Y tan diferentes!

Pedro nos dice: "alegraos en la medida en que participéis en los sufrimientos de Cristo, para que también os alegréis alborozados en la revelación de su gloria. Dichosos vosotros si sois injuriados por el nombre de Cristo, pues el Espíritu de gloria, que es el Espíritu de Dios, reposa sobre vosotros" (1 Pe 4,13-14).

Pablo nos dice que cuando comprendamos el bien que el sufrimiento está produciendo en nuestras vidas, ¡nos gozaremos en él!:

> Nos gloriamos hasta en las tribulaciones, sabiendo que la tribulación engendra la paciencia; la paciencia, virtud probada; la virtud probada, esperanza, y la esperanza no falla, porque el amor de Dios ha sido derramado en nuestros corazones por el Espíritu Santo que nos ha sido dado (Ro 5,3-5).

Santiago tiene un consejo parecido:

> Consideren como un gozo, hermanos míos, cuando estén rodeados por toda clase de pruebas, sabiendo que la calidad probada de su fe produce paciencia; pero la

---

2   Kempis, *La imitación de Cristo*, III, 26.3.

paciencia ha de culminar en una obra perfecta para que sean perfectos e íntegros, sin que dejen nada que desear. (Sant 1,2-4)

Hay cierta progresión en el camino hacia Dios respecto a nuestra actitud frente al sufrimiento. Al principio huimos del sufrimiento. Cuando vamos madurando, lo vamos aceptando a regañadientes como necesario. A medida que el Espíritu obra más hondamente en nuestro corazón, perdemos poco a poco el miedo al sufrimiento y llegamos a poder alegrarnos en él, incluso a amarlo.

Aunque hubo gran sufrimiento en la vida de Teresita de Lisieux, mucho del cual no nos revela, el sufrimiento del último año y medio no lo esperaba.

> Yo gozaba entonces de una fe tan viva y tan clara, que el pensamiento del cielo constituía toda mi felicidad. No me cabía en la cabeza que hubiese incrédulos que no tuviesen fe [...]
>
> Permitió que mi alma se viese invadida por las más densas tinieblas y que el pensamiento del cielo, tan dulce para mí, sólo fuese en adelante motivo de lucha y de tormento...
>
> Esta prueba no debía durar sólo unos días, o unas semanas; no se extinguirá hasta la hora marcada por Dios..., y esa hora no ha sonado todavía... (*HA*, 10, 257).

Teresita describe su experiencia de ser atrapada en la sofocante profundidad de un "oscuro túnel", y nos cuenta algunas de las aterradoras tentaciones malignas que las voces de los demonios le insinuaban en la mente.

> Me parece que las tinieblas, adoptando la voz de los pecadores, me dicen burlándose de mí: "Sueñas con la luz, con una patria aromada con los más suaves perfumes; sueñas con la posesión *eterna* del Creador de todas esas maravillas; crees que un día saldrás de las nieblas que te rodean. ¡Adelante, adelante! Alégrate de la muerte, que te

dará, no lo que tú esperas, sino un noche más profunda todavía, la noche de la nada" (*HA*, 10, 259).

Teresita nos ofrece un maravilloso destello de los medios que usaba para combatir estas horribles voces que le comunicaba la duda maléfica. Ella seguía viviendo su vida, haciendo lo que debía hacer (incluyendo el escribir algunos de sus más inspiradores poemas, aunque ella misma no estaba experimentando ninguna "inspiración" sensible). Las tentaciones las contrarrestaba haciendo actos de la virtud opuesta, la fe; no se metía en conversaciones con el demonio, sino que corría hacia Jesús. Ofrecía al Señor como acto de amor el sufrimiento de carecer de consuelo y la experiencia de la oscuridad y las tentaciones en reparación por (o para impedir) los pecados contra la fe.

> Que Jesús me perdone si le he disgustado. Pero él sabe muy bien que, aunque yo no goce de la alegría de la fe, al menos trato de realizar sus obras. Creo que he hecho más actos de fe de un año a esta parte que durante toda mi vida. Cada vez que se presenta el combate, cuando los enemigos vienen a provocarme, me porto valientemente: sabiendo que batirse en duelo es una cobardía, vuelvo la espalda a mis adversarios sin dignarme siquiera mirarlos a la cara, corro hacia mi Jesús y le digo que estoy dispuesta a derramar hasta la última gota de mi sangre por confesar que existe un cielo; le digo que me alegro de no gozar de ese hermoso cielo aquí en la tierra para que él lo abra a los pobres incrédulos por toda la eternidad. Así, a pesar de esta prueba que me roba *todo goce*, aún puedo exclamar: "Tus acciones, Señor, son mi *alegría*" (Sal 92,5). Porque ¿existe *alegría* mayor que la de sufrir por tu amor...? [...] Pero si, por un imposible, ni tú mismo llegases a conocer mi sufrimiento, yo aún me sentiría feliz de padecerlo si con él pudiese impedir o reparar un solo pecado contra la fe... (*HA*, 10, 260).

Encerrada en estas palabras hay una inmensa cantidad de doctrina y entendimiento espiritual. A la vez que la descripción que hace

Teresita de la violencia de las tentaciones y de la profundidad de las tinieblas nos recuerda las clásicas descripciones de la "noche oscura" de Juan, que puede preceder al matrimonio espiritual, hay también claros indicios de que lo que está ocurriendo no es sólo la "noche oscura" que viene antes del matrimonio espiritual, sino tal vez una vocación especial para cargar con los pecados del ateísmo del siglo XIX, como Jesús cargó con todos nuestros pecados en la Cruz. Teresita de Lisieux aceptó voluntariamente la terrible prueba como ofrenda por el pecado, según el modelo de la propia aceptación de Jesús de su agonía de la crucifixión y la experiencia de abandono por los pecados del mundo.

También es importante ver que, aunque pueda existir la profunda oscuridad —la falta total de gozo sensible, así como violentas y turbadoras tentaciones— puede haber debajo de todo ello un profundo gozo arraigado en el sufrimiento que es ofrecido voluntariamente por amor a Jesús. Son el mismo gozo y la misma paz que Juan de la Cruz hace ver que están siempre allí, hasta en las más hondas de las noches oscuras: el gozo y la paz de estar en unión con la voluntad de Dios, sin importar las circunstancias. Son el mismo gozo y la misma paz que Juan dice que tuvo Jesús en la parte "mas elevada" de su alma, aun en la agonía del dolor, del rechazo y del abandono sobre la Cruz.

No es que no quede en nosotros un elemento de continuada purificación. Como ya hemos visto anteriormente en este capítulo, en las enseñanzas de Catalina y Juan, incluso dentro del matrimonio espiritual hay un continuado crecimiento y una más honda purificación que el Señor nos ofrece a través del sufrimiento. Thérèse de Lisieux hace explícito este elemento:

> Nunca, Madre, he experimentado tan bien como ahora cuán compasivo y misericordioso es el Señor: Él no me ha enviado esta prueba hasta el momento en que tenía fuerzas para soportarla; antes, creo que me hubiese hundido en el desánimo... Ahora hace que desaparezca todo lo que pudiera haber de satisfacción natural en el

deseo que yo tenía del cielo... Madre querida, ahora me parece que nada me impide ya volar, pues no tengo ya grandes deseos, a no ser el de amar hasta morir de amor... (*HA*, 10, 261).

Estas palabras, escritas en el segundo aniversario de su oblación el 9 de junio de 1895, habla de la purificación aún más profunda que el Señor estaba obrando en ella a través de estas pruebas. Se le quitaba todo lo que fuera natural o egoísta en su deseo del cielo, se le disolvían cualesquiera preferencias conscientes, y estaba llegando al punto, más totalmente que nunca hasta entonces, de preferir la voluntad de Dios sobre todas las demás cosas, incluyendo sus propios deseos espirituales. Esto es, naturalmente, la santidad: preferir verdaderamente la voluntad de Dios antes que todas las demás cosas. A medida que crecía todavía más la pureza de su amor, aun en medio de la oscuridad y la desolación y la lucha, sólo le quedaba "salir volando", morir de tal pureza y fuerza de amor, sin que el cuerpo pudiera ya impedir que el alma volara hacia Dios.

En los últimos meses de su vida, confinada en la enfermería del convento de Lisieux, su lectura de cabecera consistía en la Biblia y en San Juan de la Cruz. Leía las palabras de Juan sobre la "muerte de amor" y la deseaba para sí. Pero sabía que en su caso podría haber una diferencia.

¿Y qué nos enseñó Juan acerca de "morir de amor"?

Juan enseñó que cuando el alma en la etapa unitiva iba alcanzando el matrimonio espiritual y continuaba creciendo en esa unión, llegaba a un punto en que dejaba el cuerpo, de grande que era el fervor de su amor, y ocurría la muerte. A pesar de que pudiera parecer que esa persona había muerto por su edad avanzada o de enfermedad física, era realmente una "muerte de amor".

> Donde es de saber que el morir natural de las almas que llegan a este estado, aunque la condición de su muerte en cuanto al natural es semejante a las demás, pero en la causa

> y en el modo de la muerte hay mucha diferencia. Porque, si las otras mueren muerte causada por enfermedad o por longura de días, éstas, aunque en enfermedad mueran en cumplimiento de edad, no las arranca el alma, sino algún ímpetu y encuentro de amor mucho más subido que los pasados y más poderoso y valeroso, pues pudo romper la tela y llevarse la joya del alma.
>
> Y así, la muerte de semejantes almas es muy suave y muy dulce más que les fue la vida espiritual toda su vida [...] porque aquí vienen en uno a juntarse todas las riquezas del alma y van allí a entrar los ríos del amor del alma en la mar, los cuales están allí ya tan anchos y represados que parecen ya mares
>
> Sabe muy bien aquí el alma que es condición de Dios llevar antes de tiempo consigo las almas que mucho ama, perfeccionando en ellas en breve tiempo por medio de aquel amor lo que en todo suceso por su ordinario paso pudieran ir ganando [...]
>
> Por eso es grande negocio para el alma ejercitar en esta vida los actos del amor, porque, consumándose en breve no se detenga mucho acá o allá sin ver a Dios (*LAV*, 1.30, 34).

Juan enseña, además, que en una etapa anterior de unión cualquier deseo de desprenderse del cuerpo en la muerte y estar con el Señor era aún imperfecto y producto de una impaciencia que quería truncar el proceso de purificación que proporciona la vida en esta tierra. Teresa habla de este deseo de acabar con las fatigas de esta vida y estar con el Señor como el deseo que comúnmente se experimenta en la sexta mansión, donde el alma es preparada para el desposorio espiritual. Pero ahora, observa Juan, el alma está preparada de verdad; realmente ha llegado a preferir y amar a Dios y su voluntad por encima de todas las cosas.

> Si antes mis peticiones no llegaban a tus oídos —cuando con ansias y fatigas de amor en que penaba mi sentido y espíritu por la mucha flaqueza e impureza mía y poca fortaleza de amor que tenía te rogaba me desatases y llevases contigo, porque con deseo te deseaba mi alma, porque el

amor impaciente no me dejaba conformar tanto con esta condición de vida que tú querías que aún viviese— y si los pasados ímpetus de amor no eran bastantes, porque no eran de tanta calidad para alcanzarlo; ahora que estoy tan fortalecida en amor, que no sólo no desfallece mi sentido y espíritu en ti, mas antes fortalecidos de ti mi corazón y mi carne se gozan en Dios (Sal 84,2) con grande conformidad de las partes; donde lo que tú quieres que pida, pido, y lo que no quieres no quiero, ni aun puedo, ni me pasa por pensamiento querer; y pues son ya delante de tus ojos más válidas y estimadas mis peticiones, pues salen de ti y tú me mueves a ellas, y con sabor y gozo en el Espíritu Santo te lo pido, saliendo ya mi juicio de tu rostro (Sal 17,2), que es cuando los ruegos precias y oyes, rompe la tela delgada de esta vida y no la dejes llegar a que la edad y años naturalmente la corten, para que te pueda amar desde luego con la plenitud y hartura que desea mi alma sin término y fin (*LAV*, 1.36).

Teresita había llegado a este punto de verdadero desprendimiento y amor "perfecto". Estaba preparada para que se le rasgara el velo y entrar en la unión beatífica. Las palabras de Job vinieron a su mente:

Desde niña me encantaban estas palabras de Job: "Aunque Dios me matara, seguiría esperando en él" (*CA*, 7.7.3).

Pero ella sabía que su muerte pudiera no parecer tan "tranquila y dulce" como eran a menudo tales muertes de amor. También sabía que sus hermanas estaban concibiendo en su mente una imagen de su muerte basada en las enseñanzas de Juan y su propio sentimentalismo, una imagen que tal vez fuera tan diferente en la realidad como para turbarlas. Por eso Teresita les enseñó a confiar en Dios con sus periódicas renuncias, a pesar de las circunstancias externas. Cuando ya no podía recibir más la Comunión por su enfermedad, les dijo:

Sin duda es una gran gracia recibir los sacramentos; pero cuando Dios no lo permite, también está bien, todo es gracia (*CA*, 5.6.4).

Quería prepararlas por lo que pudiera ocurrir haciéndoles mirar a la muerte de amor más perfecta, la muerte de Jesús en la Cruz. En junio, unos meses antes de su muerte, les tranquilizó una vez más:

> Hermanitas, no os aflijáis si sufro mucho y si no veis en mí ninguna señal de felicidad en el momento de mi muerte. Nuestro Señor murió ciertamente víctima de amor, ¡y ya veis que agonía fue la suya! (*HA*, Epílogo, 319).

Y en julio:

> Nuestro Señor murió en la Cruz entre angustia, y sin embargo la suya fue la más bella muerte de amor [...] Te lo confieso francamente: me parece que esto es lo que yo estoy sintiendo (*CA*, 4.7.2).

Y eso fue, verdaderamente, lo que ella experimentó. Su agonía física y espiritual fue grande. Ahogándose por la tuberculosis de sus pulmones —durante su último mes sólo le funcionaba la mitad de un pulmón— y acosada por la más terrible de las tentaciones, los últimos meses de Teresita fueron difíciles.

Fue trasladada a la enfermería, en una cama que podía rodearse de cortinas marrones. Teresita sujetó con alfileres en estas cortinas sus estampas preferidas —El Santo Rostro de Cristo, la Virgen Santísima y el Beato Théophane Vénard, el joven sacerdote farncés martirizado en Vietnam. También le llevaron la imagen de la "Virgen de la Sonrisa", de la familia Martin. A menudo, escupiendo sangre, doliéndole la cabeza y el costado, vomitaba la leche que se le prescribía.

Había llegado al punto en que verdaderamente podía decir:

> No deseo más morir que vivir [...] Me gusta lo que Él hace (*CA*, 27.5.4).

Ni siquiera en medio de su sufrimiento perdió su sentido del humor. Cuando le dijeron que había peligro de que se le declarara la gangrena en los intestinos, contestó:

> Bueno, al fin y al cabo, vale más tener muchas enfermedades juntas que sufrir mucho y en todo el cuerpo (*CA*, 22.8.4).

Tampoco la abandonó su cariño humano. Profundamente purificada ahora, podía pedir una de sus cosas favoritas, un petisús de chocolate,[3] y también:

> Dame un beso, pero un beso que haga mucho ruido; o sea, que los labios hagan "¡pit" (*CA*, 11.9.2).

Aunque en los meses finales disminuía intermitentemente su sufrimiento, siempre volvía con fuerza. Su humanidad era evidente.

> ¿Qué sería de mí, Madrecita, si Dios no me diese fuerzas? [...] ¡Nadie sabe lo que es sufrir así. No, hay que pasar por ello (*CA*, 22.8.2).

> Hermanitas queridas, rezad por los pobres moribundos. ¡Si supierais lo que se sufre! (*CA*, 3.8.4).

Cuando alguien sugirió que rezara a María pidiéndole ayuda, su respuesta fue devastadora:

> ¡Con qué fervor la he invocado! Pero es la agonía pura, sin mezcla alguna de consuelo (*CA*, 30 de septiembre, p. 944).

Cuando su sufrimiento físico y espiritual se hacía crítico, tenía que agarrarse más a Dios y luchar contra el miedo.

> ¡Mamá!... Me falta aire de la tierra. ¿Cuando me dará Dios el del cielo? (*HA*, 318).

Convirtió su agonía en oración, ofreciéndola por el bien de la Iglesia y por las almas.

---

3 Ver Cap. 5, nota 2.

> Nada me para entre las manos. Todo lo que tengo y todo
> lo que gano es para la Iglesia y para las almas (*CA*, 12.7.3).

En los meses antes de su muerte empezó a tener vislumbres más fuertes de la misión que el Señor podía estar reservando para ella cuando se le uniera finalmente en el "otro lado".

> ¡Qué desdichada me sentiré en el cielo si no puedo dar
> pequeños alegrías en la tierra a los que amo! (*CA*, 29.6.2).

Y hasta desde su lecho de muerte intentó animar a los sacerdotes por medio de la oración y de cartas. A uno en particular escribió:

> Cuando llegue a puerto, querido hermanito de mi alma,
> le enseñaré cómo navegar por el mar tempestuoso del
> mundo [...] El camino de la confianza sencilla y amorosa
> está hecho a la medida para usted.[4]

Unas semanas antes de su muerte el convento celebraba el séptimo aniversario de su profesión.

> *Le trajeron un manojo de flores silvestres para festejar*
> *el aniversario de su profesión. Al verse tan colmada de*
> *atenciones, lloró de agradecimiento y nos dijo*: Lloro por las
> delicadezas que Dios tiene conmigo. Por fuera me veo
> colmada de ellas, pero por dentro sigo en la prueba...,
> pero también en la paz (*CA*, 8.9).

Incluso cuando en su lecho de muerte le corregían por su impaciencia, su fe y su confianza en la grandeza de la misericordia y el amor de Dios triunfaban por encima de la insensibilidad de los que la rodeaban.

> ¡Qué feliz me siento de verme imperfecta y con tanta
> necesidad de la misericordia de Dios en el momento de la
> muerte! (*CA*, 29.7.3).

---

[4] Carta 258, al abate Bellière, 18.7.1897. *Obras Completas*, pp. 610-612.

El cumplimiento de todo deseo

En varios momentos las hermanas creyeron que había empezado su última agonía; el 21 de septiembre, nueve días antes de su muerte, creyeron una vez más que Teresita estaba cerca del fin.

> ¡Ay! ¿Qué es la agonía? Me parece estar en ella de continuo... (*CA*, 21.9.6).

Y el día antes de morir:

> ¡Cuándo me ahogaré del todo?... ¡No puedo más! ¡Que recen por mí...! ¡Jesús! ¡María! Sí, quiero..., acepto... (*HA*, Epílogo, 318).

Thérèse murió al día siguiente: 30 de septiembre de 1897. La oscuridad y la prueba de fe se esfumaron antes de morir.

> Teresita suspiró: "Madre, ¿no es esto aún la agonía...? ¿No me voy a morir?" —
> *"Sí, pobrecita, es la agonía; pero tal vez Dios quiera prolongarla algunas horas"* —
> "Pues bien..., ¡adelante! ¡adelante! No quisiera sufrir menos tiempo..."
> *La cabeza se le cayó sobre la almohada, inclinada. La priora hace tocar la campana de la enfermería y las hermanas acuden a toda prisa. Apenas se arrodilla de nuevo la comunidad en torno al lecho, Teresa pronuncia distintamente, mirando a su crucifijo, estas palabras:* "¡Lo amo..."
> *Y un instante después:* "¡Dios mío..., te amo!"
> *De repente sus ojos cobran vida y se fijan en un punto, un poco más arriba de la estatua de la Virgen. Su rostro recobra el aspecto y el color que tenía cuando gozaba de plena salud, parece estar en éxtasis. Esta mirada dura el espacio de un credo. Luego, cierra los ojos y expira. Son alrededor de las siete y veinte minutos de la tarde...* (*HA*, Epílogo, 319-320).
> *Después de su muerte conservó una sonrisa celestial. La suya era una belleza encantadora* (*CA*, 30 septiembre, p. 948).

Su misión había empezado.

Así como la mayoría de las "muertes de amor" pueden parecer como las describe Juan de la Cruz, no así la de Teresita de Lisieux, al menos hasta sus últimos momentos. Dios obra en cada uno de nosotros de un modo único, como individuos; pero los principios del camino espiritual descrito por los santos y doctores que estamos considerando siguen siendo enormemente útiles para entender lo que está ocurriendo y cómo podemos cooperar.

Llamadas personales: Madre Teresa de Calcuta

La primera vez que se dieron a la luz los escritos de la Madre Teresa de Calcuta, muchos se escandalizaron de su franca confesión acerca de su larga e incesante experiencia de desolación en medio de un apostolado lleno de gozo.

Rodeada de la experiencia tangible de la gracia, incluyendo significativas locuciones y visiones del Señor mientras fundaba su nueva orden, pasó la mayor parte del resto de su vida no sólo sin que continuaran tan especiales gracias, sino en un estado de gran sequedad y desolación. No es normal que una noche oscura del espíritu como ésta dure tanto tiempo, pero ante la Madre Teresa estamos otra vez en presencia de una vocación única, en la cual eran estos largos años de desolación.

El Padre Raniero Cantalamessa, que es desde hace muchos años el predicador oficial para la Casa Pontificia, ofreció algunas reflexiones en su meditaciones de Adviento, dadas durante el año 2003, acerca de por qué esto pudo haber sido parte de la vocación única de la Madre Teresa.

El Padre Raniero sugería que tal vez el Señor le ofreció esta larga aridez espiritual por la adulación de los medios de comunicación que iba a rodear a la Madre Teresa, como protección contra la tentación y como ayuda para continuar viviendo en ese espíritu de pobreza y humildad esenciales para la santidad. También sugirió que esta extrema pobreza espiritual fue también un medio por el que el Señor la ayudó a identificarse con la gente de quien se ocupaba, extremadamente pobre y abandonada. Tal vez, como era el caso de

El cumplimiento de todo deseo

Teresita de Lisieux, esta oscuridad fuera también un medio por el que el Señor le dio la gracia de una participación especialmente íntima en el abandono y oscuridad que Jesús experimentó en la Cruz, compartiendo su sufrimiento redentor por la raza humana.

Al mismo tiempo debemos observar que la presencia simultánea de gran sufrimiento y gran gozo —como hemos visto en la vida de Teresita de Lisieux y en la doctrina de Juan, y, más especialmente en la vida y muerte de Jesús— es evidente también en el caso de la Madre Teresa.

El Padre le dice a Catalina que no debe sorprendernos la forma particular que pueda asumir la vocación a la santidad. Tenemos que ensanchar nuestra concepción de la profundidad de la providencia de Dios.

> Algunas veces permito que todo el mundo esté contrario al justo y que hasta su muerte sea causa de admiración y sorpresa para todos. Les parecerá injusto ver perecer a un hombre recto ahogado o devorado por los animales o entre los escombros de su propia casa. ¡Cómo parecen fuera de juicio estas cosas a los ojos que no tienen en sí la luz de la santísima fe, pero no a los de aquel que la tiene! Este, en efecto, en su amor ha conocido ya y ha gustado mi providencia en las cosas grandes. Por esto ve y está convencido de que esto lo destinó también providencialmente para procurar la salvación del hombre. Por esto lo respeta todo y no se escandaliza ni en mis obras ni en las de su prójimo, sino que todo lo sufre con verdadera paciencia (*D*, 137).

Y el Padre deja claro que Su sorprendente providencia se extiende también a los no justos para su salvación:

> Le parecerá algunas veces al hombre que es crueldad el que yo mande granizo, o tempestades, o rayos sobre mis criaturas, como juzgando que yo no he velado por su salud. Y lo he hecho para librarle de la muerte eterna

aunque no lo comprenda o le parezca todo lo contrario. Los mundanos en todo quieren condenar mis obras y entenderlas conforme a su bajo entendimiento (*D*, 137).

El que la profunda purificación de la noche oscura o la participación especial en el sufrimiento de Cristo se resuelva en las circunstancias externas de nuestras vidas a través de la enfermedad, o la persecución, o relaciones dolorosas, o el que se manifieste más interiormente de un modo que nadie sospecharía, la verdad es que hay siempre más, para todos nosotros. Cualesquiera que sean las dimensiones peculiares de nuestro propio camino —sea un experiencia intermitente de la noche oscura purificadora durante un período largo de tiempo, o una intensa y más breve experiencia de la noche oscura, o una vocación especial de un largo abandono y prueba que ya no es primordialmente purificador, pero sí primordialmete redentor— lo que es cierto para todos nosotros es que siempre hay más.

Incluso en los estadios más altos de unión, obediencia, humildad y amor, *hay* siempre más. Juan, como muchos de los santos, está ansioso por que mantengamos los ojos en la meta: la visión beatífica. Señala una y otra vez que hasta la experiencia más grande o el conocimiento del amor o la bondad o santidad o poder de Dios, no es nada en comparación con lo que será el encuentro cara a cara en el cielo. Él nos alienta a no agarrarnos a nada que sea menos que esto, y a mantenernos avanzando hasta esta meta suprema de nuestro camino.

Final del camino: El cumplimiento de todo deseo

Cuando Juan de la Cruz trata de describir (¡y nadie lo hace mejor!) algunas de las cosas que experimenta el alma en los más altos estadios de unión, incluso en esta vida, parece como si su mente, su corazón, incluso las palabras mismas que usa, estuvieran a punto de reventar:

> Puesta, pues, el alma en esta cumbre de perfección y libertad de espíritu en Dios, acabadas todas las repugnancias y contrariedades de la sensualidad, ya no

tiene otra cosa en qué entender ni otro ejercicio en qué se emplear sino en darse deleites y gozos de íntimo amor con el Esposo. [...]
[...] Sólo le queda una cosa que desear, que es gozarle perfectamente en la vida eterna (*CE*, 36.1-2).

Cuando Juan contempla la naturaleza de la relación con Dios en el cielo —la visión beatífica— el lenguaje llega a sus límites y avanza hacia la alabanza que está más allá de las palabras inteligibles:

Que quiere decir: hagamos de manera que por medio de este ejercicio de amor ya dicho lleguemos hasta vernos en tu hermosura en la vida eterna; esto es, que de tal manera esté yo transformada en tu hermosura, que, siendo semejante en hermosura, nos veamos entrambos en tu hermosura, teniendo ya tu misma hermosura; de manera que, mirando el uno al otro, vea cada uno en el otro su hermosura, siendo la una y la del otro tu hermosura sola, absorta yo en tu hermosura; y así te veré yo a ti en tu hermosura, y tú a mí en tu hermosura, y yo me veré en ti en tu hermosura, y tu te verás en mí en tu hermosura; y así parezca yo tú en tu hermosura, y parezcas tú yo en tu hermosura, y mi hermosura sea tu hermosura y tu hermosura mi hermosura; y así seré yo tú en tu hermosura, y seré tu yo en tu hermosura, porque tu misma hermosura será mi hermosura; y así nos veremos el uno al otro en tu hermosura (*CE*, 36.5).

La belleza de Dios arrebata el alma y le hace anhelar la visión beatífica con gran ansiedad. También Bernardo describe esto bien:

Con razón la esposa suspira por él, con razón anhela ese lugar de pastos y de paz, de quietud y de seguridad, de exultación, de admiración y de embeleso [...] ¿Quién no desearía ardientemente apacentarse allí, no sólo a causa de la paz, sino también de la enjundia y de la saciedad? Allí nada se teme, nada causa hastío, nada se acaba. El

Paraíso es morada segura, el Verbo es alimento delicioso, la eternidad es opulenta sin fin (*CC*, 33.2).

Bernardo hace después la declaración aún más radical de que por mucho que el Espíritu avive los sacramentos y la fe misma, no es suficiente. El alma anhela aquello hacia lo que apuntan los sacramentos y la fe: Dios mismo en la visión beatífica. Los sacramentos y la fe pasarán, pues son simplemente medios para el viaje, pero al final del viaje no se necesitarán, sino que darán paso a lo que han preparado para nosotros: Dios mismo.

> Yo también poseo el Verbo, pero en la carne, y se me ofrece la Verdad, pero en el sacramento. El ángel se alimenta de flor de harina y se sacia de grano puro [Sal 81,17]; pero a mí, de momento, me conviene estar contento con la corteza del sacramento, con el salvado de la carne, con la paja de la letra, y con el velo de la fe. Y estas cosas son de tal naturaleza que, una vez gustadas, llevan a la muerte [Job 6], a no ser que, aunque sólo sea un poco, reciban el condimento de las primicias del Espíritu [Ro 8,23] [...] si falta el Espíritu, el sacramento se recibe para condenación [1 Co 11,29], la carne no sirve para nada [Jn 6,64], la letra mata [2 Co 3,6], y la fe está muerta [Sant 2,20]. Pero el Espíritu es el que da vida, para que yo encuentre vida en ellas [Jn 6,64]. Pero, aunque sea mucha la abundancia del Espíritu que fluye en ellas [Sal 147,14], de ninguna manera se come con la misma alegría (*CC*, 33.3-4).

También Juan de la Cruz nos dice que el alma anhela un entendimiento más profundo en el conocimiento, la sabiduría y los "juicios" de Dios.

> Pero el alma en esta espesura e incomprensibilidad de juicios y vías desea entrar, porque muere en deseo de entrar en el conocimiento de ellos muy adentro [...] Y por eso en gran manera desea el alma engolfarse en estos juicios y conocer más adentro en ellos; y a trueque de

> esto le sería grande consuelo y alegría entrar por todos los aprietos y trabajos del mundo, y por todo aquello que le pudiese ser medio para esto, por dificultoso y penoso que fuese, y por las angustias y trances de la muerte, por verse más adentro en su Dios [...]
>
> [...] porque el padecer le es medio para entrar más adentro en la espesura de la deleitable sabiduría de Dios. Porque el más puro padecer trae más íntimo y puro entender, y por consiguiente más puro y subido gozar, porque es de más adentro saber [...] hasta los aprietos de la muerte, por ver a Dios [...]
>
> Porque para entrar en estas riquezas de su sabiduría, la puerta es la cruz, que es angosta. Y desear entrar por ella es de pocos; mas desear los deleites a que viene por ella, es de muchos (*CE*, Canción 36.11-13).

En definitiva, lo que el alma desea es ver a Dios y estar sumergida en todos los misterios contenidos en Él. Ver a Cristo y comprender las profundidades de su sabiduría y amor en el gran misterio de la Encarnación, como dice Juan, "no es la menor parte de su bienaventuranza". Aquí Juan acude a la Escritura y en ella ilumina las profundidades del misterio a que se refiere:

> Una de las cosas más principales por que desea el alma ser desatada y verse con Cristo (Flp 1,23) es por verle allá cara a cara, y entender allí de raíz las profundas vías y misterios eternos de su Encarnación, que no es la menor parte de su bienaventuranza; porque, como dice el mismo Cristo por San Juan, hablando con el Padre: *Ésta es la vía eterna, que te conozcan a ti, un solo Dios verdadero, y a tu Hijo Jesucristo, que enviaste* (Jn 17,3). Por lo cual, así como, cuando una persona ha llegado de lejos, lo primero que hace es tratar y ver a quien bien quiere, así el alma lo primero que desea hacer, en llegando a la vida de Dios, es conocer y gozar los profundos secretos y misterios de la Encarnación y las vías antiguas (cf. Jr 6,16; Is 25,1) de Dios que de ella dependen (*CE*, 37.1).

Comprender en mucha mayor medida que antes la interacción de la misericordia de Dios y la justicia a través de la historia de la humanidad, considerar los juicios de Dios cuando traen la salvación de la raza humana y maravillarse de la sabiduría de la predestinación de los justos y su presciencia de los condenados, conduce a profundidades de adoración, ofrecidas ahora más perfecta y plenamente que nunca jamás, a través de nuestra libre unión con Dios.

Juan señala que en el cielo nunca agotaremos los tesoros y profundidades de la sabiduría de Dios contenida en Jesús. Cita Colosenses 2,3: "en el cual están ocultos todos los tesoros de la sabiduría". Y en la felicidad de ver a Cristo, en cierta medida, podremos conocer como somos conocidos actualmente. "Ahora vemos en un espejo, en enigma. Entonces veremos cara a cara. Ahora conozco de un modo parcial, pero entonces conoceré como soy conocido" (1 Co 13,12) (*CE* 37.4; 38.3).

En la unión que se realiza en el estado de gloria el alma podrá también amar a Dios como ella es amada por Él:

> Porque, así como entonces su entendimiento será entendimiento de Dios, su voluntad será voluntad de Dios, y así su amor será amor de Dios. Porque, aunque allí no está perdida la voluntad del alma, está tan fuertemente unida con la fortaleza de la voluntad de Dios con que de él es amada, que le ama tan fuerte y perfectamente como de él es amada, estando las dos voluntades unidas en una sola voluntad y un solo amor de Dios. Y así, ama el alma a Dios con voluntad y fuerza del mismo Dios, unida con la misma fuerza de amor con que es amada de Dios; la cual fuerza es en el Espíritu Santo, en el cual está el alma allí transformada; que siendo él dado al alma para la fuerza de este amor, supone y suple en ella, por razón de la tal transformación de gloria, lo que falta en ella (*CE*, 38.3).

Este conocer y este amor crecen, naturalmente, durante la vida en la tierra, alcanzando grandes alturas en el matrimonio espiritual por el poder del Espíritu Santo, pero consiguen un nivel completamente diferente en la vida de gloria. Juan nos hace ver las misteriosas promesas de la vida de gloria que contienen los capítulos 2 y 3 del Libro del Apocalipsis, como medio de obtener un atisbo adicional de cómo es esta vida. En las inspiradas y poéticas imágenes del apóstol Juan, Juan de la Cruz encuentra una honda resonancia de su propia contemplación.

También Bernardo ofrece luz sobre el "ya" y el "aún no" de la visión de Dios, cuando Dios habla al alma:

> Pero no es propio de este tiempo ni de este cuerpo ser introducido en las nubes, penetrar hasta la plenitud de la luz, irrumpir en los abismos de la claridad y habitar en una luz inaccesible [1 Tim 6,16]. Esto se reserva para el final, cuando te haga aparecer ante mí gloriosa, sin mancha ni arruga ni cosa parecida [Ef 5,27] [...] Cuando me manifieste yo, entonces tú serás toda hermosa, como yo soy todo hermoso, y al ser muy semejante a mí, me verás tal como soy [Jn 3,2]. En aquel momento oirás: "Eres toda hermosa, amada mía, y no hay en ti defecto" [Cant 4,7]. Ahora, aunque en parte eres semejante, sin embargo también en parte eres desemejante: date por satisfecha de conocerme sólo parcialmente [1 Co 13,9] (*CC*, 38.5).

Juan de la Cruz también nos hace observar la gran hondura de la revelación contenida en la profunda oración de Jesús al Padre por sus discípulos de todos los tiempos, cuando ora por la profunda unión de las Personas de la Trinidad con nosotros, que encontramos en el capítulo 17 del Evangelio de Juan. Uno de los compañeros de viaje de Juan de la Cruz nos dice que, mientras viajaban, Juan solía recitar ese capítulo del Evangelio de San Juan con gran devoción.

Es quizá su meditación sobre estos pasajes y otros parecidos lo que le llevó a sus descripciones del "respirar" del Espíritu Santo dentro de nosotros:

> Este aspirar del aire es una habilidad que el alma dice que le dará Dios allí en la comunicación del Espíritu Santo, el cual, a manera de aspirar, con aquella su aspiración divina muy subidamente levanta el alma y la informa y habilita para que ella aspire en Dios la misma aspiración de amor que el Padre aspira en el Hijo y el Hijo en el Padre, que es el mismo Espíritu Santo que a ella la aspira en el padre y el Hijo en la dicha transformación, para unirla consigo [...]
>
> Y en la transformación que el alma tiene en esta vida, pasa esta misma aspiración de Dios al alma y del alma a Dios con mucha frecuencia, con subidísimo deleite de amor en el alma, aunque no en revelado y manifiesto grado, como en la otra vida. Porque esto es lo que entiendo quiso decir San Pablo cuando dijo: Por cuanto sois hijos de Dios, envió Dios en vuestros corazones el Espíritu de su Hijo, clamando al Padre (Gal 4,6) (*CE*, 39.3-4).

Bernardo nos dice que la visión beatífica no es otra cosa que el amor mismo:

> Es totalmente admirable y estupenda aquella semejanza, a la que siempre acompaña la visión de Dios, más aún, que es la misma visión de Dios, pero me estoy refiriendo al amor. Aquel amor es visión, y también semejanza [...] Entonces el alma conocerá como es conocida [1 Co 13,12]; entonces amará como es amada, y el Esposo encontrará alegría con su esposa, conociendo y siendo conocido, amando y siendo amado [Is 62,5], Jesucristo nuestro Señor, que es Dios bendito sobre todas las cosas y por siempre. Amén (*CC*, 82.8).

Lo que hace Juan de la Cruz en su doctrina es, según nos dice, desenvolver el significado de la Escritura en lo tocante a la transformación de la persona humana, de la conversión a la visión beatífica. Y ahora, al intentar explicar la dinámica de la visión beatífica, vuelve cada vez más específicamente a las Escrituras que se refieren a estos misterios. Por muy asombrosas que sean las descripciones que hace Juan de la gloria que nos espera aquí, nos recuerda que está simplemente extrayendo las implicaciones de lo que nos dice la Escritura cuando el apóstol Pedro declara que nuestro destino es ser "partícipes de la naturaleza divina" (2 Pe 1,2-5).

Por si algunos de sus lectores, al llegar a este punto, no han determinado aún "venderlo todo" para obtener la inapreciable perla del cielo, hace Juan una última y apasionada llamada a la conversión:

> ¡Oh almas criadas para estas grandezas y para ellas llamadas! ¿qué hacéis?, ¿en qué os entretenéis? Vuestras pretensiones son bajezas y vuestras posesiones miserias. ¡Oh miserable ceguera de los ojos de vuestra alma, pues para tanta luz estáis ciegos y para tan grandes voces sordos, no viendo que en tanto que buscáis grandeza y gloria os quedáis miserables y bajos, de tantos bienes hechos ignorantes e indignos! (*CE*, 39.7).

Juan termina aquí sus comentarios con una tierna oración, encaminada a dar esperanza y aliento a todo el mundo en el camino hacia el cumplimiento de todo deseo. Él sabe claramente que es la misericordia de Dios lo que lleva a cualquiera a la plenitud de la unión. Así, pues, usando palabras de San Juan de la Cruz, oremos:

> Que el dulcísimo Jesús, Esposo de las almas fieles sea servido llevar a todos los que invocan su nombre a este matrimonio (*CE*, 40.7).

¡Que así sea siempre y en todo lugar!

ÚLTIMAS PALABRAS DE ALIENTO

A veces podemos abrumarnos con el desafío de progresar en el camino espiritual. Podemos desanimarnos y tener la tentación de pensar que nunca podremos esperar alcanzar nuestro destino. Cada uno de los santos y doctores de quienes hemos aprendido en estas páginas quiere que sepamos, sin la más mínima duda, que este camino *es* para todos, y que si perseveramos, con la gracia de Dios llegaremos con toda seguridad al final del camino. Meditemos estas palabras de aliento que nos dirigen los que son verdaderamente nuestros amigos y compañeros a largo del camino.

> En primer lugar, debemos saber que si cualquiera busca a Dios, el Amado está buscando a esa persona mucho más (San Juan de la Cruz, *Llama de amor viva*, 3.38).

> El alma busca al Verbo, pero esa alma primero ha sido buscada por el Verbo [...] la Palabra, pero ha sido primero buscada [...] que lo haga el alma que ya puede, pero que nunca olvide que ella ha sido buscada primero, lo mismo que ha sido amada primero; esa es la causa por la que ella busca y ama (San Bernardo de Claraval, *Sermones sobre el Cantar de los Cantares*, 84.3-4).

El cumplimiento de todo deseo

Teniendo yo estos sentimientos, creo que no se te negará el supremo y más maravilloso beso, es decir, el del supremo honor y el de la sublime dulzura (San Bernardo de Claraval, *Sermones sobre el Cantar de los Cantares*, 3.5).

Hemos enseñado que cualquier alma, aunque esté cargada de pecados, enredada por los vicios, aprisionada por los placeres, cautiva en el destierro, pegada al fango, hundida en el cieno, esclava de sus miembros, abrumada por las preocupaciones, dispersa por los negocios, oprimida por los miedos, afligida por los dolores, perpleja a causa de los errores, acongojada por las preocupaciones, desazonada por las sospechas y, por último, extranjera en tierra de enemigos y, según las palabras del Profeta, contaminada con los muertos, reputada entre los que yacen en el infierno; hemos enseñado, repito, que esta alma puede volver hacia sí misma, desde donde no sólo pueda respirar con la esperanza de perdón, con la esperanza de la misericordia, sino también desde donde se atreva a aspirar a las bodas del Verbo y a no sentir temor de llevar el suave yugo del amor con el Rey de los ángeles (San Bernardo de Claraval, *Sermones sobre el Cantar de los Cantares*, 83.1).

Tornando a lo que les comencé a decir de las almas que han entrado a las terceras moradas: que no las ha hecho el Señor pequeña merced en que hayan pasado las primeras dificultades, sino muy grande. De éstas, por la bondad del Señor, creo hay muchas en el mundo: son muy deseosas de no ofender a su Majestad, aun de los pecados veniales se guardan, y de hacer penitencia amigas, sus horas de recogimiento, gastan bien el tiempo, ejercitándose en obras de caridad con los prójimos, muy concertadas en su hablar y vestir y gobierno de casa, las que las tienen. Cierto, estado para desear, y que, al parecer, no hay por qué se les niegue la entrada hasta la postrera morada, ni se la negará el Señor, si ellas quieren; que linda disposición es, para que las haga toda merced (Santa Teresa de Jesús, *Castillo interior o las Moradas*, 3, 1.5).

Últimas palabras de aliento

Que el dulcísimo Jesús, Esposo de las almas fieles sea servido llevar a todos los que invocan su nombre a este matrimonio (San Juan de la Cruz, *Cántico espiritual*, 40.7).

¡Que no pueda yo, Jesús, revelar a todas las *almas pequeñas* cuán inefable es tu condescendencia...! Estoy convencida de que, si por un imposible, encontrases un alma más débil y más pequeña que la mía, te complacerías en colmarla de gracias todavía mayores, con tal de que ella se abandonase con entera confianza a tu misericordia infinita. ¿Pero por qué estos deseos, Jesús, de comunicar los secretos de tu amor? ¿No fuiste tú, y nadie más que tú, el que me los enseñó a mí? ¿Y no puedes, entonces, revelárselos también a otros? Sí, lo sé muy bien, y te conjuro a que lo hagas. Te suplico que hagas descender tu mirada divina sobre un gran número de *almas pequeñas*... ¡Te suplico que escojas una legión de *pequeñas* víctimas dignas de tu AMOR...! (Santa Teresa de Lisieux, *Historia de un alma*, 4, 244-245).

Y ¿cómo se hará esto realidad para cada uno de nosotros?

El Espíritu Santo vendrá sobre ti y el poder del Altísimo te cubrirá con su sombra (Lc 1,35).

Que todos nosotros digamos sinceramente con María, con toda sencillez, humildad y confianza:

Hágase en mí según tu palabra (Lc 1,38).

¡Santos bienaventurados, Agustín, Bernardo, Catalina, Teresa, Juan, Francisco, Thérèse, rueguen por nosotros!

BIBLIOGRAFÍA

Agustín, San. *Confesiones* (ed. José Cosgaya, O.S.A.). Madrid: Biblioteca de Autores Cristianos, 1983. C

---. *La ciudad de Dios. Obras de San Agustín. Tomo XVI* (ed. Fr. José Morán, O.S.A.). Madrid: Biblioteca de Autores Cristianos, 1958.

Alonso de la Madre de Dios, Fray. 1989. *Vida, virtudes y milagros del santo padre fray Juan de la Cruz*. Madrid: Editorial de Espiritualidad.

Benedicto XVI. 2005. *Deus Caritas Est. Sobre el amor cristiano*. Madrid: San Pablo.

Bernardo de Claraval, San, *Sermones sobre el Cantar de los Cantares* (ed. Fr. José Luis Santos Gómez, Monasterio de Oseira, Orense, 2000). CC

---. *Sermones sobre el Cantar de los Cantares, Vol. V. Obras completas de San Bernardo* (ed. los monjes cistercienses de España). Madrid: Biblioteca de Autores Cristianos, 1987. CC

---. "Tratado sobre los grados de humildad y soberbia". *Obras Completas de San Bernardo, Vol. I* (ed. los monjes cistercienses de España). Madrid: Biblioteca de Autores Cristianos, 1983.

Cantalamessa, Raniero. 1988. *La vida en el señorío de Cristo*. Valencia: EDICEP. *VSJ*

---. 1990. *La obediencia*. Valencia: EDICEP.

Capua, Raimundo de. 1374-1378. *Santa Catalina de Siena*. Barbcelona: Editorial La Hormiga de Oro, 1993.

Casiano, Juan. *The Conferences* (trad. Boniface Ramsey, O.P.). Ancient Christian Writers. Nueva York: Newman Press, 1997.

Bibliografía

---. *Colaciones*, 2. vols. Madrid: Rialp, Clásicos de Espiritualidad, 1998.

Catalina de Siena, Santa. *El diálogo* (ed. Ángel Morta). Madrid: Biblioteca de Autores Cristianos, 1955. D

Catecismo de la Iglesia Católica, Asociación de Coeditores del Catecismo – Librería Editrice Vaticana.

Congar, Yves. "El Papa también obedece", *30 DÍAS*, 3, 1993.

Dubay, Thomas. 1989. *Fire Within: St. Teresa de Ávila, S t. John of the Cross and the Gospel—on Prayer* (*El fuego interior [...] y el Evangelio, sobre la oración*. San Francisco: Ignatius Press, 1989.

Francisco de Sales. *Introducción a la vida devota. Obras selectas de San Francisco de Sales, vol. I* (ed. Francisco de la Hoz, S.D.B). Madrid: Biblioteca de Autores Cristianos, 1953. *IVD*

---. *Tratado sobre el amor de Dios. Obras selectas de San Francisco de Sales* (ed. Francisco de la Hoz, S.D.B.). Madrid: Biblioteca de Autores Cristianos, 1954.

Gregorio Nacianzeno, San. *Los cinco discursos teológicos* (trad. J.R. Díaz Sánchez-Cid). Madrid: Editorial Ciudad Nueva, 1995.

Groeschel, CFR, Benedict. 1990. *The Reform of Renewal* (*La reforma de la renovación*). San Francisco: Ignatius Press.

Harráiz, Maximiliano. 1995. *Introducción a los escritos de Teresa de Jesús y Juan de la Cruz*. Carmelitas Descalzos de Las Palmas. Valencia: Carmelitas Descalzos de Aragón y Valencia, 1995.

Juan de la Cruz, San. *Cántico espiritual. Obras completas* (ed. J.V. Rodríguez y F.R. Salvador). Madrid: Editorial de Espiritualidad, 1988. *CE*

---. "Carta de 6.7.1591 a la carmelita descalza y superiora en Segovia, Madre María de la Encarnación". En *San Juan de la Cruz. Obras completas* (ed. J.V. Rodríguez y F.R. Salvador). Madrid: Editorial de Espiritualidad, 1988.

---. *Llama de amor viva. Obras completas* (ed. J.V. Rodríguez y F.R. Salvador). Madrid: Editorial de Espiritualidad, 1988. *LAV*

---. *Noche oscura del alma. Obras completas* (ed. J.V. Rodríguez y F.R. Salvador). Madrid: Editorial de Espiritualidad, 1988. *NO*

---. *Subida al Monte Carmelo. Obras completas* (ed. J.V. Rodríguez y F.R. Salvador). Madrid: Editorial de Espiritualidad, 1988. *SMC*

Juan Pablo II. 1994. *Tertio Millennio Adveniente*. Madrid: San Pablo.

---. 1998. "¡Este es el día que hizo el Señor!". *L'Osservatore Romano* (3 junio).

---. 2000. *Incarnationis Mysterium*. Bula de convocatoria del Gran Jubileo del año 2000.

---. 2001. *Novo Millennio Ineunte*. Madrid: San Pablo.

---. 2003. *La teología del cuerpo: El amor humano en el plan divino*. Barcelona: Editorial Edimurtra.

---. *The Theology of the Body: Human Love in the Divine Plan (La teología del cuerpo. El amor humano en el plan divino)*. Nueva York: Pauline Books and Media.

Kempis, Tomás de Kempis, *Imitación de Cristo* (trad. Fray Luis de Granada). Madrid: Aguilar, 1989.

"Lumen Gentio, Constitución dogmática sobre la Iglesia". *Documentos del Concilio Vaticano II*. Bilbao: Editorial Mensajero, 1986.

Martin, Ralph. 1994. *The Catholic Church at the End of an Era: What is the Spirit Saying? (La Iglesia Católica al final de una era.¿Qué está diciendo el Espíritu?)*. San Francisco: Ignatius Press.

---. 1982. *Crisis of Truth: The Attack on Faith, Morality and Mission*. Ann Arbor, Michigan: Servant Books.

Miller, Frederick. 1998. *The trial of Faith of St. Thérèse of Lisieux (La prueba de fe de Santa Teresa de Lisieux)*. Nueva York: Alba House.

Papasogli, Giorgio. 1980. *Catalina de Siena, reformadora de la Iglesia*. Madrid: Biblioteca de Autores Cristianos.

Soberón Mainero, Leticia. 2003. *Perlas. Teología del cuerpo en Juan Pablo II*. Barcelona: Editorial Adimurta.

Teresa de Jesús, Santa. *Camino de Perfección. Obras de Santa Teresa de Jesús* (ed. P. Silverio de Santa Teresa, C.D.). Burgos: Monte Carmelo, 1922. *CP*

---, *Camino de Perfección. Obras Completas* (ed. por Efrén de la Madre de Dios y Otger

Steggink). Madrid: Biblioteca de Autores Cristianos, 1974. *CP*

---. *Castillo interior o las moradas. Obras de Santa Teresa de Jesús* (ed. P. Silverio de Santa Teresa, C.D.). Burgos: Monte Carmelo, 1922. *M*

---. *Libro de la vida. Obras de Santa Teresa de Jesús* (ed. P. Silverio de Santa Teresa, C.D.).

Burgos: Monte Carmelo, 1922. *V*

Teresa de Lisieux. "El "Cuaderno amarillo" de la madre Inés". En "Últimas conversaciones". *Obras Completas*. Burgos: Editorial Monte Carmelo, 1997. *CA*

---. *Historia de un alma*. Burgos: Editorial Monte Carmelo, 2000. *HA*

ÍNDICE TEMÁTICO Y ONOMÁSTICO

A
abstinencia, 28, 228, 377. *También* celibato, castidad, vicios, lujuria, virginidad
Adán y Eva. *También* pecado, original
adoración, 3, 137, 139, 142, 299, 349, 397, 402, 447. *Ver* sacramentos, Eucaristía
aflicción, 88, 96, 143, 206, 220, 254, 369-70, 375. *Ver* sufrimiento, pruebas
"agradar a los demás"
Agustín San, 18,20, 280
   los Doctores y, 29, 279
   y el pecado mortal, 18,33
   y la filosofía pagana,
   alabanza. *Ver* júbilo
Alcohólicos Anónimos, 239. *También* virtudes, templanza
Alejandro el Grande, 204
alma, 384, 398, 425-6
   belleza del, 194, 386
   capacidad del, 259, 260-268
   deformidad del, 185, 181-3, 215, 264, 330
   de Jesús, 1, 8, 9, 27, 52, 82, 90-92, 97-8, 117, 129-30, 142, 153, 157, 170, 176, 198, 207, 217, 233, 247, 262, 280, 302, 306, 312-13, 319, 326, 328-29, 349, 377-78, 408, 425-27, 433, 437, 442, 448. *también* Jesucristo
   "desposorio espiritual", 21, 26, 314, 316
   facultades del, 12-13, 381-2
   fealdad del, 426, 431
   "matrimonio espiritual", 21, 125, 314, 387
   metáforas para, 123-5, 158, 163, 360-1, 366, 432
   partes del, 200, 308-11, 314, 382
   pruebas del, 11-12, 35
   sed de almas, 97
"almas perdidas", 55. *También* condenación, infierno, "sombras"
Ambrosio, San, 30, 240
amistad, 128-9, 135, 172, 441
   Bernardo y la, 121, 389, 403
   Catalina y la, 364
   definición, 374-7
   Juan y la, 350
   laicos, para los, 375
   otros Doctores y la, 270, 302
   "particular", 302
   virtud, como, 275. *También* virtudes
amor, 72, 88, 159-62, 252, 354, 394-5, 432. *También* amistad, sacramentos, matrimonio
   desordenado, 326
   deuda de, 396
   de Dios, 86, 88, 239
   enemigos, por los, 260, 268
   filial, 272
   fruto del, 240
   grados de crecimiento, 261-5
   heridas de. *Ver* heridas, de amor
   "juego de", 184
   "mercenario", 392
   metáforas para el, 432
   obras de . *También* buenas obras
   oración, y la, 128-9
   al prójimo, 65-6, 179, 239, 259, 266-70
   puro, 265, 402-3
   universal, 274
   "muerte de", 282
ancianidad, 432, 434
ángeles, 177, 344, 443
   en visiones, 323-4, 335
   guardianes, 279-80, 302
animales
   naturaleza humana y los, 191, 283
   de compañía, 27, 84, 404
ánimo, 449, 50. *También* desánimo
anticoncepción, 35
Antiguo Testamento, 16, 117, 232, 366-7. *También* Cantar de los Cantares; David; Escritura;
antropología cristiana, 165
Año Jubilar, 10, 211, 416
apetitos. *Ver* desprendimiento
apostolados. *Ver* buenas obras
"aprovechados", 386
aridez, 172-82, 439
   causas de, 173-8
   los Doctores y la, 169, 291, 303, 346, 351
arrepentimiento. *Ver* conversión, pecado
astronomía, 36
ateísmo, 26, 430

Índice temático y onomástico

autonomía. *Ver* confianza de sí mismo
autoridad, 254-5, 284, 313, 400. *También* obediencia
avaricia. *Ver* vicios
ayuno, 146-7, 190, 347

B

beatificadas, personas, 56, 168, 435. *También* santos
Benedicto XVI, 283, 287, 387
Bernardo de Claraval, San. *También temas y escritos concretos*
 biografía, 200-1, 276-7
Biblia. *También* visión bíblica del mundo; Antiguo Testamento, Nuevo Testamento
bienes temporales, 127-31

C

camino hacia Dios. *Ver* camino espiritual
camino espiritual, xvi-xxiv, 100-3, 265, 306
 amor y, 259, 287
 conclusión del, 441
 definición, 162
 deseo del, 200-11
 duración, 283, 388, 432
 etapas, 3, 18-9, 20, 75, 168
 fundamento, 54
 metáforas para, 123-5, 158, 163, 360-1, 366, 430
 obstáculos en, 1, 37, 46-7, 103-4, 161, 191-8, 330
 perseverancia durante, 177, 182-3, 186, 201, 205
 principios de, 4-5, 381-2
 progreso en, 200, 308-311, 314, 382
 riesgo en, 329
 única en cada persona, 426, 441
 valor, 5-6, 35, 52
"camino ancho", 224
"camino estrecho", 349
Cantalamessa, P. Raniero, 231, 236, 238-9, 439
Cantar de los Cantares, 72
 comentarios de Bernardo sobre, 200-1, 265
 y el Espíritu Santo, 205
 y Jesús, 261, 406
Cántico Espiritual, 21, 71, 73, 382, 432
cara
 de Dios, 433
 del Hijo, 8-9, 64, 68, 137, 191, 263, 435
 del Padre, 8, 204
caridad. *Ver* amor
castidad, 47, 225-8, 240, 273, 313
Carmelitas, 19, 70, 80-1, 86, 92, 139, 153
 También órdenes religiosas
 Descalzas, 20, 71, 139

misión de las, 91
carne, la, 224
Casa de Loreto, 87-8, 404
Catalina de Siena, 383. *También temas y escritos concretos*
 biografía, 48-9, 383, 394
 y el Padre. *Ver* Padre
Catecismo de la Iglesia Católica, 139, 296-7
catequética, 88-9
católicos
 "buenos", 190, 201
 "desde la cuna", 17
carismáticos, dones, 95
carismática, renovación, xiii-xiv
celibato, 6-7, 39, 281. *También* castidad, vida religiosa
celo, 146-8, 209, 240, 418
Cicerón, 30, 38
cielo, 8, 13, 43, 68
 Bernardo y el, 414
 Catherine y el, 50, 402
 Juan y el, 331, 421, 442
 Thérèse y el cielo, 78, 81, 85-6, 404, 427
codicia. *Ver* vicios, avaricia
comunicaciones de Dios. *Ver* locuciones, visiones
Comunión. *Ver* sacramentos, Eucaristía
comunión de los santos, 118
conciencia, 1, 26, 55
Concilio Vaticano II. *Ver* Vaticano II
concupiscencia, 165, 286, 394. *También* pecado original
condenación, 53-4, 63, 192, 216, 227, 263, 367, 376, 445. *También* demonio, infierno
Confesiones, 20, 30-3
confesores. *Ver* dirección espiritual
Congar, Cardenal Yves, 234
conocimiento, 240, 343
 de Dios, 191, 194-8
 natural. *Ver* astronomía, ciencia, historia
 de sí mismo, 191, 194-8
 visiones como, 332
consejo, 19, 268, 347, 360. *también* dirección espiritual
 mal, 21, 363
 sobre desprendimiento, 218-23
 de sacerdotes, 20, 22
 sobre la tentación, 170-4
consejos evangélicos, 257. *También* castidad, obediencia, pobreza
consuelo, 349
contemplación, 294-8. *También* oración
 v. acción, 396-8

Índice temático y onomástico

contemplativos, 296-7. *También* órdenes religiosas
contrición, 52, 116. *También* conversión
conversión, 13, 17-20, 51, 116, 174-178, 261-2, 447. *También* vía purgativa
corazón
    del Padre, 402-6
    dividido, 206
    dureza de, 54, 172, 175, 183
    posesivo, 348
    pureza de, 163
    unión de, 284, 343
corrección fraterna, 340
creación. *Ver* naturaleza
Cristo. *Ver* Jesucristo
cruz de Cristo, 171, 216, 237
    Doctores y la, 229-30, 319, 353, 387-8
    significado de la, 159, 370
cuidados médicos. *También* salud, enfermedad
curiosidad, 227-8
Cursillos de Cristiandad, *xiii*, 339

D

deificación. *Ver* camino espiritual
demonio, 51, 53, 59, 93, 326
    Bernardo y el, 50-1, 135, 348
    Catalina y el, 49, 59, 188-9, 410
    Francisco y el, 153
    Juan y el, 323-8
    Teresa y el, 69, 153, 247, 318
    Thérèse y el, 90
demonios, 51, 53, 59, 93, 326
    Doctores y los, 408-10
    sustituidos por seres humanos, 279
    "visión demoníaca", 52
depresión, 180, 195. *También* desánimo, emociones
desánimo, 1,23. *También* ánimo
    Bernardo y el, 170, 195
    Francisco y el, 122-3, 152
    Juan y el, 98
    Teresa y el, 69, 153, 247, 318
    Thérèse y el, 90
deseo de Dios. *Ver* camino espiritual
desprendimiento, 213-57, 246, 250, 295, 334. *Ver* posesiones
debilidad. *Ver* imperfección
devoción. *Ver* "vida devota" de Francisco de Sales
Diálogo, 49
dinero. *Ver* posesiones
Dios. *También* Jesucristo, Padre, Espíritu santo
    "abandono" por, 364, 374, 430, 440
    belleza de, 442
    brazos de, 434
    conocimiento de. *Ver* conocimiento
    dependencia de, 190
    gloria de, 57, 75, 81, 234, 280
    imagen de, 194
    misericordia de, 51, 122, 152, 196, 219
    "palabras" de, 320-39
    presencia de, 411-2
    providencia, 329
    reino de, 299, 359, 365, 370
    "toques" de, 333, 378
    visitas de, 302-5
    voluntad de, 115 153-4, 161-2, 186, 308, 364, 387
directores. *Ver* dirección espiritual
discapacitados, 218-20. *También* sufrimiento
dirección espiritual, 168, 210, 250, 256, 329-30
    Francisco y , 173, 273-4, 318
    Juan y, 321, 338
    Thérèse y, 162, 167, 302-3
divina providencia, 41, 54, 63, 217, 408-9, 440
doctores de la Iglesia, xv-xviii, 1, 61, 73, 104, 165, 362, 390. *También* Bernardo, Catalina, Francisco de Sales, Juan, Teresa, Thérèse
dolor, 252-3, 318, 363, 381, 451. *También* enfermedad, sufrimiento
duda, 429. *También* ateísmo

E

ecumenismo, 102-3
ejercicio físico, 140, 175
Ejercicios Espirituales, 112
elección. *Ver* voluntad
embriaguez. *Ver* virtudes, templanza
emociones, 353
    Doctores y las, 94, 99, 158, 160, 372
    función de las, 277-8
enfermedad, 39, 96, 170-1, 175-5, 179-8, 193. *También* salud
    los Doctores y la, 183
    los Doctores sufriendo de, 192
    emocional, 353
    espiritual, 239
    psicosomática, 230
envidia. *Ver* vicios
escollos. *Ver* camino espiritual, obstáculos
escrupulosidad, 25, 52, 59, 135, 211, 362, 386
esfuerzo, 345, 356, 372. *También* gracia, respuesta a la; meritorio, confianza en sí mismo
"espina en la carne", 425. *También* Pablo, San
espíritu, 345, 374. *También* alma
Espíritu Santo, 130, 193, 199, 202, 297. *También* Dios

461

Índice temático y onomástico

los Doctores y el, 44, 54, 86, 124-5, 199-203, 344
embriaguez en el, 416-20
espíritu. *También* alma
espiritualidad
    falsa, 129
    no cristiana, 4, 371
estabilidad. *Ver* vía iluminativa
    atapas
eterna
    vida. *Ver* visión beatífica, cielo
perspectiva. *Ver* "luz de la eternidad"
Eucaristía. *Ver* sacramentos, Eucaristía
excusas, 39, 180, 265, 274

F
facultades del alma, 185, 411. *También* intelecto, memoria, voluntad,
    Doctores y las, 409-10
    y la oración, 298-9, 304-5, 307
familia, 72, 255, 396. *También* familia Martin, sacramentos, matrimonio
fatiga, 23, 168, 201-2, 228, 461
fe, 178, 198, 229
    y obras, 114, 235-9
felicidad, 7-8, 30, 68
Francisco de Asís, San, 24-5, 102, 158, 363-4, 415
Francisco de Sales, San. *También temas y escritos concretos*
    biografía, 110-12
    lema de, 114
    "vida devota", 113-25
flirteo, 272. *También* sexualidad
frutos, 12,146
físicos. *Ver* matrimonio, procreación,
    sacramentos, 31
    espirituales, 44

G
gente común. *Ver* laicos
glotonería. *Ver* vicios
gobierno. *Ver* estado
gozo, 93-5, 98, 242
gracia, 13, 17, 36, 164, 233, 320. *También*
    confianza de sí mismo
    cooperación con la, 5, 24, 44-5, 169, 181
    inesperada, 333
    infusión de, 89
    metáforas para, 172
    primacía de la, 41, 42-6, 294
    respuesta a la, 7-9, 24-5, 242, 319, 341-4
    valoración de la, 24-7, 372

H
herejías, 27-8, 31, 282
historia, 400, 420
humildad, 175, 232, 241-3, 425
    otros Doctores sobre la, 168, 195-6, 227, 334
    Teresa y la, 250, 309
humillación, 241-3, 425

I
idolatría, 219, 223-5 *También* paganismo
Iglesia Católica. *Ver* Católica, Iglesia
iluminativa, vía, 189-344
Imitaciónn de Cristo, 303, 427
imperfección, 383-6
    Catalina y la, 270
    Francisco y la, 114, 241
    Juan y la, 354-5
    metáfora para, 99, 385
    Thérèse y la, 149-51
increencia. *Ver* ateísmo
infierno, 7, 13, 43, 59, 68, 81, 101, 364.
    También condenación, demonio
    temor del, 92
    v. bondad de Dios, 58
    horror del, 50-52, 110
    tormentos del, 52-54, 191
inmodestia, 226
intelecto
    enturbiamiento del, 96
    los Doctores y el, 209, 362, 366, 375, 420
    visiones y el, 331-2
Introducción a la vida devota, 102, 104, 110
inventos. *Ver* ciencia
ira, 163, 170, 193, 244-5
    Bernardo y la, 113-4, 128, 175
    Catalina y la, 215, 252
    Francisco y la, 243, 285
    Juan y la, 346, 350-1

J
Jerusalén
    v. Babilonia, 66
    celestial, 331. *También* cielo
Jesucristo, xvi, 1, 5, 123, 198-9, 295, 324.
    También sangre de, cruz de
    alma como morada de, 193-4
    alma de, 193
    amistades de, 275, 277-8
    brazos de, 310, 405-6
    como "Esposo". *Ver* "desposorio espiritual", "matrimonio espiritual"
    corazón de, 312
    encarnación de, 63-129, 392, 403, 444-5

Índice temático y onomástico

heridas de, 13, 111
matrimonio, y el, 282-3
metáforas para, 49-51, 183, 272
nombre de, 136, 171
paciencia de, 423
pasión de, 121, 177-8, 230, 374, 423.
  También sufrimiento, pruebas
perfección de, 423
pies de, 261-2
Redención, y la, 392, 424
Resurrección de, 367, 423
tentación de, 332
visitas de, 301-16
Jubilar, Año, 1-2, 9, 215, 416
júbilo, 93-5, 98, 242
Juan de la Cruz, San. *También* temas y escritos concretos
  biografía, 61-5, 382
  poesía de, 303, 402
Juan Evangelista, San, 331, 446
Juan Pablo II, 416
  camino espiritual, y el, 9, 42, 129, 191, 211
  Los Doctores y, 49, 73, 400
  nuevo milenio, y el, 2-4, 44, 49, 190, 381 d
juicio, 60, 65, 69, 113, 199
  divino, 443-4
  humano, 140, 245, 251, 308, 315
justificación, 336

L
laicos, 6, 315
  amistad en y con el, 275
  espiritualidad, 104-117
  los Doctores y el, 131-2, 189-90, 201, 247
latín, 27, 30, 102, 200, 299
laxitud. *Ver* tibieza
lectura espiritual, 134, 290, 432
  Bernardo y la, 313, 447
  Teresa y la, 250, 298, 303
limosna, 190, 220
liturgia. *Ver* Misa
Liturgia de las Horas, 26, 140, 261. *Ver* Oficios Divinos. *También* oración
llamada a la santidad, 33-4, 43, 225
locuciones, 235. *También* visiones
  formales
  substanciales
  sucesivas
lujuria. *Ver* vicios
luz de la eternidad, 47, 50, 69-71, 92, 142-3.
  También cielo, visión beatífica

M
Madre Teresa de Calcuta, 349-50
Magnificat, 387. *También* María
mandamientos, 3, 13, 101, 131, 161, 237, 239, 259, 270-1, 298, 329

mansiones. *También* Teresa de Jesús
María, 324, 387, 451
  los Doctores y, 18, 45, 240, 283, 317, 435-6, 438
  fiat de, 23
Martin, familia, 72, 84, 86, 88-90, 401, 435.
  Ver Thérèse de Lisieux
  Celine, hermana, 78-9, 87, 281, 385
  Leonie, hermana, 79
  Marie, hermana, 79, 88-9
  Pauline, hermana, 45, 72, 79, 85-6, 88, 90, 427
  Louis, padre, 74, 77-9, 84, 89, 363, 385
  Zeila, madre, 72, 74-5, 85, 90, 426
mártires, 178, 338-9. *También* persecución
matrimonio. *Ver* sacramentos, matrimonio; "matrimonio espiritual"
"matrimonio espiritual", 13, 325, 314, 387-8
  Bernardo y, 109-10, 260, 265, 311
  otros Doctores y, 48, 296-7
mente, 38-9, 49, 74, 77, 81, 87, 97-8, 103
mentira. *Ver* vicios
"mercenario", amor, 13, 262-3, 325, 426.
  También vía iluminativa
méritos, 233, 235, 308, 330, 399, 437. *También* esfuerzo, gracia; respuesta a la; confianza de sí mismo
miedo. *Ver* temor
milagros, 342
Misa, Santa, 84-8, 140, 297, 370, 396, 427
misericordia. *Ver* Dios, misericordia de
místicos. *Ver* contemplativos
Mónica, Santa, 27, 29-30, 40, 281
mortificación. *Ver* abnegación
movimientos de renovación, 341, 416
  renovación carismática, *xiii-xiv*
  Cursillos de Cristiandad, *xiii*, 341
muerte, 53, 364, 368, 386, 432
  así mismo. *Ver* abnegación
  de amor, 432-4, 439
  Doctores y la, 74, 82, 432
  eterna. *Ver* condenación, infierno
  y la misericordia de Dios, 59-60
miedo. *Ver* temor
mundo, carne y demonio, 359. *También* demonio; cane; camino espiritual; mundo; obstáculos;

N
naturaleza, 75-7, 339-40, 402-6
  conocimiento de la, 423
  divina, 447
  humana, 295, 340, 424

463

Índice temático y onomástico

naturaleza caída. *Ver* pecado original
necedad, 143
   Bernardo y la, 55-6, 61, 301
   Catalina y la, 58
   Francisco y la, 173, 272
   Teresa y la, 195
   Thérèse y la, 82, 385-6
niños, ser como
   base bíblica del, 162, 311, 447
   los doctores y el, 291, 318-9, 428, 437, 447
"noche oscura", 178-9, 216, 353
   activa, 341-5
   pasiva, 168, 173
   de los sentidos, 152, 357
   del espíritu, 356-61
Nuevo Testamento, 232, 259, 304, 331, 401, 446.
   También visión bíblica del mundo, Antiguo Testamento, Escritura

O

obediencia, 235, 254-7, 318, 368, 383
obras. *Ver* buenas obras
obras, buenas, 346-2, 399-401, 409, 439.
   También actos de amor, esfuerzo, meritorias
ocasiones de pecado. *Ver* pecado, cuasi-ocasiones de
odio, 266-7
oración, 4, 25, 110, 119-136, 148, 151-2, 182.
   También aridez, contemplación, Oficios Divinos, 289-90
   constante, 133-6, 395
   crecer en la, 289-310
   definición, 289-90
   del Señor, 224
   distracciones durante la, 126, 128, 130, 299
   "escuelas de", 3, 87, 400
   fruto de la, 223
   meditación, 181, 290, 293
   mental v. vocal, 90, 121-3, 125, 127-8, 296-7, 365
   meta de la, 123
   metáforas para, 418
   métodos de, 123-5
   negligencia en la, 173
   perseverancia en la, 174
   de recogimiento, 283
   soledad en la, 134, 314-5
   tiempo y lugar para, 131-2, 250, 256-7, 270, 314, 397, 412
   tipos de, 135-6, 268-300, 317, 395
órdenes religiosas, 48, 192
orgullo, 54, 145, 227-235, 346-7. *También* pecado original

P

Pablo, San, 34, 243, 275, 335, 340, 425
Padre, 27-9. *también* Catalina de Siena, Dios
   belleza del, 215
   bondad del, 194
   corazón del, 293
   deuda con el, 372
   "equidad" del, 382
   imagen errónea del, 281, 340, 442
   "juego de amor" del, 394, 492
   como Legislador, 124, 272
   "pechos" del, 406
   posesión del, 95-9, 216-223, 313, 355, 448
   providencia del, 193
   y Thérèse, 213
   "seno" del, 339
"Padre Nuestro", 125-6, 128, 182, 301
Pedro, San, 51, 211, 342
paganismo, 32, 283. *También* Agustín, y la filosofía pagana; personas y escritos concretos
"palabras" de Dios. *Ver* Dios, palabras de locuciones, visiones
papas, 201
Paraíso. *También* visión beatífica, cielo
pasión de Cristo. *Ver* Jesucristo, pasión de
pasiones. *Ver* emociones
pecado, 7, 13, 20-23, 253, 356, *También* tentación
   abandono del, 293
   afecto por, 109-12
   capital, 346. *También* vicios
   cuasi-ocasiones de, 22-3, 150, 156, 192
   definición, 409
   descuido respecto al, 101-117
   dolor por. *Ver* contrición
   efectos del, 360
   esclavitud al, 35, 43, 370
   heridas por el. *Ver* heridas, por el pecado
   lucha contra, 110-117
   metáforas para, 410
   odio al, 110-1, 114, 155
   original, 50, 111, 216, 219-20, 345, 366
   perdón de, 41, 51. *También* Dios, misericordia; sacramentos, confesión
   personal, 5, 110
   raíces del, 446, 357-8
   tipos de, 21-2, 33-5, 39, 53, 66, 223
   venial, 20-2, 108-9, 112-7, 181, 286
Penitencia. *Ver* sacramentos, confesión
penitencia. *Ver* limosna, ayuno, oración, abnegación
perdón de los pecados. *Ver* Padre, misericordia del
pereza. *Ver* vicios
perfección. *Ver* camino espiritual
persecución, 297, 441. *También* mártires

Índice temático y onomástico

perseverancia. *Ver* camino espiritual
persona humana, 157, 214, 230, 447. *También* alma
perspectiva eterna. *Ver* "luz de la eternidad"
placer, 223-8
Platón, 28, 31-2
pobreza, 164, 216-18, 221, 439-40
poesía, 303, 362, 402, 403, 406, 429
posesiones, 95-9 216-21, 313, 355, 448
prioridades, 140-2, 211, 397, 448
procreación, 27, 57, 281, 284. *También* anticoncepción, sacramentos, matrimonio, sexualidad
profecía, 321, 323, 327, 337-9
propiedad. *Ver* posesiones
propósito de enmienda, firme,   . *También* sacramentos, confesión
propósito de la vida
protestantismo, 103
providencia de Dios. *Ver* divina providencia
"puerta estrecha". *Ver* camino espiritual, metáforas para
pureza. *Ver* castidad
purgativa, vía, 1-178
purgatorio, 7, 59, 69, 299, 359-60, 434
purificación, 345-398
pruebas, 11-12, 142-3 . *También* cruz de Cristo; sufrimiento, 148
  exteriores, 6, 13, 54
  interiores, 13, 89, 101

R

razón, 339-40, 356, 440
recogimiento, 128, 136, 289-90. *También* oración
Reconciliación. *Ver* sacramentos, confesión
recreo, 74, 90, 177, 315. *También* hacer ejercicio
"religiosidad". *Ver* falsa espiritualidad
reino de Dios. *Ver* Dios, reino de
renovación, 341, 416
  carismática, *xx*, 2
  movimientos de, 356, 400
renuncia, 125, 155, 218, 253, 404, 408
reputación, 243-45
riqueza. *Ver* posesiones
  obstáculos, 7-8, 66, 191, 223, 312
Roma, 82-3, 87-8, 111, 211
Rosario, 2, 125, 348
rostro. *Ver* cara

S

sacramentos, 434, 443
  Bautismo, 190, 235, 388
  Confesión, 85, 89, 108-10, 160, 165
  Confirmación, 86

Eucaristía, 85, 87, 133, 291, 349, 352
Matrimonio, 190, 225-28, 281
Sagrada Escritura. *Ver* Escritura, Biblia
salud, 245-50. *También* cuidados médicos, enfermedad
salvación. *Ver* cielo, camino espiritual
sanación, 5, 37, 39, 350. *También* heridas, pecado
sangre de Cristo, 229
  Bernardo y la, 51, 229-30
  Catalina y la, 59, 196-7
  Francisco y la, 44
  Juan y la, 64
  Teresa y la, 24, 184
santidad, 2, 400
  camino de. *Ver* camino espiritual
  definición, 253-54, 394, 431
  Dios como, 81
  entrenamiento en, 3
  llamada a la, 6, 104, 200, 448, 450
  no optativa, 8
Santísimo Sacramento, 93, 355
santos, 8, 57, 324. *También* beatos
  características de los, 24, 183
  concretos, 137, 161, 196, 270
  Francisco de Asís, 25, 126, 165, 376, 417
  Juana de Arco, 87
  Doctores y, *xxii, xxv*
Satanás, 277, 334, 350
secularización, 3
sencillez, 246, 453
sentimientos. *Ver* emociones
Señor. *Ver* Jesucristo
  Oración del Señor
sequedad
sexualidad, 224-28
"sombras", 52, 70, 84. *También* demonios; "almas perdidas"
Subida al Monte Carmelo, xiv, xv, 13
Suenens, León Cardenal, *xiv*
sueño, 336, 344
sueños, 336, 344. *También* sueño, visiones
sufrimiento, 87, 142-43
  Catalina y el, 253, 404-05
  Juan y el, 169-70, 444
  Teresa y el, 87, 427-28
suicidio, 163
sumisión, 37, 252
superiores, 163, 210, 250, 256, 329-30. *También* vida religiosa; dirección espiritual

465

Índice temático y onomástico

T
temor,
    del demonio, 409
    de Dios, 54-6, 61, 67, 190
    "de esclavo", 13, 261-62, 402
    de la muerte, 436
    transformación del, 93-94
tentación, 97, 137-8, 428-29. *También* pecado
    entretenerse en la, 161
    etapas primeras, 138-154
    pequeña v. grande, 162
    proceso de la, 154-160, 224
    resistir, 158-160
    sexual. *Ver* demonio, y vicios sexuales; vicios, lujuria
Teresa de Jesús, Santa. *también* temas y escritos concretos
    biografía, 18-20, 248-9, 364, 382, 419
    mansiones primera a tercera, 6, 11, 13, 23, 289
    mansión cuarta, 290
    mansión quinta, 290, 304, 307
    mansión sexta, 314
    mansión séptima, 6, 12, 13, 99, 182, 306
Thérèse de Lisieux/Teresita de Lisieux, 382.
    También temas y escritos concretos
    biografía, 71-91
    como Carmelita, 147-9
    últimos días, 115, 430-39
    viajes de, 404-05
tiempo, uso del. *Ver* oración, tiempo y lugar; prioridades
Tomás de Kempis, 304
Tradición, 58, 190. *También* Iglesia; Escritura
Tratado del amor de Dios, 102
tribulaciones. *Ver* pruebas
Trinidad. *Ver* Padre; Dios; Jesucristo; Espíritu Santo

U
universidades y colegios universitarios

V
vanidad. *Ver* vicios
Vaticano II, xiv, 2, 7, 103, 106, 182, 268, 281
Vía Crucis
vicios, 113, 162, 193, 215, 361. *También* ira; orgullo; virtudes
    avaricia, 211-2, 313, 346-50, 377
    envidia, 354
    glotonería, 353-4
    lujuria, 38, 40, 50, 155-8, 215, 347, 348-9

mentira, 113
pereza,
    vanidad, 140, 245
    avaricia, 211-12, 194, 215, 361
vía
    purgativa, 11, 13, 23
    unitiva, 13, 386, 425
vida
    brevedad de la, 70, 111, 245, 258
    fatigas de la, 434
    meta de la, 8, 37, 61-5, 82, 400
    propósito de la, 9, 88, 210
    religiosa, 128-31, 217-18, 221, 240, 277, 404
    "tormentas" de la, 407, 437
"Vida, Libro de la", xx
Virgen Santísima. *Ver* María
virginidad, 48, 282. *También* celibato; castidad
virtudes, 13, 130, 238, 410
    Francisco y las, 218, 352
    otros Doctores y las, 150, 170, 346
visión beatífica, 52, 191, 223, 345-6
    crucifixión y, 374-5
    Doctores y, 389-401
    fe y, 342-3, 367
visiones, 323, 329-31, 339, 344, 384, 439
    corpóreas, 324-6
    imaginativas, 326-8
    intelectuales, 331-46
visitas, 26, 84, 93, 127, 303-04, 318, 389, 398
vocaciones, 190, 352, 402, 424
voluntad, 2, 33-4
    destino y, 59-61, 69
    los Doctores y la, 85, 216, 243, 392

www.ingramcontent.com/pod-product-compliance
Lightning Source LLC
LaVergne TN
LVHW091605051125
825100LV00011B/174